Micha Brumlik

Deutscher Geist und Judenhaß

Micha Brumlik

Deutscher Geist und Judenhaß

Das Verhältnis des
philosophischen Idealismus
zum Judentum

Luchterhand

Die Deutsche Bibliothek – CIP-Einheitsaufnahme
Brumlik, Micha: Deutscher Geist und Judenhaß :
Das Verhältnis des philosophischen Idealismus
zum Judentum / Micha Brumlik. – München : Luchterhand, 2000

1 2 3 4 5 02 01 00

Satz: Filmsatz Schröter, München
Druck und Bindung: Druckerei Pustet, Regensburg

ISBN 3-630-88003-7

Inhalt

Einleitung 9

I. Kants Theorie des Judentums –
Die Euthanasie des statutarischen Gemeinwesens 27

II. Geheimer Staat und Menschenrecht –
Fichtes Antisemitismus der Vernunft 75

III. Schleiermacher –
Ein Glaube und eine Freundin 132

IV. Hegel – der Jude Jesus, die Positivität
des Christentums und die Religion des Erhabenen 196

V. Schelling –
Aufbewahrt bis zum letzten Tag 250

VI. Marx –
Emanzipation vom Judentum? 280

Anhang
Anmerkungen 321
Namensregister 347

LASST EUCH aber nicht bange sein, ihr deutschen Republikaner; die deutsche Revolution wird darum nicht milder und sanfter ausfallen, weil ihr die Kantsche Kritik, der Fichtesche Transzendental-Idealismus und gar die Naturphilosophie vorausging. Durch diese Doktrinen haben sich revolutionäre Kräfte entwickelt, die nur des Tages harren, wo sie hervorbrechen, und die Welt mit Entsetzen und Bewunderung erfüllen können. Es werden Kantianer zum Vorschein kommen, die auch in der Erscheinungswelt von keiner Pietät etwas wissen wollen, und erbarmungslos mit Schwert und Beil den Boden unseres europäischen Lebens durchwühlen, um auch die letzten Wurzeln der Vergangenheit auszurotten. Es werden bewaffnete Fichteaner auf den Schauplatz treten, die in ihrem Willensfanatismus weder durch Furcht noch durch Eigennutz zu bändigen sind. [...] Doch noch schrecklicher als alles wären Naturphilosophen, die handelnd eingriffen in eine deutsche Revolution und sich mit dem Zerstörungswerk selbst identifizieren würden.

Heinrich Heine,
Zur Geschichte der Religion und Philosophie in Deutschland, 1834

Einleitung

Utopien, so lehrt uns Ernst Bloch am Ende des *Prinzips Hoffnung*, sind Ausdruck der Vorgeschichte des Menschen und verweisen auf eine Genesis, die nicht am Anfang geschah, sondern am Ende geschehen wird. Der arbeitende, schaffende Mensch, die Wurzel der Geschichte, soll seine Gegebenheiten umbilden und überholen. Hat er das Seine erfaßt und es ohne Entfremdung in realer Demokratie begründet, so entsteht in der Welt etwas, »das allen in die Kindheit scheint und worin noch niemand war: Heimat«[1], schrieb Bloch, Atheist, Kommunist und Jude. Wenn es in der deutsch-jüdischen Symbiose um etwas ging, dann um Heimat, um ersehnte und verweigerte Heimat. Utopien sind Unorte. Sie bezeichnen etwas, das fehlt, und gehen mit Schmerz einher, in dem sich Sehnsucht verbirgt. In die Sehnsucht mischt sich gelegentlich die Hoffnung auf Erfüllung. Ob sich die Sehnsucht erfüllen wird, ist schwer zu ermessen, und die Hoffnung, in die sie mündet, ist von keiner Zuversicht getragen.

Wenn ich an deinem Hause
Des Morgens vorübergeh
So freuts mich, du liebe Kleine
Wenn ich dich am Fenster seh.

Mit deinen schwarzbraunen Augen
Siehst du mich forschend an:
Wer bist du, und was fehlt dir,
Du kranker, fremder Mann?

Ich bin ein deutscher Dichter
Bekannt im deutschen Land;
Nennt man die besten Namen,
So wird auch der meine genannt.

Und was mir fehlt, du Kleine
Fehlt manchem im deutschen Land;
Nennt man die schlimmsten Schmerzen,
So wird auch der meine genannt.[2]

Der Dichter, der diese Verse in den frühen zwanziger Jahren des neunzehnten Jahrhunderts verfaßte, starb nicht im deutschen Land, sondern etwa dreißig Jahre später in der Pariser Emigration. Das Bild, das er in diesem Gedicht von sich zeichnete, ist von Selbstbewußtsein ebenso geprägt wie von Selbsterkenntnis. Indem er zur Kenntnis nahm, daß jenes Wesen, an dem er sich freute, ihn als fremd und krank identifizierte, zögerte er nicht, den beobachteten Mangel zu beglaubigen. Scham schien er nicht zu kennen. Aber fehlt das, was ihm fehlte, wirklich auch anderen? Was ihm fehlte und was die Schmerzen verursachte, verschweigt das lyrische Ich. Die Antwort scheint zwanzig Jahre später zu ergehen:

Und als ich die deutsche Sprache vernahm,
Da ward mir seltsam zumute;
Ich meinte nicht anders, als ob das Herz
Recht angenehm verblute.[3]

Der Schmerz, der hier aufgerufen wird, ist der Schmerz der Sehnsucht, der Sehnsucht nach der deutschen Sprache. Sie zu hören und zu sprechen, so wollte uns Heinrich Heine 1844 offenbar mitteilen, schmerzte ihn auf angenehme Weise. War es die fehlende Zugehörigkeit, die das Mädchen mit den dunklen Augen erkannte? Die Sprache, deren Klang ihm das Herz bluten ließ, die ihn in ihrer Schönheit und Vertrautheit überwältigte, war seine Sprache. Und trotzdem fehlte etwas. Denn mehr als die Sprache noch schien ihn Hoffnung auf Heimkehr zu beflügeln:

> Seit ich auf deutsche Erde trat,
> Durchströmen mich Zaubersäfte –
> Der Riese hat wieder die Mutter berührt,
> Und es wuchsen ihm neue Kräfte.[4]

Das berühmte »Caput I« des *Wintermärchens* hat in den meisten Strophen mit der Nation und ihrer Sprache nur wenig zu tun. Bekannt wurde dieses Gedicht als Ausdruck einer übermütigen, provokativ materialistischen Haltung, die den Himmel den Engeln und den Spatzen überlassen will und feststellt, daß es hienieden für alle Menschenkinder genug Brot gebe und Zuckererbsen für jedermann: Das, was am Ende dieses Jahrhunderts als Erbsünde aller Totalitarismen gilt, forderte Heine unverblümt:

> Wir wollen hier auf Erden schon
> Das Himmelreich errichten.

Waren es die miserablen sozialen und politischen Verhältnisse in Deutschland, die Heine schon früh in seine Krankheit trieben? Die oben zitierte, entscheidende Strophe hält fest, daß es die Berührung der deutschen Erde war, die ihm neue Kräfte gab. Utopien sind Unorte wie die Sprache, deren schöner Klang die schmerzlich-unerfüllbare Sehnsucht hervorruft. Im Unterschied zur Sprache flößt das Betreten deutscher Erde neue Kräfte ein. Schöner Schmerz durch die Sprache, Kraft aus der Erde, beide umreißen den Mangel.

Aber ist nicht auch die deutsche Erde ein Unort? Heine besang sie in einem Gedicht, das in deutscher Sprache verfaßt ist. Sie hat ihren Platz in einem mit überwältigenden Gefühlen verbundenen Unort, der deutschen Sprache. Die Erde, die Heine meinte – vielleicht können wir von Heimat sprechen –, findet sich nur im »Unort« seiner deutschen Sprache. Als fremd und krank erkannt, suchte er auf der nur im Gedicht berufenen deutschen Erde sein Leid zu lindern. Der Widerspruch zwischen der Erfahrung der unaufhebbaren Trennung und dem Wissen um die magische Kraft der sprachlichen Heimat, die Spannung zwischen eigener Fremdheit und Vertrautheit der deutschen Sprache sowie die Hoffnung, sie zu lösen – das war das Fundament der sogenannten deutsch-jüdischen Symbiose.

Ihr beziehungsweise den Anstrengungen mancher Jüdinnen und Juden, sie zu leben, war nur eine knappe Zeit bemessen. Sie währte einhundertunddreiundsiebzig Jahre – vom Jahr 1743, in dem der Philosoph Moses Mendelssohn, aus Dessau kommend, in Berlin eintraf, bis zum Frühjahr 1916, als die deutsche Heeresleitung, von antisemitischen Massenorganisationen bedrängt und selbst judenfeindlich eingestellt, eine »Judenzählung« durchführen ließ.

Schon 1834 hatte Heine eine deutsche Revolution vorausgesagt, die – geführt vom Geist der Philosophie des Deutschen Idealismus – verheerender sein werde als alle bisherigen. Und wiewohl er es war, der schon damals wußte, daß dort, wo man Bücher verbrannte, auch bald Menschen brennen würden, konnte er den Nationalsozialismus, dem sechs Millionen europäischer Juden zum Opfer fallen sollten, weder erahnen noch vorhersagen. Daß das Biedermeier, in dem Heine lebte, weit weniger harmlos war, als gemeinhin geglaubt, hat die historische Forschung erwiesen. Die Rückseite der Idylle war allemal die Mordlust – eine Tatsache, von der die Prügelszene in Wagners »Meistersingern« zeugt, unabhängig davon, ob der antisemitische Komponist in Beckmesser einen jüdischen Intellektuellen karikierte oder nicht.

Mehr als einhundertundfünfzig Jahre nach der Blütezeit des Deutschen Idealismus, durch die unüberbrückbare Zäsur Auschwitz von ihr getrennt, wurde die Frage nach dem mörderischen Potential von Teilen der deutschen Kultur mit dem Streit über Daniel Jonah Goldhagens Buch *Hitlers willige Vollstrecker* von neuem gestellt. Die Schachzüge der Autors, sich fachlicher Kritik zu entledigen, haben es der Öffentlichkeit leicht gemacht, die Debatte ad acta zu legen. Aber auch der Nachweis methodischer Mängel erübrigt die Auseinandersetzung über zwei Fragenkomplexe, die hier aufgeworfen wurden, nicht: Zum einen, was ist unter »eliminatorischem Antisemitismus« zu verstehen, und, daran anschließend, wie unterscheiden sich »eliminatorische« und »dissimilatorische« (Hans Mommsen) Judenfeindschaft? Zum zweiten, welche verhaltens- und einstellungsprägende Funktion kommt Ideologien und Theorien zu, und wie kann sie im Einzelfall erwiesen werden?

Es ist sozialgeschichtlich inzwischen unbestritten, daß wesentliche Teile des akademisch gebildeten deutschen Bürgertums an der Massenvernichtung, sei es als Täter oder als Mitläufer, mitgewirkt haben. Vor diesem Hintergrund stellt sich die Frage nach der Rolle der idealistischen Philosophie. Daß Adolf Eichmann irrte, als er sich während seines Prozesses auf Immanuel Kant und dessen Pflichtbegriff bezog, liegt auf der Hand. Weniger abwegig ist die Legitimität der Bezugnahme auf Johann Gottlieb Fichte durch Angehörige der völkischen Intelligenz. Fraglich ist auch, ob sich judenfeindliche Theologen der deutschen Christen zu Unrecht auf Friedrich Daniel Ernst Schleiermacher bezogen. Andererseits fällt auf, daß Bezugnahmen auf Friedrich Wilhelm Joseph Schelling und Georg Wilhelm Friedrich Hegel in diesem

Kontext eher dünn gesät sind. Schließlich – aber hier tritt der Bezug zum Nationalsozialismus in den Hintergrund – müßte untersucht werden, ob und in welchem Ausmaß Karl Marx' früher Text »Zur Judenfrage« die anders gelagerte Form der Judenfeindschaft im sowjetischen Machtbereich und später in Teilen der westlichen neuen Linken befördert hat. Marx steht als bedeutendster Schüler Hegels am Ausgang des Deutschen Idealismus, einer Tradition, der er noch im Bruch mit ihr angehört.

1798, neun Jahre nach Ausbruch der Französischen Revolution und acht Jahre nach der bürgerlichen Gleichstellung der Juden im republikanischen Frankreich, verfaßte Kant eine *Anthropologie in pragmatischer Hinsicht,* in der er nüchtern vermerkte, daß die »unter uns lebenden Palästiner [...] durch ihren Wuchergeist seit ihrem Exil in den nicht unbegründeten Ruf des Betruges«[5] gekommen seien. Ein Reisender berichtete von Gesprächen mit Kant zur selben Zeit, in welchen dieser die Juden als die »Vampyre der Gesellschaft« bezeichnet habe.[6] Heute, nach der Massenvernichtung der europäischen Juden, schockieren Äußerungen Kants wie die folgende: Die rein moralische Religion sei die »Euthanasie des Judentums«[7]. In Königsberg, das Kant zeit seines Lebens nicht verließ, war 1756 die erste Synagoge errichtet worden. Ende des achtzehnten Jahrhunderts lebten dort etwa siebenhundert Juden. Die Universität Königsberg wurde zu einem Zentrum der jüdischen Aufklärung.

In den deutschen Staaten mit Ausnahme der Habsburger Monarchie lebten zu Beginn des Jahrhunderts ungefähr siebzigtausend Jüdinnen und Juden; die Spanne reichte von etwa drei Prozent der Gesamtbevölkerung in Baden bis 0,2 Prozent in Ostpreußen.[8] Mitte des achtzehnten Jahrhunderts war die Anzahl auf eine Viertelmillion gestiegen, immer noch kaum mehr als ein Prozent. Das war in den deutschsprachigen Teilen der Habsburger Monarchie, in Böhmen, Mähren und Niederösterreich kaum anders. Die Vielfalt und Unübersichtlichkeit verschiedenster Gewerbeordnungen erlaubt nur ungefähre Aussagen über ihre ökonomische Lage. Nach offiziellen Statistiken ging der Anteil der im Handel tätigen Juden gemessen an der jüdischen Gesamtbevölkerung in den deutschen Staaten vom Beginn des achtzehnten Jahrhunderts bis zur Jahrhundertmitte von siebzig bis achtzig Prozent auf etwa fünfzig Prozent zurück; demgegenüber stieg der Anteil jüdischer Unternehmen in Landwirtschaft und Handwerk.[9]

Im Jahr 1843 verfaßte Marx die ein Jahr darauf in Paris erschienene Rezension »Zur Judenfrage«, in der er sich mit zwei Artikeln des Junghegelianers Bruno Bauer kritisch auseinandersetzte. Die Abhandlung strotzt nur so von antisemitischen Bemerkungen wie der folgenden: »Wir erkennen also im Judentum ein allgemeines gegenwärtiges antisoziales Element.«[10]

Die vorliegende Studie untersucht einen Zeitraum von knapp sechzig Jahren zwischen dem Ausbruch der Französischen Revolution und der bürgerlichen Revolution von 1848, also die erste Hälfte des »langen neunzehnten Jahrhunderts« (Eric Hobsbawm). Sie beginnt mit der Frage nach Kants Haltung zum Judentum in den neunziger Jahren des achtzehnten Jahrhunderts und endet mit dem Marx des Vormärz.

Es geht nicht – wie in den Untersuchungen von Hans Liebeschütz, Edmund Silberner und Daniel Goldhagen – um den sattsam erbrachten Nachweis, daß sich im Werk dieser Autoren judenfeindliche Äußerungen finden, sondern um die Frage, welche Funktion, welches Gewicht und welche Bedeutung diese Äußerungen im Kontext des Gesamtwerks der Philosophen und damit in der gesamten »Deutscher Idealismus« genannten Denkbewegung haben. Diese Aufgabe wirft eine Reihe methodischer und methodologischer Schwierigkeiten auf. Jeder Text, und damit auch die Texte der hier behandelten Autoren, wird vor allem von drei Aspekten geprägt: der Zeit, in der er verfaßt wurde, das heißt der sozioökonomischen Situation mit ihren Einschränkungen und Chancen, der idiosynkratisch-biographischen Erfahrung, die der Autor während seines Sozialisationschicksals macht, und der Stringenz und Wahrheit der Argumentation, die der Autor wiederum innerhalb einer vorgefundenen und weiterentwickelten Semantik entfaltet. Ob, wie und schließlich warum die Philosophen Juden und das Judentum so und nicht anders sahen, läßt sich demnach nur beantworten, wenn historische und gesellschaftliche Fakten mit lebensgeschichtlichen Daten und systematischer Argumentation konfrontiert werden.

Wie diese drei Aspekte aufeinander zu beziehen sind, läßt sich nicht pauschal festlegen. Eine biographiebezogene Ideologiekritik sollte wohl erst unternommen werden, wenn sich herausgestellt hat, daß die Sichtweise eines Autors im Widerspruch zu erwiesenen Tatsachen steht. Die Frage, ob dieser Autor überhaupt die Chance hatte, die Dinge anders denn verzerrt wahrzunehmen und zu bewerten, ist allerdings schwer zu beantworten und durch die unbearbeiteten Hinterlassenschaften der Goldhagen-Debatte nicht leichter geworden. Die folgende Studie hat allerdings den Vorteil, daß die Auffassungen, Sichtweisen und Bewertungen der Autoren nicht unterschiedlicher sein könnten.

Für Kant, der einem moralistischen Agnostizismus das Wort redete, war das Judentum im besten Falle eine Instanz, die die Erhabenheit des moralischen Gesetzes illustrierte, während er die Juden im allgemeinen und einzelne ihm bekannte Juden auf der Basis gängiger Vorurteile verachtete. Ob sein Wunsch nach einer »Euthanasie des Judentums« tatsächlich Todeswünsche enthielt, wird zu untersuchen sein; ähnliche Wünsche bezüglich des Christentums äußerte er jedenfalls nicht. Sein Schüler Johann Gottlieb Fichte stellt demgegenüber den instruktiven Fall eines ohne persönliche Leidenschaft argumentierenden Judenfeindes dar, der von seinen ersten bis zu seinen letzten Schriften mal politische, mal religionsphilosophische Abwertungen des Judentums vortrug. Hegels Bild des Judentums wandelte sich im Laufe seines Lebens mehrere Male – angefangen von seinen theologischen Jugendschriften, in denen das Judentum als Inbegriff der Positivität herhalten mußte, bis zu seinen späten systematischen Erörterungen, in denen es – weitaus stärker als bei Kant – als Ausdruck einer Kultur und Religion der Erhabenheit fungierte. Hegel war in engster Fühlung mit den politischen Ereignissen der Epoche willens und in der Lage, seine ursprüngliche Konzeption zu ändern. Was indes der vermeintlich Konservative vermochte, mißlang einem liberalen Geist wie Friedrich Daniel Ernst Schleiermacher, der in seiner Berliner Jünglingszeit im Unterschied zu den anderen Philosophen engsten persönlichen Kontakt zu emanzipationswilligen Juden und vor allem Jüdinnen hatte. Am Falle Schleiermachers wird deutlich, wie eng das idealistische Programm mit dem Christentum verknüpft war, ohne daß behauptet werden kann, der Deutsche Idealismus sei ausschließlich eine Philosophie aus dem Geist des Christentums. Allerdings ist jede Aussage dieser Autoren über das Judentum zugleich eine Auskunft über ihr Christentum, und ihr Verständnis des Christentums impliziert immer – so wie es in der gesamten Geschichte des Christentums war – eine bestimmte Deutung des Judentums. Dies zeigt sich in besonderer Weise bei Schelling, dem wohl einzigen Autor, der das Judentum, seine Sprache und insbesondere seine mystische Tradition studierte und in sein System aufnahm. Marx, der als einziger selbst als Jude geboren wurde, nahm systematisch nur einmal, in der schon erwähnten frühen Schrift »Zur Judenfrage«, auf das Judentum Bezug. Dieser Text zehrt von Hegels System, Ludwig Feuerbachs Materialismus und dem französischen Frühsozialismus, dessen Vertreter mit wenigen Ausnahmen Antisemiten waren. Daß Marx seine systematische Argumentation nie wiederholt hat und seinem Judenhaß allenfalls in persönlichen Invektiven freien Lauf ließ, mag indes am systematischen Problem seiner frühen Schrift gelegen haben. Die Frage, warum die linken Hegelianer auch dann noch, als sie die christlich getönte Philosophie des Deutschen Idealismus aufgegeben hatten, gleichwohl an dessen antijudaistischen Einstellungen festhielten, ist zugleich die Frage nach dem nicht nur expliziten, sondern eben auch implizit christlichen Gehalt dieser Philosophie. Ihn genauer zu bestimmen wird durch eine symptomatologische Untersuchung der Bilder vom Judentum möglich.

Diese Untersuchung möchte symptomatische Zusammenhänge und Muster ihrer Deutung aufzeigen. Dabei geht es um die Frage, wie bestimmte Konzeptionen des christlichen Glaubens, der Freiheit, der Geschichte und der Erlösung sich in der Vorstellung vom Judentum niedergeschlagen haben. Sollte sich erweisen, daß bestimmte Konzeptionen immer mit artikulierter Judenfeindschaft einhergehen, während andere bis in den Bereich des Politischen frei davon sind, wären nicht nur Anfragen an eine bis heute gültige, systematische christliche Theologie zu stellen, sondern es öffnete sich zugleich ein neuer Weg innerhalb des christlich-jüdischen Dialogs. Hier galten die Bemühungen in den letzten drei Jahrzehnten vor allem exegetischen Fragen neutestamentlicher Wissenschaft und einer ethischen Selbstvergewisserung der christlichen Kirchen vor dem Hintergrund des Holocaust und ihrer Beteiligung an dem Massenmord an den europäischen Juden.

Die idealistischen Philosophen haben auch außerhalb ihrer religionsphilosophischen Schriften eine Höhe der Argumentation über den Glauben des Abendlandes vorgegeben, die heute noch hilfreich sein kann, wenn es um die Klärung letzter Entscheidungen in religiösen Fragen beziehungsweise um die vernunftgemäße Vergewisserung unserer Annahmen über Geschichte, Existenz und Heil geht. Das liegt insbesondere daran, daß die im

Idealismus kulminierende Aufklärung in Deutschland niemals atheistisch oder agnostisch vorging. Wo in England ein Agnostizismus oder Deismus eine mehr oder minder zwanglose Verbindung mit einem den Kirchgang als Institution schätzenden, konventionellen Feiertagschristentum einging, herrschte in Frankreich ein radikaler Atheismus vor, der in seiner Absolutheit der christlichen Religion gleichwertig sein wollte. In Deutschland hingegen blühte spätestens seit Lessing eine die universalistischen Gehalte der christlichen Religion aufnehmende und transformierende Aufklärung, die sich zunächst neben der entstehenden, historisch arbeitenden Bibelkritik behaupten mußte. Frühestens mit Johann Salomo Semler, spätestens mit Johann David Michaelis und Hermann Samuel Reimarus wandte sich die Aufklärung der historischen Kritik unüberprüfter orthodoxer Wahrheiten zu. Durch Lessing kam sie zu dem Schluß, das Wesen der Evangelien eher in künftig zu realisierenden Verheißungen als in vergangener Offenbarung zu sehen.

Das hatte mehr sozial- und weniger geistesgeschichtliche Gründe. Die intellektuellen Bannerträger der Aufklärung in Deutschland entstammten einem christlichen, meist protestantischen Milieu. Diesen jungen Männern waren als nicht besitzenden, nicht adligen Kleinbürgern in den spätabsolutistischen höfischen Staaten und Kleinstaaten große Karrieren im allgemeinen versagt. Als Tätigkeit, die eine sichere Lebenszeitstellung mit einem hohen Prestigewert verbinden konnte, blieb häufig nur das Pfarramt, das aber erst nach einer meist als bedrückend erlebten Zeit als Hauslehrer in einer wohlhabenden Familie erreicht werden konnte. Auf jeden Fall galt vor der preußischen Reform von 1812 das Studium der evangelischen Theologie als gleichsam natürliche Voraussetzung einer Laufbahn im Bildungswesen.

So hatten mit Ausnahme von Kant und Marx alle hier untersuchten Denker: Fichte, Schleiermacher, Hegel und Schelling, ihren Bildungsgang als Theologen begonnen. Ihr Studium verhalf ihnen zur Kenntnis der alten Sprachen einschließlich des Hebräischen sowie der biblischen Schriften. Alle letztgenannten entstammten einem christlichen Milieu, Fichte einer Familie kleinbürgerlicher Lutheraner, Schleiermacher der Herrnhuter Brüdergemeine, Hegel dem Milieu des schwäbischen Pietismus und Schelling ebenfalls dem lutherischen Bürgertum. Katholische oder calvinistische Hintergründe spielten auffälligerweise keine Rolle. Daß zumindest bei Schelling katholische Motive im Laufe seines Lebens immer wichtiger wurden, läßt sich jedenfalls nicht mit seiner Herkunft erklären, sondern mit den systematischen Erfordernissen seiner philosophischen Theoriebildung.

Der lutherische und pietistische Hintergrund legte das Hauptgewicht auf drei Motive, die später wieder und wieder aufgenommen, systematisiert, variiert und weiterentwickelt wurden: ein Christozentrismus, eine von Luther geprägte paulinische Gesetzeskritik und eine mit einer Theologie des Heiligen Geistes versehene Lehre von der christlichen Gemeinde. Demgegenüber blieben das calvinistische Motiv eines radikalen Wortglaubens, dem es um die gerechte Ordnung des Diesseits ging, das katholische Programm einer nicht nur an Worten orientierten, sondern auch auf Taten ausgerichteten Rechtfertigung des Gläubigen sowie ein die menschliche Vernunft als göttliche Gabe, als natürliches Licht anerkennender scholastischer Rationalismus im Hintergrund. Daß letzteres Motiv, das wie gesagt den hier behandelten Denkern nicht in die Wiege gelegt worden war, sie später dennoch provozieren mußte, lag an ihrem Willen zur Philosophie; so wollten sie den Geist des Christentums aus einer anderen Instanz als der des Glaubens erklären. Die scholastische Lehre, vor allem der ontologische Gottesbeweis, sollte wieder zum fruchtbaren Anstoß werden. Läßt sich – so könnte man die Fragerichtung Fichtes, Schleiermachers, Hegels und Schellings charakterisieren – eine Philosophie aus dem Geist des Christentums entfalten, die das Problem nicht wie die späte Scholastik durch eine Setzung, nämlich den Glauben an das *lumen naturale* der Vernunft, löst?

Die damalige gebildete Welt war durch zwei Debatten erregt worden, zum einen durch Kants Widerlegung aller bisherigen Gottesbeweise, die im Sinne der fideistisch-lutherischen Orthodoxie dem Glauben als einer ungeschützten und unbeweisbaren Zuwendung zu Gott Raum gab und dabei außer der Feststellung der Faktizität des Sittengesetzes keine Vorgaben zuließ, zum anderen durch die von Jacobi angezettelte Debatte um Spinoza, der mit seinem Pantheismus der neuen Natur- und Gefühlsfrömmigkeit entsprach, mit seinen metaphysischen Argumenten hingegen die Wirklichkeit der menschlichen Freiheit zu bezweifeln schien. War die Geschichte mit einem naturfrommen und gleichwohl rationalen Determinismus zu erfassen? War dies überhaupt mit dem Streben der Aufklärung nach Mündigkeit und politischer Freiheit und der Vorgabe des lutherischen Christentums, dem Glauben an einen gnädigen Gott, der in seiner Menschwerdung eine Synthese von Absolutem und Kontingentem darstellte, zu vereinbaren? Wo Kants Lehre vom Sittengesetz die Gnade ausschloß, schien Spinoza bei allem Pantheismus sogar auf die lutherisch eingeschränkte, vom Erbsündengedanken geprägte, ermäßigte Freiheitskonzeption zu verzichten.

Eine im Schatten der Französischen Revolution und des deutschen Spätabsolutismus groß gewordene Generation von Intellektuellen stand vor der Aufgabe, die politisch erfahrene Freiheit begrifflich zu begründen. Diese Konzeption mußte in Einklang mit der christlichen Religion gebracht werden. Darüber hinaus wollte man am Postulat der Aufklärung festhalten, eine andere, gar höhere Instanz als das Denkvermögen nicht anzuerkennen. Die Philosophen setzten damit jene Bemühungen fort, die sowohl die alte Kirche und die Patristik als auch das hohe Mittelalter mit der Scholastik umgetrieben hatten: die Durchdringung und Begründung der christlichen Religion mit und aus der Philosophie. Doch wo die späte Antike noch vom Sein aus dachte und die Scholastik seit dem Universalienstreit und dem Nominalismus vor allem mit dem Verhältnis von Absolutem und Kontingentem befaßt war, liegt die Philosophie des Deutschen Idealismus bereits nach der cartesianischen Revolution und der neuzeitlichen Bewußtseins- und Selbstbewußtseinsphilosophie. Auf einen Nenner gebracht, versuchten die Idealisten, den Geist des Christentums aus einer Metaphysik des Selbstbewußtseins zu entfalten. Das Christentum freilich, das da in seiner Geltung entfaltet werden sollte, war eben das Christentum der lutherischen und pietistischen Tradition.

Wenn es zutrifft, daß das Verhältnis der idealistischen Philosophie zu Juden und Judentum ihrer Haltung zur eigenen, christlichen Tradition entsprang und darüber hinaus ihre philosophischen Anstrengungen sich darauf richteten, den Geist des Christentums aus einer Metaphysik des Selbstbewußtseins zu entfalten, folgt daraus, daß ihre Stellungnahmen zum Judentum zugleich Aussagen über die innere Gestalt dieses Selbstbewußtseins sind. In einer Selbstbewußtseinsphilosophie, die auf Freiheit dringt, haben diese Aussagen immer auch politischen Charakter. Daß dies bei Fichte, Schleiermacher, Hegel und Schelling der Fall ist, soll im folgenden gezeigt werden.

Ob diese Aussage auch für den Ausgangspunkt der idealistischen Philosophie, das philosophische Werk des an einer moralischen Funktion der christlichen Religion interessierten Aufklärers und Agnostikers Kant, beziehungsweise für den Endpunkt der idealistischen Philosophie, den frühen Marx, zutrifft, ist eine andere Frage. Auf keinen Fall wird man von Kant statuieren können, daß es ihm in praktischer Hinsicht um eine Entfaltung des

Christentums aus einer Metaphysik des Selbstbewußtseins ging. Obwohl Kant Selbstbewußtsein als transzendentales Bewußtsein in den Mittelpunkt seines Denkens stellte, war ihm doch die christliche Religion niemals mehr als eine kontingente Gegebenheit, die einer moralischen Nutzung zuzuführen sei. Damit stand er unausgesprochen in der Tradition Spinozas, der in seinem *Theologisch-politischen Traktat* die Inhalte der historisch geronnenen Religionen mitsamt ihren Mythen als empirische Stütze für ein Moralbewußtsein ansah, das die breite Masse ohne diese Narrative kaum aufrechterhalten könne. Entsprechend schien Kant auch das Judentum weniger eine systematische als eine kontingente Größe zu sein, die vor allem daraufhin zu befragen sei, ob und in welchem Ausmaß sie der Ausbreitung eines aufgeklärten Bewußtseins dienlich sei.

Für den Hegelianer Marx waren beide Religionen, Judentum und Christentum, nicht mehr nützliche Vorgaben, sondern systematische Konstituenzien eines falschen Bewußtseins, die ununterscheidbar die materiellen Verhältnisse, unter denen sie existieren, artikulieren und bewahren. Das junghegelianische Credo, daß die Kritik der Religion beinahe schon die ganze Kritik einer nicht mehr wahren, unvernünftigen Wirklichkeit sei, galt zumal für den jungen Marx. In seiner Geschichtsphilosophie konnte das Judentum deshalb nur als eine bestimmte Praxis, die der christlichen Praxis zugleich entsprach und auch entgegengesetzt sei, erscheinen. Marx ging es nicht um eine Entfaltung, sondern um eine Kritik des Christentums. Das Verwerfen der absoluten Religion implizierte die Ablehnung ihrer Vorläufer. Daß freilich beim jungen Marx die Kritik der Vorläuferreligion so viel schärfer ausfiel als die Kritik des herrschenden Christentums, mag an biographischen Gründen oder den Themen des Idealismus gelegen haben. Obwohl oder gerade weil Marx seine Philosophie nicht mehr als eine Entfaltung der absoluten Religion verstanden sehen wollte, exemplifizierte er deren konkreten historischen Gehalt. Der Verzicht auf eine philosophische Rechtfertigung dieser Religion führte bei ihm zunächst dazu, ihre populären Gestalten und Gehalte der Form nach zu kritisieren – eine Wiederaufnahme des aufklärerischen Programms Kants mit dem Unterschied, daß Marx' Kritik nicht auf eine Nutzbarmachung des Glaubens, sondern auf dessen Aufhebung durch revolutionäres Handeln zielte.

Dort, wo es Fichte, Schleiermacher, Hegel und Schelling um eine Durchdringung und Vertiefung des Christentums zu tun war, ging es Kant und Marx um seine Aufhebung. Marx sah daher im Judentum kein systematisches, sondern ein politisches Problem, während die Idealisten aus einer wie auch immer gearteten Theorie des Judentums systematische Schlüsse zogen, die dann eine politische Praxis anleiten sollten. Die jungen Fichte und Hegel standen hier Marx näher als Kant, was an ihrem revolutionären Eifer und noch mehr daran lag, daß sie dem Christentum ihrer Zeit eine weltumstürzende Kraft nicht mehr zutrauten. Beinahe alle Autoren wollten den moralischen Gehalt der religiösen Überlieferung ausschöpfen. Da ihnen diese religiöse Überlieferung aber wesentlich aus dem Christentum und indirekt aus dem Judentum bekannt war, konnten sie ihr Anliegen nur über die unterschiedlichen christlichen Strömungen und den Gegensatz von Christentum und Judentum artikulieren.

Die entscheidenden Weichen für alle folgenden philosophischen Systeme und ihre Begründungen wurden von Kant gestellt. Die Darstellung und Rekonstruktion von Kants Verhältnis zum Judentum, die sich aus seiner allgemeinen aufklärerischen Theorie der Religion ergibt, steht daher am Anfang. Es wird sich zeigen, ob und inwieweit Vorurteil und systematische Argumentation schon hier ineinander übergingen. Die Darstellung folgt dem von Marx und Friedrich Engels propagierten Vorschlag, die klassische deutsche Philosophie mit Feuerbach und ihnen selbst ausklingen zu lassen. Allerdings stehen am Ende des Deutschen Idealismus zwei Auswege, der von Schelling und der von Marx. Nimmt man die Rolle, die das Judentum für die Philosophie des Deutschen Idealismus spielte, ernst, so setzte den Schlußakkord nicht Marx, sondern Schelling, der etwa für den jüdischen Zukunftsdenker Franz Rosenzweig zur überragenden Anregung wurde.[11]

I. Kants Theorie des Judentums – Die Euthanasie des statutarischen Gemeinwesens

In der heutigen Auseinandersetzung mit Immanuel Kant geht es zentral um die sogenannte Dialektik der Aufklärung, eine Debatte, die in den letzten fünfundzwanzig Jahren oberflächlicher und ideologischer geführt wurde, als es sich die Autoren des gleichnamigen Werks, Max Horkheimer und Theodor W. Adorno, am Ende des Zweiten Weltkrieges hätten träumen lassen. Während sie in der Tradition Kants und Georg Wilhelm Friedrich Hegels darum bemüht waren, einen Begriff der Vernunft zu entfalten, der ihre instrumentellen Vernutzungen selbst noch zu kritisieren vermochte, und damit dem Projekt der Aufklärung, dem Kampf um die Beherrschung von Natur, Mensch und Gesellschaft die Treue hielten, sind heute Vertreter einer sich dezisionistisch auf Moral stützenden politischen Ethik nur allzugerne bereit, die rationalitätskritischen und damit rationalitätssteigernden Potentiale dieser Philosophie *en bloque* zu verurteilen. Das wird in der Auseinandersetzung mit dem Deutschen Idealismus besonders deutlich. Von André Glucksmann, einem ehemaligen Maoisten, bis Paul Lawrence Rose, einem zionistischen Historiker, haben die Teilnehmer dieser Debatte die verschiedenen Philosophen des Deutschen Idealismus auf die Anklagebank gesetzt.

Der Verdacht, daß Johann Gottlieb Fichte, Friedrich Wilhelm Joseph Schelling und Hegel die geistigen Urheber des Nationalsozialismus und damit der massenindustriellen Ermordung der europäischen Juden waren, ist weder neu noch spektakulär, weder völlig abwegig noch haltbar. Schon Herbert Marcuse sah sich 1941 im US-amerikanischen Exil genötigt, mit seinem Buch *Reason and Revolution* dem Mißbrauch Hegels durch völkische Juristen entgegenzutreten. Bei keinem Philosophen des Deutschen Idealismus jedoch scheint der Verdacht, er gehöre in die Vorgeschichte von Auschwitz, absurder als bei Kant, jenem Philosophen der Autonomie, der unbedingten Rechtlichkeit und der unverletzbaren Menschenwürde, dem sich ein großer Teil des deutschen Judentums im neunzehnten Jahrhundert bis weit in die Orthodoxie hinein verpflichtet fühlte. In seinem unableitbaren Sittengesetz artikulierte sich systematisch und vernunftgemäß genau das, was die Bibel mit ihrer Erinnerung an den Bund und die gebietende Stimme vom Sinai in erzählender Sprache entfaltet.

»Vielleicht«, so heißt es in Kants *Kritik der Urteilskraft* von 1790, »gibt es keine erhabenere Stelle im Gesetzbuche der Juden, als das Gebot: Du sollst dir kein Bildnis machen, noch irgend ein Gleichnis, weder dessen, was im Himmel, noch auf Erde, noch unter der Erden ist, u.s.w. Dieses Gebot allein kann den Enthusiasmus erklären, den das jüdische Volk in seiner gesitteten Epoche für seine Religion fühlte, wenn es sich mit andern Völkern verglich, oder denjenigen Stolz, den der Mohammedanism einflößt.«[1] Darin erkannten sich jene Juden, die im frühen neunzehnten Jahrhundert aus der Enge des Gettos ausbrechen wollten, wie Lazarus Bendavid, Saul Ascher, Markus Herz und David Friedländer, ebenso wieder wie jene, die ihrer Tradition einen vernünftigen Sinn verleihen wollten, etwa Hermann Cohen[2], oder jene, die gar zeigen wollten, daß sich mit Kant die wörtlich verstandene Offenbarung am Sinai beweisen ließ, von Samson Rafael Hirsch bis zur neoorthodoxen Rabbinerdynastie Breuer. Freilich war nicht zu übersehen, daß derselbe Kant die Juden seiner Zeit als »betrügerische Palästiner« bezeichnete und in seinen religionstheoretischen Schriften wie auch im Nachlaß wiederholt die »Euthanasie des Judentums« gefordert hatte – ein Ausdruck, der spätestens nach den nationalsozialistischen Massenmorden an den Geisteskranken Entsetzen hervorruft. Adolf Eichmann hatte sich immerhin auf Kant berufen.[3]

Glucksmann veröffentlichte sein Buch über die *Maîtres penseurs*, die Meisterdenker, 1977. Darin ist von Kant keine Rede. Nichts, so beteuerte der Autor, verbinde die deutschen Denker mit dem Nazismus außer dem Umstand, daß sie Antisemiten gewesen seien. Der menschenrechtlich entflammte Begründer einer »neuen Philosophie« unterlag freilich der eigenen Dialektik, wenn er unmittelbar darauf feststellt: »Paradoxerweise mußte man auf Heidegger warten, um eine deutsche Philosophie zu finden, die nicht antisemitisch ist: Rom, nicht Judäa, versperrt uns den Weg nach Griechenland. Die Übersetzungen des Imperium Romanum sind ebenso verheerend wie seine Friedensschlüsse.«[4] In Glucksmanns Buch spukt Kant als finanzieller Förderer des erklärtermaßen antisemitischen Fichte und als Kritiker der Deutschen durch die Seiten.[5] Ob Glucksmann die seit 1968 erscheinenden Arbeiten des Antisemitismushistorikers Léon Poliakov kennt, läßt sich nicht mit Sicherheit feststellen, ist aber wahrscheinlich. Für Poliakov war der Fall Kant klar, obwohl Generationen jüdischer Kantianer dessen judenfeindliche Texte mit dem Ziel kritisierten, Kant zu entschuldigen. »Lektüren und Quellen, von welchem Gewicht auch immer, haben möglicherweise weniger gezählt als der abgründige Haß eines Denkers, der in mehreren Schriften und bei verschiedenen Anlässen auf eine Weise die Euthanasie des Judentums empfahl, die nichts anderes bedeuten konnte als die metaphysische Form des Schreis: ›Tod den Juden!‹«[6] Rose schließlich, der Poliakovs eher anspruchslose Kompilation für eine brillante Synthese hält,[7] sieht bei Kant den Ursprung des Nationalsozialismus als Idee. Kants Antisemitismus, der sich in seinen Meinungen ausdrücke, daß das Judentum eine unmoralische Religion und die Juden eine fremde Nation von Schacherern seien, werde durch den zentralen Begriff der moralischen Freiheit zusammengehalten. Beider Verbindung habe sich in der idealistischen Philosophie als Kern einer spezifisch deutschen Revolution entpuppt. Rose, der an einer nüchternen Analyse interessiert zu sein vorgibt, macht zu Recht auf Rezeptionshindernisse wie die Unkenntnis des Deutschen beziehungsweise unzureichende Übersetzungen aufmerksam, die ein angemessenes Verständnis der »deutschen Revolution« verhindern. Indem er zwischen dem Judaismus als Religion, der jüdischen Nation und jüdischen Eigenschaften unterscheidet, geht er einen ersten Schritt in Richtung auf ein genaueres Verständnis der idealistischen Judenfeindschaft. Aber auch für ihn gilt wie für Poliakov, Glucksmann und Joshua Halberstam[8], daß sie das unterlassen haben, was einzig einem philosophischen Text angemessen ist: ihn auch philosophisch zu lesen. Um Kants Auseinandersetzung mit dem Judentum zu verstehen, führt kein Weg daran vorbei, sich auch mit jenen Menschen, mit jenen Juden näher zu befassen, die sein systematisches Denken prägten und anregten.

Am Anfang stand Moses Mendelssohn. Die Ankunft des 1729 in Dessau geborenen Sohns eines Toraschreibers, der seinem Rabbi David Fränkel 1743 nach Berlin folgte, sollte das Denken der Gebildeten in Deutschland über die Juden und das Judentum nachhaltig verändern. Mendelssohn, der sein Leben zunächst als Hauslehrer fristete, dann als erfolgreicher Kaufmann lebte, wurde schnell zum Mittelpunkt der Berliner Aufklärung. Seit 1750 mit Gotthold Ephraim Lessing befreundet, begann er einige Jahre später mit einer regen Publikationstätigkeit. Mit seinem Freund, dem Berliner Buchhändler und Verleger Friedrich Nicolai, kämpfte er für das Entstehen einer deutschsprachigen Literatur wider das vom absolutistischen Hof geförderte Französisch.

Mendelssohn setzte sich nicht nur mit den damals in Philosophie und Gesellschaft zentralen Themen wie Ästhetik und Empfindsamkeit auseinander, sondern auch mit der Philosophie der Religion, die er als rationale Theologie zu begründen versuchte. Mendelssohn war bestrebt, die Unsterblichkeit der Seele, die Existenz Gottes und die menschliche Willensfreiheit zu beweisen; seine Annahmen der Beweisbarkeit Gottes widerlegte Kant später in der *Kritik der reinen Vernunft.*

Als gefeierter Philosoph der Aufklärung blieb Mendelssohn gleichwohl sein Leben lang ein orthodoxer Jude, eine Tatsache, die einen Teil seiner Bewunderer zunehmend provozierte. Als ihm der Schweizer Geistliche Johann Caspar Lavater 1769 ein von ihm übersetztes Werk christlicher Religionsphilosophie widmete und ihn zugleich respektvoll aufforderte, zum Christentum überzutreten, war Mendelssohn gezwungen, sein Lebensprojekt, die Verbindung von Judentum und Aufklärung, zu verteidigen. In seinem Schreiben an Lavater 1770 brachte er vor allem pragmatische und lebensgeschichtliche Gründe für sein Festhalten am Judentum vor. Zwölf Jahre später entfaltete er nach gründlichem Studium seine Argumentation in dem Werk *Jerusalem oder Über religiöse Macht und Judentum.*

Er setzte an der Frage an, die die Aufklärung von Anfang an umgetrieben hatte, am Verhältnis von Staat und Religion. Als Anhänger der Vertragstheorie des Staates gestand er dem Staat bezüglich der Verbesserung des leiblichen Wohls der Bürger Zwangsbefugnisse zu, während Kirchen und Religionsgemeinschaften das gleiche Ziel ausschließlich durch Überzeugen verfolgen können sollten. Als Aufklärer allen Offenbarungstheoremen gegenüber skeptisch, war er von der sachlichen Identität wahrer, moralischer Religion und rationaler Reflexion über Gott, Freiheit und Unsterblichkeit überzeugt. Religion war für ihn der Inbegriff einer höheren moralischen Haltung, die in den vielfältigen jüdischen Zeremonialgesetzen auf den ersten Blick nicht zu finden ist. Die Schwierigkeit, die den Juden offenbarten sinaitischen Satzungen nicht als Religion verstehen zu können, löste Mendelssohn, indem er das Geschehen am Sinai als Offenbarung des Gesetzes und nicht der Religion, als eine vom jüdischen Volk beglaubigte historische Tatsache ansah. Das Judentum als Glaube enthielt mithin nichts anderes als den Kern, den jede auf Vernunft gegründete Religion in sich tragen muß; die Juden waren dadurch nicht vom Rest der Menschheit unterschieden. Die Weisung am Sinai hingegen enthält nichts anderes als die spezifische Wegweisung zu Leben und Wohlergehen von Gott an die Juden. Diese Ansicht steht in der Tradition rabbinischer Theologie, die niemals auf Mission setzte. Die von vielen Aufklärern kritisierte Einheit von Staat und Religion im Judentum ist damit aufgesprengt und für historisch erklärt. Während die Wahrheit der jüdischen Religion in einsichtigen, nicht offenbarungsfähigen Vernunfttatsachen besteht, stellt das sinaitische Gesetz mitsamt seinen Anweisungen zur staatlichen Organisation, seinen äußeren Zwangsbefugnissen, lediglich eine historisch kontingente Form dar, die diese Vernunftwahrheiten annahmen. Sie führten zur Idee einer unmittelbaren politischen Souveränität des göttlichen Willens. Dieser Religion zu folgen bedeutet keinen irrationalen Akt des Glaubens, sondern, wie Mendelssohn unter Hinweis auf einschlägige Bibelstellen ausführte, Einsicht und Erkenntnis. So heiße es im »Höre Israel« »vernimm Israel« und nicht etwa »glaube Israel«, und Deuteronomium 4,30 spreche davon, Israel solle erkennen, daß Gott einer sei. Daß das historische Judentum mit seinen als zwanghaft angesehenen Zügen lediglich als Hülle für eine auf Gewissens- und Entscheidungsfreiheit, auf rationaler Einsicht beruhende Vernunftreligion dienen sollte, wurde Mendelssohn später immer wieder vorgehalten. Haltbar scheint dieses Konstrukt nur durch eine religionsgeschichtliche

Spekulation, die aber erst nach Mendelssohn das Reformjudentum[9] unter Berufung auf die prophetischen Schriften anstellte, daß nämlich das Ende des antiken jüdischen Staates einen höheren Sinn, ja geradezu einen göttlichen Willen artikuliere, die weltweite Verbreitung der am Sinai in Gesetze gehüllten aufklärerischen Vernunftreligion. Mendelssohns Ablehnung von Wundern als Beweisen mußte zu einer harschen Kritik an den christlichen Dogmen von Jungfrauengeburt, Trinität und Auferstehung führen. Anders als bei der sinaitischen Gesetzesoffenbarung war er nicht bereit, sie als historische Fakten anzuerkennen. Damit behauptete Mendelssohn indirekt, daß das Judentum gegenüber dem Christentum die rationalere und also aufgeklärtere Religion sei – eine Behauptung, deren provokative Wirkung nicht hoch genug eingeschätzt werden kann.

Mendelssohn, der nach der Auseinandersetzung mit Lavater neben seinem wissenschaftlichen Werk eine deutsche Übersetzung der hebräischen Bibel in Angriff nahm und etwa durch Gründung hebräischsprachiger Zeitschriften, das Fördern jüdischer Freischulen und das Verfassen religiöser Propädeutika unermüdlich für die jüdische Gemeinschaft wirkte, stand als Person und Symbol gelebter Aufklärung im Zentrum der Gesellschaft. In ihm schienen die Verheißungen der Aufklärung, wechselseitige Toleranz, Respekt vor historisch gewachsenen Traditionen und Anerkennung der Vernunft verwirklicht.

Auch Kant, der in seiner 1781 erschienenen *Kritik der reinen Vernunft* die von Mendelssohn vertretene rationale Theologie systematisch widerlegt hatte, war persönlich an ihm interessiert. 1783 übersandte ihm Mendelssohn sein *Jerusalem* und erhielt ein überaus freundliches Antwortschreiben, obwohl Kant nach eigenem Bekunden ein eher nachlässiger Briefschreiber war. Unter Bezugnahme auf den aus Königsberg stammenden gemeinsamen Bekannten Friedländer teilte Kant Mendelssohn mit:

Herr Friedländer wird Ihnen sagen, mit welcher Bewunderung der Scharfsinnigkeit, Feinheit und Klugheit ich Ihren Jerusalem gelesen habe. Ich halte dieses Buch für die Verkündigung einer großen, obzwar langsam bevorstehenden und fortrükkenden Reform, die nicht allein Ihre Nation sondern auch andere treffen wird. Sie haben Ihre Nation mit einem solchen Grade von Gewissensfreiheit zu vereinigen gewußt, die man ihr gar nicht zugetraut hätte und dergleichen sich keine andere rühmen kann. Sie haben zugleich die Notwendigkeit einer unbeschränkten Gewissensfreiheit zu jeder Religion so gründlich und hell vorgetragen, daß endlich auch die Kirche unsrerseits wird denken müssen, wie sie alles, was das Gewissen belästigen und drücken kann, von der ihrigen absondere, welches endlich die Menschen in Ansehung der wesentlichen Religionspunkte vereinigen muß, denn alle das Gewissen belästigenden Religionssätze kommen uns von der Geschichte, wenn man den Glauben an deren Wahrheit zur Bedingung der Seligkeit macht. Ich mißbrauche aber Ihre Geduld und Ihre Augen und füge nichts weiter hinzu, als daß niemandem eine Nachricht von Ihrem Wohlbefinden und Zufriedenheit angenehmer sein kann als Ihrem ergebensten Diener
I. Kant.[10]

Dieser von dem immerhin fünf Jahre älteren, inzwischen berühmten Philosophieprofessor an einen zudem schon systematisch widerlegten autodidaktischen Popularphilosophen abgefaßte Brief fällt bei dem sonst eher zurückhaltenden Kant auf. Sie kannten sich, wenn auch flüchtig. 1777 war Mendelssohn zu Gast in Königsberg, und Kant rühmte sich in einem Brief an seinen jüdischen Schüler, den Arzt Markus Herz, der später Henriette Lemos heiratete, »seines würdigen Freundes« Mendelssohn.[11] Immerhin sollen sich Kant und Mendelssohn anläßlich einer Vorlesung des ersteren, zu der letzterer gekommen war, in aller Öffentlichkeit umarmt haben.

So kann keine Rede davon sein, daß Kants Auseinandersetzung mit dem Judentum von Anfang an, wie Rose meint, von ausgesprochener Feindseligkeit geprägt war.[12] Gleichwohl ist zu fragen, warum Kant, der Mendelssohn und seinen Theoremen anfänglich aufgeschlossen gegenüberstand und viele ihm herzlich verbundene jüdische Freunde und Schüler hatte, in seinem späteren Werk seine im Dankesbrief geäußerte Anerkennung zurücknahm. Was bewog den aufgeklärten Kant, sich in seiner *Anthropologie in pragmatischer Hinsicht* zwar nicht rassistisch, aber doch pauschalierend negativ über die Juden auszulassen und sich zudem in persönlichen Bemerkungen abfällig zu äußern? Den von ihm in einem Brief an Herz als »scharfsinnig« und »tiefgründig« bezeichneten Salomon Maimon, nahm er fünf Jahre später in einem Brief an Karl Leonhard Reinhold zum Anlaß einer antisemitischen Bemerkung. Ärgerlich über von ihm nicht autorisierte Debatten über die Transzendentalphilosophie, beklagte er Maimons »Nachbesserung der kritischen Philosophie (dergleichen die Juden gerne versuchen, um sich auf fremde Kosten ein Ansehen von Wichtigkeit zu geben)«[13]. Und was in aller Welt ging im Kopf dieses großen Aufklärers vor, als er, wie der Bildungsreisende und Theologe Abegg berichtet, folgendes sagte: »Es wird nichts daraus kommen; so lange die Juden Juden sind, sich beschneiden lassen, werden sie nie in der bürgerlichen Gesellschaft mehr nützlich als schädlich werden. Jetzo sind sie Vampyre der Gesellschaft.«[14] Waren es zu viele jüdische Schüler, waren es ungeschickte Versuche der jüdischen Gemeinde in Königsberg, Kant zu ehren,[15] oder grundsätzliche Überlegungen, die derlei Urteile motivierten? Ohne eine genaue Analyse der von Kant verwendeten religionstheoretischen Kategorien sind diese Fragen nicht zu beantworten: der Kategorien des Glaubens als einer subjektiv gültigen, aber objektiv unzureichenden Überzeugung, der Religion als des Inbegriffs symbolischer Deutungsmuster für die moralische Entwicklung, der Kirche als eines institutionalisierten Systems von Riten, dementsprechend des Kirchenglaubens als des Glaubens an Riten und Symbole sowie des Religionsglaubens als eines von Religion geleiteten Kirchenglaubens.

In seinen Schriften stellt Kant das Judentum als einen Glauben dar, der in keiner Verbindung zum Christentum stehe, eigentlich gar keine Religion, sondern lediglich eine Satzung politischer Gesetze sei, in denen Gott als weltlicher Regent verehrt werde und dessen Gesetze daher nur Zwangsgesetze seien. Das Judentum kenne keinen Glauben an ein ewiges Leben, damit widerspreche es der Vernunftreligion und sei zudem partikularistisch. Das insgesamt negative Urteil über das Judentum kam nicht etwa nur deshalb zustande, weil Kant im Judentum – historisch durchaus zutreffend – eine ethnisch und historisch von starken Riten geprägte Lebensgemeinschaft sah, sondern vor allem deshalb, weil Kant dem Christentum im Unterschied zum Judentum zugestand, ein religiös inspirierter Kirchenglauben mit universalistischem Anspruch zu sein. Ihm blieb verschlossen, daß der Glaube von Jesus, den er unter Berufung auf Bendavid als gemeinsame Basis aufgeklärter Religiosität akzeptierte, nur der jüdische sein kann. Der Mathematiker Bendavid (1762 bis 1832), ein Freund von Herz, wurde, ohne Kant je gehört zu haben, zu einem seiner glühendsten Anhänger und trat vehement für die Aufhebung des Zeremonialgesetzes sowie die Neubegründung des Judentums aus dem Geist der Bibel und Mosis ein; dabei berücksichtigte er nicht, daß schon Mendelssohn die Eigentümlichkeit des Judentums gerade in seinen Ritualgesetzen und nicht in seinem vernunftorientierten religiösen Kern sah.[16]

Warum konnte sich Kant dieser Sicht nicht anschließen? Handelte es sich bei seiner kritischen, wenn nicht abwertenden Sicht des Judentums um Vorurteile, die in tiefsitzenden Erfahrungen wurzelten, womöglich dem von der Mutter vermittelten Kinderglauben entstammten?[17] War es Eigensinn oder Unfähigkeit zu Freundschaft? »Kultureller Fortschritt, das wußte Kant, beginnt im Umgang mit Menschen, deren Urteil ich auch dann vertraue, wenn es mir den Spiegel vorhält, weil Einigkeit des moralischen Anspruchs besteht, und Freundschaft ist erst dort, wo der gegenseitige Respekt vor echter Verletzung schützt. Kant hat offenbar Freunde gehabt. Er hätte nur besser zuhören müssen.«[18] Die überraschende Schlußpointe von Bettina Stangneths Essay »Antisemitische und Antijudaistische Motive bei Immanuel Kant?« besteht in der These, daß Kant die Überlegungen seiner jüdischen Freunde nicht ernst genommen habe. Sie ließe sich zu einer Argumentationsethik ebenso wie zu einer Ethik der Freundschaft, einer Tugendlehre ausweiten.

Wäre Kant besser beraten gewesen, wenn er auf Mendelssohn und Herz gehört hätte? Haben die sich damals emanzipierenden Juden ihr Judentum angemessen verstanden? Waren nicht Friedländer, Bendavid und Ascher aus ganz ähnlichen Gründen wie Nichtjuden vom talmudischen Judentum abgestoßen? Konvertierten Rahel Levin, Henriette Herz und Dorothea Schlegel, weil sie nicht die richtigen Freunde hatten? Mit anderen Worten, läßt sich Kants Ungleichbehandlung von Judentum und Christentum wirklich durch den Hinweis auf seine frühe Sozialisation erklären? Wäre eine kritische Analyse des christlich-protestantischen Glaubens, mit dem Kant vertraut war und der seine Philosophie in vieler Hinsicht bis hin zu seiner Zweiweltenlehre prägte, nicht der Weg, Kants Verhältnis zum Judentum auf die Spur zu kommen? Von einigen zeitgenössischen Biographen wissen wir, daß er sich mit christlicher Dogmatik und Kirchengeschichte, sogar mit dem Katechismus auseinandergesetzt hat.[19] Womöglich hatten die jüdischen Kantianer von Herz, Friedländer und Maimon über Cohen bis zu Samson Raphael Hirsch und Isaak Breuer darin recht, daß Kant den rationalen Kern des Judentums erkannt hatte. Womöglich hatte Kant keine Vorurteile, sondern war entgegen seinem sonstigen aufklärerischen Mut bezüglich eines offenen Bekenntnisses zu den Juden nur ängstlicher als sein Zeitgenosse Lessing. Als Judenfreund mochte er nicht gelten. Wenn er schon aufgrund seiner Freunde und des von ihm als Respondenten seiner Dissertation gewählten Herz entsprechenden Verdächtigungen ausgesetzt war, wollte er wenigstens sein Werk von derlei Einflüssen freihalten. Dabei stand ihm die Beziehung zu Mendelssohn immer wieder im Wege.

1786 mußte sich dieser, der massiv gegen öffentlich proklamierten Atheismus und gegen Atheisten eintrat, mit einer Attacke gegen seinen verstorbenen Freund Lessing auseinandersetzen. Der Philosoph Friedrich Heinrich Jacobi behauptete mit seiner Schrift *Über die Lehre des Spinoza. In Briefen an Moses Mendelssohn*[20], daß ihm Lessing bekannt habe, Spinozist, also nach damaliger Meinung kein Pan-, sondern ein Atheist zu sein.[21] Das war eine für den theistischen und rationalistischen Mendelssohn niederschmetternde Behauptung, der er in einem umfangreichen Schriftsatz, der Verteidigungsschrift »Moses Mendelssohn an die Freunde Lessings« entgegentrat. Sein Arzt Herz berichtet, daß er das Manuskript am Silvesterabend 1785 noch selbst in die Vossische Druckerei gebracht und sich dabei erkältet habe. Am 4. Januar 1786 starb Mendelssohn.

Als Atheist wollte auch Kant nicht gelten. Er äußerte sich 1786, ein Jahr nach dem Erscheinen von Jacobis Buch und Mendelssohns Tod zu der Kontroverse. Er ließ sich dabei aber nicht auf die philologische Frage ein, ob Lessing ein Spinozist gewesen sei, sondern wandte sich dem Kern der Debatte zu. Strittig war zwischen Mendelssohn und Jacobi vor allem, ob ein nur auf Vernunft gegründeter Gottesbegriff unter Umgehung des biblisch bezeugten Glaubens nicht notwendig zu Schwärmerei und Mystizismus führe. Jacobi zielte, indem er jede rationalistische Religion als Spinozismus beziehungsweise den Spinozismus als einzige überhaupt mögliche rationale Religion ansah, auf das Projekt der Aufklärungsreligion im Ganzen. Freundlich sowohl gegen Mendelssohn als auch Jacobi, suchte Kant beiden Kontrahenten nachzuweisen, daß sie mit ihren Beiträgen, ohne es zu wollen, »aller Schwärmerei, Aberglauben, ja selbst der Atheisterei eine weite Pforte geöffnet«[22] hätten. Im August 1789 sah er sich noch einmal bemüßigt, Jacobi mitzuteilen, kein Spinozist zu sein. Bei aller Begeisterung für Spinoza war das Bewußtsein, daß es sich bei ihm um einen zwar freien, aber seiner Herkunft nach jüdischen Geist handelte, nie geschwunden. So stellt sich die Frage, ob Kants Kritik des Judentums aus persönlichen Motiven und zeitbedingten Vorurteilen zu erklären ist oder nicht doch an einem Grundwiderspruch liegt, nämlich an einem aufklärerisch motivierten, rationalistischen Denken, das sich über seine zutiefst christlichen Wurzeln keine Rechenschaft ablegte.

Die Auseinandersetzung über Theismus und Atheismus ersetzte unter deutschen Gebildeten eine Debatte, die in anderen europäischen Ländern politischer geführt wurde, nämlich über das Verhältnis von Staat und Kirche. Allgemein kannte die Aufklärung, beginnend bei Rousseaus Auseinandersetzung mit dem Christentum im *Contrat social,* zwei Haltungen zur Religion. Entweder enttarnte sie sie herrschafts- und ideologiekritisch als ein Mittel des Priestertums zur Verunsicherung und Unterwerfung des Volkes, oder sie sah – im besten Fall – in der religiösen Überlieferung Metaphern für vernünftige moralische Wahrheiten. So argumentierte Spinoza in seinem *Theologisch-politischen Traktat.*

Kant, der diese Sicht grundsätzlich teilte, gab ihr in seiner transzendental begründeten praktischen Philosophie eine radikal neue Wendung. Er stellte klar, daß weder die Religionen noch deistische Annahmen das Moralgesetz erklären könnten, sondern umgekehrt das in sich einsichtige Sittengesetz auf Zwecke verweise, die einen Gottesbegriff erforderten. Die Frage nach einer unter diesem Gesetz stehenden Gemeinschaft beantwortete er mit der Definition des Staates als Form eines moralisch bestimmten Gemeinwesens. Er zeichnete zwei Idealtypen einer moralischen Gemeinschaft aus, das jüdische Volk und die wahre Kirche.

Damit lag eine aufklärerische Ekklesiologie vor, in der mit der Begrifflichkeit der transzendentalen praktischen Philosophie die christliche Differenz von Kirche und Israel und auch von Gesetz und Evangelium wieder aufgerufen war. Diese Differenz läßt sich in zwei Perspektiven deuten. Die ethnisch nicht gebundene christliche Kirche sei im Unterschied zur Synagoge – ein Ausdruck den Kant übrigens nie verwandte – eine mindestens der Tendenz nach universalistische Gemeinschaft, die zweitens aufgrund eines wesentlich anderen Glaubens als des der Tora nicht auf Moralität, sondern – so die lutherische Deutung – auf der im Glauben empfangenen Gnade beruhe. Die Annahme, daß Kant, der Philosoph sittlicher Verantwortung und eines nicht ableitbaren Sittengesetzes, letztlich dem lutherischen Fideismus anhing, scheint auf den ersten Blick unplausibel. Hier sei angemerkt, daß die kantische Zweiweltenlehre eine spezifische Antwort auf das schon zwischen Luther und Erasmus heftig debattierte Problem von sittlicher Freiheit und göttlicher Gnade enthält.[23] Kant argumentierte in der Sache »jüdisch-gesetzlich«, der Form nach aber »lutherisch-evangelisch«, und zwar insofern, als er die Annahme moralischer Willensfreiheit nur unter Vorbehalt gelten ließ. Dieser Vorbehalt, den die rationalistische Schule einschließlich Mendelssohns ablehnte, bildete den Kern von Kants Kritik des Judentums und fand sich in seinem Konstrukt der »wahren Religion« wieder.

Kants systematische Auseinandersetzung mit dem Judentum vollzog sich in den neunziger Jahren. Sie begann mit der 1793 publizierten Untersuchung zur *Religion innerhalb der Grenzen der bloßen Vernunft* und wurde mit dem 1798 erschienenen *Streit der Fakultäten* sowie der im gleichen Jahr und in zweiter Auflage 1800 veröffentlichten *Anthropologie in pragmatischer Hinsicht* abgeschlossen. Während in der Religionsschrift das Judentum noch als »statutarisches« System kritisiert wird, begann Kant im *Streit der Fakultäten* in seinem Urteil zu schwanken. Die Einsicht, daß Christentum und Judentum sich als historische Religionen in ihrer Distanz zu einer vernünftigen Moralreligion kaum unterscheiden, setzte sich zunächst durch, um schließlich doch zugunsten einer moralisch motivierten Auflösung des Judentums und der Annahme einer intellektuellen Überlegenheit des christlichen Gedankens wieder verdrängt zu werden.

In der Schrift über *Die Religion innerhalb der Grenzen der bloßen Vernunft* kommt Kant zu dem Schluß, daß der sittlich gebotene Übertritt des Menschen aus dem Naturzustand in ein ethisches Gemeinwesen zur Pflicht der Menschengattung gegen sich selbst gehöre:

> Jede Gattung vernünftiger Wesen ist nämlich objektiv, in der Idee der Vernunft, zu einem gemeinschaftlichen Zwecke, nämlich der Beförderung des höchsten, als eines gemeinschaftlichen Guts, bestimmt. Weil aber das höchste sittliche Gut durch die Bestrebung der einzelnen Person zu ihrer eigenen moralischen Vollkommenheit allein nicht bewirkt wird, [...] die Idee aber von einem solchen Ganzen, als einer allgemeinen Republik nach Tugendgesetzen, eine von allen moralischen Gesetzen [...] ganz unterschiedene Idee ist, nämlich auf ein Ganzes

> hinzuwirken, wovon wir nicht wissen können, ob es als ein solches auch in unserer Gewalt stehe: so ist die Pflicht, der Art und dem Prinzip nach, von allen andern unterschieden. – Man wird schon zum voraus vermuten, daß diese Pflicht der Voraussetzung einer andern Idee, nämlich der eines höhern moralischen Wesens bedürfen werde, durch dessen allgemeine Veranstaltung die für sich unzulänglichen Kräfte der einzelnen zu einer gemeinsamen Wirkung vereinigt werden.[24]

Kant kennzeichnete Gemeinschaften, die sich bei ihrem Zusammenschluß der motivierenden Kraft eines höheren moralischen Wesens versichern, mit dem Begriff eines »ethischen gemeinen Wesens«, was dem »Volk Gottes unter ethischen Gesetzen« entspreche. Im Unterschied zu »ethischen« Gemeinwesen zeichneten sich »juridische« Gemeinwesen dadurch aus, daß sie wechselseitige Freiheitseinschränkungen durch gesetzlichen, von Gewalt gedeckten Zwang erreichten. Juridische Gemeinwesen zielten auf äußere Legalität und seien allenfalls an der Einschränkung bestimmter Handlungen interessiert. Im Gegensatz dazu gehe es ethischen Gemeinwesen nicht einfach um die Normierung von Handlungen oder Unterlassungen, sondern um die Prägung von Gesinnungen. Während das juridische Gemeinwesen bestimmte Handlungen unterbinde oder negativ sanktioniere, befördere das ethische Gemeinwesen bestimmte Zwecke und Handlungen. Dem könne, so Kant, nur eine im weitesten Sinne theokratische und keine demokratische Konstitution genügen:

> Soll das gemeine Wesen aber ein ethisches sein, so kann das Volk als ein solches nicht selbst für gesetzgebend angesehen werden. Denn in einem solchen gemeinen Wesen sind alle Gesetze ganz eigentlich darauf gestellt, die Moralität der Handlungen (welche etwas Innerliches ist, mithin nicht unter öf-

> fentlichen menschlichen Gesetzen stehen kann) zu befördern, da im Gegenteil die letzteren, welches ein juridisches gemeines Wesen ausmachen würde, nur auf die Legalität der Handlungen, die in die Augen fällt, gestellt sind, und nicht auf die (innere) Moralität, von der hier die Rede ist.[25]

Mit dieser Konstruktion schloß Kant aus, daß sich ethische Gesinnungsgemeinschaften – im Unterschied zu politisch-juridischen Gemeinwesen – einvernehmlich und demokratisch konstituierten. Kant folgte dem Argument Mendelssohns in *Jerusalem* von der Möglichkeit einer faktischen Souveränität Gottes über das jüdische Volk. Die Unmöglichkeit einer demokratischen Konstitution liege in der behaupteten Innerlichkeit der entsprechenden Einstellungen begründet, die einer kommunikativen Einigung nicht fähig seien. Kant war offenbar der Auffassung, daß die Moralität, welche die Individuen in sich vorfänden oder erzeugten, ihre persönliche Angelegenheit sei. Ein weiteres Argument für jene Behauptung findet sich nicht. Umgekehrt dürfe der Stifter oder Erlasser moralischer Gesetze aber keine kausal wirkende Gesetzesquelle mit Befehlsgewalt sein – hier rückte Kant von Mendelssohn ab –, »weil sie alsdann keine ethischen Gesetze, und die ihnen gemäße Pflicht nicht freie Tugend, sondern zwangsfähige Rechtspflicht sein würde. Also kann nur ein solcher als oberster Gesetzgeber eines ethischen gemeinen Wesens gedacht werden, in Ansehung all dessen alle wahren Pflichten, mithin auch die ethischen zugleich als seine Gebote vorgestellt werden müssen; welcher daher auch ein Herzenskündiger sein muß, um auch in das Innerste der Gesinnungen eines jeden zu durchschauen.«[26]

Aus der Idee einer ethischen Gemeinschaft und der ihr zugrunde liegenden Motivationsquelle resultierte jener Begriff, der die im engeren Sinne ekklesiologischen Überlegungen Kants begründete und damit auch seine systematische Theorie des Judentums bestimmte: »Dieses aber ist der Begriff von Gott als einem moralischen Weltherrscher. Also ist ein ethisches gemeines Wesen nur als ein Volk unter göttlichen Geboten, d. i. als ein Volk Gottes, und zwar nach Tugendgesetzen, zu denken möglich.«[27]

Der Begriff eines unter göttlichen Gesetzen stehenden Volkes schließt nicht aus, daß sich das Volk im juridischen Sinne einem moralischen Weltherrscher unterwirft, sich mithin als ein Volk Gottes nach »statutarischen Gesetzen« konstituiert, das nicht an der Moralität, sondern der Legalität der befohlenen Handlungen interessiert ist. Aber eine solche Glaubensform lehnte Kant ab; sie als den richtigen Gottesdienst zu verstehen und »zur obersten Bedingung göttlichen Wohlgefallens am Menschen zu machen, ist ein Religionswahn, die Befolgung ein Afterdienst«[28]. Da der Idealtyp der »statutarischen Religion« die jüdische Religion war, wurde diese somit abgeurteilt. Das historischen Theokratien entgegengesetzte, theoretisch postulierte Gemeinwesen stellte sich als »erhabene, nie völlig erreichbare Idee«[29] dar, die nicht von Menschen gegründet, sondern von Gott gestiftet wurde. Ein als göttliche Stiftung verstandenes Gemeinwesen müsse die Eigenschaften der Allgemeinheit und Einheit aller Menschen, die Lauterkeit ihrer Mitglieder sowie eine geschichtstranszendierende Unveränderlichkeit besitzen und dürfe der »politischen« Form nach weder Monarchie noch Aristokratie oder gar Demokratie sein, sondern eher »Hausgenossenschaft (Familie) unter einem gemeinschaftlichen, obzwar unsichtbaren, moralischen Vater [...], sofern sein heiliger Sohn, der seinen Willen weiß [...] dieselbe Stelle darin vertritt«.[30]

Diese These bringt in staats- und moraltheoretischer Weise das systematische Ineinander der alt- und der neutestamentlichen Botschaft zum Ausdruck. Jesus gilt als der mit dem Vater einige Sohn, der alleine den göttlichen Willen in einer menschlichen

Gemeinschaft symbolisiere. Dieses Gemeinwesen bilde den aus rein moralphilosophischen Überlegungen gewonnenen Begriff der wahren Kirche ab: »Ein ethisches gemeines Wesen unter der göttlichen Moralsgesetzgebung ist eine Kirche, welche, sofern sie kein Gegenstand möglicher Erfahrung ist, die unsichtbare Kirche heißt (eine bloße Idee von der Vereinigung aller Rechtschaffenen unter der göttlichen unmittelbaren aber moralischen Weltregierung, wie sie jeder von Menschen zu stiftenden zum Urbilde dient.«[31] Kants moralische Kirche aller Rechtschaffenen, die der Form, nicht aber ihren Lehrinhalten nach alle Züge einer idealen katholischen Kirche trägt, stellt eine moralphilosophische Konstruktion dar, mit der sich die verschiedenen Religionen und ihre Institutionen erklären und bewerten lassen. Kants aufklärerische Ekklesiologie zielt auf die Form der Gesetze, welche die jeweilige Religion ihrem göttlichen Urheber zuschreibt, beziehungsweise auf die Regeln, nach denen die Gottheit in historischen Religionen verehrt werden wollte. Sofern diese Gesetze sich als Gesetze erwiesen, die durch vernünftige Überlegungen zustande kämen, handele es sich um moralische Gesetze, also um genau die Gesetze, die in der postulierten idealen Kirche gelten sollten. Lasse sich jedoch für die Gesetze keine vernünftige Begründung finden, so erweise sich die entsprechende Religion als einem aufklärerischen Weltverständnis diametral entgegenstehend, nämlich als Offenbarungsreligion, deren Gesetze nicht einmal als moralisch gelten könnten: »Wenn wir aber statutarische Gesetze desselben annehmen, und in unserer Befolgung derselben die Religion setzen, so ist die Kenntnis derselben nicht durch unsere eigene bloße Vernunft, sondern nur durch die Offenbarung möglich, welche, sie mag nun jedem einzelnen insgeheim oder öffentlich gegeben werden, um durch Tradition oder Schrift unter Menschen fortgepflanzt zu werden, ein historischer, nicht ein reiner Vernunftglaube sein würde.«[32]

Seine Analyse führte Kant zum Umkehrschluß: Überall dort, wo Offenbarungsglaube, gleich welchen Inhalts, herrsche, könne eine vernünftige Moralität nicht gegeben sein. Die Vernünftigkeit der jeweiligen Moral und die Freiheit, in der eine Gemeinde sich zu dieser Moral bekenne, hänge wesentlich davon ab, daß beides nicht als offenbart und historisch gelte.

Die Verkörperung des von einem religiösen Bewußtsein im besten Sinne getragenen Kirchenglaubens wird kontrastiv zum Judentum dargestellt. Das Judentum wurde bei Kant zum Inbegriff all dessen, was er für ein Mißverständnis moralischer Religion hielt: »Da zeigt sich nun zuerst: daß der jüdische Glaube mit diesem Kirchenglauben, dessen Geschichte wir betrachten wollen, in ganz und gar keiner wesentlichen Verbindung, d. i. in keiner Einheit nach Begriffen steht, ob zwar jener unmittelbar vorhergegangen, und zur Gründung dieser (der christlichen) Kirche die physische Veranlassung gab.«[33] Kant, an keiner Exegese oder systematischen Betrachtung interessiert, erkannte zwar die historische Verbindung von Judentum und Christentum durchaus an, wollte aber zwischen den beiden Religonen keine innere Verbindung sehen. Damit bekräftigte er nicht nur die Substitutionstheorie der frühen Kirche, ihre Lehre vom »neuen Israel«, sondern löste Jesus, den er als Stifter des Christentums ansah, aus dem Judentum. Das Christentum habe seinen Ursprung in einer »völligen Verlassung« des Judentums und damit eine »gänzliche Revolution in Glaubenslehren«[34] bewirkt.

1793 war der Begriff der »Revolution« durchaus ernst zu nehmen und keineswegs nur metaphorisch zu verstehen. Im ersten Stück der Religionsschrift wird dieser Begriff für die völlige Umwälzung von Gesinnungen und Maximen reserviert.[35] Staatstheoretisch war Kant von der Illegitimität aller Revolutionen überzeugt, da ein Volk ohne das Vorhandensein eines allgemeinen Willens kein Recht gegen seinen Gebieter habe. Aller Aufstand, der in Rebellion münde, gelte als »das höchste und strafbarste Verbrechen im gemeinen Wesen«[36]. Das Christentum als »Revolution in Glaubenslehren« verstanden, ist Ausdruck einer systematischen Ambivalenz bei Kant. Als politisches Ereignis ist es illegitim, wird aber als moralische Revolution nicht zuletzt deshalb anerkannt, weil Kant bereit war, faktisch stattgehabte Revolutionen wie Naturereignisse hinzunehmen. Wo die Natur sie herbeiführe, mögen sie als Hinweis genommen werden, »eine auf Freiheitsprinzipien gegründete gesetzliche Verfassung [...] zu bringen«[37].

Die historische Kirche, die stets auf dem Zusammenhang von Altem und Neuem Testament, auf ihrer Kontinuität mit dem Judentum beharrte, wurde jedoch von Kant eines letztlich nur instrumentellen, rhetorischen Bezugs auf die Tora und das Alte Testament geziehen. Sie vertrete eine bereits abgeschaffte Verfassung weiter. Das Anknüpfen der frühen Kirche an der Tora diene nur dazu, »eine rein moralische Religion [...] zu introduzieren, ohne doch wider seine [des jüdischen Glaubens] Vorurteile gerade zu verstoßen«[38]. Die Revolution des Christentums habe sich gegen ein Moral- und Gesetzesverständnis gerichtet, das nur äußerlich sei:

> Der jüdische Glaube ist, seiner ursprünglichen Einrichtung nach, ein Inbegriff bloß statutarischer Gesetze, auf welchem eine Staatsverfassung gegründet war; denn welche moralische Zusätze entweder damals schon, oder auch in der Folge ihm angehängt worden sind, die sind schlechterdings nicht zum Judentum, als einem solchen, gehörig. Das letztere ist eigentlich gar keine Religion, sondern bloß Vereinigung einer Menge Menschen, die, da sie zu einem besonderen Stamm gehörten, sich zu einem gemeinen Wesen unter bloß politischen Gesetzen, mithin nicht zu einer Kirche formten; vielmehr sollte es

> ein bloß weltlicher Staat sein, so daß, wenn dieser etwa durch widrige Zufälle zerrissen worden, ihm noch immer der (wesentlich zu ihm gehörige) politische Glaube übrig bliebe, ihn (bei Ankunft des Messias) wohl einmal wiederherzustellen.[39]

Als Belege für diese Behauptung werden sowohl der zwangsgesetzliche Charakter der Tora als auch die seiner Meinung nach auf Belohnung und Bestrafung beruhende biblische Ethik bemüht. Da das Judentum zudem, wie Kant in Unkenntnis des pharisäischen und mithin rabbinischen Judentums und seines Bekenntnisses zur Auferweckung der Toten behauptete, keinen Glauben an ein künftiges Leben kenne, dies aber das vornehmste Kriterium jeder Religion sei, könne es nicht unter diese gerechnet werden. Die vermeintliche jüdische Ablehnung eines künftigen Lebens gerate unter Auspizien einer rationalistischen Theologie zum besonderen Skandal, eigne doch dieser Glauben natürlicherweise jedem menschlichen Wesen. Das Judentum erweise sich so als eine Religion, die bewußt natürliche Impulse unterdrückt habe:

> Es ist also gewiß absichtlich geschehen, daß der Gesetzgeber dieses Volks, ob er gleich als Gott selbst vorgestellt wird, doch nicht die mindeste Rücksicht auf das künftige Leben habe nehmen wollen, welches anzeigt: daß er nur ein politisches, nicht ein ethisches gemeines Wesen habe gründen wollen; in dem erstern aber von Belohnungen und Strafen zu reden, die hier im Leben nicht sichtbar werden können, wäre unter jener Voraussetzung ein ganz inkonsequentes und unschickliches Verfahren gewesen. Ob nun gleich auch nicht zu zweifeln ist, daß die Juden sich nicht in der Folge, ein jeder für sich selbst, einen gewissen Religionsglauben werden gemacht haben, der den Artikeln ihres statutarischen beigemengt war, so hat jener

doch nie ein zur Gesetzgebung des Judentums gehöriges Stück ausgemacht.[40]

Das künftige Leben, das in der rabbinischen Liturgie und den aggadischen Teilen des Talmud eine erhebliche Rolle spielt, taucht in der hebräischen Bibel nur an wenigen Stellen auf, auf das Kollektiv des jüdischen Volkes bezogen etwa bei Hesekiel oder als Aussage über Gottes umfassende Kraft in manchen weisheitlichen Passagen wie im Buch Rut. In der nach orthodoxem jüdischem Glauben am Sinai geoffenbarten Weisung, den fünf Büchern Mose beziehungsweise der Tora, findet sich tatsächlich kein Hinweis auf ein künftiges Leben. Kant definierte das Judentum also nur anhand der fünf Bücher Mose und befand sich damit durchaus im Einklang mit den jüdischen Reformern seiner Zeit, wie etwa Bendavid oder Ascher, die – ähnlich wie die Karäer tausend Jahre zuvor – ein reformatorisches Judentum im Sinn hatten, das sich von Talmud und Rabbinismus lösen sollte. Sie orientierten sich allerdings vor allem an den prophetischen Büchern; die Tora enthielt für die von ihnen angestrebte sittliche Religion zu wenig einschlägige Motive. Daß sie aber deshalb nur eine Religion der Belohnung und Bestrafung vertritt, ist falsch. Das, was das Judentum als historische Religion tatsächlich ausmacht, seine Lehre von Gottes Gnade und Liebe, von Umkehr und Barmherzigkeit, von Gerechtigkeit und Willensfreiheit, wird von Kant kurzerhand als »Beimengung« bezeichnet und für unwesentlich erklärt. Über die Frage, ob die fünf Bücher Mose alleine dem entsprechen, was Kant als statutarischen Glauben bezeichnete, ließe sich streiten, zumal manche späte Aussagen vor allem im Deuteronomium im Widerspruch dazu stehen. Diese Meinung Kants wäre jedenfalls nicht als judenfeindlich zu bezeichnen. Daß Kant nicht nur die damals ohnehin schlecht beleumundeten talmudischen Schriften, sondern auch die prophetischen Bücher aus seiner Definition des Judentums ausschloß, ist auf eine politische Bewertung der Propheten zurückzuführen, die ihm weniger als Mahner denn als gemeingefährliche, selbstzerstörerische Apokalyptiker galten. Schließlich hielt er dem Judentum vor, über seinen bloß statutarischen Glauben hinaus keine religiöse, sondern nur eine ethnische Gemeinschaft zu sein, bei der – hier werden antisemitische Überzeugungen der Antike wiederbelebt – der Auserwähltheitsglaube zur Feindschaft mit allen Völkern geführt habe. Daß dieses Volk einen einzigen, unsichtbaren Weltherrscher verehrt, wiege all dies nicht auf; andere Völker der Antike hätten ähnliche Gottheiten angebetet und seien bei weitem nicht so polytheistisch gewesen, wie stets behauptet. Die eigentümliche Mischung aus richtigen Einsichten und falschen Schlußfolgerungen führt auch hier zu abwertenden Äußerungen. Tatsächlich leben Juden ja auch als ethnische und nicht nur als konfessionelle Gemeinschaft. Das dazu gehörige Theologoumenon, wonach Israel dem Fleische nach von Gott erwählt sei, mußte Kant so absurd erscheinen, daß er es einer Erörterung erst gar nicht für würdig erachtete. Die Existenz atheistischer oder agnostischer Juden sorgt übrigens auch noch heute in interkonfessionellen Dialogen für erhebliche Verwirrung.

Das Christentum sei vor dem Hintergrund dieses bereits mit sich selbst hadernden, unrein gewordenen Judentums eher plötzlich, eben revolutionär entstanden:

> Aus dem Judentum also – aber aus dem nicht mehr altväterlichen und unvermengten, bloß auf eigene politische Verfassung (die auch schon sehr zerrüttet war) gestellten, sondern aus dem schon durch allmählich darin öffentlich gewordene moralische Lehren mit einem Religionsglauben vermischten Judentum, in einem Zustande, wo diesem sonst unwissenden Volke schon viel fremde (griechische) Weisheit zugekommen

> war, welche vermutlich auch dazu beitrug, es durch Tugendbegriffe aufzuklären, und bei der drückenden Last ihres Satzungsglaubens zu Revolutionen zuzubereiten, bei Gelegenheit der Verminderung der Macht der Priester, durch ihre Unterwerfung unter die Oberherrschaft eines Volks, das allen fremden Volksglauben mit Gleichgültigkeit ansah – aus einem solchen Judentum erhob sich nun plötzlich, obzwar nicht unvorbereitet, das Christentum.[41]

Die Religion innerhalb der Grenzen der bloßen Vernunft erschien 1793, nach dem Ende der Jakobinerherrschaft in Frankreich, in dem Jahr, in dem Fichte in seiner Revolutionsschrift die Einwände gegen das Judentum verschärfte, Hegel seine Jugendschriften über Christentum und Positivität verfaßte und Bendavid ein Judentum ohne Zeremonialgesetz entwarf. 1792 hatte Ascher seinen *Leviathan* publiziert, in dem er eine »Reform« des Judentums forderte.[42] Kant verklärte das Christentum keineswegs. Es war allemal mit Mystizismus und Aberglauben belastet. Seine drückende Hierarchie und die Schrecken einer autoritären Rechtgläubigkeit werden von Kant in einer Weise verurteilt wie sonst die jüdischen Pharisäer. Verkommene orientalische und okzidentale Kirchen würden »gleich den Gewächsen und Tieren« – Kant wendet die zu seiner Zeit aufkommenden parasitologischen Metaphern auf die Kirchen an – »zerstörende Insekten« herbeilocken.[43] Die Kritik am Herrschaftsgestus der Kirchen, an blutigen Glaubenskriegen und Kreuzzügen könnte schärfer nicht sein. Vor dem Kontrastbild eines Horrorszenarios leuchtet die reine Gestalt Jesu, des moralischen Revolutionärs und Gründers. Kant sieht seine Zeit als die beste der ganzen Kirchengeschichte an, da in ihr erst der reine Kern, der Keim des wahren Religionsglaubens zum Ausdruck gebracht werden könne. Kants Lesart des Christentums ist die einer verinnerlichten Moral. Er beruft sich auf Lukas 17,21: »Denn sehet das Reich Gottes ist inwendig in Euch.«

In einer Fußnote zu dieser Textstelle nahm Kant ausgiebig zur Geschichte des jüdischen Volkes Stellung. Später äußerte er sich in seiner *Anthropologie in pragmatischer Hinsicht* wiederum in einer überaus langen Fußnote zum jüdischen Volk. Deshalb sei eine Bemerkung zu dieser eigentümlichen Textgattung, der Gerard Gennette und Anthony Grafton umfangreiche Überlegungen gewidmet haben,[44] gestattet. Fußnoten sind zum einen ein graphischer Topos, an dem das im Text implizite Hintergrundwissen expliziert wird; zum Beispiel werden Belege für strittige Thesen geliefert oder weitergehende Behauptungen erläutert. Zudem fungiert die Fußnote jedoch – etwa in der Tradition der talmudischen Drucklegung – als Metaäußerung oder Kommentar zum »Originaltext«. Diese Funktion ist beliebig iterierbar. In manchen talmudischen Texten finden sich bis zu drei Kommentarschichten, die sich graphisch wie Jahresringe um den Kerntext legen. Kerntext und Kommentar stammen oft genug vom selben Autor. Dann stellt sich die Frage, warum der Autor zwischen den Textebenen unterscheidet. Fußnoten, die nicht dem schlichten Verweis auf eine Quelle dienen, zehren von einem Relevanzgefälle: dem autoritativen Originaltext wird eine auch optisch kleinere Meinung zugeordnet. Gleichwohl stehen graphischer Topos und schriftpragmatische Funktion im Widerspruch zueinander. Indem nämlich die Fußnote graphisch unter dem Text steht, bringt sie zum Ausdruck, daß der Autor selbst über dem Text steht. Er verfügt über Kenntnisse oder Meinungen, die dem vorliegenden Text überlegen sind. Die Fußnote mobilisiert Wissensbestände, die im Originaltext nicht thematisiert werden. Andererseits sind sie als unwesentlich qualifiziert und nehmen damit ihren Anspruch auf sachliche Autorität wieder zurück. Fußnoten lassen sich schließlich psychologisch im Sinne einer Verdrängungstheorie oder einer Pragmatik des Beiläufigen deuten. Etwas wird verdrängt, weil es im Kontext als nicht akzeptabel gilt, beziehungsweise: wäre das Beiläufige der Erwähnung nicht wert, wäre es wirklich so unwichtig.

Warum tragen sowohl Kant als auch Fichte ihre antisemitischen Überlegungen, die weniger mit dem Judentum, sondern mehr mit den Juden ihrer Zeit zu tun haben, in Fußnoten und nicht im Haupttext vor? Sie sehen die Juden als Repräsentanten einer im Grundsatz verworfenen Idee. Es geht ihnen nicht wie später Hegel um eine Homologie von Lebensformen und Ideen, sondern um Umstände, die einer systematischen Ableitung nicht fähig sind und daher überwunden werden sollen. Mit diesen Umständen kann man sich mithin in einer vernünftigen, systematischen Argumentation gar nicht auseinandersetzen. Sie verweisen auf eine andere Argumentationsstruktur und eine andere Textgattung: die Empirie. Ihr wird in der Fußnote ein eigener Ort zugewiesen. Die Fußnoten nehmen auf, was im Rahmen systematischer Argumentation keinen Platz hat.

Das beiläufige Textstück, in dem Kant zum ersten Mal auf das jüdische Volk zu sprechen kommt, befindet sich nicht etwa in der »Allgemeinen Anmerkung« zum dritten Stück der *Religion innerhalb der Grenzen der bloßen Vernunft*, sondern in einer kursiv gesetzten Fußnote zum Hauptteil. Es beginnt mit einer Erörterung über das Reich Gottes, das als rein moralisches, nicht messianisches vorgestellt wird. Zum messianischen Reich wiederum gibt es zwei Deutungen, die des Alten und die des Neuen Bundes. Das Aufrechterhalten der messianischen Verheißungen des Alten Bundes läßt jenen Umstand zutage treten, der Kant interessierte: »daß die Verehrer des ersteren (die Juden) sich noch, als solche, obzwar in alle Welt zerstreut, erhalten haben, indessen daß anderer Religionsgenossen ihr Glauben mit dem Glauben des Volks, worin sie zerstreut worden, gewöhnlich zusammenschmolz. Dieses Phänomen dünkt vielen so wundersam zu sein, daß sie es nicht wohl als nach dem Laufe der Natur möglich, sondern als außerordentliche Veranstaltung zu einer besonderen göttlichen Absicht beurteilen.«[45]

In den am preußischen Königshof geführten Debatten zwischen Deisten, Theisten und biblischen Theologen wurden die Juden gelegentlich als eine Art historischer Gottesbeweis, als empirischer Nachweis von Gottes Wirken in der Geschichte angeführt. Die Juden symbolisieren das Prinzip des Alten Bundes, den Messianismus. Ihre Existenz dieser theologischen Beweiskraft zu entkleiden erfordert, eine andere Erklärung für ihre fortdauernde Existenz zu finden:

> Aber ein Volk, das eine geschriebene Religion (heilige Bücher) hat, schmilzt mit einem solchen, was (wie das römische Reich – damals die ganze gesittete Welt) keine dergleichen, sondern bloß Gebräuche hat, niemals in einem Glauben zusammen; es macht vielmehr über kurz oder lang Proselyten. Daher auch die Juden vor der babylonischen Gefangenschaft, nach welcher, wie es scheint, ihre heiligen Bücher allererst öffentliche Lektüre wurden, nicht mehr ihres Hanges wegen, fremden Göttern nachzulaufen, beschuldigt werden; zumal die alexandrinische Kultur, die auch auf sie Einfluß haben mußte, ihnen günstig sein konnte, jenen eine systematische Form zu verschaffen.[46]

Kant stellte ein religionssoziologisches Gesetz auf. Die Annahme, die Anhänger einer kodifizierten Buchreligion in einer nur auf mündlich tradierten Sitten beruhenden Lebensform seien nicht assimilierbar, erscheint sinnvoll, galt aber, wie wir heute wissen, zumindest für die Juden Chinas nicht. Richtig ist hingegen eine gewisse, aus der Antike bezeugte jüdische Missionstätigkeit. Sie unterschied sich vom christlichen Missionsauftrag dadurch, daß es ihr nicht um die universelle Verbreitung einer Heilsbotschaft, sondern um die Vollständigkeit des jüdischen Haushalts ging. Die von den römischen Kaisern des zweiten und dritten Jahrhunderts immer wieder aufgestellten Verbote, Diener und Sklaven jüdischer Haushalte zum Judentum zu bekehren, zielten auf diese Tendenz. Kant meinte, daß das Proselytenmachen die prophetische Kritik an der Vielgötterei verstummen ließ. Ob er damit behaupten wollte, daß die Proselyten einen geringeren Hang zur Vielgötterei als die Israeliten hatten oder daß die erfolgreiche Rekrutierung von Proselyten Ausdruck eines klareren Gottesgedankens war, bleibt offen. Mit seiner Beobachtung, daß die wesentlichen Bücher der hebräischen Bibel nicht vorexilisch zu datieren seien, erweist sich Kant als Vorläufer aktueller bibelwissenschaftlicher Theoreme – die sogenannte Spätdatierung wesentlicher Teile der fünf Bücher Mose ist heute wissenschaftlich akzeptiert. Kant wies darauf hin, daß diese Bücher nach dem Exil »öffentliche Lektüre« wurden. Für den Verfasser der Schrift »Beantwortung der Frage: Was ist Aufklärung?« hat der Begriff der Öffentlichkeit einen durch und durch positiven Klang. Er erkannte die Bedeutung der Septuaginta und der durch Philo und den Platonismus angeregten systematischen Theologie an, womit er dem vorjesuanischen Judentum Züge einräumt, die später nur dem christlichen Kirchenglauben zukamen. Diese religionshistorischen Erörterungen bieten noch keinerlei Anzeichen für eine systematische Abwertung des Judentums. Kant war allerdings davon überzeugt, daß sich das Judentum nicht trotz, sondern wegen der Geschichte erhalten habe. Er stellte die These auf, daß erst das Aufkommen von Christentum und Islam, die beide das Judentum voraussetzen, die Fortexistenz eines »reinen« Judentums befördert hätte: »Denn die Juden konnten bei denen von ihnen ausgegangenen Christen ihre alten Dokumente immer wieder auffinden, wenn sie, bei ihren Wanderungen, wo die Geschicklichkeit, sie zu lesen, und daher die Lust, sie zu besitzen, vielfältig erloschen sein mag, nur die Erinnerung übrig behielten, daß sie deren einmal gehabt hätten.«[47] Unbestreitbar baut das Christentum auf dem Judentum auf. Erwiesen ist zudem, daß das Judentum in seinen Diasporen, sei es im christlichen Abendland, sei es im islamischen Orient, wesentliche Einflüsse von seinen Tochterreligionen empfing. Religionsgeschichtlich ist kaum zu bezweifeln, daß sowohl das christliche als auch das islamische Mittelalter das Judentum mindestens so sehr prägten wie umgekehrt das Judentum seine beiden Tochterreligionen.[48] Das spätere Judentum bildete sich historisch in der Auseinandersetzung mit diesen Religionen, die sich seiner frühen Schichten bemächtigt hatten, aus und kann daher in manchen seiner Aspekte sogar für jünger und moderner als sie gelten. Die Behauptung, das Judentum habe sich im Textkorpus an Islam und Christentum orientiert, trifft allerdings nicht zu. Die masoretische Fassung der hebräischen Bibel gilt im Judentum als autoritativer Text und verdankt sich den Karäern und nicht den Christen. Daß aber verbindliche Bibeltexte überliefert und festgehalten wurden, läßt sich gewiß nicht ohne die Konkurrenz der Vulgata und anderer Bibelübersetzungen erklären.

Den Grund für das Verschwinden des Judentums in Indien und China sah Kant in der Ferne dieser Länder zu Christentum und Islam und nicht im toleranten Polytheismus dieser Gesellschaften. Die Stichhaltigkeit dieser Argumentation könnte man etwa an der Geschichte der äthiopischen Juden, den Falaschen, überprüfen, deren Selbstbewußtsein nachweislich durch die christliche Mission im neunzehnten Jahrhundert gestärkt wurde. Für Kant verboten sich alle erbaulichen Betrachtungen über die Erhaltung des jüdischen Volks.[49] Als wollte er schon früh Deutungen, er habe sich mit Glauben und Überzeugungen seiner jüdischen Freunde von Herz bis Friedländer nicht zureichend auseinandergesetzt, entgegentreten, skizziert er am Ende seines Fußnotenexkurses die Strömungen in ihren Grundzügen, die das deutsche Judentum bis 1933 beschäftigen sollten: eine Neoorthodoxie, die an der Erwähltheit eines metahistorischen Volkes festhielt, und ein Reformjudentum mit starken Affinitäten zum Christentum, das die Zerstörung des Tempels und die Zerstreuung und mit ihr die Universalisierung des Judentums als das wahre weltgeschichtliche Heilsgeschehen ansah. Kant mißtraute beiden Betrachtungsweisen und fand sie »mißlich«, weil

> ein jeder beider Teile dabei seine Rechnung zu finden glaubt. Der eine sieht in der Erhaltung des Volks, wozu er gehört, und seines, ungeachtet der Zerstreuung unter so mancherlei Völker, unvermischt bleibenden alten Glaubens, den Beweis einer dasselbe für ein künftiges Erdenreich aufsparenden besonderen gütigen Vorsehung; der andere nichts als warnende Ruinen eines zerstörten, dem eintretenden Himmelreich sich widersetzenden Staats, die eine besondere Vorsehung noch immer erhält, teils um die alte Weissagung eines von diesem Volke ausgehenden Messias im Andenken aufzubehalten, teils um ein Beispiel der Strafgerechtigkeit, weil es sich hartnäckigerweise einen politischen, nicht einen moralischen Begriff von demselben machen wollte, an ihm zu statuieren.[50]

Die abschließenden Bemerkungen sind in gewisser Weise eine Kritik von Kants eigener Sicht des Judentums, das heißt der Sicht, die die ganze idealistische Tradition über Fichte, Friedrich Daniel Ernst Schleiermacher und Hegel bis zu Schelling prägen sollte. Der statutarische Charakter des Judentums wird zwar benannt, aber aus jeder geschichtsphilosophischen Spekulation gelöst – die paulinische Lehre von den Feinden und Verstockten um unseretwillen könnte nicht ferner sein. Als Kritiker des Judentums erwies sich Kant auch als Kritiker christlicher Geschichtstheologie.

Welcher Status kommt aber dann jener berüchtigten Fußnote in der fünf Jahre später publizierten *Anthropologie in pragmatischer Hinsicht* zu, in der sich Kant – sofern diese Fußnote tatsächlich von ihm stammt – als vorurteilsbeladener Antisemit zeigte. Der hier entfaltete Gedanke hat mit Prinzipien der Moral und Religiosität nichts zu tun. Der Abschnitt befaßt sich mit affektiven Beeinträchtigungen, mit »Gemütsschwächen im Erkenntnißvermögen«. Es geht also um Personen, die, weil sie einmal betrogen worden seien, grundsätzlich mißtrauisch wurden. In bezug auf den erfolgreichen Betrüger wird gefragt, ob sich sein Charakter nicht nachteilig verändere, wenn er durch einen einmaligen Betrug seine Position so verbessert habe, daß er nicht mehr des Vertrauens anderer bedürfe. Der erfolgreiche Betrüger werde anders als der Betrogene nicht ausgelacht, sondern »angespien [...] wobei doch auch kein andauernder Vorteil ist«. Als Beleg für diese These werden die in den damaligen deutschen Ländern lebenden Juden angeführt:

> Die unter uns lebenden Palästiner sind durch ihren Wuchergeist seit ihrem Exil, auch was die größte Menge betrifft, in den nicht unbegründeten Ruf des Betruges gekommen. Es scheint nun zwar befremdlich, sich eine Nation von Betrügern zu denken; aber ebenso befremdlich ist es doch auch, eine Nation von lauter Kaufleuten zu denken, deren bei weitem größter Teil durch einen alten, von dem Staat, darin sie leben, anerkannten Aberglauben verbunden, keine bürgerliche Ehre sucht, sondern dieser ihren Verlust durch die Vorteile der Überlistung des Volks, unter dem sie Schutz finden und selbst untereinander ersetzen wollen. Nun kann dieses bei einer ganzen Nation von lauter Kaufleuten als nicht-producierenden Gliedern der Ge-

sellschaft (z. B. der Juden in Polen) auch nicht anders sein; mithin kann ihre durch alte Satzungen sanctionirte, von uns (die wir gewisse heilige Bücher mit ihnen gemein haben), unter denen sie leben, selbst anerkannte Verfassung, ob sie zwar den Spruch: ›Käufer, tue die Augen auf.‹ zum obersten Grundsatze ihrer Moral im Verkehr mit uns machen, ohne Inconsequenz nicht aufgehoben werden. – Statt dem vergeblichen Plane, dieses Volk in Rücksicht auf den Punkt des Betrugs und der Ehrlichkeit zu moralisiren, will ich lieber meine Vermuthung vom Ursprunge dieser sonderbaren Verfassung (nämlich eines Volks von lauter Kaufleuten) angeben. – Der Reichtum ist in den ältesten Zeiten durch den Handel mit Indien und von da ab über Land bis zu den westlichen Küsten des Mittelländischen Meeres und den Häfen von Phönizien (wozu auch Palästina gehört) geführt worden – Nun hat er zwar über manche andere Örter, z. B. Palmyra, in älteren Zeiten Tyrus, Sidon oder auch mit einigem Absprung über das Meer als Eziongeber und Elat, auch wohl von der arabischen Küste auf Groß-Theben und so über Ägypten nach jener syrischen Küste seinen Weg nehmen können; aber Palästina, worin Jerusalem die Hauptstadt war, lag für den Caravanenhandel auch sehr vortheilhaft. Vermuthlich ist das Phänomen des ehemaligen Salomonischen Reichthums die Wirkung davon und das Land umher selbst bis zur Zeit der Römer voller Kaufleute gewesen, die nach Zerstörung dieser Stadt, weil sie mit anderen Handelsleuten dieser Sprache und Glaubens schon vorher im ausgebreiteten Verkehr gestanden hatte, sich sammt beiden nach und nach in weit entfernte Länder (in Europa) verbreiten, im Zusammenhange bleiben und bei den Staaten, dahin sie zogen, wegen der Vortheile ihres Handels Schutz finden konnten; – so daß ihre Zerstreuung in alle Welt mit ihrer Vereinigung in Religion und Sprache gar nicht auf Rechnung eines über dies Volk ergangenen Fluchs gebracht, sondern als Segnung angesehen werden muß: zumal der Reichtum derselben, als Individuen geschätzt, wahrscheinlich den eines jeden anderen Volks von gleicher Personenzahl jetzt übersteigt.[51]

Da diese Fußnote bei Poliakov als Beleg für Kants systematischen Antijudaismus, aber auch für seinen vulgären Antisemitismus dient,[52] und auch Rose behauptet, daß sie die Basiselemente einer säkularen Form des Judenhasses enthalte, bedarf sie einer sorgfältigen Analyse. Rose hat eine Schwierigkeit dieses Textes im Sinn, wenn er die Leser darum bittet, die Passage nicht als einen objektiven Kommentar mißzuverstehen; sie sei eindeutig feindlich gegenüber den Juden.[53]

Gegenstand der Erörterung sind eine Mehrheit der »unter uns lebenden Palästiner«, die in den nicht unbegründeten Ruf des Betruges gekommen seien. Warum ist zunächst von »Palästinern« und dann von »Juden in Polen« die Rede? Warum wird von der »größten Menge« gesprochen, und was für eine Minderheit impliziert diese Mehrheit? Sind Kants Hinweise zur ökonomischen Situation der Juden stichhaltig?

Über die ökonomische Situation der in Preußen sowie im Netzedistrikt lebenden Juden läßt sich nicht viel sagen. Der Handel wurde tatsächlich fast ausnahmslos von Juden ausgeübt, eine Reihe angesehener Handwerker waren Juden. »Im ganzen genommen«, so der damalige preußische Kriegsminister von Voss, sei der Jude »ein kultivierterer Mensch, als der Bürger in kleinen Städten und der Bauer auf dem platten Land«.[54] Königsberg zog Juden einerseits an, versperrte ihnen aber aufgrund seiner ständischen und gildenmäßigen Verfassung die Teilnahme am üblichen Wirtschaftsleben. Sie spezialisierten sich daher auf internationalen Handel mit schlesischem Leinen, russischen Tabakwaren und holländischen Wollstoffen.[55] Zu Kants Zeit lebten in Königsberg etwa dreihundert Juden, darunter wohlhabende und gebildete Kaufmannsfamilien wie die Friedländers. Königsberg war neben Berlin die Wiege der jüdischen Reform. Kant bediente zwar das allgemeine Vorurteil, bei den Juden handele es sich im großen und ganzen um Betrüger, aber sein Interesse galt eher der Frage, ob ehrbarer Handel grundsätzlich etwas ändern würde, also ob eine Nation von Kaufleuten nicht ohnehin »befremdlich« sei.

Die Rede von Aberglauben ist keinesfalls als feindselig zu bezeichnen. Mit »Aberglauben« ist eine Form des Glaubens gemeint, die den aufgeklärten Ansprüchen an einen kirchlich gebundenen, moralisch inspirierten Religionsglauben nicht genügt. Im *Streit der Fakultäten* wird er als der »Hang« definiert, »in das, was als nicht natürlicher Weise zugehend vermeint wird, ein größeres Vertrauen zu setzen, als was sich nach Naturgesetzen erklären läßt«[56]. Darunter fallen mithin alle Überzeugungen von einem unmittelbaren Eingreifen göttlicher Mächte in den Weltlauf. Es fragt sich also, ob nicht auch der christliche Auferstehungsglaube in diesem Sinn als »Aberglauben« zu bezeichnen wäre. An eine Auflösung des Aberglaubens mochte Kant solange nicht glauben, als die Lage der Juden nicht, wie Dohm es gefordert hatte, einer »bürgerlichen Verbesserung« zugeführt werde. Die Juden, so bemerkte Kant in diesem Zusammenhang, tranken ebensowenig wie »Weiber« und »Geistliche«, »weil sie bürgerlich schwach« seien.[57]

Von den jüdischen Kaufleuten nahm man an, sie hätten eine besondere moralische Haltung ausgebildet. Als Kaufleute unter anderen zu leben, verhindere einerseits, ganz und gar ehrbar zu sein, andererseits könne die eingeschränkt ehrbare Kaufmannsmoral auch nicht ohne weiteres aufgegeben werden. In materialistischer Manier verzichtete Kant darauf, die Juden moralisch zu verurteilen. Statt dessen bot er eine historische Erklärung ihrer eigentümlichen Lage. Daß diese auf die Verbote der jeweiligen Landesherren, Juden auch produzierend tätig sein zu lassen, zurückzuführen war, erkannte er nicht. Immerhin wußte er, daß die jüdische Diaspora vor der Zerstörung des Tempels begann und daß die Nähe von Judäern und Phöniziern größer war, als gemeinhin vermutet wurde. Allerdings verkannte er mit der Auszeichnung Jerusalems als eines Handelsknotenpunkts die geographischen Verhältnisse im alten Israel. Die Diaspora betrachtete er in einer heilsgeschichtlichen Deutung als Segen für die Judenheit und nahm somit eine Grundüberzeugung des späteren Reformjudentums vorweg. Der ethnische Zusammenhalt der Juden durch die Geschichte – unabhängig von ihrer Staatlichkeit und dem damit einhergehenden Erwähltheitsglauben – fand als Reaktion »gegen die Anmaßung der Christen«[55] Kants Verständnis.

In der *Anthropologie* und dem gleichzeitig verfaßten *Streit der Fakultäten* zeigt sich eine andere Sicht des Judentums beziehungsweise des Verhältnisses von Judentum und Christentum als in der Religionsschrift von 1793. Die quasi soziologische Betrachtung der *Anthropologie* wird durch die veränderte Perspektive im *Streit der Fakultäten* ergänzt. Der Vergleich beider Sichten wirft ein aufschlußreiches Licht auf den auffälligen Begriff der »Palästiner«. Es geht um eine geographische Bezeichnung frei von religiöser Konnotation. Die zwei unterschiedlichen Bezeichnungen für Angehörige der gleichen Gruppe markiert eine Differenz, die später durch Emanzipation und bürgerliche Gleichberechtigung in praxi vollzogen wurde: die Aufspaltung der jüdischen »Nation« in eine ethnische Herkunftsgemeinschaft auf der einen und eine Konfession auf der anderen Seite.

Im *Streit der Fakultäten* setzte Kant die Auseinandersetzung mit Mendelssohn fort. Der biblischen Theologie sprach er ab, die als historisches Faktum behauptete Offenbarung Gottes beweisen zu können. Zugleich wies er ihr ein übernatürliches, unwissenschaftliches Verständnis bei der Lektüre der Bibel zu. Während der biblische Theologe, der »Schriftgelehrte«, Experte für den Kirchenglauben sei, komme dem rationalen Theologen die Expertise für den Vernunftglauben zu. Christlicher Kirchenglaube wird hier zusammen mit der jüdischen Religion kritisiert; dem Christentum wird vorgehalten, das Ende eines »alten Kirchenglaubens« als Argument für die Begründung eines neuen zu verwenden. Kant bezeichnete in diesem Zusammenhang das Christentum in seiner historisch gewachsenen Gestalt, und zwar in seiner engen Verbindung mit der jüdischen Heilsgeschichte, als »Judaism« und warf ihm vor, als eine Restauration ihrem revolutionären Stifter nicht gerecht geworden zu sein. In einer Diskussion der Inkarnationslehre erläuterte er, wie ein vernunftgemäßer christlicher Glaube auszusehen hätte:

> Denn wenn dieser Gottmensch nicht als die in Gott von Ewigkeit her liegende Idee der Menschheit in ihrer ganzen ihm wohlgefälligen moralischen Vollkommenheit sondern als die in einem wirklichen Menschen ›leibhaftig wohnende‹ und als zweite Natur wirkende Gottheit vorgestellt wird: so ist aus diesem Geheimnisse gar nichts Praktisches für uns zu machen, weil wir doch von uns nicht verlangen können, daß wir es einem Gotte gleich thun sollen, er also in so fern kein Beispiel für uns werden kann, ohne noch die Schwierigkeit in Anregung zu bringen, warum, wenn solche Vereinigung einmal möglich ist, die Gottheit nicht alle Menschen derselben hat theilhaftig werden lassen.[60]

Mit der gleichen Schärfe, mit der hier gegen den neutestamentlichen Glauben und die frühkirchlichen Dogmen einschließlich des apostolischen Glaubensbekenntnisses sinnkritische Einwände erhoben werden, lehnte Kant die zentralen Annahmen des reformatorischen Glaubens in der Linie von Paulus und Luther ab, weil sie ihm zu »jüdisch« oder zu abergläubisch waren.[61] Die Lehre von der Gnadenwahl sei mit den vernünftigen Annahmen von durch freie Wahl getroffenen, persönlichen menschlichen Handlungen unvereinbar.[62] Daß die Zweiweltenlehre mit ihrer Abweisung einer empirischen Freiheit dem reformatorischen Erbe außerordentlich nahe steht, entging Kant.

Glaubensgemeinschaften, von Kant als »Secten« bezeichnet, träten erst im »Kirchenglauben« auf. Im Falle des Christentums etwa sei es beinahe unmöglich, die verschiedensten Gruppierungen zu benennen. Judentum und Christentum beziehungsweise ihre vielfältigen Sekten und Kirchen erwiesen sich als Ausprägungen eines Glaubenstypus, nämlich des »messianischen« Glaubens. Die spezifische Differenz von Judentum und Christentum liege in der Frage »Bist du es, der da kommen soll, oder sollen wir eines anderen warten?«[63]. Ein messianischer Glaube sei ein Kirchenglaube, der die Erlösung der Welt von einem mit übernatürlichen Kräften ausgestatteten Gesandten Gottes erwarte, womit sich der biblische Glaube überhaupt als ein Geschichtsglaube offenbare, »dem ein Buch«[64] des Bundes Gottes mit Abraham zugrunde liege. Seine beiden Teile, der mosaisch-messianische und der evangelisch-messianische Glaube, unterschieden sich nur in Nuancen. Ihr Unterschied erweise sich nur als einer zwischen Sekten, »die sich zu eben derselben Kirche bekennen nämlich eines Glaubens sind der auf Statuten und Observanzen beruht, die sich von denen des Christenthums noch auf andere Art als die des Judenthums (z. B. wie der Mohammedanism) unterscheiden könnten und deren Menge ohne Zahl ist«[65]. Während die einen die nach wie vor bestehende Existenz des jüdischen Volkes in der Einheit seines Glaubens als Zeichen besonderer Gnade sahen, betrachteten die Christen sie als Ausdruck ihrer Verwerfung.[66] Beidem korrespondiere eine Form des Messianismus, im jüdischen Fall ein statutarischer, das heißt politischer Messianismus, im christlichen Fall ein moralischer Messianismus. Während sich der moralische Messianismus bereits als erfüllt ansehe, harre der politische noch einer Einlösung.

Kant erschien angesichts dieser im besten Sinne »abergläubischen« Konstruktion die Frage, ob die Gestalt des Messias bereits erschienen sei oder nicht, sinnlos. In beiden Fällen werden Ursprung und Schicksal des Volkes vollständig erzählt, was logisch einen göttlich inspirierten Verfasser voraussetzt.

Kants in der *Kritik der reinen Vernunft* bewiesenen Einsicht, daß Anschauungen ohne Begriffe blind, Begriffe ohne Anschauung hingegen leer seien, entspricht religionstheoretisch die Überzeugung, daß jeder Religionsglaube des Kirchenglaubens bedarf und die Aussagen der Vernunftreligion der mythischen Bilder bedürfen. Die »Schwärmerei« des Postellus in Venedig, die hierfür als Beispiel angeführt wird, mache das in einer komödiantischen Volte deutlich. Postellus nehme die vollständige Menschwerdung Gottes so ernst, daß er auch die weiblichen Anteile der Menschheit inkarniert sehe und daher eine göttliche Tochter als Versöhnerin postuliere. »Diese«, so merkte Kant an, »glaubte Postell in der Person einer frommen Jungfrau in Venedig gefunden zu haben.«[67] Damit redete er jedoch nicht einem sorglosen, erkenntnistheoretisch ausgewiesenen Supranaturalismus das Wort, wie er später in Tübingen von dem neoorthodoxen Theologen Storr entwickelt wurde. Gerade in der Auseinandersetzung mit einem für Judentum und Christentum gleich wichtigen Narrativ, der Geschichte von Abraham, dessen Erwählung den »Geschichtsglauben« begründet habe, zeige sich die Kraft der Aufklärung. Wiederum wird in einer Fußnote das zentrale Element des biblischen Glaubens destruiert. Kant zeigte in den Widersprüchlichkeiten dieser Erzählung die unmenschlichen Züge des biblischen Glaubens und die Unmöglichkeit dessen auf, was ihn am Judentum am meisten irritierte, nämlich sein statutarischer Charakter.

Es geht um die Geschichte der Bindung Isaaks, eines Opfers »das Abraham auf göttlichen Befehl durch Abschlachtung und Verbrennung seines einzigen Sohnes – (das arme Kind trug unwissend noch das Holz hinzu) – bringen wollte. Abraham hätte auf diese vermeinte göttliche Stimme antworten müssen: ›daß ich meinen guten Sohn nicht tödten sollte, ist ganz gewiß, daß aber du, der du mir erscheinst, Gott sei, davon bin ich nicht gewiß und kann es auch nicht werden‹, wenn sie auch vom Himmel herabschallte.«[68] Eine göttliche Stimme ist kein Beweis, schon gar nicht in existentiellen Fragen des menschlichen Lebens. Letztlich ähnelt die hier vorgenommene Destruktion des Abraham-Mythos einer talmudischen Erzählung aus dem dritten Jahrhundert, von der kaum anzunehmen ist, daß Kant sie jemals gehört oder gelesen hat. Erzählt wird von einem Disput der Rabbinen über eine halachische Auslegung. Zur Stützung ihrer Argumente beschwören die Kontrahenten Wunder, vom Stillstehen eines Flusses bis zum Wandern eines Affenbrotbaumes. »Wiederum sagte Rabbi Elieser zu ihnen: Wenn die Halacha meiner Meinung entspricht, so werden sie es vom Himmel her beweisen. Da ging eine Hallstimme hervor und sprach: Was habt ihr mit Rabbi Elieser? Die Halacha ist auf jeden Fall, wie er sagt. Da stellet sich Rabbi Jehoschua auf seine Füße und sagte: ›Nicht im Himmel ist sie.‹ Was bedeutet, ›Nicht im Himmel ist sie‹? Rabbi Jirmeja sagte, daß die schon am Berg Sinai gegeben worden ist. Wir kümmern uns nicht um eine Art Stimme, denn schon am Berg Sinai hast du in die Weisung geschrieben: ›Sich zur Mehrheit neigen.‹«[69] Die Entmachtung göttlicher Stimmen und damit die Entmachtung subjektiver Offenbarungserlebnisse widerspricht der Möglichkeit eines statutarischen Glaubens, das heißt eines Kirchenglaubens, der über die Versinnbildlichung moralischer Prinzipien hinaus staatliche Funktionen einnehmen soll. Grundsätzlich spricht nichts gegen die Konstruktion eines aus einer Offenbarung hervorgehenden göttlichen Willens, einer Offenbarung, die »das kräftigste Organ der Leitung des Menschen und des Bürgers zum zeitlichen und ewigen Wohl«[70] sei: »wenn Gott zum Menschen wirklich spräche, so kann dieser doch niemals wissen, daß es Gott sei, der zu ihm spricht. Es ist schlechterdings unmöglich, daß der Mensch durch seine Stimme den Unendlichen fassen, ihn von Sinnenwesen unterscheiden und ihn woran kennen solle.«[71] Eine statutarische Religion – mögen ihre Prinzipien noch so menschenfreundlich und vernünftig sein – sei eine Unmöglichkeit, da sie erstens auf einer erkenntnistheoretisch unbeweisbaren Fiktion beruhe und zweitens die Differenz beziehungsweise die Einheit von Religionsglauben und Kirchenglauben nicht kenne. Das Judentum galt Kant als das prototypische Beispiel für eine statutarische Religion. Verbinde sich eine solche Religion zusätzlich noch mit einem Geschichtsglauben, so wurde nach Kants Überzeugung genau jenes Unheil, das vermieden werden sollte, erzeugt. Das auf Kant und Mendelssohn aufbauende Reformjudentum bis Hermann Cohen lehnte die talmudischen Schriften ab, kritisierte den vermeintlichen Formalismus der Tora und wählte den ethischen Monotheismus der Propheten als zentralen Bezugspunkt aus, ohne die diesbezüglich schon früh erhobenen Einwände zu berücksichtigen. Daß die Propheten mit ihrer Unheilspredigt recht gehabt hätten, müsse wenig erstaunen, waren sie doch mit ihren Jeremiaden selbst die Urheber dieses Schicksals, die schließlich zum Untergang des jüdischen Staates führten. Ihnen warf Kant ein Überfrachten der Verfassung des alten Israel mit kirchlichen und bürgerlichen Lasten vor, das es schließlich unmöglich gemacht habe, mit den umliegenden Völkern in Frieden zu leben.[72] Die Propheten werden hier zu Revolutionären im schlechtesten Sinne des Wortes.

Aus der Höhe dieses aufgeklärten Blickes erscheinen jene Konflikte, welche die gebildete Welt nachhaltigst erschütterten, wie etwa Lavaters 1769 unternommener Versuch, Mendelssohn zum Christentum zu bekehren, schlicht als unsinnig. Erst der Religionsglaube der Aufklärung entzifferte hinter den sinnlichen Symbolen des jüdischen Kirchenglaubens den Gehalt einer vernünftigen Moralreligion, um den Preis freilich, daß damit auch der christliche Kirchenglauben in seinem Anspruch entmachtet wurde. Unter aufgeklärten Bedingungen wurde es möglich, die Förmlichkeiten des gläubigen Lebens durch reine moralische Gesinnungen zu versöhnen. Auch ohne die »Träumerei einer allgemeinen Judenbekehrung zum Christenthum als einem messianischen Glauben«[73] könnten die Religionsbegriffe des Judentums geläutert werden, wenn der die Ausbildung dieser Begriffe hinderliche alte Kultus aufgegeben werde. Mendelssohn, der ein orthodox halachisches Leben führte und gleichwohl für die Vernunftreligion warb, stieß auf Kants skeptischen Widerspruch, obwohl er dessen Reaktion auf Lavater im Grundsatz ob ihrer Klugheit begrüßte. Mendelssohns den offenbarungsgläubigen Christen entgegengehaltenes Argument, daß Juden solange an das Zeremonialgesetz gebunden seien, bis Gott dieses selbst aufhebe, beinhalte, so Kant, in Wahrheit eine Aufforderung an die Christen: »[…] schafft ihr erst das Judentum aus Eurem eigenen Glauben weg: so werden wir auch das unsrige verlassen.«[74] Mendelssohn erkaufte sich seine mutige Kritik am christlichen Offenbarungspositivismus dadurch, daß er für die Aufrechterhaltung der nach Kants Meinung »drückenden Last« des Zeremonialgesetzes eintrat. Dieser Meinung folgend, begründeten später Schüler und Freunde Kants, Herz, Friedländer und Bendavid, das Judentum im Geiste eines ethischen Monotheismus als Reformjudentum neu. Mendelssohns Lösungsversuch provozierte Kant, weil nach dessen Erfahrung immer weniger Juden den Sinn des Zeremonialgesetzes für ihren persönlichen Glauben einsahen.

In Identifikation mit seinen jüdischen Schülern ging Kant so weit, Reformvorschläge für ein Judentum zu entwerfen, das sowohl in Kirchlichkeit erstarrt sei und wie in einem »Kleid ohne Mann« lebe als auch moralisch unzureichend ausgestattet sei, wie ein »Mann ohne Kleid«. In dieser Situation hielt er den Vorschlag Bendavids, »die Religion Jesu (vermuthlich mit ihrem Vehikel, dem Evangelium) öffentlich anzunehmen, nicht allein für sehr glücklich, sondern auch für den einzigen Vorschlag [...], dessen Ausführung dieses Volk, auch ohne sich mit andern in Glaubenssachen zu vermischen, bald als ein gelehrtes, wohlgesittetes und aller Rechte des bürgerlichen Zustandes fähiges Volk, dessen Glaube auch von der Regierung sanctionirt werden könnte«[75]. Es bedürfe jedoch der Freiheit der Schriftauslegung, »um die Art, wie Jesus als Jude zu Juden, von der Art, wie er als moralischer Lehrer zu Menschen überhaupt redete, zu unterscheiden«[76]. Kant bestimmte das Wesen des Christentums als das, was sein Stifter – er nennt ihn selten, in den veröffentlichten Schriften gar nicht »Christus«[77] – mit seiner Lehre beabsichtigte. Diese kann nicht in einem wissentlich und willentlich geplanten Opfertod um der Tilgung der Sünden wegen bestanden haben und auch nicht darin, mit seinem Tadel das Volk der Juden zu reizen. Das Gute durch unrechte Mittel, durch Selbstschädigung oder Förderung schlechter Charakterzüge zu erreichen, wäre ein Widerspruch in sich. Der kantische »Christus« ging an seinem Wagnis zugrunde. Sowenig der revolutionskritische Kant bereit war, die Pharisäer in Bausch und Bogen zu verdammen, so wenig wollte er jenen, die Jesus den Römern auslieferten, eine Schuld zuschieben, habe doch das Synhedrium bürgerlich kein Unrecht getan. Die jüdische Verfassung habe eben einen Aufruhr gestiftet, was grundsätzlich passieren könne. Der an seinem guten Willen scheiternde Religionsstifter erscheint als Prototyp jener Reformjuden, die Kant kannte. Jesus habe nichts »als blos die Beförderung des moralischen in der Religion als Reform des jüdischen zur Absicht haben [können ...] Also ist es seine Absicht gewesen es dahin zu bringen daß die Juden die wahre Religion blos in Guten Lebenswandel setzen.«[78] Seine Lehre wurde im Unterschied zu den »langen Psalmen Davids« beziehungsweise den angeblich rachsüchtigen Pharisäern charakterisiert. Die »Reflexionen zur Moralphilosophie« aus dem Nachlaß zeigen ein gleichwohl abgewogenes Urteil über die pharisäische Frömmigkeit – das »treue Befolgen der ihnen auferlegten Observanzen in einer gewissen beständigen Disciplin«[79] habe zu einer gewissen Wohlfahrt beigetragen. Daß die pharisäische Halacha dem selbst äußerst diszipliniert und observant lebenden Kant nicht fremd war, liegt auf der Hand. Im Unterschied zu der Erzwingung des Gesetzesgehorsams über das Androhen von Strafen rechnete er die häusliche Wohlfahrt, und zwar nicht nur bei den Pharisäern, sondern bei allen Menschen, dem »Fleiße der Geschicklichkeit, dem bloßen Glückswurfe« zu, daß gottesdienstliche Handlungen kein Glück garantieren würden.[80] Aus dieser Schere zwischen einem als »Bezahlung« verstandenen Gottesdienst und den Zufällen persönlicher Wohlfahrt erklärte Kant die Neigung der Israeliten, fremden Göttern nachzufolgen.

Diese Auslegung mündet in eine Schlußfolgerung, die auch nur zu diskutieren nach der Erfahrung der nationalsozialistischen Massenvernichtung kaum möglich ist: »Die Euthanasie des Judentums ist die reine moralische Religion mit Verlassung aller Satzungslehren, deren einige doch im Christenthum (als messianischen Glauben) noch zurück behalten bleiben müssen: welcher Sectenunterschied endlich doch auch verschwinden muß und so das, was man als den Beschluß des großen Drama des Religionswechsels auf Erden nennt, (die Wiederbringung aller Dinge) wenigstens im Geiste herbeiführt, da nur ein Hirt und eine Heerde Statt findet.«[81]

Der Schrecken, der von solchen Formulierungen ausgeht, kann

argumentativ nicht beruhigt werden. Für Kant, der trotz häßlicher Bemerkungen über Maimon und seiner zeitgemäßen Vorurteile über den betrügerischen und blutsaugerischen Charakter der Juden mit Herz befreundet war und diesen immerhin zum Respondenten seiner Dissertation gemacht hatte, der, obwohl eher ängstlich, den beschwerlichen Weg zu Mendelssohns Begräbnis auf sich nahm,[82] könnte die »Euthanasie zur reinen moralischen Religion« paradoxerweise Hoffnung und Verheißung gewesen sein. Daß er ausgerechnet im Judentum die Möglichkeit der von ihm erstrebten moralischen Religion kannte, mag einer realistischen Einschätzung der Nichtreformierbarkeit des Christentums, aber auch einer besonderen Hochachtung seiner jüdischen Freunde und ihres Kampfes um Erneuerung entsprungen sein.

Welches dieser Motive überwog, läßt sich nur schwer feststellen. Die von Kant in der *Kritik der Urteilskraft* hervorgehobene Erhabenheit des Bilderverbots legt die Vermutung nahe, daß er zunächst das Judentum als die ihm und seinen Intentionen näherstehende Religion verstanden haben könnte, weswegen er an den Kämpfen seiner jüdischen Freunde lebhaftesten Anteil nahm.[83] Ob er sich von dem, was er an vorurteilsbehaftetem Antisemitismus mit sich herumschleppte, hätte befreien können, wenn er diesen Freunden besser zugehört hätte,[84] muß zweifelhaft bleiben, denn spätestens im unveröffentlichten Nachlaß tritt zutage, wie schwer sich der große Aufklärer mit der Verabschiedung vom Christentum in Wirklichkeit tat. In den nachgelassenen Schriften vermengen sich klischeehafte Vorstellungen über die einer Verbesserung nicht fähigen »orientalischen Völker«, zu denen er in Teilen auch die Russen und Polen rechnete, mit einer bei aller Distanz zum reformatorischen, paulinischen Christentum gleichwohl aufrechterhaltenen Substitutionslehre. Im unveröffentlichten Nachlaß relativierte Kant die Bedeutung des von ihm als besonders erhaben geschätzten Bilderverbots der hebräischen Bibel zugunsten der christlichen Religion: »Die Welt hat nie etwas die Seele belebenderes die Selbstliebe niederschlagenderes und doch zugleich die Hoffnung erhebenderes Gesehen als die Christliche Religion die sich von dem Judenthum erhoben hat. Aber diese Erhebung konnte sie nur durch die Übereinstimmung mit der Vernunftreligion erlangen welche sie sanktionirte. Ohne diese war aller fragmentarisch aus Moral u. Religionssatzung zusammengesetztes. Jetzt ist ein System welches durch das Gantze sich mit Majestätischem Ansehen ankündigt.«[85]

So wird Kant in der Folge Lavaters zum Missionar, der »Juden und Naturalisten« bei allem Respekt und ohne sie lieben zu müssen gerne fragen würde, »ob sie einen vortreflichern Zusammenhang je gesehen und sich ersonnen haben«[86]. Dieser Zusammenhang bestehe in einer einzigartigen Verschmelzung durch die Mystik des Glaubens, »um das Evangelium mit dem Gesetz in der heiligen Geschichte als Einheit des Glaubens herzustellen der Juden wegen«.[87] Mendelssohn, so versuchte Kant sich selbst zu überzeugen, habe den jüdischen Monotheismus zu hoch geschätzt, da im historischen jüdischen Glauben noch immer zu viel Heidentum, das heißt zu viel Offenbarungsglaube ohne Religion, enthalten sei. Demnach kann es nur eine wahre Religion geben, und zwar das recht verstandene Christentum. Das Judentum als Religion lasse sich überhaupt nur retten, wenn wohlwollend angenommen werde, daß es in seinen Reihen zusätzlich zur sinaitischen Offenbarung noch eine weitere öffentlich moralische Religionsunterweisung gegeben habe.

Am Ende stand für Kant der Wunsch, daß eine Glaubensbruderschaft zwischen einem nicht mehr kirchlich gebundenen Christentum und einem nicht synagogal gedachten Judentum wie zwischen aufgeklärten Katholiken und Protestanten für den Übergang des Judentums von einer Religion zur wahren Religion zureichen würde. Dieser Übergang zur natürlichen Religion wäre – der Begriff wird immer wieder verwendet – die »Euthanasie des Judentums«[88] oder, noch deutlicher formuliert: »Die Euthanasie des Judentums ist die natürliche Religion.«[89]

Falls eine wohlwollende Deutung dieses Ausdrucks überhaupt möglich ist, führt sie über die Differenz von »wahrer« und »natürlicher« Religion. Die natürliche Religion, zu der das »euthanisierte« Judentum werden könnte, definierte Kant als »reiner, praktischer Vernunftsbegriff, der, ungeachtet seiner unendlichen Fruchtbarkeit doch nur so wenig theoretisches Vernunftvermögen voraussetzt: daß man jeden Menschen von ihr [der natürlichen Religion] praktisch hinreichend überzeugen, und wenigstens die Wirkung derselben jedermann als Pflicht zumuten kann«[90]. Im Unterschied zu dieser natürlichen Religion, die in etwa das Religionsverständnis des aufgeklärten Europas, von Theismus und auch Deismus artikuliert, beinhalte die »wahre alleinige Religion«[91] nicht mehr oder minder unverstandene moralische Pflichten, sondern solche »Gesetze, d. i. praktische Prinzipien, deren unbedingter Notwendigkeit wir uns bewußt werden können, die wir also, als durch reine Vernunft (nicht empirisch) offenbart anerkennen«[92].

Gleichwohl kann auch die wohlwollendste Rekonstruktion des »Euthanasiegedankens« die Erinnerung an die Gaskammern von Hadamar, die als Probelauf für die Mordanlagen von Auschwitz-Birkenau dienten, nicht vergessen machen. Aber sogar wenn es gelänge, diese unauslöschlich in die Wirkungsgeschichte eingeschriebenen Erinnerungen einzuklammern, läßt sich der intellektuelle Hochmut des Philosophen Kant, der kein gläubiger Christ war, nicht verkennen. In letzter Instanz erschien ihm die von Mendelssohn gewollte sowie von Bendavid reformierte jüdische Religion als eher schlicht, als »natürlich«, als kontingentes Faktum, während nur das in einer Fußnote begründete »Christianertum«[93], das später sein Anhänger Fichte gezielt antijüdisch entfaltete, den ihm selbst gestellten intellektuellen Ansprüchen genügte.

Nur mit Trauer und Skepsis wird man daher den Weg jener begleiten, die Kants Vorschlag aufnahmen und sich auf den Weg in die aufgeklärte deutsche Gesellschaft und die vermeintlich allen gemeinsame sittliche Religion begaben, so wie Mendelssohns Schüler und Kants Bewunderer Friedländer, der seinem Meister folgte und dafür nur Haß erntete.

II. Geheimer Staat und Menschenrecht – Fichtes Antisemitismus der Vernunft

Im Jahre 1795 korrespondierte Rahel Levin, später Varnhagen, mit ihrem Freund David Veit über das Werk Johann Gottlieb Fichtes, dem sie als große Verehrerin des Autors dennoch keineswegs kritiklos gegenüberstand.[1] Die *Grundlagen der gesamten Wissenschaftslehre* seien, so befand sie damals in einer kühnen Formulierung, der Pflug gewesen, der sie, Rahel, für die Horen urbar gemacht habe.[2] Beinahe zwanzig Jahre später schrieb sie anläßlich Fichtes Tod – er starb Anfang Januar 1814 – an ihren Bruder Markus Theodor Robert in Wien: »Laß uns von Fichte sprechen! – Deutschland hat sein eines Auge zugethan; wie ein Einäugiger zittre ich nun erst für das andere.«[3] Ihre Liebe zu Johann Wolfgang von Goethe, der als der andere gemeint war, vermochte sie nicht von ihrem Schmerz, ihrem Unglück zu befreien. Mit dem Ende Fichtes, des Lebensphilosophen, überkam sie die Furcht vor dem Tode. Sie fuhr fort: »Wenn Fichte sterben muß, dann ist niemand sicher; mich dünkte immer, Leben schützt vor dem Tode: wer lebte mehr als er?«[4] Der jüdische Historiker Heinrich Graetz (1817 bis 1891) vermerkte dazu lakonisch, daß diese zwei Männer ersten Ranges, Goethe und Fichte, die Eingenommenheit der Deutschen gegen die Juden teilten.[5]

Graetz' Äußerung war euphemistisch. Bei Fichte muß von einem deutlichen Antisemitismus gesprochen werden, der sich vor allem auf jüdische Lebensformen und nicht nur auf den jüdischen Glauben bezog. Darüber hinaus entfaltete Fichte einen eigenen philosophisch-christlichen Antijudaismus. Doch seine Haltung zu den Juden war politischer Art. Er wurde zum Begründer eines »revolutionären Antisemitismus«. Unter Berufung auf Heinrich Heines Zeitgenossen Saul Ascher und dessen *Germanomanie* sieht etwa Paul Lawrence Rose ihn in der Vorläufertradition »drastischer Lösungen und rassistischer Theorien«[6]. Bei Fichte stellt sich die Frage nach dem tiefliegenden, systematischen, nicht nur kontingenten Charakter der Judenfeindschaft des Deutschen Idealismus. Bei ihm, der zwar gelegentlich in den Salons verkehrte, aber keine eigenen Beziehungen zu Juden hatte und sie im beruflichen Kontext stets fair und vorurteilsfrei behandelte, tat sich die Kluft zwischen republikanischem Freiheitsdurst, einer strikt menschenrechtlich ausgerichteten praktischen Philosophie und einer kalten Dissimilationspolitik auf. Seine Haltung kommt dem vom jungen Adolf Hitler geforderten »Antisemitismus der Vernunft«[7] sehr nahe.

Fichte äußerte sich im wesentlichen dreimal zu Juden und zum Judentum: 1793 in einer politischen, 1806 in einer religionsphilosophischen Schrift und 1812 in einem Gedicht. Nach dem ersten Besuch des fast Dreißigjährigen bei Immanuel Kant und dem glücklichen Ende einer Krise mit seiner Verlobten und späteren Frau Johanna Rahn publizierte er 1793 anonym seine apologetische Schrift *Beitrag zur Berichtigung der Urtheile des Publikums über die französische Revolution,* die dann unter deutschen Gebildeten Kritik erntete. In dieser Schrift, in der der Versuch unternommen wird, die Republik aus dem Sittengesetz abzuleiten, finden sich jene Passagen, die Fichtes Antisemitismus belegen und am Beginn des deutschen »Vernichtungs- und Entmenschlichungsantisemitismus« stehen.[8] Sie sollen im folgenden einer detaillierten Lektüre unterzogen und analysiert werden.

»Fast durch alle Länder von Europa verbreitet sich ein mächtiger, feindselig gesinnter Staat, der mit allen übrigen im beständigen Kriege steht, und der in manchen füchterlich schwer auf die Bürger drückt; es ist das Judenthum. Ich glaube nicht, und ich hoffe es in der Folge darzuthun, daß dasselbe dadurch, daß es einen abgesonderten und so fest verketteten Staat bildet, sondern dadurch, daß dieser Staat auf den Haß des ganzen menschlichen Geschlechts aufgebaut ist, so fürchterlich werde.«[9] Die Begriffe »Staat im Staate« sowie »Haß des ganzen menschlichen Geschlechts« wurden nicht von Fichte geprägt, sondern hatten eine Vorgeschichte. Die Formulierung »Staat im Staat« wurde 1760 in dem Buch *Institutions politiques* von Baron von Bielfeld benutzt, Beamter unter Friedrich II. In Anknüpfung an Samuel Pufendorfs Lehre von der Souveränität erörterte Bielfeld die systematische Gefahr, die von Mächten ausgeht, die sich gleiche Souveränität wie der Staat anmaßen. Souveränität wird als absolutes Prärogativ, den Willen und die Handlungen einer politischen Körperschaft im Dienste des staatlichen Gutes zu lenken, verstanden.[10] Bielfeld trat für eine moderne Staatslehre ein, die keine unterschiedlichen Körperschaften gleichen Ranges mehr kennen sollte. Sein negatives Beispiel waren die Hugenotten und ihre Sonderrechte nach dem Edikt von Nantes in Frankreich.

1620 läßt sich der Begriff »Staat im Staate« zum ersten Mal in bezug auf die Hugenotten nachweisen. Von dort wurde er kurz danach in die Debatte über den Orden der Jesuiten übernommen. Die Umwandlung der spätabsolutistischen Staatslehre in der Zeit der Aufklärung, vor allem in den Werken der Enzyklopädisten, etwa Denis Diderots, führte zu einer emphatisch begrüßten Kritik aller intermediären Institutionen. Die Vertreibung der Jesuiten aus Frankreich 1764 verfestigte diese Geisteshaltung. Auffälligerweise – davon wird anhand von Fichtes Schrift zur Freimaurerei zu handeln sein – traf dieses Verdikt jedenfalls in Frankreich nicht die Freimaurer. Sogar Diderot machte in seiner Polemik gegen intermediäre Organisationen für sie eine Ausnahme. Auch in anderen Ländern Europas hatten die Freimaurer einen besseren Stand als die Jesuiten.

Bezüglich der Juden wurde der Begriff vom Staat im Staate zum ersten Mal 1779 in Frankreich vom Antisemiten François Hell verwendet, der sich der Belange elsässischer Bauern gegenüber ihren jüdischen Gläubigern annahm. Hell verteidigte das Fälschen von Quittungen durch die Bauern und verurteilte, daß die Juden im Ancien régime – zumindest im Elsaß – über mehr Privilegien verfügten als die Protestanten. Die Juden seien die ewigen Feinde der Christen, erklärte er in einem anonym verfaßten Traktat.

In Deutschland wurde der Begriff von Johann Heinrich Schulz in seiner in Frankfurt und Leipzig anonym publizierten Schrift *Betrachtungen über Theologie und Religion überhaupt und über die jüdische Sonderheit,* die ihn in eine Kontroverse mit Moses Mendelssohn führte, verwendet. Mendelssohn hatte sich, ausgehend von Christian Konrad Wilhelm von Dohms Emanzipationsschrift, entschieden für eine Gleichbehandlung und Gleichberechtigung von Juden und Christen eingesetzt, aber ebenso entschieden dafür votiert, Atheisten von derartiger Gleichberechtigung auszuschließen. Schulz, ein protestantischer Pastor, der häretische und atheistische Haltungen vertrat, fühlte sich provoziert und entgegnete, daß es keinen Grund gebe, Atheisten von den Bürgerrechten auszuschließen, wohl aber die Juden.[11] Ein französischer Priester, Père Gregoire, erklärte in einer Preisschrift der Königlichen Gesellschaft für die Künste und Wissenschaften zu Metz bezüglich der Besserstellung der Juden, daß sie zukünftig gleichgestellt werden sollten, aber erst, wenn sie in London englisch und in Metz französisch geworden seien. Das jüdiche Volk »bleibt immer ein Staat im Staate, weil es nie wie ein Sohn des Vaterlandes behandelt wird«[12]. Deutsche Monatsschriften übernahmen 1790 und 1791 diese Wendung. Karl Wilhelm Friedrich

Grattenauer (1770 bis 1838), der wohl erste rassistisch-antisemitische Autor in Deutschland, bediente sich in seinem ersten antijüdischen Buch von 1791 noch nicht dieser rhetorischen Figur, bemühte sie aber in seinem zwölf Jahre später erschienenen zweiten Buch *Wider die Juden* und bezog sich dabei auf Fichte.

Die Juden – das schien unter Demokraten und Aufklärern in ganz Europa Konsens zu sein – gehörten mit ihrer feudalständischen Verfassung eindeutig dem Ancien régime an. Die Vorschläge aufgeklärter Absolutisten und Beamter wie Dohm, Wilhelm Freiherr von Humboldt oder Gotthold Ephraim Lessing, sie durch Gleichberechtigung und Emanzipation aus eben dieser Verfassung zu befreien, stießen auf den Widerstand derjenigen, die ihre aufgeklärten, revolutionären Ideen vor allem aus der christlichen Tradition bezogen oder wie Voltaire überzeugte Atheisten waren. Letztere griffen die Kirche nicht direkt an, sondern lieber die Juden, die sich an Einfluß, Reichtum und Macht mit den kirchlichen Körperschaften nicht messen konnten. Die Debatte über den »Staat im Staate«, also über die staatsrechtliche Stellung von Hugenotten, Jesuiten, Freimaurern und Juden, war auch eine Auseinandersetzung über die Funktion bürgerlicher Öffentlichkeit im Spätabsolutismus. Geschlossene Körperschaften oder Geheimbünde schienen im Widerspruch dazu zu stehen, es sei denn, die jeweiligen Inhalte und Ziele entsprachen den staatspolitischen und kulturellen Vorstellungen der Aufklärung wie im Fall der Freimaurer und Illuminaten.

Fichte erörterte seine Sicht der Freimaurerei in der 1802 und 1803 veröffentlichten *Philosophie eines Freimaurers. Briefe an Konstant.* In ihr wollte er einen geläuterten, von aller Geheimniskrämerei und Politik freien maurerischen Gedanken entfalten. Ihm schwebte eine Geselligkeit vor, die sich um die Pflege einer universalistischen Moral und individueller Bildung kümmern sollte. Den Gesamtzweck der Menschheit sah er darin, zu einer einzigen »reinmoralischen Kirche« eines »durchaus rechtlichen Staats« zu werden. Das könne nur durch eine Sittlichkeit gelingen, welche die Individuen das Ihre in voller Freiheit und ohne äußeren Antrieb tun ließe. Wie die religiöse Bildung, die im allgemeinen eher zufällig erfolge, genauer aussehen soll, könne durch die maurerischen Bemühungen und ihr Sittlichkeitsideal bestimmt werden. Sie könne an einem natürlichen religiösen Bewußtsein ansetzen, an dem auch Juden teilhätten. Fichte war sich wohl bewußt, daß die Maurer damals an der Aufnahme von Juden programmatisch interessiert waren,[13] gelte doch für alle Menschen folgendes: »Die Gottheit ist allerdings ihnen insgesamt erschienen und hat sich unter ihnen mächtig offenbart: dem Juden, bei seiner wunderbaren Rettung aus der Knechtschaft Ägyptens, dem Römer, bei der Gründung seines ewigen Kapitols [...]. Nur, wenn sie miteinander streiten, der eine die Geschichte des anderen leugnet, und seine eigene ihm, als die allein wahre, aufdringen will, fangen sie an, Unrecht zu haben.«[14] Die Verflochtenheit des einzelnen mit der Gemeinschaft, in die er geboren wurde, wird als natürlich vorausgesetzt, den Narrativen der verschiedenen Gemeinschaften aus aufgeklärter Perspektive gleicher Wert zugebilligt. Vor diesem Hintergrund ging es Fichte um die Herausbildung einer allgemeinen, von ihren kontingenten Herkunftsbezügen weitgehend befreiten menschlichen Individualität:

> Jeder Mensch, der in der Gesellschaft geboren wird, wird notwendig in einem Teile derselben unter irgendeiner Nation geboren und erhält, nebst den übrigen stehenden Erzeugnissen dieser Nation, zugleich diese äußere, nationale Form des Religiösen. Die Theologen aller Nationen haben sich überdies von jeher bestrebt, den Geist ihres Standes zum gemein menschlichen zu erheben, und es ist ihnen damit nur zu sehr gelun-

> gen. Diese ganz zufällige Form, die nicht reinmenschlich, sondern ein Abzeichen der Menschen ist, soll der vollkommen Gebildete allgemach ablegen; er soll nicht Jude sein, oder ein unbeschnittener Judengenosse, oder ein Römer, oder ein Araber, der da Religion hat, sondern er soll ein Mensch schlechtweg werden, der da Religion hat.[15]

Trotz der im Grundsatz universalistischen Botschaft des Briefes sind abwertende, antisemitische Untertöne nicht zu verkennen. Auf wen die verächtliche Bemerkung von den »unbeschnittenen Judengenossen« zielte, wird nicht ausgesprochen. Aber es ist anzunehmen, daß Personen wie Lessing und vor allem Friedrich Nicolai gemeint waren.

Auffällig ist, welche Gruppen und Völker Fichte in seinen Aufzählungen der natürlichen Religionen erwähnte und welche er ausließ. Die Rede ist von Juden, Römern und Arabern, mediterranen und antiken Völkern. Zwei davon hängen einer monotheistischen Religion an, die Fichte aber nicht höher wertete als die heidnisch römische Religion. Das Christentum, sogar das von ihm später in der *Anweisung zum seligen Leben* kritisierte Kirchenchristentum paulinischer Provenienz, wird nicht erwähnt. Auch galt ihm eine deutsche Herkunft nicht als etwas, das analog zu Judentum, Arabertum und Römertum überwunden werden müßte.

Der Maßstab, den Fichte ansetzte, an dem die Völker der Antike und die Juden versagen, ist das Ideal eines Menschen, der in seinem ganzen Leben den Zweck der Menschheit zur sittlichen Bildung erfüllt und dessen Religion dazu führt, daß Pflicht und Weltlauf einander nicht mehr widersprechen, »weil er nun eine höhere Welt kennt, von der die hiesige nur die für ihn übende Erscheinung abgibt«[16]. Wenn diese Haltung wirklich zur eigenen Religion geworden sei, sei sie – in Fichtes Worten – »unbewußt«

und zum Auge eines Lebens, das sich selbst nicht mehr sehen könne, geworden. Fichte wollte Religion und Moral restlos ineinander überführen. Bei dieser Verschmelzung sollten auch Kosmopolitismus und Patriotismus ineinander übergehen. Fichte wußte, daß die Idee der Menschheit als Ganzer ohne das Eintreten für Gerechtigkeit, Sittlichkeit und Freiheit der einzelnen Gemeinwesen hohl blieb: »Dies erkennt der Maurer; und darum äußert sich sein Kosmopolitismus durch die kräftigste Wirksamkeit für den bestimmten Platz, auf dem er steht.«[17] Fichte war bereit, die maurerische Geheimniskrämerei hinzunehmen, da die Geschichte dieser »geheimen Kultur« die öffentliche Geschichte voraussetze. Außerdem sei inzwischen die Zeit gekommen, die Mysterien, die einen reinen Kern aufwiesen, zu offenbaren. Die überlieferten maurerischen Lehren würden einen zweiten Strang der Tradition seit dem Altertum repräsentieren, der neben dem Christentum die Gegenwartskultur der Aufklärungszeit präge:

> Es ist also höchst wahrscheinlich, [...] daß eine ähnliche zusammenhängende Kette der geheimen Kultur neben jenem Faden der öffentlichen durch dieselben Zeiten und Völker sich herabgeschlungen habe und, gerade wie die öffentliche, bis auf unsere Zeiten gekommen sei; es ist möglich, daß, gleichwie mit der öffentlichen Kultur sich das aus einer anderen Quelle kommende Christentum vereinigte, zu derselben Zeit auch die vorhandene geheime Kultur der orientalischen Völker, aus deren öffentlichen das Christentum entstand, angeschlossen habe.[18]

Fichtes Konstruktion des Freimaurertums ist im Kontrast zu seiner Theorie des Judentums zu lesen: Freimaurertum und Judentum entstammten den alten orientalischen Religionen, beide hatten sich in Form von Mysterien und durch Abschließungstechniken erhalten, beide bewahrten eine notwendigerweise geheime Überlieferung – die Mysterien und den Talmud –, beide waren dabei, ihre Bestände in eine öffentliche und universalistische Kultur zu überführen. Was aber Fichte der maurerischen Tradition fraglos zugestand, sprach er dem Judentum, das sich im paulinischen Christentum erhalten habe, grundsätzlich ab. Der universalistische Gehalt des Freimaurertums habe von Anfang an vorgelegen, während es sich beim Judentum um einen reinen Partikularismus handle.

Diese polemische Haltung ist vor dem Hintergrund der staatstheoretischen republikanischen Souveränitätsdebatte zu sehen. Dennoch bleibt unverständlich, warum ein radikaler Demokrat wie Fichte Juden der Einsichten der Aufklärung für nicht fähig hielt; Moses Mendelssohn war dafür sicherlich kein Beispiel, ebensowenig Salomon Maimon oder Marcus Herz. Der Grund liegt darin, daß die meist theologisch vorgebildeten Aufklärer in Deutschland das Judentum nicht nur als gesellschaftliche Größe, sondern vor allem als Religion zur Kenntnis nahmen. Was der Maurerei zum Guten gereichte, die Achtung ihrer Satzungen, wurde dem Judentum vorgehalten.

Aber nicht nur der Topos vom »Staat im Staate«, den man immerhin souveränitätstheoretischen Überlegungen beim Übergang vom Feudalismus zum souveränen, noch absolutistischen Nationalstaat zuschreiben kann, zeugt von einer tiefsitzenden Judenfeindlichkeit, sondern auch die Vorstellung , das Judentum sei auf dem Haß des ganzen menschlichen Geschlechts aufgebaut. Sie speist sich aus traditionellen, geradezu klassisch zu nennenden Vorwürfen. Ihre Wurzeln reichen bis in die vorchristliche Zeit zurück. Sie findet sich nicht erst bei Tacitus in seinen *Annalen*, sondern schon bei einem eher philosemitischen Autor, Hecataeus, der ums Jahr 300 vor der Zeitrechnung den Juden zuschrieb, inhuman und fremdenfeindlich zu sein.[19] Dieser

Vorwurf, den die heidnischen Autoren der Antike häufig unter Hinweis auf die jüdischen Zeremonialgesetze und ihre Auswirkungen auf Konvivialität und Konnubium erhoben, verschwand mit der antijüdischen Polemik der christlichen Ära keinesfalls. Obzwar mit dem Siegeszug des Christentums die Vorwürfe an die Juden, Mörder Gottes, Kinder des Satans oder nur »Feinde um euretwillen« zu sein, aufkamen und überhandnahmen, fanden sich noch in der scholastischen Literatur des hohen Mittelalters Vorwürfe allgemeiner Menschenfeindlichkeit.[20] Fichtes Behandlung der alttestamentlichen Vätergeschichten im Stil der entstehenden orientalistischen Wissenschaften schwankte wie die spätere, vor allem protestantische kritische Auslegung des Alten Testaments zwischen einem distanziert wissenschaftlichen Urteil und einer theologisch begründeten Verwerfung:

> Von einem Volke, dessen Geringster seine Ahnen höher hinaufführt als wir Anderen alle unsere Geschichte, und in einem Emir, der älter ist als sie, seinen Stammvater sieht – eine Sage, die wir selbst unter unsere Glaubensartikel aufgenommen haben; das in allen Völkern die Nachkommen derer erblickt, welche sie aus ihrem schwärmerisch geliebten Vaterlande vertrieben haben, das sich zu dem den Körper erschlaffenden, und den Geist für jedes edle Gefühl tödtenden Kleinhandel verdammt hat und verdammt wird, das durch das bindendste, was die Menschheit hat, durch seine Religion, von unseren Mahlen, von unserem Freudenbecher und von dem süßen Tausch des Frohsinns mit uns von Herz zu Herzen ausgeschlossen ist; das bis in seinen Pflichten und Rechten, und bis in der Seele des Allvaters uns andere alle von sich absondert – von so einem Volke sollte sich etwas anderes erwarten lassen, als was wir sehen, daß in einem Staate, wo der unumschränkte König mir meine väterliche Hütte nicht nehmen darf, und wo ich gegen

den allmächtigen Minister mein Recht erhalte, der erste Jude, dem es gefällt, mich ungestraft ausplündert.[21]

Der Patriot Fichte mokierte sich über die jüdische Zionssehnsucht, der spätere Begründer der Idee eines »geschlossenen Handelsstaates«, in dem der merkantilistische Handel eine erhebliche Rolle spielen sollte, hielt den Juden wider besseres Wissen vor, sich freiwillig auf den Handel beschränkt zu haben, der mehr als zehn Jahre später für die Mission der Deutschen glühende Nationalredner, der Mitglied einer Juden ausschließenden »deutsch-christlichen« Tischgesellschaft wurde, klagte die Juden mangelnder Mahlgenossenschaft an. Ob sich an diesen Tiraden ein weiteres Mal der projektive Charakter des Antisemitismus oder die Tatsache, daß Verunglimpfung immer auch Ausdruck von Neid ist, zeigt, sei dahingestellt. Die Freimaurerschrift beweist allerdings, daß Fichte Exklusion und Geheimnis nicht in jedem Falle ablehnte. Zudem verraten seine Vorwürfe ein erhebliches Ausmaß an Unwissenheit. Nach eigenem Bekunden pflegte er auch keine persönlichen Beziehungen zu Juden. Das war im Fall der Freimaurerei anders. Er verhandelte gelegentlich mit einer Loge, wenngleich ihm deren gemeinschaftliches Leben eher unsympathisch war und die Betriebsamkeit ihn langweilte.[22]

So stellt sich die Frage nach den Quellen seiner Vorstellungen vom Judentum. Zunächst waren da seine christlich geprägte Internatszeit in Meißen und Schulpforta sowie sein Jura- und Theologiestudium in Jena, Wittenberg und Leipzig. Belegt sind eine solide Ausbildung in der klassischen Philologie, namentlich des Griechischen, sowie der Aufklärungstheologie.

Fichtes 1793 vorgebrachte Einwände richteten sich indirekt gegen Friedrich Nicolai, auf den noch einzugehen ist, und dessen Umgebung. Es handelte sich um den wütenden Protest eines kantianisch geschulten Denkers, der später mit seiner *Kritik aller*

Offenbarung die protestantische Orthodoxie aufs schwerste herausforderte, deshalb im sogenannten Atheismusstreit erhebliche Nachteile und öffentliche Stigmatisierung auf sich nehmen mußte sowie eine schwere persönliche Krise in der Beziehung zu seiner Verlobten durchlebte. Aber die ihm im Atheismusstreit widerfahrende Ablehnung kannte er 1793 noch nicht. Er konnte den offiziell gepredigten Toleranzformeln des späten Absolutismus nur wenig abgewinnen:

> Dies alles seht ihr mit an, und könnt es nicht läugnen, und redet zuckersüße Worte von Toleranz und Menschenrechten und Bürgerrechten, indeß ihr uns die ersten Menschenrechte kränkt; könnet eurer liebevollen Duldung gegen diejenigen, die nicht an Jesum Christum glauben, durch alle Titel, Würden und Ehrenstellen, die ihr ihnen gebt, kein Genüge thun, indeß ihr diejenigen, die nur nicht eben so, wie ihr, an ihn glauben, öffentlich schimpft, und ihnen bürgerliche Ehre und mit Würde verdientes Brot nehmt. Erinnert ihr Euch denn hier nicht des Staates im Staate? Fällt Euch denn hier nicht der begreifliche Gedanke ein, daß die Juden, welche ohne Euch Bürger eines Staates sind, der fester und gewaltiger ist als die eurigen alle, wenn ihr ihnen auch noch das Bürgerrecht in euren Staaten gebt, eure übrigen Bürger völlig unter die Füße werft?[23]

An wen richten sich die Worte des bei Erscheinen des Buches anonym gebliebenen Verfassers? Wer sind die »Ihr«, die er zu überzeugen sucht und zugleich beschuldigt?

1793 hatten sich die Ereignisse in Frankreich überstürzt. Im September 1792 hatten die Jakobiner viele Geiseln, wahrscheinlich 1100 Menschen, ermordet. Der Vormarsch der antirevolutionären Koalition war im Rheinland zum Stehen gekommen. Mit Müh und Not hatte die französische Revolutionsarmee die erschöpfte preußische Armee bei Valmy geschlagen. Ludwig XVI. war abgesetzt und schließlich im Januar 1793 enthauptet worden.[24] 1790 war den Juden in Bordeaux durch den revolutionären Konvent die bürgerliche Gleichberechtigung eingeräumt, aber erst Ende September 1791 allen Juden der Republik, auch Elsaß-Lothringens, das Wahlrecht zuerkannt worden. 1791/92 herrschte im Elsaß und seinen Städten eine Zeit des revolutionären Antisemitismus, der sich mit dem herkömmlichen christlichen Antijudaismus und dessen Antitalmudismus verband. In der Zeit der »Terreur« wurde gar die Forderung erhoben, den Juden die Beschneidung ihrer Söhne zu verbieten. Flugschriften verglichen den von einer Royalistin ermordeten Jean-Paul Marat mit Jesus und setzten somit Royalisten und Juden gleich. Der Kommissar der revolutionären Rheinarmee, Baudot, forderte, obwohl einige Juden in den revolutionären Armeen dienten, eine »guillotinierte Wiederbelebung« der Juden, die Lüsternheit an die Stelle von Vaterlandsliebe setzten.[25] In Elsaß-Lothringen wurde den Juden vorgehalten, vom Wucher zu leben; Häuser von Juden wurden angezündet und harmlose Hausierer als Brunnenvergifter angegriffen.

Die Ereignisse des Jahres 1793, die »Terreur« und die Septembermorde, erschütterten die deutschen Intellektuellen, die zunächst mit der Revolution sympathisiert hatten. Im Februar 1793 verfaßte Friedrich Schiller seine revolutionskritischen *Briefe über die ästhetische Erziehung des Menschen*. Die Vertreter der Spätaufklärung und des Sturm und Drang, Friedrich Gottlieb Klopstock, Johann Gottfried von Herder, Gotthold Ephraim Lessing und Christoph Martin Wieland, gingen auf Distanz zur Revolution.

Im Inneren Preußens, in Schlesien, protestierten Bürger, Leibeigene und Handwerker gegen den sklerotisierten Absolutismus. In Hamburg, Bremen und im Herzogtum Braunschweig wollte ein aufklärerisches Bildungsbürgertum eine konstitutionelle Monarchie durchsetzen. Die deutschen Gebildeten debattierten über die Radikalität der Revolution.

Fichtes Intervention, im März 1793 beendet, stellte eine wesentliche Stellungnahme im Kampf zwischen zwei Positionen, den Vertretern der Revolution und den Vertretern der Reformierbarkeit der deutschen Gesellschaft, dar. Während die Spätaufklärer in der Folge Mendelssohns, aber auch Herders skeptisch und weise geworden, brachiale Auseinandersetzungen wie in Frankreich ablehnten, oder wie Friedrich Schiller die Barbarei einer absolutistischen Staatsmaschine sowie die Trostlosigkeit eines nur auf Moral gegründeten und alle Sinnlichkeit unterdrückenden Lebens kritisierten, trat die zwanzig Jahre jüngere Generation der deutschen Jakobiner für den bedingungslosen Umsturz der bestehenden Verhältnisse ein. Allen Kompromissen abhold und mit einem moralischen Rigorismus sondergleichen, der sich mit Kants Philosophie bestens begründen ließ, entfaltete Fichte in seiner Apologie der Französischen Revolution das Programm eines allein auf freier Moralität gegründeten Gemeinwesens.

Seine dort in einem Atemzug vorgetragene Kritik von Judentum und Militär diente der Radikalisierung des republikanischen Denkens und der Illustration eines jakobinischen Aufklärungsverständnisses, das jenseits seiner selbst nichts gelten ließ. Im Unterschied zu den französischen Jakobinern und ihrem theoretischen Vorläufer Rousseau gelang es Fichte nicht, seine Idee einer menschen- und bürgerrechtlich begründeten Republik theoretisch zu fassen. Antijudaismus war konstitutiver Bestandteil seiner Argumentation gegen die Vertreter des aufgeklärten Absolutismus, etwa Wilhelm von Humboldt, und die spätaufklärerischen Literaten, die den neu entstehenden Strömungen des Idealismus, der Romantik, aber auch dem Goethe-Kult ablehnend gegenüberstanden.

Antlitz und Gestalt gewann die Position der Spätaufklärer in der sich dem Zeitgeist verschließenden und ihn scharf attackierenden Persönlichkeit Nicolais, einem 1733 geborenen Berliner Buchhändler und guten Freund Mendelssohns wie Lessings. Nicolai war eine der meistgehaßten Personen Berlins. Der ebenso nüchterne wie bissige Kopf gehörte zu den Kräften, die Fichte Einfluß und Positionen im geistigen Leben zum Teil erfolgreich verwehrten. Fichte verfaßte 1801 ein Pasquill *Friedrich Nicolai's Leben und sonderbare Meinungen*[26] gegen ihn. Es zeugt von dem Haß, der zwischen den geistigen Strömungen herrschte.

Das von den Spätaufklärern Lessing und Nicolai vertretene Programm einer Emanzipation des Judentums und ihre positive Haltung gegenüber wirklichen Juden stießen auf Fichtes erbitterten Widerstand. Fichte zieh Nicolai und dessen Freunde der politischen Naivität. Das geht aus einer Fußnote zu dem bereits zitierten Abschnitt hervor, der dessen ohnehin problematischen und antisemitischen Züge noch hinter sich läßt:

> Fern sey von diesen Blättern der Gifthauch der Intoleranz, wie er es von meinem Herzen ist. Derjenige Jude, der über die festen, man möchte sagen, unübersteiglichen Verschanzungen, die vor ihm liegen, zur allgemeinen Gerechtigkeits-, Menschen- und Wahrheitsliebe hindurchdringt, ist ein Held und ein Heiliger. Ich weiß nicht, ob es deren gab oder giebt. Ich will es glauben, sobald ich sie sehe. Nur verkaufe man mir nicht schönen Schein für Realität! Möchten doch immer die Juden nicht an Jesum Christum, möchten sie doch sogar an gar keinen Gott glauben, wenn sie nur nicht an zwei Sittengesetze und an einen menschenfeindlichen Gott glaubten, – Menschenrechte müssen sie haben, ob sie gleich uns dieselben nicht zugestehen; denn sie *sind* Menschen, und ihre Ungerechtigkeit berechtigt uns nicht, ihnen gleich zu werden. Zwinge keinen Juden wider seinen Willen, und leide nicht, daß es geschehe,

> wo du der nächste bist, der es hindern kann; das bist du ihm schlechterdings schuldig. Wenn du gestern gegessen hast und hungerst wieder, und hast nur auf heute Brot, so gieb es dem Juden, der neben dir hungert, wenn er gestern nicht gegessen hat, und du thust sehr wohl daran.[27]

Auf den ersten Blick wandte sich der Kantianer Fichte gegen jeden Antisemitismus der Tat und trat dafür ein, Notleidenden ohne Ansehen der Person zu helfen. Die moralisch gebotene Toleranz eröffnet freilich erst die Möglichkeit politischer Intoleranz. Präzise wie erst im zwanzigsten Jahrhundert wieder, unterschied Fichte zwischen Menschen- und Bürgerrechten und gewinnt mit dieser Unterscheidung das Instrumentarium zur Ausschließung sowohl des Judentums als auch einzelner Juden aus der neu zu gründenden deutschen Nation: »Aber ihnen Bürgerrechte zu geben, dazu sehe ich wenigstens kein Mittel, als das, in einer Nacht ihnen allen die Köpfe abzuschneiden und andere aufzusetzen, in denen auch nicht eine jüdische Idee sey. Um uns vor ihnen zu schützen, dazu sehe ich wieder kein anderes Mittel, als ihnen ihr gelobtes Land zu erobern, und sie alle dahin zu schicken.«[28]

Angesichts der zuvor verkündeten menschenrechtlichen Restriktion und der politischen Umstände, in denen die Guillotine und ihre Praxis bekannt waren, darf aus dieser Anmerkung kein Aufruf zum Mord gelesen werden – wie manche Autoren das getan haben –, wohl aber die tiefe Überzeugung von der strukturellen Nichtintegrierbarkeit der Juden in eine moderne Republik der Deutschen. Fichtes Vorschlag, die Juden wieder nach Palästina zu schicken, war – so unwahrscheinlich das heute klingen mag – keine Schimäre. Nur vier Jahre später eroberte Napoleon Bonaparte Ägypten in einem Feldzug, der mit einer Landung der Armee in Akko begann.

Man kann bei dieser Textstelle von einem Eliminationsantisemitismus sprechen, der gewiß keine Exterminations-, aber eine verschärfte Dissimilationstendenz hatte. Fichte ging von einer strukturellen Nichtintegrierbarkeit der Juden in die Gesellschaften, in denen sie lebten, aus. Er stellte die eigene Erfahrung von Diskriminierung im Atheismusstreit den Gleichstellungsbemühungen der Juden im preußischen Spätabsolutismus gegenüber und formte aus seinem Ressentiment eine Theorie:

> Vorherrschende Toleranz der Juden in Staaten, wo für Selbstdenker keine Toleranz ist, zeigt sonnenklar, worauf eigentlich abgesehen wird. – Die Aufrechterhaltung deines Glaubens liegt dir so sehr an deinem Vaterherzen. Siehe diese Juden; sie glauben überhaupt nicht an Jesum Christum; das mußt du nicht leiden; und ich sehe, daß du sie mit Wohltaten überhäufst. – O, sie haben Aberglauben, und das ist mir genug. Glaube doch an Zoroaster oder Confucius, an Moses oder Mohammed, an den Papst, Luther oder Calvin, das gilt mir gleich: wenn du nur an eine fremde Vernunft glaubst. Aber du willst *selbst* Vernunft haben, und das werde ich nie leiden. Sey unmündig, sonst wächsest du mir zu Kopfe.[29]

Fichte karikierte die aufklärerische Begeisterung für den Islam und für China und nahm eine seiner Meinung nach beliebige Toleranz aufs Korn. Er war gegen jede Verfolgung eines anderen Glaubens, bestritt aber den Sinn einer toleranten Förderung anderer Glaubensweisen. Schließlich versuchte er eine der Freiheit und der Vernunft entsprechende Religion zu gründen. Um die Vernünftigkeit dieser Position unter Beweis zu stellen, mußte er von vornherein den Verdacht abwehren, seine Judenfeindschaft speise sich aus Ressentiment:

> Ich weiß, daß man vor verschiedenen gelehrten Tribunalen eher die ganze Sittlichkeit und ihr heiligstes Produkt, die Religion angreifen darf, als die jüdische Nation. Denen sage ich, daß mich nie ein Jude betrog, weil ich mich nie mit einem einließ, daß ich mehrmals Juden, die man neckte, mit eigener Gefahr und zu eigenem Nachtheil in Schutz genommen habe, daß also nicht Privatanimosität aus mir redet. Was ich sagte, halte ich für wahr; ich sagte es so, weil ich das für nöthig hielt: ich setze hinzu, daß mir das Verfahren vieler neuerer Schriftsteller in Rücksicht der Juden sehr folgewidrig erscheint, und daß ich ein Recht zu haben glaube, zu sagen, was und wie ich es denke. Wem das Gesagte nicht gefällt, der schimpfe nicht, verleumde nicht, empfindle nicht, sondern *widerlege die obigen Thatsachen.*[30]

Die fallibilistische Einstellung, die Fichte hier an den Tag legte, kann freilich nicht überdecken, daß die von ihm gewählte Methode transzendentalphilosophischer Introspektion, wie sie in der *Wissenschaftslehre* entwickelt wird, kaum widerlegbar ist. Dies ist deshalb wichtig, weil die stärksten Argumente, die Fichte gegen das Judentum vorbrachte, nicht staatstheoretischen, sondern systematischen Überlegungen zu Philosophie und Theologie entspringen.

Fichtes Haltung zum Judentum speiste sich aus drei Quellen – aus der Theorie ungeteilter Souveränität, aus den antisemitischen Traditionen der vorchristlichen Antike und aus der eigentümlichen Konstruktion eines johannäischen Christentums, wie er sie erstmals 1806 in der *Anweisung zum seligen Leben* entfaltete. Dabei sind seine frühere Stellung zur Maurerei und vor allem seine frühe Offenbarungskritik sowie die ihr vorhergehende »spinozistische« Einstellung zu beachten. Von Spinoza, der die philosophischen Debatten in Deutschland um 1790 bestimmte, war bekannt, daß er ein wenn auch dissenter Jude war. Vor allem aber galt er als Atheist. So wurde auch Fichte in den späten neunziger Jahren als Atheist verdächtigt. Seine Anstrengungen gingen daher aus systematischen wie aus pragmatischen Gründen dahin, diesen Vorwurf zu entkräften. Der Verdacht des Spinozismus war allerdings schon deshalb hinfällig, weil er sich spätestens seit 1790, nach einem Besuch bei Kant in Königsberg, für dessen Philosophie entschieden hatte. Die ihm dort mitten in einer schweren persönlichen Krise zugänglich gewordene Einsicht in die Freiheit moralischen Handelns sollte sein gesamtes späteres Werk, das dem Idealismus entsprechend vom Vorrang des Geistes und des Denkens handelte, prägen. Fichte sah in dem sich selbst hervorbringenden Denken ein seiner selbst teilhaftig werdendes Absolutes, also einen von allen Anthropomorphismen gereinigten Gott. Dieser Gott galt ihm zunächst als Instanz des Gewissens, als moralischer Gesetzgeber. Anders ausgedrückt: Das Denken, das sich selbst als Gewissen und Gesetzgeber im Sinne von Kants moralischer Autonomie versteht, wurde – anders als bei Kant – zum Prinzip der Religion. Gewissen und Glaube, bei Kant noch geschieden, waren bei ihm eins. Daraus folgte umgekehrt, daß jede moralische Motivation, die nicht aus reinen Gewissensgründen, aus der Einsicht ins Sittengesetz, resultierte, sich also äußerlichen Motiven verdankte, nicht göttlichen Ursprungs sein konnte. Fichte war nicht entgangen, daß das existierende Christentum diesen Gottesbegriff nicht kannte und die Beziehung zwischen Gott und Mensch affektiv mit Worten wie Gnade, Erbarmen und Liebe kennzeichnete. Diese versinnlichenden Begriffe konnten indes nur didaktische Funktionen einnehmen, denn – hiermit stellte sich Fichte in die Tradition philosophischer Theologie von Platon bis Spinoza – ein leidenschaftlich handelnder und sich somit verändernder Gott widersprach seinem eigenen Begriff. Ein Gott gar, der sich durch sinnliche Genüsse schmeicheln ließ, wurde zum Inbegriff einer wahnhaften Vorstellung. Diese sah Fichte im talmudischen Judentum seiner Zeit repräsentiert. Im *Versuch einer Kritik aller Offenbarung* setzte er sich mit antiken jüdischen Positionen zum Brandopfer im Tempel auseinander:

> Daß die Juden älterer Zeiten wirklich so schlossen, bezeugen die Vorstellungen der Propheten gegen diesen Irrtum; daß sie in neueren Zeiten nicht klüger sind, beweisen die lächerlich kindischen Vorstellungen von Gott, die ihr Talmud enthält: ob durch Schuld ihrer Religion, oder ihre eigene, bleibt hier ununtersucht. – Woher aber kömmt bei manchen Christen mittlerer und neuerer Zeiten sogar der Wahn, daß gewisse Anrufungen, z.B. Kyrie eleison, Vater unseres Herrn Jesu Christi, und dergl. ihm besser gefallen, als andere?[31]

Diese Schrift ist etwa ein Jahr vor den Revolutionsschriften verfaßt worden. Man fragt sich, woher der damals Zweiunddreißigjährige sein Wissen über die talmudischen Schriften bezogen haben wollte. Das vierjährige Studium der Theologie und Jurisprudenz an drei Universitäten, in Jena, Wittenberg und Leipzig, bei Lehrern, die der Altphilologie und dem Rationalismus näherstanden als der sich damals gerade etablierenden Orientalistik, kann ihm diese Kenntnisse nicht vermittelt haben. Selbst wenn er Hebräisch gekonnt hätte, wäre ihm das bei Lektüre des weitgehend aramäisch verfaßten Talmuds nicht zugute gekommen. Nicht auszuschließen ist, daß er vage Kenntnisse von Johann Andreas Eisenmengers antisemitischem Talmudextrakt *Entdecktes Judentum* gehabt hatte; belegt ist es nicht. Einzelne talmudische Traktate befassen sich tatsächlich mit der Opferordnung im Tempel. Aber der Talmud enthält keine einhelligen Gottesbilder, sondern hochkomplexe, in Narrative und Argumente gekleidete Auseinandersetzungen über derlei Vorstellungen.

Es handelt sich hier um die erste judenfeindliche Bemerkung in Fichtes Werk. Ihr Christen gegenüber ironisch ablehnender Nachsatz zeigt, daß die Kritik am Judentum kein Selbstzweck war. Durch diese Fußnote wird deutlich, daß die staatstheoretisch begründete Judenfeindlichkeit der Revolutionsschrift eine religionsphilosophische Wurzel hat. Der Talmud als vermeintlich theokratisches Gesetzbuch enthält nach Fichte nicht nur eine atavistische Gottesvorstellung, sondern konstituiert auf ihrem Boden ein eigenes Gemeinwesen.

Indem der Fichte dieser Jahre Gott als moralischen Gesetzgeber konzipierte, löste er sich aus der Tradition der kantianischen Theologie und stand dem »gesetzeskritischen« Luthertum viel ferner, als ihm bewußt gewesen sein dürfte. Da er das moralische Gesetz als Wissen auffaßte, sah er auch das religiöse Wunder als Wissen an und nicht wie die Orthodoxien als eine nur supranaturalistisch behauptbare Verkündigung. Die in dieser Vorstellung angelegte Verinnerlichung und Vergeistigung Gottes, die von einer äußeren Offenbarung Abschied nahm, führte später zur systematischen Bestreitung des Schöpfungsgedankens. Der 1798 publizierte Aufsatz über den »Grund unsers Glaubens an eine göttliche Weltregierung«, der mit der Versicherung des moralischen Charakters Gottes und der entschiedenen Absage daran, daß Gott eine eigene Substanz darstelle, schloß, brachte dem Philosophen den Vorwurf des Atheismus und Spinozismus ein, der seine inzwischen erlangte Professur in Jena gefährdete und sein Verhältnis zu Kant erschütterte. Die 1804 und 1806 kurz vor dem preußischen Zusammenbruch in Berlin und Erlangen verfaßten geschichts- und religionsphilosophischen Schriften *Die Grundzüge des gegenwärtigen Zeitalters* und darauf aufbauend *Anweisung zum seligen Leben* zogen schließlich die Konsequenz aus dem Atheismusstreit. In ihnen bemühte sich Fichte, seiner Glaubenslehre eine biblische Grundlage zu geben.

Diese sich einzig und allein auf das Evangelium des Johannes stützende Theologie entwickelte einen Antijudaismus eigener Art. Das Johannesevangelium selbst – der Philosophen liebste neutestamentarische Schrift – ist von einer antijudaistischen Perspektive gekennzeichnet. Anders als die synoptischen Evangelien, die die Juden als die Mörder Jesu begreifen, oder die Theologie des Paulus, die in den Juden notwendig Verworfene, »Feinde um eurer willen«, sieht, die der Verbreitung der messianischen Botschaft wegen verstockt bleiben mußten, greift das Johannesevangelium in Kapitel 8 die Legitimität ihres Glaubens an die an Abraham ergangene Verheißung an und nennt die Juden »Kinder des Satans« (8,44). Ebenfalls im Johannesevangelium findet sich die Passage, nach der das Heil von den Juden komme; sie ist jedoch strikt auf Jesus von Nazareth zugeschnitten und enthält keine theologische Konzession an das Judentum.[32] Nach einigen Lesarten das früheste Evangelium, womöglich in einer Zeit der Bedrängnis der messianischen Juden durch die hellenistisch-jüdische Herrschaft des Königshauses Herodes im Palästina vor der Zerstörung des Tempels verfaßt, verbindet es paranoide Ängste gegenüber der jüdischen Ethnie mit einer »hohen Christologie«, die viel weitgehender als die synoptischen Evangelien Elemente des späteren trinitarischen Gottesgedankens vorwegnimmt und am ehesten eine von allen geschichtlichen Hoffnungen entlastete präsentische Eschatologie enthält. Die im Prolog des Evangeliums anklingende Geisttheologie, die womöglich auf das alexandrinische Judentum etwa Philons Bezug nimmt, ist hoch spekulativ. Für das, was Fichte als sein Christentum vorschwebte, ließ sich tatsächlich kein besserer neutestamentlicher Text finden.

Fichte entfaltete sein johannäisches Christentum gleichwohl im Rahmen einer Geschichtsphilosophie, die typologisch, aber nicht narrativ verfährt. Er unterschied eine anfängliche Epoche der »unbedingten Herrschaft der Vernunft durch den Instinct«, die den »Stand der Unschuld des Menschengeschlechts« repräsentiere, von einer zweiten Epoche, in der dieser Vernunftinstinkt »in eine äußerlich zwingende Autorität verwandelt ist«. Dies Zeitalter positiver, unbegründeter und daher nicht überzeugender Doktrinen fordere »blinden Glauben und unbedingten Gehorsam«. Dies sei die Epoche »anhebender Sünde«. Auf diese Epoche folge drittens die der Befreiung von gebietender Autorität, die von absoluter Gleichgültigkeit gegen alle Wahrheit und völliger Ungebundenheit ohne Leitfäden geprägt sei – »der Stand der vollendeten Sündhaftigkeit«. Sie werde vom Zeitalter der Vernunftwissenschaft, in der die Wahrheit als das höchste anerkannt sei, abgelöst – »der Stand der anhebenden Rechtfertigung«. Diese Epoche werde schließlich durch das Zeitalter der »Vernunftkunst« noch einmal überboten, »da die Menschheit mit sicherer und unfehlbarer Hand sich selber zum getroffenen Abdrucke der Vernunft aufbauet: der Stand der vollendeten Rechtfertigung und Heiligung«.[33]

Fichte sah seine Zeit im Übergang von der dritten zur vierten Epoche, vom Zustand der vollendeten Sündhaftigkeit zum Zustand der anhebenden Rechtfertigung, vom Zeitalter einer richtungslos gewordenen, relativistischen Aufklärung zum Zeitalter rationaler Lebensgestaltung. Die Epoche der vollendeten Sündhaftigkeit habe immerhin das Bild der Gottheit als Feind überwunden: »Durch kriechende Demüthigungen und Supplicationen, durch Aufopferung dessen, was ihnen am liebsten war, durch freiwillig sich zugefügte Martern, durch Menschenopfer, durch das Blut des eingeborenen Sohnes, wenn es galt – suchten sie dieses auf alles menschliche Wohlseyn eifersüchtige Wesen zu bestechen, mit ihren unerwarteten Glücksfällen es auszusöhnen, sie ihm abzubitten.«[34] Das Judentum gehörte für Fichte in die zweite, die »Epoche der anhebenden Sünde«. Gestalten wie Mendelssohn und Nicolai verknüpften in dieser Perspektive die insgesamt düstere zweite mit den Schattenseiten der dritten, der Epoche der Aufklärung. Die Religion, die den Übergang von der zweiten zur dritten Epoche vollbracht hatte, war für Fichte die christliche Religion, ein welthistorisches Wunder, das der Menschheit Ruhe und Freiheit vom Schreckbild eines menschenfeindlichen Gottes beschert habe. Das Wunderbare bestehe weniger in der an und für sich selbstverständlichen Einsicht, daß ein recht verstandener Gott kein Schreckbild sein könne, sondern darin, daß jemand als erster den Mut gehabt habe, sich davon loszusagen – das war in Fichtes Augen Jesus.

Das Christentum freilich präsentiere sich – und darin bestand für Fichte das systematische Problem – in zwei Varianten: in einer johannäischen und einer paulinischen »Gestalt«. Während dem paulinischen Christentum die anderen Evangelien, vor allem das des Lukas, zuzurechnen seien, fänden sich die Wahrheiten des johannäischen Christentums nur im gleichnamigen Evangelium. Fichtes auf Johannes beruhende Theologie weicht von der protestantisch-paulinischen Lesart insofern ab, als sie weder eine Theologie des Kreuzes noch eine Theologie der Versöhnung, sondern im Kern eine präsentische Eschatologie seligen Lebens enthält. Der Jesus des Johannes kenne keinen anderen Gott »als den wahren, in welchem wir alle sind, und leben und selig sein können, und außer welchem nur Tod ist und Nichtseyn«[35].

Mit der aus dem Johannesevangelium gewonnenen Wahrheit konzipierte Fichte in der *Anweisung zum seligen Leben* seine Religionsphilosophie. Er entwarf eine Beziehung des Menschen zu Gott, welche die Überlegungen der spätmittelalterlichen Mystiker, aber auch seiner bewußtseinsphilosophischen Zeitgenossen bei weitem übertrifft. Das menschliche Selbstbewußtsein, mit sich vertraut und sich dennoch nie ganz in seiner Geistigkeit und Endlichkeit erfassen könnend, sei von einer tiefen Sehnsucht nach dem Einswerden mit dem Unvergänglichen getrieben. Diese Sehnsucht finde ihre Befriedigung in der Selbsterkenntnis des Denkens. Medium der Gottheit sei der Geist, der dem Menschen aber in keiner anderen Weise begegne als in seinem denkenden Vollzug: »Und so besteht das wahrhaftige Leben und seine Seligkeit im Gedanken, d. h. in einer gewissen bestimmten Ansicht unserer selber und der Welt, als hervorgegangen aus dem inneren und in sich verborgenen göttlichen Wesen: und auch eine Seligkeitslehre kann nichts anderes seyn, denn eine Wissenslehre [...] Im Geiste, in der in sich selber gegründeten Lebendigkeit des Gedankens ruhet das Leben, denn es ist außer dem Geiste gar nichts wahrhaftig da. Wahrhaftig leben, heißt wahrhaftig denken und die Wahrheit erkennen.«[36]

Fichte war davon überzeugt, nur der Geist oder das Denken könne einen Begriff von Leben und Lebendigkeit mit allen soteriologischen Konnotationen entfalten. Dieses Denken stelle zugleich eine bestimmte Form des praktischen Weltverhältnisses dar. Da Denken wesentlich ein Selbstverhältnis vollziehe und keine Repräsentationsfunktion sei, unterliege es dem Kriterium der Wahrhaftigkeit. Ein auf inneren Einklang und Wahrhaftigkeit zielendes Denken komme dem nahe, was »Ewigkeit« sei, wodurch es Teil göttlichen Lebens werde. Vom vielgescholtenen Spinozismus unterscheidet sich diese Konzeption dadurch, daß sie Freiheit des Handelns und Glaubens postuliert, wo Spinoza nur *amor fati*, Einsicht in die Notwendigkeit, gefordert hat. Religion und religiöse Selbsterkenntnis wurden so zu nichts anderem als zum Medium eines seiner selbst bewußten, sittlichen Lebensvollzugs: »Die Religion ist nicht bloßes andächtiges Träumen: die Religion ist überhaupt nicht ein für sich bestehendes Geschäft [...], sondern sie ist der innere Geist, der all unser, übrigens seinen Weg ununterbrochen fortsetzendes, Denken und Handeln durchdringt, belebt und in sich eintaucht.«[37]

Das Bei-sich-Sein im Denken und die von der christlichen Religion verheißene Rechtfertigung im und durch den Glauben werden so ununterscheidbar eins. »So macht z. B. das Christenthum den Glauben zur ausschließenden Bedingung des wahrhaftigen Lebens und der Seligkeit, und verwirft alles ohne Ausnahme, als nichtig und todt, was nicht aus diesem Glauben hervorgehe. Dieser Glaube aber ist ihm ganz dasselbe, was wir den Gedanken genannt haben: die einzig wahre Ansicht unserer selbst und der Welt in dem unveränderlichen göttlichen Wesen.«[38] Die damit postulierte Identität von Selbstbewußtsein und christlichem Glauben fand ihren Ort in der religionstheoretischen Einsicht, daß man Gott mit dem eigenen geistigen Auge »unvermittelbar«[39] anschaue. Da die Fähigkeit zur Selbstreflexion eine allen Menschen gegebene Fähigkeit sei, bestehe eine auch historisch wirkende Strukturanalogie zwischen dem Christentum, das für Fichte als einzige Religion allen Menschen ohne Ausnahme galt, und der Philosophie des Selbstbewußtseins.

Allerdings sei dieses wahre Christentum von Anfang an in den Institutionen der herrschenden Kirche »verkannt und verfolgt«[40] worden. Die Verfolgung oder zumindest die Verkennung seit Beginn der Kirche und des institutionalisierten christlichen Glaubens rechnete Fichte letzten Endes dem Judentum, genauer gesagt dem Apostel Paulus und seinen Anhängern zu, welche die Urheber des »entgegengesetzten christlichen Systems«[41] gewesen seien, Gründer, die »halbe Juden geblieben, und den Grundirrtum des Juden- sowohl des Heidenthums«[42] hätten bestehen lassen. Dieser Grundirrtum bestehe – damit näherte sich Fichte Denkfiguren an, die man mit einigem Recht als gnostisch bezeichnen kann[43] – in der Annahme einer Schöpfung: der »absolute Grundirrthum aller falschen Metaphysik und Religionslehre und insbesondere, als das Urprincip des Juden- und Heidenthums«[44]. In Rücknahme der kantischen Trennung von Wissen und Glauben kam Fichte auf die apodiktische Formulierung, daß sich eine »Schöpfung gar nicht ordentlich denken« lasse. Dabei bezog er sich auf die von Kant in der *Kritik der reinen Vernunft* entfaltete Antinomienlehre, und zwar auf deren zweites Hauptstück – freilich im Gegensatz zu Kant, der ausdrücklich festhielt, daß die Annahme eines intelligiblen Grundes der Erscheinungen keineswegs durch die Paradoxien einer empirischen Kosmologie hinfällig werde.[45] Johannes wurde zum Kronzeugen für Fichtes Christentum, weil er die von der hebräischen Bibel überlieferten Anfangsworte »Im Anfang schuf Gott« durch die Behauptung eines je schon existenten Wortes, des Logos, des Denkens, der Vernunft, des Geistes, ersetzte: »Im Anfange, in demselben Anfange, wovon auch dort gesprochen wird, d. h. ursprünglich und vor aller Zeit, schuf Gott nicht und es bedurfte keiner Schöpfung, sondern es war schon; es war das Wort – und durch dieses erst sind alle Dinge gemacht.«[46] Den Philosophen Fichte interessierte die »Geltungsgeschichte«. Denken, einmal eingesetzt, könne gar nicht anders, als sich stets schon vorauszusetzen. In diesem Sinne könne sich das Denken nicht als geschaffen oder entstanden verstehen.

Die Ursache für das Unvermögen der christlichen Kirche, diese Einsicht zu fassen, schrieb Fichte in einer durchaus plausiblen historisch-psychologischen Betrachtung Paulus zu: »Paulus, ein Christ geworden, wollte dennoch nicht Unrecht haben, ein Jude gewesen zu sein.«[47] Aus diesem persönlichen Wunsch des Paulus folgte für Fichte das Festhalten an einem Messias, der dem Hause Davids entstammte, das Beharren auf einem starken, eifrigen und eifersüchtigen Gott, wie ihn das ganze Altertum gekannt habe, der Glaube an einen zwischen Gott und den Juden geschlossenen Bund, an einen alten Bund, an dessen Aufhebung und Erneuerung. Aus dieser jüdischen Grundstruktur in Paulus' Denken resultiere aber auch eine bestimmte Theorie des Judentums und seiner Rechtfertigung.

> Mit diesem Gotte hatten nun, nach Paulus, die Juden einen Vertrag geschlossen, und das war ihr Vorzug vor den Heiden: während der Gültigkeit dieses Vertrages hatten sie nur das Gesetz erhalten, und sie waren vor Gott gerechtfertiget, d. h. sie hatten kein weiteres Uebel von ihm zu befürchten. Durch die Ertödtung Jesu aber hatten sie diesen Vertrag aufgehoben, und es konnte seitdem nichts mehr helfen, das Gesetz zu halten; vielmehr trat nach dessen Tode ein neuer Vertrag ein, zu welchem beide, Juden wie Heiden, eingeladen waren; beide hatten nach diesem neuen Vertrage nur Jesum für den verheißenen Messias anzuerkennen, und waren dadurch ebenso, wie vor Jesu Tod die Juden, durch die Haltung des Gesetzes gerechtfertiget.[48]

Die aufgrund dieser Konstruktion notwendige Deutung von Jesus als jüdischem Messias bedeutete für Fichte nicht, daß sich bei Paulus überhaupt kein »echtes« Christentum finde: »[…] wenn er gerade nicht an das Hauptproblem seines Lebens, die Vereinigung der beiden Systeme denkt, spricht er so vortrefflich und richtig, und kennt den wahren Gott Jesu so innig, daß man einen ganz anderen Mann zu hören glaubt.«[49] Fichte setzte sich mit den für ihn verderblichen Folgen von Paulus' Ambivalenz auseinander. Die erste Folge dieser Ambivalenz sei ein »vernünftelndes Räsonnement der Juden«[50]. Dieses »Vernünfteln« appelliere an die allgemeine Vernunft, also an das, was allen Menschen gemeinsam sei. Auf diese Weise werde die Universalität des Christentums erreicht. Der existentielle Zwiespalt, in dem Paulus gesteckt habe, sei schon der Keim für die innere Auflösung des Christentums: »Denn da du selber mich zum Räsonnement aufforderst, so räsonnire ich eben selber, mit deiner eigenen guten Erlaubnis.«[51]

Der damit vollzogene Übergang in das Zeitalter der »vollendeten Sündhaftigkeit« ermögliche zugleich, die dem christlichen Gedanken noch innewohnenden Bestandteile eines autoritativen Gottesverhältnisses, das Fichte Paulus und dem Judentum zuschrieb, zu überwinden und zu einem Gottesverständnis zu kommen, das menschliche Freiheit, Priorität des Selbstbewußtseins und ethische Lebensführung in sich vereinige. Dazu sei eine Auseinandersetzung mit dem Judentum notwendig. Fichte operierte in der Begründung dieser These mit antisemitischen Klischees wie der Gleichsetzung »vernünftelnder« Aufklärung und jüdischen Denkens und einer Kritik am existierenden Christentum, welches das Ende allen Strebens, Denkens und Begreifens bedeute. Wie schon zur Zeit des Atheismusstreits forderte Fichte die Befreiung vom anthropomorphen Gottesbild der hebräischen Bibel, vom Bild eines Gottes, der willkürlich handle, Verträge schließe und diese nach seinem Willen ändere. Im wesentlichen folgte er der Kritik der philosophischen Theologie seit Platon an jeglichem Anthropomorphismus. Ein willkürlicher, sich verändernder Gott, wie ihn die Bibel postuliere, wäre keiner.

Fichte vertrat eine Abkehr sowohl von der Aufklärung als auch vom orthodoxen, auf Paulus zurückgehenden Christentum und eine Hinwendung zum Christentum in seiner ursprünglichen Form, wie sie das Johannesevangelium präsentiere. Ein solches Christentum wurde von anderen auch als gnostisch bezeichnet. Fichte selbst verwandte den Begriff »gnostisch« eher pejorativ in bezug auf schrift- und buchstabengläubige protestantische Theologen, die gleichzeitig der empiristischen Erkenntnistheorie John Lockes anhingen. Erst die Einsicht in das Wesen von Bewußtsein und Selbstbewußtsein ermögliche es, dem wahren Geiste des Christentums nahezukommen, der genau das, was die überlieferten biblischen Schriften naiv behaupten würden, zur Disposition stelle, nämlich den Gedanken eines personal handelnden Gottes. Dieser Gedanke setze die Hypostasierung eines »Normalvolkes«, der Juden, voraus,[52] dem es immerhin in der Zerstreuung gelungen sei, seinen Aberglauben der vorexilischen Tradition abzuwerfen.[53] Das im Geist des Johannesevangeliums wurzelnde Christentum habe sich von einem Schöpfergott ebenso emanzipiert wie von einem Versöhnergott. Sein alleiniges Thema sei die Frage, was es heiße, in Gott zu leben: »[...] der reine Christ kennt gar keinen Bund noch Vermittelung mit Gott, sondern bloß das alte, ewige und unveränderliche Verhältnis, daß wir in ihm leben, weben und sind; und er fragt überhaupt nicht, *wer* etwas gesagt habe, sondern *was* gesagt sey; selbst das Buch, worin dies niedergeschrieben seyn mag, gilt nicht als Beweis, sondern nur als Entwicklungsmittel«.[54]

Daß derlei Aussagen als pantheistisch und somit als atheistisch wahrgenommen wurden, verwundert wenig. Gott und sittlich aufgeklärtes Selbstbewußtsein gingen bei Fichte ineinander über, weshalb eine Reihe von Fragen, die sich das monotheistische Judentum und das ebenso monotheistische Christentum gestellt hatten, von vornherein entfielen. Die johannäische Jesusfigur und das johannäische Christentum, die Fichte entwarf, hatten die Dialogizität der Gott-Mensch-Beziehung, wie sie in den biblischen Schriften bezeugt wird, längst hinter sich gelassen und damit der christlichen Religion eines ihrer stärksten Motive genommen. Indem Fichte aufgrund seiner Einheitsvorstellung Gott und menschliches Bewußtsein in eins setzte, tilgte er das Problem der Moral in der Religion. Fichte, dem alles auf einen aufgeklärten sittlichen Lebenswandel ankam, wollte die herkömmliche Lehre von Verfehlung und Sünde von Grund auf revidieren und brachte damit das Christentum um seinen Charakter als Versöhnungsreligion: »Das Christenthum ist [...] kein Aussöhnungs- oder Entsündigungsmittel; der Mensch kann mit der Gottheit sich nie entzweien; und inwiefern er sich mit derselben entzweit wähnt, ist er ein Nichts, das eben darum auch nicht sündigen kann, sondern um dessen Stirn sich bloß der drückende Wahn von Sünde legt, um ihn zum wahren Gotte zu führen.«[55] Das Bewußtsein der Sünde erweist sich so im besten Fall als didaktisches Mittel, um zu Gott zu finden, und zwar zu einem Gott, in dem der Mensch immer schon sei. Mit der Annahme, in Sünde zu leben, benehme sich der Mensch seiner Position eines verantwortlichen Akteurs und ein zweites Mal der Möglichkeit, zu sündigen.

Fichtes johannäische Christologie stellt damit eine »Anthropodizee« (Odo Marquard) dar, und zwar auf eben der Ebene, die schon Luther für die Möglichkeit einer Theodizee in der Auseinandersetzung mit Erasmus bestritten hatte. Wenn Gottes Wille mit dem Guten identisch ist, kann sich das Problem einer Theodizee nicht mehr stellen, weil es keinen von Gott unabhängigen Maßstab des Guten gibt. Setzt man wie Fichte Gott und menschliches Bewußtsein in eins, entfällt die Frage von Sünde und Rechtfertigung, weil der Gott-Mensch keinerlei Maßstäbe außer sich hat. Daß Paulus diese Konsequenz übersah, war für Fichte, wie schon gesagt, Zeichen für den Einfluß des Judentums. Der christliche Glaube habe in ein »Versöhnungs- und Entsündigungsmittel«, ein *pharmakon*, wie es im Hebräerbrief heißt, umschlagen müssen, »weil diese Zeiten gar kein Bedürfniß irgendeiner Religion, und gar keine Empfänglichkeit dafür hatten, als von dieser Seite«[56]. In beinahe frühexistentialistischer Manier sah Fichte den Willen zu Versöhnung und Rechtfertigung als Ausdruck eines über sich selbst und seine Möglichkeiten nicht aufgeklärten Selbstbewußtseins. Dabei verstand er dieses Selbstbewußtsein durchaus nicht solipsistisch. Nach seinem Christentum sei die »Menschheit« das »äußere, kräftige, lebendige und selbständige Daseyn Gottes«[57]. Individualität, das vereinzelte menschliche Bewußtsein, stellt sich in dieser Perspektive als ein Obeflächenphänomen dar, das seine Seligkeit erringen könne, wenn es jenseits seiner Vereinzelung seine tiefere Einheit mit Gott und der Menschheit entdecke. Sünde und Rechtfertigung aber – und das wußte Fichte – sind Kategorien der existentiellen Vereinzelung.

Die Abkehr sowohl von der paulinischen als auch der lutherischen Deutung des Christentums entfaltete Fichte zu einem geschichtsphilosophischen Panorama, das nicht nur eine gleichsam imperialistische Abwertung des asiatischen Kontinents beinhaltet,[58] sondern auch einen Gesellschaftsentwurf, der in Aufnahme rousseauistischer Elemente beinahe zu einer Gleichsetzung von Staatlichkeit und guter christlicher Sitte führt. Diese Sitte ziele im wörtlichen Sinne auf eine Instrumentalisierung der Individuen ab: »[…] jedes Individuum wird als Mitglied der Gattung anerkannt, wenn wir es als *Werkzeug des Staates* ansehen, und von ihm angesehen seyn wollen.«[59] Indem alle vom Staate durchdrungen würden, vollziehe sich zugleich die Gleichstellung aller im Staate und damit ihre vollkommene Gleichstellung. Ungleichheit der Rechte erweise sich als Ursache und Synonym der »schlechten Sitte«. Gute Sitte und wahre Religion würden eins. Die Einsicht in die Entwicklung des »einen göttlichen Grundlebens«[60] führe zu staatsbürgerlicher Gleichheit. Durch die Religion – hier werden Spuren des von Fichte sonst so bekämpften Spinoza sichtbar – werde das Ausdruck von Freiheit und innerer Entwicklung, was dem moralischen Menschen lediglich als Pflichtgebot erscheine, werde Einsicht in die Notwendigkeit erreicht. »Die Religion erhebt ihren Geweihten absolut über die Zeit als solche, und über die Vergänglichkeit, und versetzt ihn unmittelbar in den Besitz der Einen Ewigkeit. In dem *Einen* göttlichen Grundleben ruht sein Blick und worzelt seine Liebe; was noch außer diesem einen Grundleben ihm erscheine, ist nicht außer ihm, sondern in ihm.«[61] Indem Fichte auch im Druck den von ihm systematisch vertretenen Monismus hervorhob, wollte er sich und seine Leser in einen Gedanken und ein Gefühl hineinziehen. Recht verstandenes johannäisches Christentum und patriotisch-republikanische Begeisterung sollten dasselbe werden. Erlösung vom Übel und Leben in Gott hatten damit jede Transzendenz verloren. Letztlich bestand der Geist des Evangeliums in der Aufforderung, seine Seligkeit im Einsatz für die Republik, im Tod auf dem Schlachtfeld zu finden. Das Leben nämlich, das endliche, individuelle Leben habe, so erläuterte Fichte später in seinen *Reden an die deutsche Nation*, als bloßes Leben keinen Wert. Wert gewinne es nur als Quelle des dauernden, des ewigen Lebens, eines Lebens, dessen Tempel die Nation sei. »Dauer verspricht ihm allein die selbständige Fortdauer seiner Nation; um diese zu retten, muß er sogar sterben wollen, damit diese lebe, und er in ihr das einzige Leben, das er von je gemocht hat.«[62]

Die erhitzte patriotische Stimmung in Berlin unter der Napoleonischen Besatzung sowie die selbstgestellte Aufgabe, unter den preußischen Männern die Bereitschaft zum Aufstand gegen die Besatzer zu wecken, ist hier in Rechnung zu stellen. Dennoch ist nicht zu verkennen, daß es sich um die konsequente Ausformulierung eines Christentums handelt, das Fichte bereits zwei Jahre zuvor, unmittelbar nach der preußischen Niederlage in der *Anweisung zum seligen Leben* entfaltet und auch biblisch zu begründen versucht hatte. Er bediente sich dabei durchaus der klassisch reformatorischen Entgegensetzung von »Gesetz« und »Evangelium«. Das »Gesetz« als Terminus für die »Welt der Vernunft und Freiheit«[63] erweise sich schließlich als unbrauchbar. Das »Gesetz« als das absolute Sollen stehe in einem logischen Gegensatz zum Wollen. In Anerkennung des Sollens lege es ein Charakter- und Handlungsdefizit bloß und könne daher gar nicht anders, als zur Selbstverachtung zu führen: »Des Menschen Interesse für sich selbst ist im Affecte des Gesetzes aufgegangen; dieser Affect aber vernichtet alle Neigung, alle Liebe und alles Bedürfnis. Der Mensch will sich nur nicht verachten müssen, weiter aber will er nichts, und bedarf nichts und kann nichts brauchen.«[64] Die hier verkündete Frontstellung wider das »Gesetz« im Namen der Liebe und der Selbstachtung unterscheidet sich – und darauf kommt alles an – von der Gesetzeskritik Paulus' und vor allem Luthers grundsätzlich. Für Paulus und Luther wäre die von Fichte aufgerufene Selbstachtung ein Ausdruck von Gesetzlichkeit, von *inconcupiscientia* gewesen. Aus ihrer Perspektive hätte sich Fichte, indem er die Moral zugunsten der Selbstachtung kritisierte, nur noch tiefer in die Sünde der Gesetzlichkeit hineinbegeben.

Fichtes Konzeption des Christentums beginnt mit einer sinnkritischen Analyse des jüdischen Schöpfungsglaubens, den er durch die ersten Worte des Johannesevangeliums als überwunden ansah. Gott und die Welt bedurften keiner Schöpfung, sondern lediglich des Wortes, das den metaphysischen Umstand beglaubigte, daß alles Wesentliche und Göttliche nicht werde, sondern je schon sei. Das aber, was sei, werde durch die Sprache, durch das Wort in seiner Existenz beglaubigt – eine Überlegung, die sich leicht mit Annahmen der neueren sprachanalytischen Philosophie seit Wittgenstein verbinden ließe. Es gelte, »daß die Welt und alle Dinge lediglich im Begriffe, in Johannes *Worte*, und als begriffene, und bewußte, – als Gottes Sich-Aussprechen seiner selbst, – da sind; und daß der Begriff, oder das Wort, ganz allein der Schöpfer der Welt überhaupt, und, durch die in seinem Wesen liegenden Spaltungen, der Schöpfer der mannigfaltigen und unendlichen Dinge in der Welt sey.«[65] Die Radikalität dieses Gedankens wird daran deutlich, daß Fichte das Wort, von dem im Evangelium die Rede ist, als das Wort des Johannes auswies, also als das Wort eines Menschen, des Autors eines historischen Dokuments, durch den und in dem sich Gott ausgesprochen habe. Diese überhistorische Wahrheit, die Botschaft des Johannesevangeliums, habe sich in aller Klarheit in der historischen Person des im jüdischen Lande und unter Juden wirkenden Jesus von Nazareth offenbart, in einer menschlichen und sinnlichen Existenz präsentiert. Es sei die Vollkommenheit Jesu und sein tadelloses, perfektes Leben, in dem sich das, was Fichte als reines Sein im Unterschied zum Werden festhalten möchte, existentiell verkörpert habe. Die in Jesus Wirklichkeit gewordene Idee der vollkommenen Einheit von Gott und Mensch sei von Paulus und anderen mit »jüdischen Träumen«[66] von Bundesschlüssen, Davidskindschaften und so weiter vermischt worden. Mit der Abwertung der biblischen Bezüge wird freilich die Besonderheit des Jesus von Nazareth hinfällig, und Fichte mußte ein weiteres, nun historisches Argument für dessen herausragende Position finden. Er präsentierte es in der Behauptung, daß historisch kein Mensch vor Jesus von Nazareth jene tiefste Erkenntnis von der »absoluten Einheit des menschlichen Daseyns mit dem göttlichen«[67] gefaßt habe. Jesus sei der erste gewesen, dem diese Einsicht zugänglich war, er, Fichte, der zweite: diese Erkenntnis »ist ja auch seit seiner Zeit [...] bis auf diesen Tag, wenigstens in seiner profanen Erkenntnis, wieder so gut als ausgerottet und verloren«[68].

Für diese Lehre legte Fichte als Belege eine Reihe von Perikopen aus dem Johannesevangelium vor, in denen die Einheit des Vaters mit dem Sohn beglaubigt wird, etwa: »Der Sohn kann nicht von ihm selber thun, denn was er sieht den Vater thun; denn was derselbige thut, thut auch der Sohn« (5,19). Gleichermaßen verwies er, um die Gültigkeit seines Monismus zu belegen, etwa auf die Verse: »Werdet ihr nicht essen mein Fleisch und trinken mein Blut, so habt ihr kein Leben in Euch« (6,53) und »Wer mein Wort hört, der *hat* das ewige Leben« (5,25). Die in solchen Worten vermittelte metaphysische Wahrheit, die anders als das Historische wahrhaft selig machen könne,[69] – befreie vom Wahn der Sünde und der Scheu vor einer Gottheit, die von Menschen beleidigt worden sei. Sie beseitige das Streben, das den Menschen von Gott abhalte, da jedes Streben Ausdruck der Unvollkommenheit sei. Das Streben nach Gott sei sinnlos, da kein Mensch Gott werden müsse; »sobald er sich aber rein, ganz und bis in die Wurzel vernichtet, bleibt allein Gott übrig, und ist Alles in Allem«[70]. Diese Selbstvernichtung bestehe in der erkennenden Einsicht in die Scheinhaftigkeit der endlichen Individualität.

Mit seiner Gesetzeskritik im Namen der Selbstachtung sowie seinem johannäischen Christentum und dessen metaphysischem Grundgedanken der absoluten Einheit von Gott und Mensch produzierte Fichte einen Widerspruch. Diesem Widerspruch wäre er nur entgangen, wenn er das gesetzeskritisch vorgebrachte Prinzip der Selbstachtung über die Sphäre der endlichen Individualität hinaus erweitert, wenn er Achtung und Selbstachtung als Eigenschaften kommunikativer Verhältnisse, sozialer Strukturen oder politischer Ordnungen verstanden hätte. Die in seinen frühen moralphilosophischen Schriften noch behauptete Einsicht in die Notwendigkeit wechselseitiger Anerkennung hätte er nicht ohne weiteres preisgeben dürfen, denn auch die strukturell verankerten Anerkennungsverhältnisse würden das, worum es ihnen geht, aufgeben, wenn sie das Bedürfnis nach Anerkennung des endlichen Individuums für scheinhaft erklärten.

In der Anerkennungsfrage wird deutlich, daß Fichte mit seinem johannäischen Christentum einen Paradigmenwechsel von einer Theorie einander anerkennender Subjekte zu einem substantialistischen Begriff der Nation vollzog. Als existenter Körper Gottes sauge die Nation die Individuen vollständig auf. Fichtes Antijudaismus, der in den neunziger Jahren noch einem antiklerikalen und antifeudalen Republikanismus diente, fungierte jetzt in Gestalt eines strikt antipaulinischen, johannäischen Christentums als Argument für die Abwertung der Individualität zugunsten der Nation. Letztlich polemisierte Fichte deshalb gegen Begriffe wie Sünde, Versöhnung und Bund, weil sie voneinander und von Gott unabhängige Individuen voraussetzen, die sich nicht durch die Berufung auf die Einheit von Gott und Mensch in ihren Ansprüchen eliminieren lassen. Der »Jude« zeichne sich dadurch aus, daß er den Gedanken dieser Einheit sehr wohl verstehe, aber systematisch ablehne, womit er sich – was Fichte in verschiedenen politischen Schriften, zum Beispiel im *Geschloßnen Handelsstaat*, vertrat – als unpatriotische, eben als »fremde« Kraft entpuppe. »Juden« galten ihm seit der Revolutionsschrift als der Inbegriff einer feindseligen Größe, die dem seligen Leben, das in der restlosen, vorbehaltslosen Konsumtion der Individuen in den menschenrechtlichen und republikanischen Staat bestehe, ablehnend gegenüberstehe. Die Juden hätten den johannäischen Jesus in seiner Einheitspredigt nur zu gut verstanden: »So, wenn Jesus vom Essen seines Fleisches und Trinken seines Blutes redete, fanden seine Jünger darin harte Rede; und wenn er die mögliche Vereinigung mit Gott erwähnte, so hoben die Juden Steine auf, daß sie auf ihn würfen. Sie haben zu allen Zeiten recht.«[71] Ihre Weigerung, die Einheit zu akzeptieren und auch praktisch – bis zum Opfertod – zu leben, zeige ihre »geistige Nichtexistenz«, ihr »Todtseyn« oder »Begrabenseyn«.[72] Es ist daher nur konsequent, wenn Fichte die rituell liturgische Ausformung seines Christentums – er sprach mit Kant von der Religion der »Christianer«[73] – als Totenkult konzipierte.

Sein »Religionsbekenntnis der Deutschen« von 1807 schlägt eine Sonntagsfeier vor, die unmittelbar nach Anbruch der Dämmerung beginnt. Die Gemeinde betritt unter Begleitung sanfter Instrumentalmusik eine Versammlungshalle. Erster Akt des Gottesdienstes ist die Ehrung der Toten, liturgisch vorbereitet über die in der Halle liegenden Waffen sowie das Erheben der Fahnen durch einen Friedensrichter. Die Verstorbenen werden nach einer Feuerbestattung öffentlich in als »Aschenkrüge« bezeichneten Urnen beigesetzt. Name und Ruhm des Verstorbenen und Eingeäscherten werden von einem Geistlichen ausgesprochen: »Es wird darauf aus dem Bürgerbuche der darin aufgezeichnete Lebenslauf des verstorbenen verlesen. Es dient zum Verständnis des letzteren. [...] die Nachricht, daß bei Aufnahme eines männlichen oder weiblichen Kindes in die Gemeine auf ein Blatt dieses Buches der name, den es erhielt, aufgezeichnet, und von nun an fortlaufend, sowie etwas mit ihm sich ereignet, oder aus der entfernung die amtsmäßigen Berichte einlaufen, es auf demselben Blatte nachgetragen wird, sein Fortrücken in der öffentlichen Erziehung, sein Stand oder Amt, was in demselben zum Vorteile des Ganzen geleistet, ob er in den Krieg gezogen, welchen Schlachten, Siegen er beigewohnt u.s.w. nachgetragen wird bis auf seinen Tod und die Weise desselben.«[74] Für den heutigen Leser liest sich das wie der Entwurf zu einem totalitären System. Wer sich an die Aktenberge der Staatssicherheitsbehörden der ehemaligen DDR erinnert fühlt, liegt so falsch nicht. Die aufgezeichneten Akten werden aufbewahrt. Der Tod des Individuums aber wird durch die Vernichtung einer Akte als Symbol für den Übergang ins höhere, selige Leben, als gemeinsame Bekundung von Freude gefeiert:

> Nach dieser Verlesung wird ein anderes dazu bereit liegendes leeres Blatt, als Symbol dessen, was etwa über den Verstorbenen in den Schriften des Sittengerichtes befindlich seyn möchte, in ein neben dem Altar stehendes Feuerbecken, in dem eine mit wohlriechenden Hölzern unterhaltene Flamme brennt, geworfen, unter den Worten: Sollte der Aufflug des himmlischen Wollens zuweilen durch die irdische Hülle gehemmt worden seyn, so hat er jetzt die irdische Hülle abgelegt; ausgetilgt sey dies aus unserem und aller Sterblichen Andenken.[75]

Was sich die konventionelle christliche Religion als alleine Gott vorbehalten, nicht vorzustellen wagte, wird hier bis zur letzten

Konsequenz, der Vereinigung von Gott und Mensch, der bürgerlichen Gemeinschaft überantwortet. Dieser Zeremonie liegt die Überzeugung zugrunde, »daß man die Flecken, welche diese [Gemeinschaft] aufmerkt, nicht wie andere Vergehungen durch die Strafe abbüßen könne, sondern daß sie uns frei vergeben werden können, und nur von der einträchtigen Gemeine, und auch von dieser nur nach dem Tode«[76]. Der Tod erscheint hier »in der freundlichen Gestalt eines allgemeinen Entsündigers und Versöhners«[77].

Offenbar gelang es Fichte doch nicht, ein vom Paulinismus freies Christentum gänzlich ohne den Gedanken der Sünde, Vergebung und Verzeihung zu konzipieren. Mit seiner Zeremonie der Bürgerschaft wollte er das, was er am Vergebungs- und Sündengedanken als entfremdet und mithin »jüdisch« verstand, ausschalten. Daß dabei dem Tod eine wesentlich größere Aufmerksamkeit geschenkt wird als der Geburt – die Schrift etwa bei der Konzeption eines Aufnahmeritus für Neugeborene einfach abbricht –, ist kein Zufall. Die postulierte Einheit läßt sich in ihrer Unterschiedslosigkeit tatsächlich nur im Tode denken: »Nichts ist dem Gott, und Gott ist Nichts dem Leben« heißt es in der Anfangszeile eines unveröffentlichten Sonnetts, das mit diesen Schlußzeilen endet:

Gar klar die Hülle sich vor dir erhebet,
Dein Ich ist sie: es sterbe, was vernichtbar,
Und fortan lebt nur Gott in deinem Streben.

Durchschaue, was dies Sterben überlebet,
So wird die Hülle dir als Hülle sichtbar;
Und unverschleiert siehst du göttlich Leben.[78]

Der systematische Antijudaismus des johannäischen »Christianertums« Fichtes endet so in einer Apotheose von Tod und Sterben. Nur im Tod, und zwar im Tod für die Nation, erreiche der Mensch seine Bestimmung. Angesichts eines in der Welt nicht aufhebbaren objektiven Elends, das sich vor allem darin manifestiere, daß das »Bild Gottes, die Menschheit«[79], besudelt, erniedrigt und in den Staub getreten sei, komme alles auf die Motive moralisch-religiösen Handelns an. Die *Anweisung zum seligen Leben* endet mit der Aussage, daß Mitleid, als ein »zartes und mit der übrigen Menschheit so harmonisch gestimmtes Nervensystem« auf keine Anerkennung in der »Geisterwelt« hoffen dürfe.[80] Als religiös-moralisch motiviert könne nur eine Tat gelten, die religiös begründet sei, in der sich der Akteur als Vollstrecker Gottes verstehe: »Hättest du die gleiche That gethan [...] mit dem Zweck, daß in deiner Hand ihm die rettende Hand der Gottheit erscheine«.[81]

Fichte hätte sich heftig gegen den Vorwurf, dem Tode verfallen zu sein, gewehrt. In den in systematischem Zusammenhang mit der *Anweisung zum seligen Leben* stehenden *Reden an die deutsche Nation* verstand er in patriotischem Überschwang den Glauben an den Tod als »Ausländerei«; damit meinte er eine Lebenshaltung, die sich in die »unabänderliche Notwendigkeit ihres Seyns« schicke, ein »Aufgeben aller Verbesserung unsrer selbst oder andrer durch Freiheit, als Geneigtheit, sich selbst und alle so zu verbrauchen, wie sie sind, und aus ihrem Seyn den möglichst größten Vortheil für uns selbst zu ziehen«.[82] In der Beurteilung dieser Haltung hatte Fichte den Spinozismus mit den ihm unterstellten Determinismus im Blick. Dieser als »tödlich« qualifizierten Haltung stellte Fichte den Glauben an die ursprüngliche Gabe des Menschen zu unendlicher Verbesserung und Kreativität gegenüber. Ihm galt das deutsche Volk, in dem sich die in der Menschheit angelegten Möglichkeiten verwirklicht hätten, ein den Juden nachgebildetes erwähltes Urvolk: »[...] wenn sie als ein Volk betrachtet werden ein Urvolk, das Volk schlechtweg, Deutsche«[83].

Dem entspricht eine Theorie des Volkes und der Nation, die die Sprache, die deutsche Sprache, als Inbegriff von Einheit und Leben versteht, und zwar, weil die deutsche Sprache im Unterschied zu allen anderen, vor allem den auf das Lateinische gegründeten romanischen Sprachen, durch Bildung und Erziehung auch das einzelne Individuum bis in die Tiefen seines Gemüts belebe. Der Unterschied zwischen dem Deutschen und den romanischen Sprachen sei derjenige zwischen Leben und Tod. Er sei so radikal, daß – hier war Fichte ein früher Vorläufer der Inkommensurabilitäts- und Unübersetzbarkeitsthesen mancher Strömungen der analytischen Philosophie – wahrhaft Deutsches in anderen Sprachen gar nicht ausdrückbar sei. Fichtes politische Theorie ist eine Theorie der Nation und nicht des Staates. Ihm ging es um eine im Staat verfaßte Sprachgemeinschaft, die sich nicht in der Erhaltung von innerem Frieden, Eigentum, persönlicher Freiheit und Wohlstand erschöpfe. Derlei Erhaltung sei kein Ausdruck wahren Lebens und beruhe nicht auf einem ursprünglichen Entschluß: »Nicht der Geist der ruhigen bürgerlichen Liebe zu der Verfassung und den Gesetzen, sondern die verzehrende Flamme der höheren Vaterlandsliebe, die die Nation als Hülle des Ewigen umfaßt, für welche sich der Edle mit Freuden opfert, und der Unedle, der nur um des ersten willen da ist, sich eben opfern soll.«[84] Um dahin zu gelangen, bedürfe es einer nationalen Bildung, die der wahre Zweck der Reden sei, einer »Erziehung zur wahren Religion«[85], die für den einzelnen Deutschen auf nicht mehr und nicht weniger ziele, als auf eine »vollständige Erlösung und Befreiung von allem fremden Bande«[86]. Die nationale Religion gründe im Glauben an die Liebe, über die sich Gott der Welt vermittle. Die Liebe beschere dem Menschengeschlecht zugleich eine neue Schöpfung, die die natürliche Fortsetzung aller vergangenen Zeit sei und die »Deutschen« gleichsam als ihre Avantgarde, als »Keim der menschlichen Vervollkommnung«[87] habe.

Die Deutschen werden so zum wahren Schöpfungsmittler und Erlöservolk.

Am Ende der dritten Rede zitierte Fichte ausführlich aus dem Buch des Propheten Hesekiel, aus jenen berühmten Versen des siebenunddreißigsten Kapitels, in denen der Prophet im fernen Babylon an den Wassern des Flusses Chebar die verdorrten Gebeine Israels auferstehen und ins Land Israel ziehen sieht, um daraus zu schließen: »[...] lasset die Bestandteile unserer Nationaleinheit ebenso zerrissen herumliegen wie die Todtengebeine des Sehers [...] der belebende Odem der Geisterwelt hat noch nicht aufgehört zu wehen.«[88] In Abgrenzung von allem Fremden, namentlich den neulateinisch gedachten Schlagworten der Epoche wie »Humanität«, »Liberalität« und »Popularität«, die ihm als erstarrt galten, redete Fichte einer lebendigen Sprachentwicklung das Wort, die sich von allem Klassizismus befreien sollte. In diesem Zusammenhang hob Fichte den ihm ansonsten von seinen theologischen Intentionen her fernen Luther rühmend hervor, dem es, wenn auch aus rein persönlichen Motiven, gelungen sei, das deutsche Volk zu begeistern und zu erneuern. Der sich in dieser Nation artikulierende Glaube sei die »wahre Religion in der Form des Christenthums«[89]. Das historisch gewordene Christentum lehnte Fichte ja nicht nur deshalb ab, weil es ihm in seiner paulinischen Form mit seiner Sündenlehre noch zu entfremdet war, sondern auch weil das Christentum auf ein Judentum zurückging, das einer Theokratie entsprungen sei, die letztlich nur den Gottesbegriff des Heidentums gesteigert habe. Die jüdische Theokratie mit ihren Ämtern des erblichen Hohenpriesters habe zu einer »Versichtlichung Gottes, wie fast nirgend«[90] geführt – eine abwegige Auffassung, bringt man sich den Umstand in Erinnerung, daß sogar die judenfeindliche heidnische Tradition die Bilderlosigkeit des antiken Judentums kritisiert hat. Der schaffende Gott, die Bildung des Menschen aus Erde, die Erwählung, die Behandlung Abrahams, die Formung der Kinder Israels zu Eroberern, die Bestrafung des autonomen Verstandes in der Vernichtung der Rotte Korah – Fichte vermochte dem Gott des Exodos wenig Positives abzugewinnen. Letztlich sei alles Menschenwerk des Moses »Nachmacherei«[91] gewesen.

Das Christentum, wie es Fichte verstand, bedurfte der staatlichen Hülle. Nur unter ihr könne die Idee der Freiheit aller und ihrer Gleichheit vor Gott sowie das Recht eines jeden, seine Individualität auszubilden, entwickelt werden. Die Verhüllung des christlichen Gedankens durch die Institution der Kirche habe den Staat daran gehindert, seine menschheitliche Dimension zu gewinnen. So wie das Christentum zu seiner Ausbildung des historischen Judentums bedurfte, war nach Fichte für die weitere Universalisierung des christlichen Gedankens erneut eine politische Größe vonnöten: der germanische Volksstamm. Was das historische Judentum bei der Begründung der Kirche gewesen war, sollte das Deutschtum bei der universellen Durchsetzung des Christentums werden. Der Fichte vorschwebende Vernunftstaat aber werde – hier nahm er Bezug auf seine Revolutionsschrift – durch zwei Elemente behindert – den christlichen Glauben an den duldenden Gehorsam sowie den Adel mit seinen auf Ehre beruhenden ständischen Bindungen. Das, was Fichte in Gegensatz zur alten, vorrevolutionären Welt brachte, war die Vorstellung, daß nicht mehr Gott willkürlich die Geschicke der Menschen ordne, sondern jeder Mensch ohne Ausnahme in Gottes Bewußtsein, und zwar mit gleichen Rechten, aufgenommen werde: »die Lehre von der christlichen Freiheit«[92]. Der Gedanke einer Emanzipation aus dem Zustand der Sündhaftigkeit und Abhängigkeit, der sich in der Idee der Seligkeit, wie Jesus sie lebte und predigte, äußere, habe zunächst in die Staatsfeindlichkeit der Kirche führen müssen, die aber, solle es zu dem geforderten Vernunftreich kommen, metaphysisch verstanden werden müsse. Dazu sei es unerläßlich, den »Christus« des Glaubens vom »Messias« der Juden zu unterscheiden. Bereits Jesus habe offenlassen müssen, ob er der Messias sei: »Ob er sich dem Begriffe des Messias subsumirt habe, steht dahin. Er hätte dann umdeuten müssen auf eine Weise, die seiner sonstigen gründlichen Exegese nicht ähnlich sieht. Die Juden subsumierten ihn darunter, und mußten es, damit der *letzte Funke des jüdischen Glaubens* ausgerottet würde. Daß unsere Lehrer uns erst zu Juden machen, ist überflüssig.«[93] Fichte wiederholte die paulinische Lehre von den »Feinden um euretwillen«: Nur dadurch, daß die Juden Jesus als einen befreienden, nationalen Retter erwartet und dann enttäuscht von ihm gelassen hätten, sei der neue Begriff des Christus in der Welt bekannt geworden, nur dadurch, daß diese Messiashoffnung, »der letzte Funke des Judentums«, in Jesus widerlegt wurde, habe sich diese historische Form des Glaubens dementiert.

Nun stellt sich die Frage, unter welchen Umständen das der heidnischen Gesellschaft gegenüber notwendig staatsfeindliche Christentum selbst staatsbildend wirken konnte. Mit der Reformation habe die Phase der Staatsfeindlichkeit geendet, die bisher negative christliche Haltung sich zum »wahrhaft Positiven« gewandelt, zum »Werk Gottes auf Erden«[94] – eine Epoche, in der der Verstand in das Himmelreich eintrete und der Glaube weiche. Das Verhältnis von Staat und Vernunft – so ergab ein historischer Rückblick – sei im Vergleich zum christlichen Mittelalter im ansonsten kritisierten Heidentum und im ansonsten geschmähten Judentum klarer gewesen. Bis zu König David seien Könige als Usurpatoren angesehen worden. Erst die prophetische Predigt des Messias habe den Widerspruch von Herrschaft und Erlösung, der durch keinen wirklichen König gelöst worden sei, aufheben können; allerdings um den Preis, den Zustand der Freiheit und Vernunft in die Zukunft zu verlegen. Die Staatlichkeit zu Fichtes Zeiten, die Napoleonische Herrschaft, präsentiere einen Staat, der die Achtung für die Tradition mit Religiosität und Trägheit vermische, was nur durch die Kunst aufgebrochen werde. Ihr folge endlich die Religion, die die Trägheit vertreibe und zu einer zweiten Reformation führe, an deren Ende das Christentum als historisches Prinzip der Staatsstiftung seine Aufgabe erfülle: »Religiöse Begeisterung wird die Ketten brechen, wie zur Zeit der Reformation. Da muß sich eben erst der Himmel näher an die Erde bringen. Die Welt geht aus von einer geglaubten, und endet in einer durchaus verstandenen Theokratie. Gott wird wirklich allgemein herrschen, und er allein, ohne andere, die Welt in Bewegung setzende Kräfte: nicht mehr bloß als Lehrer, sondern als lebendige und lebendig machende Kraft.«[95]

Die Schriften *Grundzüge des gegenwärtigen Zeitalters, Anweisung zum seligen Leben* und die *Reden an die deutsche Nation* entstanden angesichts der Niederlage Preußens und der Vorbereitung auf einen politischen Aufstand gegen die französische Besatzung. Fichte sah sich mehrmals vergeblich bewogen, als patriotischer Feldprediger im königlichen Hauptquartier zu wirken. Aber obwohl man unterstellen kann, daß die Texte in einem Zustand höchster Erregung verfaßt wurden, läßt sich nicht übersehen, daß sie einer konsequenten Systematik folgen. Fichte – daran ist kein Zweifel möglich – artikulierte schärfer als die anderen idealistischen Philosophen die universalen Prinzipien menschlicher Würde, Gleichheit und allgemeiner Menschenrechte. Um dieser Werte willen sah er sich in der Revolutionsschrift gedrängt, neben Adel und Militär die Juden, genauer das Judentum, als vernunft- und freiheitsfeindliche Macht zu attakkieren. Spätestens um 1800, als er die politische Utopie des *Geschloßnen Handelsstaats* entwarf, hatte er sich dann einem zutiefst illiberalen Republikanismus verschrieben. Inzwischen war er davon überzeugt, daß nur eine parallele Entwicklung der Menschen in geschlossenen Nationalstaaten den menschenrechtlichen

Zielen gerecht werden könne. Die um 1800 geforderte nationale Abkopplung vom Welthandel, unterfüttert mit einer Theorie der staatlich gelenkten Außenwirtschaft – wie sie später die Staaten des »realen Sozialismus« verwirklichen sollten –, sollte nach Fichtes Wünschen zur Ausbildung einer Nation führen, die sich von allen anderen scharf unterschied. Er stellte sich vor, daß unter der Bevölkerung eines geschlossenen Handelsstaates, »deren Mitglieder nur untereinander selbst, und äußerst wenig mit Fremden leben, ihre besondere Lebensart, Einrichtungen und Sitten durch jene Maasregeln erhält, die ihr Vaterland und alles Vaterländische mit Anhänglichkeit liebt, sehr bald ein hoher Grad der Nationalehre und ein scharf bestimmter Nationalcharakter entstehen werde«[96].

Der geschloßne Handelsstaat und die im selben Jahr geschriebene Schrift *Die Bestimmung des Menschen* entstanden unter schwierigsten, persönlich demütigenden Umständen. Fichte wurde bekanntlich des Atheismus geziehen. 1799 wurde er als Mitarbeiter des *Philosophischen Journals* entlassen und mußte zudem eine gegen ihn gerichtete Stellungnahme des von ihm so verehrten Kant hinnehmen. Ein Jahr später überwarf er sich mit seinen Freunden und Weggefährten Karl Leonhard Reinhold, Jacobi und Friedrich Wilhelm Joseph Schelling und rechnete mit dem ihm seit langem verhaßten Nicolai ab.

In der Abhandlung *Die Bestimmung des Menschen* konkretisierten sich seine theoretischen und praktischen Interessen. Er versuchte sich ein weiteres Mal am Verhältnis von Glaube und Wissen und schien zunächst den Glauben über das sich selbst transparente Wissen zu stellen. Zugleich enthält die Schrift eine an Rousseau gemahnende zivilisations- und fortschrittskritische Apokalyptik, die aber letztlich auf die »Errichtung des einigen wahren Staates«[97] zielt, in dem »das kleine, enge Selbst der Person schon durch die Verfassung vernichtet ist«[98] und jeder immer in Bereitschaft sei, seine Kraft der des anderen hinzuzufügen beziehungsweise unterzuordnen; das sei »der Zweck unseres irdischen Lebens«[99]. Die hier radikalisierten rousseauischen Motive einschließlich der *volonté générale* wurden von Fichte im Begriff des »ewigen Willens« gefaßt, der zugleich die (endliche) Vernunft darstellt. Noch repräsentiert der »Weltschöpfer« den »ewigen Willen«, ein Bild, welches Fichte später ablehnte. Es geht um die Übereinstimmung eines freien, von aller Empfindsamkeit abgelösten Willen mit einer übersubjektiven Vernunft, um die dialektische Einheit von endlichem Willen und unendlichem Geist. Die Einsicht in diese Einheit führe zur Erlösung und Beruhigung im Denken und zum klaren Wissen, wie das Leben zu gestalten sei. Dadurch werde der Denker ein »neues Geschöpf«[100]. Im Bewußtsein der Teilhabe am ewigen Leben verklärt sich die individuelle Existenz. Die Furcht vor dem Tode vergehe, und der Tod werde zum Unterpfand der Erneuerung: »[...] die Erscheinung des Todes ist der Leiter, an welchem mein geistiges Auge zu dem neuen Leben meiner selbst, und einer Natur für mich hinübergleitet.«[101]

Fichte bildete seine letzten Endes gnostische Bewußtseinsreligion mit ihrer Sakralisierung des Todes zur selben Zeit wie seine Überlegungen zu einem national geprägten Vernunftstaat aus. Es war nur konsequent, daß er im Versuch, seine durchaus unkonventionellen Ansichten mit der herrschenden christlichen Religion zu vereinbaren, das Johannesevangelium entdeckte, das ihm aufs neue die Juden und den jüdischen Glauben in den Blick rückte. Galten ihm die Juden in der Revolutionsschrift noch als Inbegriff feudaler Herrschaft und einer unaufgeklärten Denkungsart, so waren sie in der *Anweisung zum seligen Leben* und in den R*eden an die deutsche Nation* Vertreter eines jede Gegenwart entwertenden Schöpfungsgedankens, einer jede Freiheit dementierenden Fremdbestimmung und eines jede unmittelbar zu verwirklichende Freiheit zurückweisenden Messiasgedankens. Sein philosophischer Antijudaismus wird in den *Reden an die deutsche Nation* durch eine Neuschöpfung von Freiheit, Staat und Nation aus dem Geist der deutschen Sprache und auf der Basis des geschlossenen nationalen Handelsstaates zu einem Antisemitismus umgebildet. Die Verbindung von gnostischer Bewußtseinsreligion und johannäischem Christentum mit dem Glauben daran, daß sich die menschheitliche Vernunft nur durch Nationalstaaten beziehungsweise nur durch den deutschen Nationalstaat durchsetzen könne, gerät schließlich zu einer Geschichtsphilosophie, in der die Deutschen als zweites »Urvolk« nach den Juden eine herausragende historische Mission erhalten. In gewisser Weise konkurrieren Juden und Deutsche um die Rolle des auserwählten Volkes. Erst der Geist der germanischen Stämme – damit wurde Fichte zum Vorläufer der nationalsozialistischen Deutschen Christen – vermöge die im Christentum enthaltenen Impulse angemessen zu entfalten. Das Christentum sei nämlich Europa schon immer fremd gewesen: »Das aus Asien stammende und durch seine Verderbung erst Recht asiatisch gewordene, nur stumme Ergebung und blinden Glauben predigende Christentum war schon für die Römer etwas Fremdartiges und Ausländisches.«[102] Die Verbindung eines menschenrechtlich begründeten Republikanismus und eines sprachtheoretisch begründeten Nationalismus ist erstaunlich, gerät aber, als Reaktion auf die französische Besatzung verstanden, schlüssiger als vermutet. Daß Bürgerfreiheiten nur in begrenzten Staatswesen umsetzbar seien, war seit Rousseau geltende Meinung. Der Gedanke, daß sich die derartigen Gemeinwesen zugrunde liegende *volonté générale* einer Sprache und einer Religion verdanke, kam hinzu. Der Juden- und Franzosenhaß, der die im Kampf mit Napoleon liegenden deutschen Patrioten einte, rührte für Fichte aus der unreligiösen, voltaireschen Polemik der Aufklärer gegen das Judentum als Inbegriff einer alten, illegitimen Institution und aus der christlichen Umformung seiner Bewußtseinsreligion.

Da Fichte keinerlei persönliche Beziehungen zu Juden hatte, dürften die von ihm schon in der Revolutionsschrift apologetisch abgegebenen Beteuerungen, niemals Konflikte mit Juden gehabt zu haben, zutreffen. Fichtes Judenhaß erwuchs aus seinen theoretischen Annahmen, was zur Folge hatte, daß er sich in seinem persönlichen Umgang mit Juden äußerster Zurückhaltung befleißigte. Die schon 1793 geäußerte Überzeugung, die Menschenrechte der Juden seien zu wahren, gab er nie auf, und für die gleichzeitig aufgestellte Forderung, ihnen die Bürgerrechte vorzuenthalten, trat er nicht weiter ein. Das wird an zwei Episoden aus der Berliner Zeit deutlich.

Fichte wurde 1811 der erste gewählte Rektor der neuen Universität. Er mußte sich mit studentischen Streitigkeiten, die jüdische Studenten betrafen, auseinandersetzen. 1812 wurde er nach seinem Rücktritt vom Rektorat Mitglied der von Achim von Arnim und Clemens von Brentano unter Mitwirkung von Heinrich von Kleist gegründeten antisemitischen und frauenfeindlichen Christlich-deutschen Tischgesellschaft[103]. Hier setzte er sich ein letztes Mal mit der Frage der Juden und dem Problem des Antisemitismus auseinander. Beide Situationen offenbaren Fichtes für einen Gesinnungsantisemiten eigentümliche – heute würde man sagen »politisch korrekte« – Haltung den Juden gegenüber. Bei allem theoretisch begründeten Nationalismus war Fichte kein Freund der Studentenverbindungen – weder in ihrer Frühphase, als sie sich noch als studentische Orden einem meutenhaften, prahlerischen Jugendleben hingaben, noch in den Jahren des Aufstandes gegen die französische Besatzung, als sich die landsmannschaftlich geprägten Gruppierungen nationalisierten und als Burschenschaften für ein demokratisches Deutschland ohne Juden und französische Gesittung eintraten. Fichtes Antrittsvorlesung im Oktober 1811 zum Thema »Die einzig mögliche Störung der akademischen Freiheit«[104] attackierte das elitäre Selbstverständnis der ohnehin privilegierten Studenten, eine »Menschenart, die, da sie in der Tat nichts ist, und in den übrigen menschlichen Verhältnissen nirgends geduldet wird, sich für Studirende ausgibt«[105]. Der Vorwurf, den Fichte der Studentenschaft gegenüber vorbrachte, war der, welcher in der Antike die Juden traf. Sie würden sich als auserwählt ansehen, zum ganzen Menschengeschlecht kein Verhältnis haben und alle anderen für verworfen halten: »[...] wo Schlägereien als Ehrenpuncte betrachtet werden und wo es den Gipfel des guten Namens ausmacht, für einen stets fertigen Schläger und Händelmacher zu gelten«[106], könne die angestrebte Verbindung von Gott und Mensch im Geiste nicht stattfinden. Auch ließe sich auf diese Weise keine Ehre erwerben. Es sei ein Mißverständnis, daß man »durch einen kurz vorübergehenden Zweikampf die Feigheit eines ganzen in schmählicher Sklaverei und in knechtischer Furcht vor verächtlichen Menschen hingebrachten Lebens auslösche«[107].

Kurz nach Fichtes Amtsantritt schlug ein christlicher Student der Medizin namens Melzer einen jüdischen Studenten desselben Fachs namens Joseph Leyser Brogi in aller Öffentlichkeit mit einer Peitsche in der Absicht, ihn zu einem Duell zu provozieren. Der geschlagene jüdische Student reichte beim Rektor der Universität, Fichte, Klage ein, und ein Ehrengericht bestrafte beide. Das jüdische Opfer wurde zu acht Tagen Karzer verurteilt, der Angreifer mit der Androhung eines Verweises von der Universität und vier Wochen Karzer bestraft. Wenige Kollegen Fichtes hielten die Strafe für den Aggressor für zu milde und warnten davor, daß sie weitere Taten auslösen könne. Einige Zeit später ohrfeigte ein christlicher Student namens Klaatsch den Juden Brogi, der sich an einen Demonstrationstisch gedrängt hatte, nach einem Wortwechsel. Auf Aufforderung Klaatschs zeigte Brogi den Täter beim Rektor an. Da sich Rektor und Syndikus in der Sache nicht einigen konnten – Fichte war für eine strengere Bestrafung –, kam die Angelegenheit vor den Senat der Universität. Dieser lehnte den Antrag Fichtes, den Fall als eine Auflehnung des Aggressors gegen Rektor und Senat zu betrachten, ab.[108] Statt dessen wurde der ohrfeigende Angreifer am 29. Januar 1812 mit vierzehn Tagen Karzer bestraft und das Opfer wieder mit acht Tagen und der Drohung, ihn beim nächsten Auffälligwerden der Universität zu verweisen. Daß wiederum auch das Opfer zum Schuldigen erklärt wurde, war dem rechtlich denkenden Fichte unerträglich. Er reichte seinen Rücktritt mit der Begründung ein, das Urteil des Senats sei inakzeptabel, »höchst ungerecht für die Person des B«[109]. Das Ministerium, das schließlich im April Fichtes Entlassungsgesuch nachkam, änderte das Urteil des Senats noch einmal, bestätigte die milde Strafe des Aggressors, ermäßigte aber die Strafe des Juden Brogi auf drei Tage und Rücknahme des Tadels.

Diese Vorgänge machten in der gebildeten Welt Furore. Im März erstattete Arnim seinem Freund Brentano höhnisch und dazu noch falsch Bericht: »Ein jüdischer Student ist angeklagt worden bey Fichte, daß er Zähne ausreiße und Hüneraugen beschneide, er hat sich aber verteidigt, daß er die Zähen nur putze und die Hüneraugen ausbrenne, worauf ihm Fichte geantwortet, wenn er noch ein Funken Ehre im Leibe hätte, woran er aber nach dem Vorgange zweifle, so möchte er dieser Muse entsagen.«[110] Ob es diese Geschehnisse waren, die Fichte zu Beginn des Jahres eine Einladung zur Deutsch-christlichen Tischgesellschaft beschert hatten?

Die Tischgesellschaft bestand von 1810 bis 1813 und war eine Gemeinschaft jungkonservativer, nationalistisch denkender und romantisch fühlender Intellektueller, die sich sowohl gegen die Französische Revolution als auch gegen die preußische Reformpolitik Steins und Hardenbergs aussprachen. Die von Arnim geführte Vereinigung schloß Frauen, Juden – getauft oder ungetauft – sowie sogenannte Philister aus und traf sich jeden Donnerstag zum Mittagessen, um sich von den bereits ihrem Ende entgegensehenden jüdischen Salons, die abendliche Teegesellschaften waren, abzusetzen. Die Mittagszeit war Ausdruck einer Klassenzugehörigkeit: Personen, die tagsüber arbeiten mußten, waren notwendig ausgeschlossen.[111] Die Tischgesellschaft war ein literarischer Salon, in dem die Teilnehmer ihre Werke vortrugen; dem zynisch-reaktionären, spießbürgerfeindlichen Zeitgeist entsprechend, handelte es sich vornehmlich um Satiren.

Das Programm dieser Vereinigung hatte Arnim aufgestellt. Es ging um die »öffentliche Anerkenntnis des Christlichen und des Deutschen [...] die Verachtung gegen erstorbnen Mechanismus der Welt, gegen das Judentum und gegen das Philistertum, wie Verehrung gegen das Bewährte, insbesondere gegen die Krone, unter der wir leben. Daß wir aus Liebe zu dieser Krone und zu Deutschland alles Französische herzlich hassen, versteht sich von selbst.«[112] Die Kriegserklärung an das Judentum war für die Tischgesellschaft nicht nur ein Thema unter mehreren, und auch die von Brentano unter dem Titel »Philister«[113] vorgetragene Spießbürgerschelte zehrt wesentlich vom vorausgesetzten Antisemitismus. Brentanos Philisterschrift, die den antijudaistischen Vorwurf des Gottesmordes erneuert und dem Geist einer neuen Tischgesellschaft gewidmet ist,[114] stellt ein Stück sinnlich pornographischen Judenhasses dar, wie es sich erst wieder in Julius Streichers *Stürmer* finden sollte:

> Die Juden, als von welchen noch viele Exemplare in persona vorrätig, die von jeder ihren zwölf Stämmen für die Kreuzigung des Herrn anhängenden Schmach Zeugnis geben können, wil ich gar nicht berühren, da jeder, der sich ein Kabinett

> zu sammeln begierig, nicht weit nach ihnen zu botanisieren braucht; er kann diese von den ägyptischen Plagen übriggebliebenen Fliegen in seiner Kammer mit alten Kleidern, an seinem Teetische mit Theaterzetteln und ästhetischem Geschwätz, auf der Börse mit Pfandbriefen und überall mit Ekel und Humanität und Aufklärung, Hasenpelzen und Weißfischen genügend einfangen.[115]

In diesem Haßgesang findet sich das ganze Arsenal des antisemitischen Rassismus: von der Ungeziefermetapher bis zur Polemik gegen Geist, Geld und Aufklärung. In Nachahmung der Haßpamphlete Friedrich Grattenauers erging sich die Tischgesellschaft in Vorstellungen von der Austreibung der Juden. Was bei Fichte 1793 immerhin noch im Mäntelchen der Metaphorik eines anderen Kopfes und der Rückführung nach Palästina daherkam, wurde hier etwa vom Dichter Adam Müller als offene Kriegserklärung formuliert: »Wir führen Krieg [...] gegen die Juden, gegen ein Gezücht, welches mit wunderbarer Frechheit, ohne Beruf, ohne Talent, mit wenig Muth und noch weniger Ehre, mit bebendem Herzen und unruhigen Fußsohlen, wie Moses ihnen prophezeit hat, sich in den Staat, in die Wissenschaft, in die Kunst, in die Gesellschaft [...] einzuschleichen, einzudrängen, einzuzwängen bemüht ist.«[116] Als erste Kriegshandlung galt der Ausschluß aus der Tischgesellschaft, die sich letztlich gegen emanzipierte, sich frei zwischen den Religionen bewegende, selbstbewußt auftretende und intellektuell anspruchsvolle Frauen wie Rahel Varnhagen, Henriette Herz und Dorothea Schlegel richtete. Vor diesem Hintergrund ist Fichtes Rechtlichkeit zu verstehen, die ihn kritisch sogar zu seinen Gastgebern am christlich-deutschen Tische stehen ließ.

Am 18. Januar 1812 hatte Fichte den Vorsitz der Tafel und hielt einen Vortrag in Knittelversen, von denen nach Äußerung eines

Teilnehmers noch Jahre später anerkennend gesprochen wurde. In diesem Vortrag nahm der Autor nicht nur die humoristische Konvention der Gesellschaft aufs Korn, sondern auch die Selbstgerechtigkeit ihrer Gründer und Protagonisten, namentlich Brentanos. Schon die Mitte des Gedichts kritisiert den Antisemitismus der Gruppe, die sich dennoch mit jüdischen Symbolen schmücke:

Auch die Gesundheit will ich ausbringen;
Und erscheint einst der festliche Pokal,
geziert mit dem Juden Simson zumal,
So werd ich um weitere Vorschrift bitten.

Samson – daran sei erinnert – ist jener Held aus dem Buch der Richter, der mit den Philistern kämpft. In vermeintlicher Verzweiflung darüber, keine neuen humoristischen Stoffe zu finden, setzte Fichte darauf zu einer geharnischten Kritik der Runde an:

Zudem sind die bisherigen Stoffe verbraucht;
Nicht Jude, nicht Philister mehr taugt,
Um an ihnen zu finden ein Körnchen Spaß,
Das nicht schon einigemale dawas! –
Auch will es in der That was bedeuten,
Über dergleichen zu spotten vor Leuten,
Daß der Spott nicht auf uns selbst sitzen bleibe.
Den Juden schiebt man sich wohl noch vom Leibe,
Man ist nicht beschnitten; ergo ist man keiner.
Mit dem Philister ist die Sache schon feiner.
Streng genommen, keiner sich durchschaut,
So lang er steckt in der sündigen Haut,
In Unschuld Keiner soll waschen die Hände,
Wie Keiner selig ist vor seinem Ende!

Ob wir durchaus nicht Philister waren,
Werden wir im ewigen Leben erfahren.
Doch giebt es auch für sterbliche Augen
Kennzeichen, die zur Prüfung taugen,
Daß man sich orientieren kann.
Das Eine geb ich als Gleichnis an.[117]

Die Auseinandersetzung mit Brentanos Philisterrede provozierte Fichte nicht nur zu einer geradezu paulinischen Kritik der Selbstgerechtigkeit, sondern auch dem Immanentismus der *Anweisung zum seligen Leben* zum Trotz zu ironischer Rehabilitierung des Begriffs des ewigen Lebens.

Seine Einwände gegen Brentanos kruden Antisemitismus waren freilich zwiespältig. Handelt es sich wirklich nur um eine Kritik an ungerechten Tiraden oder nicht doch um eine gleichsam tiefere Fundierung des Antisemitismus, eine Ablehnung des Judeseins als geistiger Haltung? Die spöttische Bemerkung, daß man sich vom Judentum aufgrund körperlicher Merkmale distanzieren könne, ist ein Indiz dafür. Das auf die zitierte Textstelle folgende Gleichnis vom Träumer, der träumt zu wachen, führte Fichte zu einer geradezu protopsychoanalytischen Projektion. Sie verweist auf ihn selbst zurück und ist Ausdruck seines Judenhasses:

Wer aber sich's hin und her beweist
Und Gott am Morgen und Abend preist,
Daß er nicht ist wie andre Leut,
Ist vom Philistertum nicht weit;
Ja ihm sitzt die Philisterei
Gerade im Denken, daß ers nicht sey!
Da dieses sich so weit erstreckt
Und bringen kann gar schlimmen Ruhm,

So bleibt vor mir wohl ungeneckt
So Juden- wie Philistertum.[118]

Philister und Juden seien deshalb nicht zu necken, weil dieser Spott den Spötter selbst zum Juden und Philister mache. Dem Bannkreis seiner Negativurteile entrann der Philosoph des sich selbst transparenten göttlichen Selbstbewußtseins nicht. Daß er trotz seiner antijudaistischen Theorie antisemitische Handlungen verurteilte und antisemitische Äußerungen kritisierte, dürfte persönlicher Redlichkeit und der aufklärerischen Forderung nach einer vernünftigen, auf menschlicher Anerkennung beruhenden Sittlichkeit zuzurechnen sein. Anders als Friedrich Daniel Ernst Schleiermacher, mit dem sich Fichte wegen der Einschätzung der Studentenverbindungen 1811/1812 zerstritt, lassen sich bei ihm, wie erwähnt, persönliche Feindschaften zu Juden tatsächlich nicht nachweisen. Gleichwohl eignet seinem theoretischen Judenhaß eine persönliche Komponente: Es war sein glühender Haß auf die von Mendelssohn, Lessing und vor allem Nicolai geprägte Berliner Aufklärung, die »eine Religion in die Menschen hinainraisonniren wollen«[119], vor allem aber sein unermüdliches Streben nach einer reinen, absoluten Religion der Vernunft, die von allen historischen Schlacken befreit sein sollte. Bereits 1799 schrieb er an Friedrich Christoph Jensen in Kiel im Zuge des Atheismusstreits:

Daß man von einem Gotte der Christen redet, beweist klar, wie noch so vieles andere daß die Gegner die so übel aufgenommene Beschuldigung heidnischer Abgötterei nicht mit Fug verbieten können […] Mögen die Christen dies und jenes eigne haben, was ich nicht untersuchen mag, so können sie doch sicher keinen eignen Gott haben. Ein Gott der Christen ist ein National- und Secten-Schuzgott, wie der Gott Abrahams, Isaaks

> und Jacobs [...] Wenig besser ist, was mir ohnlängst Lavater von seinem Gotte, und meinem Gotte und Fenelons Gotte schrieb [...] Nur der Gott aller Vernunft ist der wahre Gott. Mit meinem guten Bewußtsein werde ich in meinem Begriffe von Gott ebensowenig etwas Fichtisches dulden, als etwas Christliches (in der Secten Bedeutung) noch Jüdisches, noch Lavaterisches, oder Fenelonsches.[120]

Die Ironie der Geschichte wollte es, daß Fichtes theoretische Judenfeindschaft zwar von vielen geteilt werden sollte, das von ihm vernunfttheoretisch begründete Christianertum jedoch von niemandem außer ihm selbst vertreten wurde.

III. Schleiermacher – Ein Glaube und eine Freundin

David Friedländer wurde 1750 als Sohn eines wohlhabenden Kaufmanns in Königsberg, wo Immanuel Kant zu jener Zeit als Hauslehrer wirkte, geboren. 1776 siedelte er mit seinem Vater, der dort eine Seidenfabrik etablieren sollte, nach Berlin über. Vor seiner Heirat mit der Tochter eines privilegierten jüdischen Bankiers, Blümchen Itzig, trat er 1791 als Berater der königlich-preußischen Textilinspektion hervor, indem er sowohl die staatliche Überwachung als auch die staatliche Unterstützung einzelner Fabrikanten ablehnte. Als überzeugter Schüler Moses Mendelssohns wurde Friedländer zum Vorläufer von Reformjudentum und Assimilation. 1783 zum Generaldeputierten der preußischen Judenheit ernannt, appellierte er immer wieder erfolglos an die preußische Regierung, die bürgerliche Gleichstellung der Juden voranzutreiben. Die Juden in Preußen lebten keineswegs als eine einheitliche Gruppe. Sie unterstanden in den einzelnen Landstrichen verschiedenen rechtlichen Regelungen, aber auch in ihren Lebensverhältnissen unterschieden sie sich sehr. Friedländer gehörte zu jener schmalen Schicht von privilegierten und Schutzjuden, die in einem Zeitalter, in dem es noch kein von ständischen Schranken befreites allgemeines Kreditwesen gab, die spätabsolutistischen Höfe mit Liquidität versorgte. Etwa fünf Prozent der preußischen Juden gehörten dieser privilegierten Schicht an, die sich durch ihren Reichtum weltliche Bildung aneignen konnte. Die übrigen fristeten ihr Leben als unzünftige Handwerker, Hausierer, Kleingewerbetreibende sowie als Lehrer und Rabbiner. Mendelssohn, der bis zum Erscheinen Kants das philosophische Zentrum der deutschen Aufklärung repräsentierte, war 1729 als Sohn eines Toraschreibers in Dessau geboren worden und 1743 nach Berlin gegangen, um »zu lernen«. Zunächst war er als Hauslehrer, dann als Kaufmann tätig; allerdings wurde ihm erst 1763 vom preußischen König das Niederlassungsrecht in Berlin eingeräumt. In kurzer Zeit wurde er zum Zentrum einer nicht akademisch gebundenen Aufklärungsphilosophie. Er lebte vor, daß man gleichzeitig weltlich gebildet und jüdischer Frömmigkeit verpflichtet sein konnte. Er widmete sein Leben der Entwicklung jüdischen Selbstbewußtseins und setzte sich für die Besserstellung der Juden ein. 1779 machte er die Bekanntschaft des preußischen Diplomaten Christian Wilhelm von Dohm und bat ihn, ein Gutachten über die Lage der bedrängten elsässischen Judenheit zu verfassen.

Dohms 1781 erschienene Schrift *Über die bürgerliche Verbesserung der Juden* forderte die uneingeschränkte Gleichberechtigung der Juden, den Wegfall aller Zuzugsbeschränkungen, erniedrigenden Steuern und Berufsverbote. Mit kritischem Blick auf den »noch zu kaufmännischen Geist« der meisten Juden und die »sittliche Verderbtheit dieser unglücklichen Nation« sowie der Forderung, sie zu produktivieren, erklärte er, daß es einzig und allein die Gesetzgebung der christlichen Staaten war, welche die Juden in diese Situation gebracht habe: »Alles, was man den Juden vorwirft, ist durch die politische Verfassung, in der sie jetzt leben, bewirkt.«[1]

Die Juden galten den Aufklärern als, wie man hundert Jahre später sagte, »soziales Problem«, an dessen Lösung sich die Effizienz einer zeitgemäßen, modernen Politik und Ökonomie erweisen würde. Im Diskurs über die Juden wurde zugleich ein Thema verhandelt, das fünfzehn Jahre früher mit der Lossagung der nordamerikanischen Kolonien vom britischen Mutterland in die politische Theorie Eingang gefunden hatte, und zwar die Reziprozität, ja Identität von gesetzgebenden und steuerzahlenden Bürgern. Wo die nordamerikanischen Kolonisten der Krone ihr *no taxation without legislation* entgegenhielten, fragte Dohm in bezug auf den Juden, wie man denn von ihm »willigen Gehorsam und Liebe eines Staates fordern« könne, wenn er sich in diesem »nur insoweit geduldet sieht, als er imstande ist, Abgaben zu entrichten? Wie kann man Tugend von ihm erwarten, wenn man ihm keine zutraut?«[2] Die von derartigen Schriften und der Mendelssohnschen Philosophie angeregte junge Generation der privilegierten Juden engagierte sich für den Prozeß der Gleichstellung, modifizierte dabei aber auch ihr Judentum. Friedländer etwa verknüpfte die persönliche Befreiung von einer nicht mehr verstandenen Tradition mit der staatsbürgerlichen Emanzipation.

Auf Bitten der Juden wurde nach dem Tode Friedrichs II. bei Thronersteigung von Friedrich Wilhelm II. eine »Juden Reforme Kommission« eingerichtet, die erst 1789 einen enttäuschenden Bericht vorlegte. Der Prozeß der rechtlichen Gleichstellung geriet trotz der Impulse durch das revolutionäre Frankreich, in dem den Juden die volle Gleichberechtigung zugestanden wurde, immer wieder ins Stocken. Eine 1795 eingereichte Eingabe zur Erleichterung der Lebensbedingungen der Juden wurde 1798 von Generaldirektorium und Justizdepartement abschlägig beschieden. Im gleichen Jahr wurde in den linksrheinischen Gebieten des Reiches, die im Zuge der Koalitionskriege unter Napoleonische Herrschaft gerieten, die französische Staatsangehörigkeitsregelung durchgesetzt.

Vor diesem Hintergrund publizierte Friedländer im Zenith seines Einflusses 1799 anonym ein »Sendschreiben jüdischer Hausväter« an den der Aufklärung zugeneigten Berliner Theologen Propst Teller, in dem er die Bereitschaft der reformwilligen Juden kundtat, zu einem »Christentum ohne Christus«, das heißt zu einem aufgeklärten Protestantismus ohne die christlichen Dogmen, überzutreten. Nur die äußerlichen Bräuche dieser Kirche sollten übernommen werden. Der Sinn einer »schwachen« Ausübung der christlichen Rituale sei lediglich, »zu beurkunden, daß das aufgenommene Mitglied die ewigen Wahrheiten aus Überzeugung angenommen, und den sich daraus fließenden Pflichten als Mensch und Staatsbürger unterwirft, nicht aber als Zeichen, daß derjenige, der sie vollzieht, stillschweigend eingesteht, er nehme die Dogmen dieser Kirche gläubig an«[3]. Diese Bereitschaftserklärung sei keineswegs als listiges »Entréebillet« in die christliche Gesellschaft anzusehen, sondern als das Bekenntnis zu einer menschheitlichen Aufklärungsreligion, die in den überkommenen Riten und Mythen nur das objektiv überflüssig gewordene Beiwerk einer Religion der reinen Vernunft erkannte. Die »ewigen Wahrheiten« dieser Aufklärungsreligion sind im wesentlichen Mendelssohns schon von Kant kritisierte Grundsätze eines rationalistischen Glaubens: die Existenz eines einzigen Gottes, die Unkörperlichkeit und Unsterblichkeit der menschlichen Seele, die Bestimmung des Menschen, im Diesseits der Glückseligkeit nachzustreben, die nur durch Wohlwollen und Wohltun erreicht werden könne, und schließlich der Glaube an wohlmeinende göttliche Gesetze, die zu mißachten nicht etwa einen rachsüchtigen Gott provoziere, sondern sich im Sinne eines Tuns-Ergehenszusammenhangs wider die Übertreter richte. Diese Lehre wird vor allem daran kenntlich, wie sich Friedländer über das eigene Judentum äußerte:

> Wir sind von jüdischen Eltern gebohren, und in der jüdischen Religion erzogen. […] Der Talmud, als Lehrbuch, wurde uns bereits in den Kinderjahren, vielleicht früher noch als die heilige Schrift, in die Hände gegeben. […] Die Religion, die uns gelehrt wurde, war also voll mystischer Grundsätze. Die Ge-

> schichte der Urwelt war geheimnisvoll, dunkel, unzusammenhängend; die Begebenheiten fremd, und den Ereignissen der Welt, worin wir lebten, bis auf die leisesten Schattierungen oft so unähnlich, daß sie uns fast unglaublich schienen. Charaktere, Sinnesarten und Empfindungen der Personen, die in der heiligen Schrift auftreten, waren nicht bloß dem Ausdrucke nach für uns rätselhaft, sie waren auch mit unsern Gefühlen, Ausdrücken und Handlungsweisen, größtentheils kontrastierend. Die Ceremonial Gesetze wurden in dem väterlichen Hause mit der ängstlichsten Pünktlichkeit beobachtet. Diese verfremdeten uns in dem Zirkel des gewöhnlichen Lebens; sie brachten, als leere Gebräuche, ohne allen Einfluß auf unsere anderen Beschäftigungen, keine anderen Wirkungen hervor, als daß deren Beobachtung in Gegenwart fremder Religionsverwandten, selbst der Dienstboten, uns scheu, verlegen und oft unruhig machte.[4]

Allen Vorurteilen über eine rationalistische, bornierte Aufklärung zum Trotz atmet aus diesen Zeilen eine luzide, Affekte und Emotionen sowie deren soziale Funktion genau registrierende Wahrnehmung. Nicht von Scham schrieb Friedländer, wohl aber von Verlegenheit, sogar Dienstboten gegenüber, und einer tiefen Entfremdung von Riten, die in keinem organischen Zusammenhang mit seinem Leben stünden.

Solche Topoi waren der protestantischen Kritik an einem rabbinisch-pharisäischen Judentum zum Verwechseln ähnlich, was aber nicht heißt, daß auch die Motive dieselben waren. Während die von Paulus bis Luther geführte Kritik das Gesetz auch und gerade dann beanstandete, wenn es guten Gewissens und frohen Herzens vollzogen wurde, artikulierte Friedländer eine persönliche Entfremdungserfahrung. Der Übergang in die große Welt, die der jüdische Jüngling vollziehen könne, wenn er die Brotsorgen seiner Eltern nicht mehr teilen müsse, führe aus der Sklaverei des Geistes hin zu Freiheit: »Edle Männer reichen liebevoll dem Emporstrebenden die Hand.«[5] Ziel der angestrebten Konversion war zunächst, das Judentum von innen zu reformieren und es somit aus der Schußlinie der Judenfeinde zu holen: »Die zum Theil abschreckenden, zum Theil zurückstoßenden Gebräuche und Sitten; die Trennung, welche das Gesetz erfordert, und welche besonders die Geselligkeit betrifft, machte die Annäherung schwer, oder unter solchen Umständen unmöglich.«[6]

Friedländers Konversionsbereitschaft zu einem »Christentum ohne Christus« alarmierte die protestantische Welt Berlins am Ende des achtzehnten Jahrhunderts. Der angeschriebene Propst, ein überzeugter Vertreter der Aufklärung und Anhänger Gotthold Ephraim Lessings, antwortete mit äußerster Noblesse, indem er den Verfasser »nicht als christlicher Theolog, sondern als Freund einer auch guten, wünschenswerten Sache« fragte: »warum lassen Sie es nicht vor der Hand dabei bewenden, das reine Gold Ihres ursprünglichen israelitischen Bekenntnisses von den nachher hinzugekommenen unedlen Teilen geschieden zu haben?«[7] Teller spielte auf den monotheistischen und ethischen Kern des Judentums an, der durch die seiner Meinung nach unerheblichen halachischen und eschatologischen Bestandteile verstellt sei. Er und andere, die dem Verfasser des »Sendschreibens« widersprachen, konnten sich dabei durchaus auf diesen selbst berufen. Dieser Traktat stellte den seit Baruch de Spinoza massivsten Widerruf messianischer Erwartung von jüdischer Seite dar, verbunden mit einer deprimierenden Diagnose für das gegenwärtige Judentum:

> Traurig und niedergeschlagen senkt sich nun der Blick auf die Geschichte der Juden, die aufgehört haben, eine Nation zu heißen und zu sein. Das Volk, in der ganzen Welt zerstreut, ohne

> bleibende Stätte [...], ohne bürgerliches Oberhaupt, ohne geistlichen Führer, ganz sich selbst überlassen, verlor dadurch alles Gefühl für Vernunftwert und allen Sinn für die höheren Wahrheiten, die das Fundament der ursprünglichen Religion ausmachen. [...] Zu diesem allen gesellte sich die Idee von einem Messias, welche vollends die Köpfe verfinsterte und jeden freien Überblick unmöglich machte. [...] Diese Erwartung des Messias und der Rückkehr nach dem gelobten Lande mußte dem Hang, allen Fleiß, alles Nachdenken auf alte Geschichte, auf Tempeldienst und auf Opfer, auf Zeremonialgesetze zu wenden, neue Kraft verleihen. [...] Die Gebetsformeln, die nun verfaßt wurden, [...] ertönten von ewig wiederkehrenden Klagen über das die Nation drückende Elend, von Seufzern nach der Rückkehr ins verlorene Land. [...] In allen diesen Gebeten ohne Ausnahme [...] erschallte das Klagelied von Sklaven, die nach Erlösung schmachteten, das Gebet um einen Messias, der die zerstreuten Reste Israels nach Palästina zurückführe.[8]

Der anonyme Verfasser unterschied mit diesen Worten zwischen dem von ihm vertretenen politischen Emanzipationsprogramm und der Erlösungssehnsucht von Sklaven. Zugleich stellte er die eigenwillige religionsgeschichtliche These auf, daß die immerhin schon bei Jesaja und Hesekiel zu findenden Messias- und Rückführungswünsche zeitgleich mit der um die Zeitenwende bekanntgewordenen Offenbarung der Mischna aufgekommen seien. Die textgeschichtlich nicht haltbare Hypothese dürfte nicht zuletzt der ungeliebten talmudischen Ausbildung Friedländers zuzurechnen sein, dem neuere Erkenntnisse der Bibelwissenschaft nicht zugänglich waren und der sich deshalb ein beinahe moslemisch verstandenes Urjudentum zurechtdichtete, das er in der Gesetzgebung Mosis, sogar im »Ceremonialgesetz«, begründet sah. Freilich sei das Volk noch nicht in der Lage gewesen, den inneren Sinn des Gedankens eines »Volkes Gottes« zu erfassen. Das Gesetz habe die Funktion erfüllt, »Thun und Lassen vorzuschreiben, zum Nachdenken aber bloß zu veranlassen«[9]. Das ging auf Spinozas *Theologisch-politisches Traktat* zurück, der ebenfalls die These vertreten hatte, daß die volkstümliche Religion und ihre Bräuche nur ein äußeres Skelett in den Augen jener darstellten, denen der reine geistige Sinn des Glaubens aufgrund mangelnder Bildungsvoraussetzungen nicht zugänglich sei. Friedländer räumte einerseits die Überfälligkeit eines nicht mehr verstandenen und im Zeitalter der Aufklärung auch nicht mehr benötigten Zeremonialgesetzes ein, verwies zugleich – mit Dohm – auf die miserable soziale und bildungsbezogene Lage der meisten Juden, beharrte aber in deutlicher Kritik an jedem Antisemitismus darauf, daß die jüdische Moralität »nicht um eine Sprosse tiefer, als irgend ein anderes, noch so gelehrtes, polirtes und cultivirtes Volk«[10] stehe.

Friedländers Programm, die väterliche Religion aufzugeben und äußerlich die christliche anzunehmen, stieß nicht nur deshalb auf Widerstand, weil damit eine »Secte« geschaffen werde, sondern auch weil mit einem Einverständnis von christlicher Seite die christlichen Dogmen zur Disposition stünden: »Wenn der beßre Jude, zur Reinigung seiner Religion, bloß die Hülle seiner Ceremonialgesetze abzustreifen braucht, so muß der bessere Christ die Grundwahrheiten der seinigen einer neuen Prüfung unterwerfen.«[11] Friedländer sah seine Initiative als einen Katalysator an, der gleichzeitig Judentum und Christentum in das, was später als »ethischer Monotheismus« bezeichnet wurde, umwandeln sollte. Der Widerstand von christlicher Seite überraschte ihn, weil er nur einen Ausschnitt des Protestantismus seiner Zeit kannte und ihn für das Ganze nahm. Er sah im Protestantismus vor allem einen Vorläufer der Aufklärung sowie eine Bewegung des Individualismus und der Gedankenfreiheit. Er hatte die lutherische Theologie mit ihrer Christozentrik und ihrer dezidierten, oft genug ins Antisemitische umschlagenden Kritik am Judentum nicht zur Kenntnis genommen. Er wußte, daß die Psalmen, wenn sie vom »Sohn Gottes« sprechen, dies eher im Sinne von »Mann Gottes« verstehen, weshalb es für konvertierende Juden verunreinigend und verwerflich wäre, den Begriff »Sohn Gottes« so wie die Christen zu gebrauchen, »als ob wir uns zu ihren Dogmen bekennten«[12]. Friedländer parallelisierte Tora und Christusbekenntnis und erklärte sie zu den noch unaufgeklärten Hüllen einer allen Menschen gemeinsamen Vernunftreligion. Er stellte Judentum und Christentum diese Vernunftreligion gegenüber, ohne zu sehen, daß das protestantische Christentum sein Verhältnis zum Judentum inzwischen als Gegensatz von Aufklärung und Rückständigkeit gedeutet hatte.

Friedländers Motive waren eher politischer, denn theologischer Natur. Den Juden sagte er den größten Gewinn voraus, wenn sie »die Sehnsucht nach Messias und Jerusalem aus dem Herzen«[13] entfernten, da die Vernunft derlei Erwartungen als Chimären entlarvt habe. Die Aufhebung des Zeremonialgesetzes sei dem Geist des mosaischen Systems angemessen und erleichtere jüdisches Leben; sie sei aber vor allem notwendig »um die Erfüllung der Pflichten eines Staatsbürgers für uns möglich zu machen«[14].

Anders als in Frankreich und England, wo aus der Aufklärung eine deistische Religion hervorging, eignete sich in Deutschland die protestantische Theologie die Inhalte der Aufklärung an, setzte sich mit ihr geradezu gleich. Dies ging vor allem auf den Theologen Johann Salomo Semler in Halle zurück, der zu den Begründern der biblischen Textkritik gehört. Er schrieb der christlichen Religion eine universalistische aufklärerische Dynamik zu und sah die Botschaft und das Leben Jesu als exemplarische Form des höchsten menschheitlichen Guts an. Er begründete nicht nur den Topos der modernen Pharisäerkritik, sondern prägte auch neben einigen anerkennenden Hinweisen auf verschiedene Rabbinen und den Talmud die Sicht des Judentums als einer partikularistischen Religion. Mit beidem, seiner Methode der Textkritik sowie seinen Vorbehalten gegenüber Messianismus und Zeremonialgesetz, wandte er sich gegen das protestantische Schriftprinzip. Dabei war er, im Unterschied zu seinem Vorläufer Hermann Samuel Reimarus, fest davon überzeugt, daß die jüdische Eschatologie kein später hinzugekommener, sondern ein genuiner Bestandteil des Alten Testaments sei.[15]

Die Frage, die die damalige politische Theorie und im Entstehen begriffene Staatswissenschaft nachhaltig beschäftigte, war die nach dem Begriff der Nation. Grundsätzlich hat der Begriff zwei parallele, nicht notwendigerweise einander ausschließende Bedeutungen. Zum einen bezeichnet er eine korporative Herkunftsgemeinschaft, gleichsam die »Landsmannschaft«, zum anderen – so Abbé Sieyès in den Verhandlungen der Französischen Revolution – »eine Körperschaft von Gesellschaftern, die unter einem gemeinschaftlichen Gesetz leben und durch dieselbe gesetzgebende Versammlung repräsentiert werden«[16]. Während das späte Mittelalter unterschiedlichen partikularen Größen im Reich – ob Gebietskörperschaften, ethnischen oder religiösen Minoritäten – einen je eigenen Rechtsstatus einräumte, steht dem als souveränen und homogenen Territorialstaat organisierten Nationalstaat diese Möglichkeit nicht mehr offen. Er kennt nur noch Staatsangehörige oder mit eingeschränktem Recht auf seinem Territorium verweilende Fremde, deren Aufenthaltsstatus durch spezifisches Fremdenrecht geregelt wird. Juden und andere Minderheiten sind spätestens mit dem Frieden von Münster und Osnabrück beziehungsweise dem Augsburger Religionsfrieden und seinen Festlegungen, wonach territoriale Zugehörigkeit auch das religiöse Bekenntnis implizierte, aus den spezifischen Rechtsbeziehungen des spätmittelalterlichen Staates entlassen und damit in staatsrechtlicher Hinsicht ausgebürgert worden.

Die Debatte um das »Sendschreiben«, aber auch spätere Debatten von Kant, Johann Gottlieb Fichte, Georg Wilhelm Friedrich Hegel und Friedrich Wilhelm Joseph Schelling bis zu denjenigen von Karl Marx und Bruno Bauer kreisten um das Problem einer staatsrechtlichen Wiedereinbürgerung der in den deutschen Ländern lebenden Juden. Eine wesentliche Rolle spielten theologische Erwägungen, die sich auf das Selbstverständnis der Juden bezogen. Semler, der dem Judentum in religiöser und moralischer Hinsicht Partikularismus vorwarf, verstand unter »Nation« eine verfaßte Gemeinschaft von Bürgern. Er warf dem alttestamentlichen Judentum ob seiner Vermischung von Ethnizität, Religiosität und Staatlichkeit vor, fanatisch zu sein. Auffälligerweise wurde die in der Moderne nicht mehr haltbare Verknüpfung von Ethnie, Religiosität und Staatlichkeit, die allerdings die deutsche Geschichte vor allem während der Zeit der Reformation und des Dreißigjährigen Krieges bestimmte, wiederum an der winzigen Minderheit der Juden problematisiert. Das ungelöste staatsrechtliche Problem, daß die Gruppe der Juden sich in ihrer Frömmigkeit auf die Verfassung des antiken Judäa bezog, also an den Gesetzen eines antiken, längst untergegangenen Staates festhielt, wurde mit der lutherisch-protestantischen Kritik an »gesetzlichem« Glauben kurzgeschlossen. Damit erschienen Judentum und Juden dem sich schrittweise herausbildenden, noch von einer christlichen Kultur geprägten säkularen Staat auf zweifache Weise unverträglich. In staatsrechtlicher Hinsicht stellte sich die Frage der Loyalität, also ob das Festhalten an eschatologischen Formeln einer staatsbürgerlichen Integration im Wege stand. Und in religiöser Hinsicht drohte das neuzeitliche aufklärerische Freiheitsbewußtsein durch den vermeintlichen Unterwerfungscharakter des jüdischen Glaubens beeinträchtigt zu werden.

Wäre die rabbinische Gelehrsamkeit unter den damals in Deutschland lebenden Juden größer gewesen, beziehungsweise wäre die entstehende Universitätstheologie williger gewesen, sich dem rabbinischen Judentum ernsthaft zuzuwenden, so hätte zumindest das staatsrechtliche Problem, das für die jüdische Minderheit nicht neu war, einfach geklärt werden können, und zwar auf religiöser Ebene. Der bedeutende rabbinische Reaktionär und Begründer der Ultraorthodoxie, der aus Frankfurt am Main stammende Preßburger Rabbiner Moses Schreiber, genannt Hatam Sofer (1762 bis 1839), vertrat die Meinung, daß eine Unterordnung jüdischen Lebens unter die staatliche Gesetzgebung ihre Quelle in der als unveränderlich angesehenen Tora habe.[17] Das entsprechende rabbinische Prinzip lautet in aramäischer Sprache »Dina de malkhuta dina« und besagt, daß das Gesetz des Landes, in dem Juden leben, zu befolgen, ja in einigen Fällen sogar halachischem Recht vorzuziehen sei.[18]

Das von dem im dritten Jahrhundert im sassanidischen Babylon lehrenden Gelehrten Samuel formulierte Prinzip wird im babylonischen Talmud viermal erwähnt.[19] Die Aussage, das Staatsgesetz sei Gesetz, bezieht sich in allen Fällen auf die Gültigkeit von Heirats- beziehungsweise Scheidungsurkunden und Zollregelungen; bei letzteren ging es um Besonderheiten der sassanidischen Gesetzgebung beim Kauf und Verkauf von Ländereien.[20] Die talmudischen Schriften geben außer der Berufung auf den gelehrten Samuel keine weiteren Quellen für die Gültigkeit dieses Grundsatzes an. Die Responsenliteratur des Mittelalters führte das als kanonisch anerkannte Buch Nehemia an, in dem es heißt, daß sich der Ertrag des Landes für die von Gott ob ihrer Sünde über die Juden gesetzten Könige mehre (9,37). Nach ihrer Auslegung fielen also Steuerhoheit und Gesetzeshoheit zusammen. Die Responsenliteratur wollte dieses Prinzip auf die bereits geltenden Gesetze des jeweiligen Landes beschränken und die aktuellen Gesetzgebungen regierender Monarchen davon ausgeschlossen sehen. Umstritten war vor allem die Frage, ob das Prinzip auch gelte, wenn die Gesetze des Staates ausdrücklich einer Weisung der Tora widersprächen. Die im sechzehnten Jahrhundert im Schulchan Aruch von Joseph Karo vorgenommene alltagspraktische Kodifikation halachischer Weisungen und rabbinischer Responsen führte dann zu einer Ausdehnung des Prinzips.

In diesem Zusammenhang genügt der Hinweis, daß zwar das rabbinische Judentum das Problem genau kannte, aber daß jene Kreise, für die die »Hausväter« standen, über diese einschlägige jüdische Bildung nicht mehr verfügten. Friedländer etwa, Sohn eines privilegierten Juden, hatte als Kind noch eine talmudische Erziehung genossen, brachte aber später dem Talmud nur noch Verachtung entgegen. Allerdings war es in der habsburgischen Monarchie Rabbi Ezekiel ben Jehudah Landau (1713 bis 1793), einem durchaus orthodoxen Ausleger, gelungen, unter den Juden der Monarchie einen Patriotismus zu begründen, indem er etwa die jüdischen Rekruten der kaiserlichen Armee segnete, und der modernen Wissenschaft den Weg zu bahnen, indem er Autopsien erlaubte. Daß sowohl der liberale als auch der reaktionäre Flügel des aschkenasischen Rabbinats im späten achtzehnten Jahrhundert von sich aus die Stellung der Juden in der modernen Gesellschaft und im modernen Staat neu zu definieren versuchten, ist ein Beweis dafür, daß die deutsche Diskussion, die, von Semler ausgehend, schließlich Juden wie Nichtjuden in politisch folgenreicher Weise ergriff, nicht ohne Alternative war. Als sich etwa sechzig Jahre später die deutsch-jüdische Neoorthodoxie im Geist der Aufklärung eine eigene Verfassung gab, waren die wesentlichen geistigen Entscheidungen bereits getroffen.

Zu den bedeutsamsten Entgegnungen auf das »Sendschreiben« gehörten die »von einem Prediger außerhalb Berlins« verfaßten

Briefe bei Gelegenheit der politisch theologischen Aufgabe und des Sendschreibens jüdischer Hausväter[21]. Als Verfasser entpuppte sich bald der damals einunddreißigjährige Friedrich Daniel Ernst Schleiermacher, Hilfsprediger in Landsberg und enger Freund von Henriette Herz.

Die strahlende Schönheit aus sefardisch-jüdischer Familie war mit einem siebzehn Jahre älteren Arzt, dem Kantschüler Markus Herz, verheiratet und führte einen Salon. In ihm trafen sich Dorothea Veit und Friedrich Schlegel. Hier begann die Liebe von Rahel Lewin und Varnhagen von Ense. Mendelssohn und Salomon Maimon verkehrten dort ebenso wie Mirabeau, Johannes von Müller, Jean Paul und Johann Gottlieb Schadow. Sie lehrte Wilhelm von Humboldt Hebräisch und ließ sich 1817 unter Schleiermachers Einfluß taufen.

Die Salons, die Hannah Arendt zum Thema ihres Buchs über Rahel Varnhagen gemacht hat und die auch später immer wieder Anlaß zu kultursoziologischen Untersuchungen wurden, basierten – das war niemandem bewußter als den Gastgeberinnen Herz, Veit und Varnhagen selbst – auf Traditionslosigkeit und einer geistvollen Konversation, die sich deshalb frei entfalten konnte, weil sie ohne Beteiligung des damals entstehenden Bürgertums auskam. Hier trafen sich vor allem adlige Beamte des preußischen Hofes und von Beruf her bürgerliche, ihrer Herkunft nach jedoch weder zünftige noch ständische Juden. Ob sich diese nur kurzzeitig haltbare Allianz – wie Arendt vermutete – aus der gemeinsamen Opposition zum Bürgertum speiste, oder ob es nicht doch die spezifische Offenheit jüdischer Frauen, die dank ihres Reichtums, ihrer aufgeklärten Männer und des entstehenden Kults der Empfindsamkeit Freundschaften auch über Ehegrenzen hinweg unbefangen eingehen konnten, war, was diese Salons ermöglichte, soll hier nicht weiter untersucht werden. Auf jeden Fall aber scheiterte Schleiermacher, ein bürgerlicher Intellektueller, an der Struktur dieser Salons beziehungsweise an sich selbst:

> Daß junge Gelehrte und Elegants die hiesigen großen jüdischen Häuser fleißig besuchen, ist sehr natürlich, denn es sind bei weitem die reichsten bürgerlichen Familien, hier, fast die einzigen die ein offenes Haus halten, und bei denen man wegen ihrer ausgebreiteten Verbindungen in allen Ländern Fremde von allen Ständen antrifft. Wer also auf eine recht ungenierte Art gute Gesellschaft sehen will, läßt sich in solchen Häusern einführen, wo natürlich jeder Mensch von Talenten, wenn es auch nur gesellige Talente sind, gern gesehen wird und sich gewiß amüsiert, weil die jüdischen Frauen, die Männer werden zu früh in den Handel gestürzt, sehr gebildet sind, von allem zu sprechen wissen.[22]

Schleiermachers enge, allen Dementis zum Trotz wohl auch erotische Freundschaft mit der Herz gilt als eine der Quellen zu seinem Werk *Über die Religion. Reden an die Gebildeten unter ihren Verächtern*, das bei allem sentimentalischen Universalismus dem Judentum noch kritischer gegenübersteht als dem kirchlichen Christentum. Die *Reden* erschienen im April 1799 anonym, und die *Briefe* im Juli desselben Jahres ebenfalls anonym; der erste »Brief« ist auf den 17. April datiert. Der anonyme Autor bekennt in einer »Vorerinnerung«, daß die Briefe spät erschienen, was den Schluß zuläßt, daß *Reden* und *Briefe* demselben zeitlichen Entstehungskontext zuzurechnen sind. Die Zusammenhänge zwischen beiden Schriften erweisen sich als Schlüssel zu Schleiermachers Verständnis des Judentums.

Die Aussagen, die Schleiermacher in den *Reden* über das von ihm »Judaismus« geheißene Judentum machte, verraten in keiner Weise, daß er im Hause von Juden wohlgelitten war. Der »Judaismus« tritt hier als Inbegriff der Buchreligionen auf, »nicht die ausländischen und fremden [Religionen], sondern die, welche unter uns noch mehr oder minder vorhanden sind«[23]. Mit dieser Charakterisierung – und das ist entscheidend – wird das Judentum nicht als asiatische oder fremde Religion externalisiert, und werden die ihm anhängenden Menschen also auch nicht ausgegrenzt. Als liberaler Geist optierte Schleiermacher für die Inklusion der in Deutschland lebenden Juden und sah das Veralten des Judentums nicht als Ausdruck ethnischer Fremdheit, sondern als Ergebnis fehlgeleiteter systematischer Vorentscheidungen und historischer Kontingenzen an. Eigentlich hätte er sich durch die Haltung Friedländers und anderer bestätigt sehen müssen, denn er schrieb: »[…] der Judaismus ist schon lange eine tote Religion, und diejenigen, welche jetzt noch seine Farbe tragen, sitzen eigentlich klagend bei der unverweslichen Mumie, und weinen über sein Hinscheiden und seine traurige Hinterlassenschaft«.[24]

Die von Schleiermacher aufgerufene Metapher des unverweslichen Leichnams, eine Variante des gelegentlich von Kant bemühten Mythos von Ahasver, spricht auf eine auf Münzen, Kirchenportalen und in religiöser Dichtung verwendete Allegorie an, nämlich die der Synagoge mit gebrochenem Stab beziehungsweise der weinenden Judäa captiva.

Der Judaismus interessierte Schleiermacher aber nur als religionspsychologische oder soziologische Tatsache; der religionsgeschichtlichen Vorläuferschaft des Judentums bezüglich des Christentums vermochte er keinerlei Bedeutung abzugewinnen. Der Beginn jeder Religion sei ursprünglich sowie »notwendig« und nicht auf historische Vorläufer reduzierbar. Dieser Gedanke gelte auch für das Judentum; es habe einen »so schönen, kindlichen Charakter, und dieser ist so gänzlich verschüttet, und das Ganze ein so merkwürdiges Beispiel von der Korruption und vom gänzlichen Verschwinden der Religion aus einer großen Masse«.[25]

Anders als Kant wollte sich Schleiermacher nicht mehr mit dem »statutarischen« Charakter des Judentums, der mangelnden Ausdifferenzierung von Glaube, Moral und Politik auseinandersetzen, auch nicht mit den seiner Meinung nach familialistischen Zügen dieser Religion, sondern ausschließlich mit ihrem religiösen Kern, ihrer Sicht des Universums. Das Universum des Judaismus stellte sich ihm als Logik des Talionsgesetzes, das heißt der Vergeltung, dar, als Logik eines Prinzips, das nicht nur auf die Regelung der menschlichen Angelegenheiten beschränkt sei, sondern die Beziehung des Menschen zu Gott bestimme. Diese Idee des Universums sei die »einer allgemeinen unmittelbaren Vergeltung, von einer eigenen Reaktion des Unendlichen gegen jedes einzelne Endliche, das aus der Willkür hervorgeht, durch ein anderes Endliches, das nicht aus der Willkür hervorgehend angesehen wird«[26]. Das aus der Willkür hervorgegangene Endliche seien die Geschöpfe Gottes, das nicht aus der Willkür hervorgegangene Endliche sei der Schöpfergott. Schleiermacher mußte klar sein, daß er mit dieser Kritik am Judentum zugleich die Fundamente des traditionellen christlichen Glaubens zur Disposition stellte, weswegen er seine Schrift nur allzu folgerichtig anonym erscheinen ließ.

Er wollte jede moralische oder kausale Beziehung zwischen Gott und Mensch grundsätzlich ausschließen. Die »unverwesliche Mumie« des Judentums gerät – wie bei Voltaire und dem jungen Hegel – zur Chiffre des Christentums: »So wird alles betrachtet, Entstehen und Vergehen, Glück und Unglück, selbst nur innerhalb der menschlichen Seele wechselt immer eine Äußerung der Freiheit und Willkür und eine unmittelbare Einwirkung der Gottheit; alle anderen Eigenschaften Gottes, welche auch angeschaut werden, äußern sich nach dieser Regel, und werden immer noch in der Beziehung auf dieses gesehen; belohnend, strafend, züchtigend das Einzelne im Einzelnen.«[27] Der Geist des

Judentums sei ein Geist des Aufrechnens, ein Geist des »Dialogischen« zwischen »Reiz« und »Gegenwirkung«, ein »Gespräch zwischen Gott und den Menschen in Wort und Tat, und alles, was vereinigt ist, ist es nur durch die Gleichheit in dieser Be-/handlung«[28]. Hier wird paradoxerweise *avant la lettre* einer dialogischen, kommunikationstheoretischen Fassung des Glaubens jeglicher Boden entzogen. Die eigentümliche Gleichsetzung von »Vergeltung« und »Dialog« stellt nicht nur den Schöpfungsglauben in Frage, sondern auch die Personalität Gottes.

Die historischen Bedingungen der jüdischen Diaspora und des Untergangs des jüdischen Staatswesens hätten diesem Glauben jede Plausibilität genommen; das Judentum sei gestorben, als die Prophetie endete: »[...] als ihre heiligen Bücher geschlossen wurden, da wurde das Gespräch von Jehova mit seinem Volk als beendet angesehen«.[29] Der poetisch ambitionierte Theologe zeichnete das Judentum seiner Zeit als eine Frucht, die trotz des Verdorrens des Stammes am Stiel hängengeblieben sei und vertrockne, oder als äußere Hülle eines siechen Daseins oder auch als eine »unangenehme Erscheinung einer mechanischen Bewegung, nachdem Leben und Geist längst gewichen« seien.[30]

Im Gegensatz zum dialogischen Prinzip des Judentums sei das Christentum Ausdruck einer Stimmung, Ausdruck »heiliger Wehmut«, eine gleichsam durch seinen Stifter artikulierte Idee, »daß alles Endliche höherer Vermittlungen bedarf um mit der Gottheit zusammenzuhängen«[31]. Das eschatologische Bekenntnis aus dem ersten Korintherbrief (15,28), daß eine Zeit kommen werde, in der alle Vermittlung überflüssig und Gott alles in allem sein werde, lehnte Schleiermacher ab: »[...] ich fürchte, sie liegt außer aller Zeit«.[32] Der Verzicht auf die Eschatologie und die Erhebung der Vermittlung zum wahrhaften Kern des Göttlichen öffne die bisher in den Büchern eingeschlossene Religion der Buchstaben, führe zum Verzicht auf jeden christlichen Triumphalismus und zur Erwartung neuer, künftiger Religionen. Das Christentum als die »Religion der Religionen«, als jener Glaube, der die »Vermittlung« im Verständnis von Texten, aber auch in der Geselligkeit, Freundschaft und Liebe als wahrhaft göttliches Prinzip ansehe, sei als historische Religion ähnlich befleckt wie das Judentum, erklärte Schleiermacher ohne jede Argumentation. »Nie vergessend, daß es den besten Beweis seiner Ewigkeit in seiner eigenen Verderblichkeit, in seiner eigenen traurigen Geschichte hat, und immer wartend einer Erlösung aus dem Elende, von dem es eben gedrückt wird, sieht es gern außerhalb dieses Verderbens andere, jüngere Gestalten der Religion hervorgehen.«[33]

Schleiermacher, der von 1787 bis 1789 bei Semler gehört hatte, wollte gleichwohl Friedländers »Christentum ohne Christus«, das doch seinem Lebensgefühl hätte entsprechen müssen, nicht als eine solche »jüngere Gestalt der Religion« ansehen. Als Anhänger einer möglichst institutionenfreien Religion wollte er sich nicht zum Vertreter einer geschlossenen Heilseinrichtung machen. Die Gründe, die er, wohl in Kenntnis der wahren Autorschaft des »Sendschreibens«, aufbot, waren emanzipationspolitischer und staatsrechtlicher Art. Als überzeugter Anhänger einer liberalen, möglichst weltanschauungsfreien Republik und einer authentischen Religion konnte er sich dem Vorschlag, dem Christentum nur aus politischen Gründen beizutreten, nicht anschließen. Als Erneuerer der Religion war ihm ihre Unterordnung unter moralische und politische Ziele nicht akzeptabel. Als judaistisch nur mäßig gebildeter Theologe waren ihm Talmud und Halacha wie den meisten nichtjüdischen Gelehrten, aber auch den Aktivisten der jüdischen Reform nicht wirklich zugänglich. Allerdings waren ihm die Lebensverhältnisse der Berliner jüdischen Oberschicht einigermaßen vertraut. Sein Vorschlag an den Autor des »Sendschreibens«, anstatt zu einem »Christentum ohne Christus« überzutreten, eine jüdische Reformsekte zu gründen, resultierte mithin aus mehreren Überlegungen, die im folgenden vorgestellt werden sollen.

Die Vernunft gebiete, daß »alle Bürger sein sollen«, sie verlange aber nicht, »daß alle Christen sein müssen«, und folglich müsse es »auf vielerlei Art« möglich sein, »Bürger und Nichtchrist« zu sein.[34] Ein Staat dürfe den Übertritt von Bürgern, die sich seinen christlichen Prinzipien aus anderen Glaubensgründen unterwerfen, »nicht eben als eine moralische Acquisition ansehen«[35]. Schleiermacher hielt offenbar die im Westfälischen Frieden beglaubigte Regel *cuius regio, eius religio* mit einem modernen Glauben und einer modernen Staatsbürgerschaft für unvereinbar. Der Zwang zu religiöser Unaufrichtigkeit führe zu politischer Proselytenmacherei. Entschieden trat er dem Vorurteil entgegen, daß »Judentum und antibürgerliche Gesinnung«[36] miteinander identisch seien. Schleiermacher konnte wie viele andere Teilnehmer in dieser Debatte auf der Basis seiner Kenntnisse die Rätsel, die ihm das Judentum aufgab, nicht lösen. Selbst jüdischen Autoren, so schien es ihm, sei nicht klar, was sie meinen, wenn sie das Judentum als »Nation« bezeichnen: »Schon seit langer Zeit haben die Juden sich darüber beklagt, daß ohnerachtet sie seit so vielen Jahrhunderten in unserm Weltteil geboren und erzogen würden, die oberste Gewalt sie doch immer noch als Fremdlinge behandelte, eben als wären sie jetzt erst aus Palästina eingewandert. Herr Friedländer thut dies auch in seinen ›Aktenstücken, die Reform betreffend‹, nennt aber in demselben Buche die Juden zum öftern eine Nation und scheint nicht gemerkt zu haben, daß eben dieser Ausdruck den Staat über sein Verfahren vollkommen rechtfertiget.«[37] Das spielte auf die schleppende Gleichstellungspolitik der preußischen Regierung an. Schleiermacher wußte, daß die im engeren Sinne politisch zu deutende Haltung Friedländers keine aktuelle Äußerung war, die viele Anhänger hatte, aber sie stellte eben doch ein öffentliches

Bekenntnis dar. Dementsprechend müsse der Staat auch reagieren.[38] Aus diesem Grunde konfrontierte er den Verfasser des »Sendschreibens« mit der Forderung, das Zeremonialgesetz zwar nicht völlig aufzugeben, aber es doch in wesentlichen Hinsichten zu modifizieren:

> Kurz, ich verlange, daß die Juden, denen es ein Ernst ist, Bürger zu werden, das Ceremonialgesetz – nicht durchaus ablegen – sondern nur den Gesetzen des Staates unterordnen, so daß sie sich erklären, sie wollten sich keiner bürgerlichen Pflicht unter dem Vorwande entziehen, daß sie dem Ceremonialgesetze zuwider laufe, und es sollte von Religions wegen niemandem verboten werden, irgend etwas zu thun oder zu unternehmen, was von Staats wegen erlaubt ist. Ich verlange ferner, daß sie der Hoffnung auf einen Messias förmlich und öffentlich entsagen; ich glaube, daß dies ein wichtiger Punkt ist, den ihnen der Staat nicht nachlassen kann.[39]

Spätestens hier offenbart sich, daß der liberale Religionsphilosoph und Theologe, der doch alles daransetzte, über eine Konfessionalisierung des Glaubens die Ausdifferenzierung von Staat und Religion zu befördern, selbst noch jener Vermengung anhing, die er überwinden wollte. Während die strikte Ablehnung eines sonderrechtlichen, korporativen Status der jüdischen Gemeinden, was es so eigentlich nur im Mittelalter gab, im Grundsatz nachvollziehbar ist, schießt die Forderung nach Aufgabe der »Hoffnung auf einen Messias«, die sich aus Schleiermachers theologischen Überzeugungen erklärt, weit übers Ziel hinaus. Allerdings befand er sich dabei im Einklang mit manchen damaligen reformjüdischen Stimmen.

Traditionell ist die Hoffnung auf den bisher ausgebliebenen Messias mit der eschatologischen Hoffnung auf die Rückführung der zerstreuten Juden ins Land Israel verbunden. Die Theologie des entstehenden Reformjudentums reagierte auf Vorhaltungen wie diejenigen Schleiermachers mit einem deutlichen Bekenntnis zu den Nationen, in denen sie lebte, deutete die Zerstörung des Tempels im Jahre 70 in ein gottgewolltes Ereignis um und nannte entsprechend ihre Gotteshäuser im Unterschied zur Orthodoxie nicht mehr »Synagoge«, sondern »Tempel«. Außerdem strichen sie aus den Gebeten alle Passagen, die um eine Rückführung nach Zion flehten. So entstand neben der traditionellen Theologie einer engen Verbundenheit mit dem von Gott dem Samen Abrahams zugesagten und zugeschworenen Land eine Theologie der Diaspora, die der Zerstörung des Tempels durch die Römer und der Zerstreuung des jüdischen Volkes in alle Welt einen höheren Sinn abgewann. Indem die Juden mit Gottes Wille als ein Volk von Heiligen und Priestern in die Welt geschickt worden waren und ihnen eine Aufgabe als »Licht unter den Völkern« zugeteilt worden war, geriet die Hoffnung auf einen rückführenden Messias zum Verrat am göttlichen Auftrag. Das entstehende Reformjudentum entpersonalisierte den Messias und wandelte ihn in das Konzept einer »messianischen Zeit« der Erlösung um.[40] Die Umwandlung vom Glauben an einen Messias in die Vorstellung von der messianischen Zeit ist freilich mit der Aufgabe des Glaubens an einen künftigen Messias nicht gleichzusetzen. In Schleiermachers Antwort auf das »Sendschreiben« war also die Forderung nach einer theologischen Kapitulation des Judentums enthalten, da ja gerade die Frage, ob nun Jesus der Messias sei oder nicht, zwischen Juden- und Christentum streitig war. In der Hoffnung der Juden auf einen künftigen Messias war stets die Absage an die Messianität Jesu von Nazareth enthalten.

Man wird Schleiermachers spätere Schriften nicht umstandslos seinem Denken im Jahr 1799 zurechnen dürfen. Die 1805 verfaßte *Weihnachtsfeier* liegt aber lebens- und werkgeschichtlich so nahe an den *Briefen*, daß es zulässig ist, die dort entfaltete Theorie der Messianität argumentativ auf die *Briefe* zu beziehen. Schon in den *Reden* legte Schleiermacher allergrößten Wert darauf, daß Jesus nicht die Erfüllung der jüdischen Messiashoffnungen sei.[41] Warum war es für ihn dennoch von Bedeutung, daß die Juden einem Messianismus abschwören, der für ein recht verstandenes Christentum ohnehin keine Konkurrenzposition darzustellen vermochte? *Die Weihnachtsfeier*, die eine biedermeierliche Idylle mit theologischen Spekulationen zu verbinden vermag und der es um Fragen der Erziehung sowie der Rolle der Mutter geht, läßt keinen Zweifel daran, daß der historische Jesus für das Christentum eine unerhebliche Größe darstelle. Die »geistige und höhere Ansicht«[42] des Weihnachtsfestes bestand in den Worten Eduards, eines Gastes an der festlichen Tafel, darin, daß die Menschen sich selbst feiern, »wie wir insgesamt sind, oder die menschliche Natur [...] angesehen und erkannt aus dem göttlichen Prinzip«[43].

Karl Barth hat Schleiermachers Denken nicht nur attestiert, die Christologie sei die große Störung seiner Glaubenslehre,[44] sondern auch Schleiermachers Erlösungsvorstellung paraphrasierend festgehalten: Die von »Christus« bewirkte Erlösung habe »das höhere Menschheitsleben der Christen« in ihren Gemeinden angestoßen[45] und mithin einer Dunkelheit Platz gegeben, in der alles darauf hindeute, daß »der Mensch Subjekt, Christus aber sein Prädikat geworden«[46] sei. Die in den Glaubenslehren von 1821/22 und 1830/31 entwickelte Dogmatik entfaltete diesen Gedanken systematisch. Die Friedländer gegenüber erhobene Forderung, auf den Messiasglauben zu verzichten, kann aber auch als innerchristliche Stellungnahme verstanden werden, die im Kontext einer Abwehr vermeintlicher Massenkonversionen von Juden unverfänglich war.

Für Schleiermacher, der den Geist der Erlösung eng an Gemeinde und Gemeinschaft band, mußte das Beharren auf einer künftigen Erlösergestalt zugleich einen letzten Vorbehalt bezüglich jener Gemeinschaft, auf die sich die damaligen Juden zubewegten, nämlich die Staatsbürgerschaft, beinhalten. Es ging nicht nur um die Messianität, sondern um ein die Bewegung der Zeit aufnehmendes theologisches Argument. Die unerläßliche Annahme, daß in Heilsdingen noch mehr zu erwarten sei, als was in Freundschaft, Familie und Gemeinde grundsätzlich bereits erreicht war, gewinnt für ihn eine gleichsam asoziale und politisch antiemanzipatorische Funktion.

Schleiermacher legte paradoxerweiser den konversionswilligen »Hausvätern« das jüdische Zeremonialgesetz, abgelöst vom Messiasglauben, für eine reformjüdische »neue Sekte«[47] ans Herz; nur dem Staatsgesetz sollte es untergeordnet werden. Ewige Wahrheiten seien auf Religionsgesellschaften angewiesen, die ihrerseits der Regeln und Rituale bedürften. Der reformjüdische Versuch, die Zeremonialgesetze aufzuheben, laufe darauf hinaus – und das ist die dialektische Spitze von Schleiermachers Argument –, genau jenes Judentum zu bewahren, das theologisch zu überwinden sei. Gründe, warum man eine Religion, die so tot war, wie das in den *Reden* geschilderte Judentum, beibehalten sollte, nannte Schleiermacher nicht. An die »Deduktion« eines »reinen Judentums« mochte er ebensowenig glauben wie an die eines »reinen Christentums«.[48] Er hielt dem Verfasser des »Sendschreibens« vor, das Zeremonialgesetz zu verwerfen, und zwar nicht weil er die Autoritäten des Judentums damit leugne, sondern gerade weil diese Verwerfung mit Moses und den Rabbinen übereinstimme: »[...] daß er aus den Propheten und Psalmen dennoch eine Moral, trotz der unsrigen, herausziehen will, ordentlich als ein Edukt, so sehr auch diese große historische Andeutung dagegen streitet, daß das Anhängen der Christen an den Grundwahrheiten, nur als ein

Glaube, das ihrige hingegen als eine innere Überzeugung vorgestellt und die gewaltsamste Exegese, die sich nur unsere ausschweifendsten Neologen jemals erlaubt haben, hier angewendet wird, um das Judenthum überall zu vertheidigen«.[49]

Hier ist mehr als Apologetik im Spiel. Die Abwehr eines vermeintlichen Höherwertigkeitsanspruchs des Judentums schlägt flugs in das Unverständnis darüber um, daß im »Sendschreiben« eine Moral »trotz der christlichen« behauptet werde – eine Interpretation, die den Verfasser der *Reden* hätte kalt lassen sollen. Dort hatte er in aller Ausführlichkeit entwickelt, daß recht verstandene Religion mit Moral ohnehin nichts zu tun habe. Befürchtete er – was inkonsequent gewesen wäre – eine Konkurrenz zur christlichen Moral oder etwa die Resurrektion moralischen Denkens im Glauben? Da Schleiermacher im Unterschied zu Rationalisten wie Propst Teller oder zu Lessing das Konstrukt eines gleichwertigen wahren Kerns aller monotheistischen Religionen aus seiner Überzeugung von der Letzthinnigkeit des Christentums nicht einräumen konnte, blieb ihm nur vorzuschlagen, das Judentum als eine mit Resten des Zeremonialgesetzes bestückte »Reformsekte« zu konzipieren. Allerdings sei diese durch ihre Grundintention – wie in den *Reden* ausgeführt – dem Vergeltungsdenken verhaftet.

Sosehr sich der Liberale Schleiermacher für die bürgerliche Gleichstellung der Juden einsetzte, sowenig war er an einer theologischen Weiterentwicklung des Judentums interessiert, wenn er ihm nicht überhaupt diese Möglichkeit absprechen wollte. Schließlich befreie sich vom Judentum, wer lerne, mit einem Rest an Regeln zu leben und Gemeinschaft zu bilden: »[…] denn wenn man das Gesez um des Ewigen willen nach dem Gesez zerstören muß, so bleibt man doch unter dem Gesez, das heißt im Judentum.«[50] Dieser Antinomie ist kaum noch zu entgehen. Dem bürgerlichen Denker geriet die grundsätzliche Einwilligung in den Status quo zur Wirklichkeit der Erlösung. Indem Schleiermacher durch die Gleichsetzung von Judentum und Gesetz die übliche, inzwischen als falsch erwiesene[51] paulinisch-lutherische Lehre reproduzierte, trat er als traditionell christlicher Theologe auf, der sich in der Erörterung der sozialen Folgen von Friedländers Vorschlag denn doch als vorurteilsbehafteter erweisen sollte, als er an sich selbst wahrnahm.

Letztlich bot Schleiermacher weniger theologische als soziale, politische und pädagogische Argumente gegen Friedländers Plan auf – Argumente, die sich nicht gegen den jüdischen Glauben richteten, sondern gegen jüdische Menschen beziehungsweise gegen eine Praxis der Konversion, die seiner Meinung nach nicht einer inneren Glaubenserfahrung entsprach. Die Proselyten, die der Staat gegenwärtig mache, dürften nicht als »sonderliche Acquisition«[52] angesehen werden, zudem träten zunehmend mehr Individuen, ja ganze Familien zum Christentum über, was der Autor des »Sendschreibens« »im vollen Ernst für das schlimmste«[53] gehalten habe. Wegen der ungerechten politischen Verhältnisse seien es drei Jahrzehnte vor »Sendschreiben« und *Briefen* neben Übertrittswilligen aus Gründen der Liebe nur »schlechte Subjecte«[54] gewesen, deren sich die jüdischen Gemeinden nur zu gerne entledigen wollten, die zum Christentum konvertierten. Es seien aber – Schleiermacher dankte Gott dafür – nur wenige gewesen. Heute hingegen handle es sich bei den Konversionswilligen um »gebildete Wohlhabende«[55], die gegenüber allem, was die Religion betreffe, gleichgültig seien, die entweder gegen jede Sittlichkeit eingestellt seien oder – schlimmer noch – »von Kantianischer Weisheit durchdrungen, von nichts als ihrer Moral wißen wollen, und, was das Christenthum betrift, nur ihren politischen Zweck im Auge«[56] behielten.

Schleiermacher war zutiefst davon überzeugt, daß die nach dem Westfälischen Frieden zu Protestanten gewordenen Territorialchristen jede Religionsgemeinschaft dem Untergang näherbrächten und daß die neuerworbenen jüdischen Mitglieder, auf »irgend eine Art antichristlich« seien: »Es ist unmöglich, daß Jemand, der eine Religion wirklich gehabt hat, eine andere annehmen sollte; und wenn alle Juden die vortrefflichsten Staatsbürger würden, so würde doch kein einziger ein guter Christ, aber recht viel eigenthümlich Jüdisches brächten sie in ihren religiösen Grundsätzen mit, welches eben um deswillen nothwendig antichristlich ist. – Ja! ein judaisierendes Christenthum das wäre die rechte Krankheit, die wir uns noch inokulieren sollten.«[57] Gerade weil die Juden in besonderer Weise die Bildung des Zeitalters übernahmen, gerade weil sie alles Ausländische fahren ließen sowie Rechtlichkeit, Wohlstand, Geselligkeit und Ehrgefühl entwickelten, sollten sie, wenn es ihnen wirklich um Religion ging, von ihrem Konversionswunsch Abstand nehmen. Ein Blick ins Ausland demonstriere, daß dort, wo die Einbürgerung der Juden schnell gegangen sei – gemeint war Frankreich –, die Kirche Schaden erleide. Aus Sorge, daß die Kirche unter ähnlichen Auspizien der Proselytenmacherei beschuldigt werden könne, appellierte Schleiermacher an den Staat, alles aus dem Wege zu räumen, »was die Juden veranlassen kann, aus unreinen und fremdartigen Bewegungsgründen zum Christenthum überzugehen«[58]. Die Gleichstellung der Juden sei Aufgabe des Staates, aber die Kirche könne nicht aus eigener Vollmacht an den Staat appellieren. Schleiermacher, der als Aufklärer und Liberaler auftrat, erwies sich hier als außerordentlich konservativer Lutheraner, der gegenüber dem Recht des Staates noch nicht einmal einen moralischen Einwand gelten ließ. Die Kirche könne dem Staat nicht vorschreiben, »ob überhaupt und unter welchen Bedingungen er die Juden zum uneingeschränkten Genuß der bürgerlichen Freiheit zulaßen solle, aber sie kann vor der ganzen Welt erklären, daß sie gar nichts dagegen habe, und sich gar nicht für verletzt halten wolle, wenn er darüber, ohne auf die Religion im geringsten Rücksicht zu nehmen, eine mit seinen Einsichten und Absichten übereinstimmende Einrichtung träfe«.[59] Um unsäglichen Schaden, wie es heißt, von der Religionsgemeinschaft fernzuhalten, sei dennoch alles daranzusetzen, einem konversionswilligen Juden nicht den mindesten Anreiz zur Konversion zu geben, ihnen also aufgrund der Konversion kein einziges bürgerliches Recht zuzusprechen, »weder ihm selbst noch seinen Kindern«[60]. Gerade weil jüdische Kinder von ihren Vätern und Großvätern vorzüglich erzogen würden, seien entsprechende Rechte auch noch der vierten Generation von Proselyten vorzuenthalten – die Heuchelei pflanze sich nur fort.

Doch ging es ihm auch um ehewillige Personen. Schleiermacher trat unter Bezug auf die alte Kirche für die Institutionalisierung interkonfessioneller Ehen ein. Daß Juden auf dieser Regelung bestünden, sei dann ebenso möglich wie der Unwillen des Staates, sich darauf einzulassen; dann »gehe es wie es der Himmel will, und wir Christen können wenigstens unsere Hände in Unschuld waschen«[61]. Hier zitierte er Pilatus, der seine Hände in eben dem Augenblick in Unschuld wusch, als er Jesus zur Kreuzigung freigab.

Schleiermacher sah in der von ihm unterstellten mangelnden Bereitwilligkeit der meisten Juden, Zeremonialgesetz und Messiasglauben aufzugeben, einen politischen Vorbehalt, die in religiösen Glauben gekleidete Absicht, eine eigene Nation zu gründen, was auch, wenn dieser Glaube nur mehr wenige Anhänger habe,[62] zu Illoyalität führe. Ihr Glaube verzerre ihr Verhältnis sowohl zu anderen Mitbürgern und dem Staat im ganzen als auch untereinander. Die Vorurteile gegenüber den Juden würden in ihrem Messiasglauben wurzeln. Mit dieser Annahme gewinnt Schleiermachers theologischer Antijudaismus eine antisemitische Färbung. Denjenigen, die am Zeremonialgesetz festhielten, sei vorzuwerfen, den Staat nicht als Vaterland und dauernde Bleibe anzusehen, weshalb sie sich auch sein Bestes nicht werden angelegen sein lassen, »sondern nur, wenngleich mit seinem Schaden den möglichsten Vorteil von ihm ziehen werden«[63]. In einer quasi soziologischen Argumentation wird nun das alte, seit Tacitus gehegte Vorurteil von der jüdischen Absonderung damit erklärt, daß die Juden, wenn die Zeit des Aufbruchs käme, so wenig wie möglich an den Boden gefesselt sein wollten. Dabei erstaunt das antisemitische Ressentiment bei diesem ambitionierten Geist weniger als seine indirekte Anerkenntnis des Umstandes, daß es kirchliche Gesetze waren, die den Juden die Bearbeitung des Bodens untersagten. Die Vorliebe für Handel und Geldhandel »und die Leichtigkeit, mit der sie sich es so lange haben gefallen lassen«, ließe sich auf ihren Messianismus zurückführen, »da diese Beschäftigungen am wenigsten an den Boden feßeln, und die schnelle Verpflanzung des Eigentums in entfernte Gegenden ganz vorzüglich erleichtern«.[64] Damit gelangte der »Prediger außerhalb Berlins« in ein argumentatives Dilemma, das den deutschen Juden praktisch keine andere Möglichkeit ließ, als ein Reformjudentum nach christlichen Vorstellungen zu bilden. Während das Beibehalten des Zeremonialgesetzes Ausdruck mangelnder Illoyalität sei, bedeute die Bereitschaft, zum Christentum zu konvertieren, eine Gefährdung des christlichen Glaubens und der Gesellschaft im ganzen. Spätestens an dieser Stelle artikulierte Schleiermacher nun einen sozialen Antisemitismus, der im Unterschied zu Fichtes feudalkritischem Judenhaß die Assimilation der Reichen und Gebildeten als besondere Gefahr ansah: »Je mehr gewisse Handelszweige von den christlich gewordenen Juden gegen andere Gewerbe vertauscht werden dürften, desto mehr werden sie sich in jenen concentriren, und des Reichthums, der in Verbindung mit der Unkultur steht, wird immer mehr, was unleugbar ein großes Übel ist.«[65]

Schleiermacher wollte ein Judentum, das durch ein partielles Beibehalten des Zeremonialgesetzes jüdisch genug blieb, um vom Christentum unterschieden zu sein. Durch Verzicht auf die Rückkehrgebete würden die Juden aber zu loyalen Staatsbürgern, die nach der eigenen Religion durchaus in jenem Neureichtum leben dürften, den Schleiermacher allerdings für Christen verurteilte. Diese Einstellung ist nicht als einmalige Stellungnahme anzusehen, sondern als Ausdruck einer grundlegenden Haltung, die sich sowohl in seinen privat geäußerten Meinungen, seinen staatstheoretischen Überlegungen und seinen persönlichen Beziehungen als auch in seiner Theologie niederschlug.

Das ist um so auffälliger, als Schleiermacher wie kein anderer der idealistischen Philosophen persönlich mit Jüdinnen und Juden bekannt, ja befreundet war. Sein Jugendwerk ist ohne die Freundschaft mit Henriette Herz, ohne ihren Salon, aber auch ohne die Bekanntschaft mit Friedländer, Rahel Varnhagen und Dorothea Veit überhaupt nicht denkbar. Henriette Herz, die sich im Laufe ihres Lebens ihrem Judentum zunehmend entfremdete, ließ sich 1817 auf Schleiermachers Initiative hin taufen; die Beziehung zu ihr, von der noch die Rede sein wird, bietet sicherlich einen Schlüssel zum Rätsel seines Verhältnisses zum Judentum. 1799 in den damals nicht veröffentlichten »Gedanken«, einer Kladde mit Vorarbeiten zu den später publizierten Athenäumsfragmenten und auch zu den *Briefen*, wird nicht nur deutlich, daß er Friedländer als Urheber des »Sendschreibens« identifiziert hatte, sondern zudem, daß er den reichen und gebildeten Juden Berlins mangelnde Solidarität mit den übrigen Juden vorwarf. »Wie betrüglich zur Reform Zeit die aufgeklärten Juden gegen die Andern zu Werke gegangen sind. Recht jüdisch wollten sie sie um ihr Judentum bringen.«[66] Hier wird ein unverhohlener Antisemitismus spürbar, der mit theologischen Überzeugungen ein fatales Amalgam bildete. Daß der Verfasser des »Sendschreibens« sich übernommen hatte, davon war Schleiermacher überzeugt. In seinen Augen wollten die Juden sich als ein Volk Gottes verstehen, aber zugleich von dem Anspruch befreit sein, an Jesus als Messias zu glauben. Damit würden sie nichts anderes beabsichtigen, als später einmal sagen zu können, »auch der aufgeklärteste Christ bleibt doch ein Christ. Man kann aber auch gleich von ihnen sagen: auch der aufgeklärteste Jude bleibt doch immer ein Jude.«[67]

Schleiermachers leidenschaftlicher Einspruch gegen die jüdische Assimilation hatte in seinem späteren, staatstheoretischen Werk Ausläufer, die seine Position als eine zwischen dem entschiedenen Liberalismus des späten Hegel und dem völkischen Antisemitismus der Romantiker markieren.

Die *Ethik* von 1812/13 entwickelte eine Theorie der Nation als sprachlich gebundener Territorialgemeinschaft, die durch eine »nationale Gemeinschaft des Wissens«[68] innerlich verbunden sei. Familiale Beziehungen, Sprache, natürliche Position und Wissen würden die nationale Einheit konstituieren. Diese historisch argumentierende Soziologie postuliert untereinander integrierte Systeme und Subsysteme. Wissen und Religion benötigen ihrerseits integrierende Kräfte: »Da aber Wissen und Religion ebenfalls einer Organisation bedürfen, und diese auch an einer größeren oder kleineren Nationaleinheit bei jenem, und wenigstens an einer Raceneinheit bei dieser hängt, so ist das ineinander beider Funktionen gesichert.«[69] Die präzise Zuweisung der Demonstrativpronomina läßt keinen Zweifel offen: die organisierte Religion bedürfe der integrierenden Kraft der Rassenhomogenität.

Diese Behauptung wird in den ekklesiologischen Abschnitten der *Ethik* jedoch wieder zurückgenommen. Dort erkannte Schleiermacher, daß es nicht die Rasseneinheit sei, die einer Kirche ihren eigentümlichen Charakter garantiere. Andererseits rühre die Unfähigkeit mancher Kirchen, die nationalen Grenzen zu überschreiten, daher, daß sie die Trennung vom Staat nicht vollzogen hätten: »Extrem hier die Juden, die jeden, der sich zum Glauben bekannte, auch nationalisieren.«[70] Ein liberaler Staat, wie er Schleiermacher vorschwebte, dürfe sein Ethos allenfalls in der Kultur entfalten, müsse aber die individuelle Meinungsfreiheit rechtlich schützen. Diese rein rechtliche Betrachtungsweise bedeutet aber eine Regression ethischer Selbstverständigung: »In der aufgestellten Ansicht wiegt der Rechtsgang wesentlich mit, denn der Organismus muß das fremdartige entweder assimilieren oder auswerfen.«[71] Den Staat in eine reine Rechtsanstalt zu verwandeln, stellt einen Rückschritt dar. Die organismische Betrachtung der Nation läßt dem inkommesurablen Anderen nur die Wahl zwischen restloser Anpassung oder »Auswerfung«.

In diesem Zusammenhang fällt dann jener Begriff, den schon Kant bezüglich des Judentums gebraucht hatte, allerdings nicht auf das Judentum gemünzt, sondern bezüglich des Fortlebens der Völker untereinander: »Euthanasie«[72]. Die Begriffe »Auswerfung« und »Tod« von Völkern und Gruppen, kurz, das Vokabular von »Vernichtung und Entmenschlichung«[73], spukte schon früh in Schleiermachers Denken herum – zunächst in einer schwer verständlichen und paradoxen Reflexion über die Toleranz von 1798: »Die Duldung hat keinen andern Gegenstand als das Vernichtende. Wer nichts vernichten will, bedarf nicht geduldet zu werden; wer alles vernichten will, soll nicht geduldet werden. In dem, was zwischen beyden liegt, hat diese Gesinnung ihren ganz freien Spielraum. Denn wenn man nicht intolerant seyn dürfte, wäre die Toleranz nichts.«[74]

Ein Jahr zuvor war Schleiermacher in die Welt der Berliner Romantik eingetreten. Knapp dreißig Jahre alt, wurde er nach den Stationen Halle, Drossen, Schlobitten und Landsberg schließlich Prediger an der Berliner Charité. Er freundete sich mit Friedrich Schlegel an, mit dem er auch zusammenzog. Er wurde in die

Salons eingeführt und lernte Henriette Herz, die Gattin von Markus Herz, die bei Mendelssohn gehört hatte, kennen.

In den Salons von Rahel Varnhagen, Dorothea Veit und Henriette Herz formierte sich eine Gesprächskultur, die angesichts der von Frankreich ausgehenden Revolutionskriege die Philosophie einer fortschrittsgläubigen Aufklärung durch eine am Sinn für Paradoxien, an der Poesie, an starken, welterschließenden Affekten wie der Liebe und an veränderten Lebensformen orientierten Lebenshaltung ersetzen wollte. In den Salons verkehrten um die Jahrhundertwende Juden und Nichtjuden, Adlige und Bürgerliche, Schauspieler und Intellektuelle. Es fehlte über den Zeitlauf von mehr als zwanzig Jahren keine namhafte Persönlichkeit der romantischen und idealistischen Epoche: Friedrich Schlegel, Adelbert von Chamisso, Ludwig Tieck und Bettine von Arnim, Heinrich von Kleist und Jean Paul Richter, später Heinrich Heine, Wilhelm und Alexander von Humboldt, die Architekten Johann Gottfried Schadow und Friedrich Hitzig, Fichte und Hegel, Louis Ferdinand Prinz von Preußen sowie Alexander von der Marwitz, dann der Diplomat Friedrich von Gentz.

Arendt, deren biographisches Werk über Rahel Varnhagen wesentlich von ihren eigenen Erfahrungen mit den deutschen Universitätsphilosophen Martin Heidegger, Rudolf Bultmann und Karl Jaspers geprägt war, gab den Ton zur soziologischen Analyse der Salons vor. Von gesellschaftlicher Verwurzelung der deutschen Juden konnte nach Arendt keine Rede sein. Gerade weil »die Juden außerhalb der Gesellschaft standen, wurden sie für kurze Zeit eine Art neutralen Bodens, auf dem sich die Gebildeten trafen«[75]. Die Salons stellten eine Art gesellschaftlichen Niemandslandes dar, in dem sich Männer und Frauen jenseits höfischer Etikette und bürgerlicher Benimmregeln, aufsteigende Parias, die Juden, mit intellektuell interessierten Angehörigen des absteigenden Adels und den sowohl beim Adel als auch beim aufsteigenden Bürgertum geächteten Künstlern und Schauspielern treffen konnten. Es wurde eine unverbindliche Form des Kosmopolitismus gepflogen und die ständischen Schranken des untergehenden Feudalsystems durch die porösere soziale Organisation einer im Entstehen begriffenen bürgerlichen Klassengesellschaft ersetzt. Clemens von Brentano, später ein rabiater Antisemit, notierte nach einem Besuch im Salon Rahel Levins, »daß Prinz Louis Ferdinand und Fürst Radziwill zu ihr kommen, erregt vielen Neid, aber sie macht nicht mehr daraus, als ob es Lieutenants oder Studenten wären«[76].

Die virtuelle Aufhebung von Standes-, Klassen- und religiösen Grenzen, die sich erst zweihundert Jahre später mit den Prozessen funktionaler Differenzierung und Individualisierung realisieren sollte, erforderte eine neue Semantik zwischenmenschlicher Beziehungen. Ohne das damals entstehende Sprachspiel der romantischen Liebe, die von da an »Intimität« codieren sollte,[77] wäre es kaum möglich geworden, zu einer Form von Subjektivität und Individualität zu finden, der es über das Medium der Liebe gelingt, Körperlichkeit durch kommunikative Geistigkeit zu erfahren.[78] Die über geistige Themen gesteuerte und über die stets körperbezogene Erotik vermittelte Kommunikation treibt eine Form von Individualität hervor, die reicher ist als das rationalistische oder idealistische Selbstbewußtsein. Indem der Selbstbezug über die Sphäre des Wissens hinaus in der Sphäre des Fühlens angesiedelt wird, zudem die Selbstgewißheit ihre Autarkie verliert und sich auf andere Individualitäten angewiesen weiß, entsteht eine Kontingenzerfahrung, die weder durch Theorie noch Moral zu erreichen ist.

Diese erotische Urerfahrung machte Schleiermacher bei seinem Eintritt in die Welt der Salons. Er konnte ihr wohl nicht anders als über die Religion Herr werden. Warum mußte das Vernichtende, von dem Schleiermacher 1798 schrieb, toleriert werden?

Wer oder was drohte hier wen zu vernichten? Fühlte sich der aufstrebende Prediger von der entgrenzenden Atmosphäre der Salons und den eigenen Leidenschaften bedroht?

Henriette Herz, damals vierunddreißig Jahre alt, wurde Schleiermachers engste Vertraute und Freundin. Die beiden entwickelten eine Beziehung, die ein Leben lang andauern sollte. Nach Meinung Schleiermachers und seiner Biographen sei sie vor allem dem persönlichen Wachstum der Herz zugute gekommen.[79]

Daß die Beziehung zu einer ungetauften Jüdin für einen protestantischen Pfarrer alles andere als selbstverständlich war, spiegelt sich in seinen Briefen der Zeit. Im Oktober 1798 benachrichtigte Schleiermacher seine Schwester Charlotte davon, daß er im Hause Herz ein- und ausgehe, und versuchte sie davon zu überzeugen, daß diese Freundschaft kein Anlaß zur Beunruhigung sei:

> Daß übrigens die Herz eine Jüdin ist, schien anfangs keinen nachteiligen Eindruck auf Dich zu machen, und ich glaubte, Du seist mit Mir überzeugt, daß, wo es auf Freundschaft ankommt, wo man ein dem seinigen ähnlich organisiertes Gemüt gefunden hat, man über solche Umstände hinweg sein dürfe und müsse. Es streitet auch ein solcher Umgang gar nicht so sehr mit meinen äußeren Verhältnissen, als Du denken magst. Herr Teller und Herr Zöllner, zwei der angesehensten Geistlichen, sind beide öfters im Herzischen Hause, freilich nicht auf dem vertrauetem und herzlichem Fuße als ich.[80]

Schleiermacher verteidigte diese Freundschaft gegen den Anstoß, den sie erregte, unter anderem durch die Beschwerde über »Vorurteile«.[81]

Daß er mindestens in jenen Anfangsjahren Henriette Herz im erotischen Sinn liebte, darüber lassen die Briefe aus Potsdam vom

Februar 1799 keinen Zweifel: »Ach liebe Jette, thun Sie gutes an mir und schreiben Sie mir fleißig, das muß mein Leben erhalten, welches schlechterdings in der Einsamkeit nicht gedeihen kann. Wahrlich ich bin das allerabhängigste und unselbständigste Wesen auf der Erde, ich zweifle sogar, ob ich ein Individuum bin. Ich strecke alle meine Wurzeln und Blätter aus nach Liebe, ich muß sie unmittelbar berühren, und wenn ich sie nicht in vollen Zügen in mich schlürfen kann, bin ich gleich trocken und welk.«[82] Die Terminologie dieser Briefstelle nimmt Begriffe der reifen Religionsphilosophie und zwar der Ausarbeitung des christlichen Glaubens von 1821/22, vorweg; dort heißt es über das Wesen der Frömmigkeit, »daß wir uns unsrer selbst als schlechthin abhängig bewußt sind, das heißt, daß wir uns abhängig fühlen von Gott«[83].

In jener Zeit, als Schleiermacher Henriette Herz kennenlernte, verglich er Religion und Erotik, indem er das Wesen der Religion als »Sinn und Geschmack fürs Unendliche«[84] bestimmte, die Liebe hingegen reduktionistisch abwehrte: »Was oft Liebe genannt wird, ist nur eine eigene Art von Magnetismus. Es fängt an mit einem beschwerlich kitzelnden en rapport Setzen, besteht in einer Desorganisation und endigt mit einem ekelhaften Hellsehen und viel Ermattung. Gewöhnlich ist auch einer dabey nüchtern.«[85] Das war die Liebe, nach der sich Schleiermacher in seinem Brief an Herz ausstreckte. Der wohl unter dem Einfluß der Beziehung mit Herz und angesichts des offen ehebrecherischen Verhältnisses von Dorothea Veit und Friedrich Schlegel entstandene *Katechismus der Vernunft für edle Frauen* präsentiert eine Reihe von Normen, die gegen ein kokettes Spiel mit der Liebe und das Schließen von Ehen, die gebrochen werden, optiert, für strikte Reziprozität der Liebe eintritt sowie davor warnt, »absichtlich lebendig zu machen«. Lust aber solle sublimiert werden; die Adressatinnen dieses Katechismus sollten sich sehr wohl »gelüsten«, freilich nur nach »der Männer Bildung, Kunst, Weisheit und Ehre«.[86] Bildung, Liebe und sublimierte Erotik fügen sich zum Programm einer individualistischen Emanzipation zusammen, in der Menschen zu Individuen jenseits aller konventionellen Beschränkungen einschließlich der ihres Geschlechts werden sollen – ein Liebesverbot als Preis der Freiheit. »Ich glaube, daß ich nicht lebe, um zu gehorchen oder um mich zu zerstreuen, sondern um zu seyn und zu werden; und ich glaube an die Macht des Willens und der Bildung, mich dem Unendlichen wieder zu nähern, mich aus den Fesseln der Mißbildung zu erlösen, und mich von den Schranken des Geschlechts unabhängig zu machen.«[87] Mit den Fesseln der Mißbildung dürften die unkonventionelle Ehe der Herz und ihre Zugehörigkeit zum Judentum gemeint gewesen sein. Beides, ihr Judentum sowie ihre Beziehung zu dem überzeugten Kantianer Herz, die ihren Ausdruck in der Geselligkeit ihres Salons fanden, bedrohten nach eigener Aussage die Individualität Schleiermachers.

Die Erfahrung des Salons verarbeitete er in einer brillanten mikrosoziologischen Studie, dem *Versuch einer Theorie geselligen Betragens,* in der eine balancierende, interagierende Identität sowie die individuelle Erfahrung von Identitätsverlust thematisiert wird. Der *Versuch* ist Anleitung zur Lebenskunst und individuelle Reflexion in einem. Er nahm in theoretischen Begriffen vorweg, was etwa die realistische Romanliteratur Frankreichs und Englands von Stendhal und Balzac, Thackeray und Dickens entfaltete: den Schock, auf eine ebenso kontingente wie unveränderliche Lebensform zu treffen, die dem Individuum einen bewußten Selbstentwurf abverlangt.

Schleiermacher wußte, daß der *Versuch* auf wissenschaftstheoretische und praktische Einwände stoßen würde. Erfahrene Virtuosen der Geselligkeit würden ihm ebenso distanziert gegenüberstehen wie Theoretiker, und zwar aus komplementären

Gründen. Der Virtuose würde die Aufstellung jeder allgemeinen Regel unter Hinweis auf ein individuelles, urteilskräftiges Gefühl ablehnen und der Theoretiker dem geselligen Leben eine Stelle im System zuweisen. Schleiermacher setzte im Unterschied zum Virtuosen nicht bei den Erfahrungen und im Unterschied zum Theoretiker nicht beim abstrakten Begriff an, sondern wollte die in allen Menschen vorfindlichen Begriffe induktiv entfalten. Die Argumentation verfährt zweigleisig: einer Deduktion des Begriffs der Geselligkeit folgt rekursiv eine Konstruktion der »Gesellschaft« aus ihrer dynamisierten Idee.[88] Die im *Katechismus* noch rätselhafte Warnung vor Belebung gewinnt durch die Vermutung, daß das Zusammensein von Menschen in einem Raum allein noch nicht zur Geselligkeit führe, sondern diese erst durch die freie Tätigkeit einzelner belebt werde, einen Sinn. Die Sphäre der Geselligkeit verheiße jenseits der Zwänge von Familie und Kommerz die Möglichkeit der Perfektionierung der eigenen Existenz. Im freien Umgang vernünftiger, sich gegenseitig bildender Menschen erfahre der Mensch eine Harmonie, die von keinem Gesetz als dem selbst auferlegten bestimmt werde. Schleiermacher befaßte sich auch mit dem Gefälle zwischen dieser Idee der Geselligkeit und der tatsächlichen Geselligkeit. Allein die Abwesenheit äußerer Gewalten verheiße hier Reformchancen, die in Staat, Ökonomie und wohl auch Familie nicht gegeben seien.

Geselligkeit stehe durchaus unter kausalen Bedingungen: Menschen dürften und sollten dabei aufeinander einwirken, sofern das Grundprinzip der Wechselseitigkeit gewahrt bleibe. Unter dieser Bedingung erscheine Geselligkeit als eine Form der Praxis im aristotelischen Sinne, als eine beispielhafte Form des Selbstzwecks: »[...] der Zweck der Gesellschaft wird gar nicht als außer ihr liegend gedacht; die Wirkung eines Jeden soll gehen auf die Tätigkeit der übrigen, und die Tätigkeit eines Jeden soll seyn seine Einwirkung auf die andern. Nun aber kann auf ein freies Wesen nicht anders eingewirkt werden, als dadurch, daß es zur eignen Tätigkeit aufgeregt, und ihr ein Objekt dargeboten wird.«[89]

Schleiermacher war klar, daß sich diese Idee nur eingeschränkt realisieren ließe. Drei Einschränkungen – er bezeichnete sie als formelle, materielle und quantitative Gesetze – würden die Geselligkeit determinieren. Die quantitative Einschränkung lege fest, daß sich gesellige Tätigkeiten stets in jenen Schranken halten sollten, in denen die entsprechende Gesellschaft als Ganzes bestehen könne. Schleiermacher schlug Kommunikationsregeln vor; nur solches solle thematisiert werden, an dem alle teilhaben könnten. Das stehe aber im Widerspruch zu dem normativen Ziel der ausgewogenen gemeinsamen Entfaltung von Individualität, da jedes Individuum mit anderen nicht zu vereinbarende Anteile besitze. Wo sich Individualität uneingeschränkt entfalten solle, könne es keine Gesellschaft geben, und wo die Gesellschaft herrsche, wird Individualität hingegen fragmentiert. Alle Friktionen zwischen Gruppen, Schichten und Cliquen, etwa zwischen Adligen, Bürgerlichen und Schauspielern, die in allen Gesellschaften beobachtbar seien, gingen auf diesen Widerspruch zurück. Mit der Unterscheidung von Thema beziehungsweise »Stoff« und Form der Kommunikation beziehungsweise »Manier« könne eine Auflösung des Widerspruchs gelingen; geleitet durch den Stoff und gehalten vom Ton der Gesellschaft, bleibe es dem Individuum überlassen, »meine eigenthümliche Manier vollkommen walten zu lassen«[90]. Die maximalen Unterschiede der Kommunikationsform zwischen den einzelnen Individuen und die Gemeinsamkeit der zugrunde gelegten Thematik führe zur vollkommenen Ausbildung der Gesellschaft. Der daraus für die Individuen erwachsende Imperativ laute, so authentisch wie möglich zu sein, freilich unter der Bedingung, »seine unbequemen Eigenschaften in Schranken zu halten«[91]. Damit blieb aber der Widerspruch von eingeschränkter Themenwahl und um so freierer Authentizität bestehen; die Einschränkung der Thematik ging in die einschränkende Etikette, das Schickliche über. Um es zu etablieren, bedürfe es einer konstruktiven Leistung der beteiligten Individuen, und zwar der gemeinsamen Schaffung eines sozialen Raumes im Spannungsfeld zwischen der Homogenität ihrer sozialen, bürgerlichen Lage und dem Bestreben, unverwechselbare, einmalige Individualität zu demonstrieren. Das Vorherrschen von Fachsimpelei und berufsbezogenen Themen strukturiere Gesellschaften, die damit erst gar nicht die Ausbildung eigener Manieren im Rahmen des Schicklichen erforderten; das geschehe dort, wo die patriarchalisch dominierte Berufswelt an Bedeutung verliere, nämlich dort, wo Frauen die Gesellschaft prägen. Sofern diese es aber wagten, über allgemein interessierende Themen, Beruf oder gar Politik, eine die Individualisierung ermöglichende Kommunikation zu pflegen, verdürben sie die gesellige Kommunikation. In einer eigentümlichen Mischung aus Einsicht in die durchaus repressive Ungleichheit der Geschlechter und der Affirmation dieser Ungleichheit räumte Schleiermacher Männern auch noch bei Gesprächen über Beruf und Politik Freiheit ein, während Frauen dabei nur ihre Fesseln fühlen würden. Deren Erfahrung sei die Motivation, kommunikative Räume wie die Salons zu begründen: »Dies treibt sie dann weg unter die Männer, bei denen sie denn, weil sie mit dem bürgerlichen Leben nichts zu tun haben, und die Verhältnisse der Staaten sie nicht interessieren, jener Maxime nicht mehr folgen können, und eben dadurch, daß sie mit ihnen keinen Stand gemein haben, als den der gebildeten Menschen, die Stifter der besseren Gesellschaft werden.«[92]

Der Preis der Individualität bestehe in der Ferne zu bürgerlicher Existenz und politischem Leben. Erst dort, wo beides keine Rolle spiele, tue sich ein Reich der Bildung auf, in dem die Individualität zu sich komme. Schleiermacher war realistisch genug zu sehen, daß Gesellschaften, die beide Themen radikal ausklammern, überhaupt nicht zustande kämen, deshalb sei eine perfekte Geselligkeit von Individuen unmöglich. Gleichgültig, wie man dieses Problem betrachte, man verfehle entweder den Zweck der Gesellschaft oder das gesuchte Gesetz. Schleiermacher glaubte, eine Synthese beziehungsweise eine wechselseitige Eingrenzung von Homogenität der Thematik und Individualität der Bildung bestimmen und daraus eine Maxime, ja geradezu einen Imperativ ableiten zu können: »Gehe bei der Bestimmung der Sphäre einer Gesellschaft von dem Totalen des geselligen Stoffs überhaupt aus, abgerechnet jedoch dasjenige, worin irgend einer aus der Gesellschaft notwendig unwissend seyn muß.«[93] Daraus folge eine Kunstregel geselligen Verhaltens, sich nämlich mit Leichtigkeit und »Feinheit« zwischen den Grenzpunkten der Gesellschaft zu bewegen. Sturheit des Beharrens und Arroganz der Parvenüs[94] markierten einander komplementäre Verstöße. Damit war die praktische Lösung dieses Problems ausgeschöpft, und es verblieb keine andere Möglichkeit mehr, als sich doch der Zusammenstellung der Gesellschaft zuzuwenden, womit die Verantwortlichkeit für Gelingen oder Mißlingen geselligen Verhaltens wiederum den Gastgebern aufgebürdet war. Ihnen gegenüber sei besonderes Mißtrauen geboten, da sie gelegentlich dazu neigten, ihre Gäste zu mißbrauchen, um sich gesellschaftlicher Verpflichtungen zu entledigen oder mit Gütern zu protzen. Unter diesen Bedingungen seien die Geladenen von ihren sonstigen Pflichten befreit und dürften sich so verhalten, als ob der Gastgeber sein Haus zu einem Gasthof gemacht habe.

Das gesellschaftliche Niemandsland, das Arendt mit Blick auf die Salons der Berliner Jüdinnen postulierte, ließ sich – das hat Schleiermachers Analyse gezeigt – nicht auf Dauer halten. Alle synthetischen Lösungsversuche, das Ideal der Geselligkeit zu realisieren, mußten am Widerspruch zwischen behaupteter Individualität und faktischer Rollenbindung scheitern. Damit schied die Gesellschaft als Ermöglichungsgrund und Artikulationschance für authentische Individualität aus. Die Maximen, die zu ihrer Konstruktion führen sollten, waren im besten Falle regulative Ideen. Jede Gesellschaft werde früher oder später in Teilgesellschaften zerfallen; es werde auch »für die vortrefflichste ein besonderes Glück sein, wenn sie sich auch nur eine Zeitlang als ein wirkliches Ganzes erhalten kann«[95]. Diese soziologische Erkenntnis gilt gewiß für alle bürgerlichen Gesellschaften, also für Gesellschaften, die aus Menschen bestehen, die einerseits einer homogenisierenden Berufs- oder Lebenswelt angehören und andererseits den bürgerlichen Wunsch nach unverwechselbarer Authentizität hegen. Damit tritt neben die herkömmlichen Begriffe *bourgeois* und *citoyen* der der Individualität, der jenseits von beiden steht, und wird in seiner Bedeutung für eine Soziologie der bürgerlichen Gesellschaft sichtbar.

Die Tragödie der Parvenüs, die Arendt mit einem gewissen Recht der Verachtung zuschrieb, die dem Versuch jüdischer Menschen, zumal jüdischer Frauen, sich zu Individuen herauszubilden, von seiten sich national homogenisierender männlicher Intellektueller entgegengebracht wurde, resultierte indes aus der Überbewertung einer besonderen Sphäre. Die von Schleiermacher richtig erkannte konstitutive Instabilität der Gesellschaft konnte die politische Gleichstellung nicht ersetzen. Die Gründung der Salons durch Herz, Veit und Varnhagen sowie der ganz anders geartete Vorschlag Friedländers, über die Homogenität der Aufklärungsreligion zu gleichem Recht zu gelangen, ergänzten sich in ihrem Ungenügen. Wo gegenüber den Hausvätern die Differenz der Religion eingeklagt wurde, empfahl man den Salongastgeberinnen die Homogenität des Christentums. Aller Rede von freier Individualität zum Trotz wurde die Alterität nicht anerkannt. Aus dem bürgerlichen Leben systematisch ausgeschlossen, wurde sie in die Bereiche der Religion, der Kunst und Erotik verdrängt, aber auch dort nur um den Preis der Selbstaufgabe beziehungsweise der Sublimation der Sexualität ermöglicht. Als Residuum sich artikulierender oder einander anerkennender Individualität blieben für Schleiermacher nur noch die Kunst und Freundschaft. In seiner Beziehung zu Henriette Herz zeichnen sich die Grenzen auch dieses Weges ab.

Die von ihrem Mann respektierte Herz führte ein für die damalige Zeit ungewöhnlich emanzipiertes Leben und pflog gesellschaftliche Kontakte auch unabhängig von Ehe und Heim. Von Zeitgenossen, aber auch späteren Biographen wurde sie als unvergleichliche, in sich ruhende Schönheit, die nichts von dem »unruhigen, vorandringenden Wesen ihrer jüdischen Freundinnen«[96] gehabt habe, aber dafür auch nicht originell gewesen sei, beschrieben. Sie muß ungewöhnlich begabt und verständnisvoll gewesen sein. Glänzende Sprachkenntnisse von Sanskrit und Türkisch zeichneten sie aus. Sie hatte eine Schar unermüdlicher Bewunderer, unter ihnen Alexander von Dohna und Wilhelm von Humboldt.

Schleiermacher lernte sie 1794 kennen, als er von Dohna, der Henriette Herz selbst liebte, in den Herzschen Salon eingeführt wurde. Die Bekanntschaft von Schleiermacher und Herz vertiefte sich spätestens 1796, als er Prediger in Berlin wurde und eine Wohnung in der Charité bezog. Sie lasen zusammen Shakespeare und Goethe, und sie lehrte ihn die italienische Sprache. Wilhelm Dilthey urteilte in seiner Biographie, daß ihre innige Seelenverwandtschaft von dem Bewußtsein und der gegenseitigen ausdrücklichen Versicherung, »daß in ihrem Verhältnis nichts von Liebe sei, daß auch unter ganz anderen Umständen keine Ehe aus demselben hätte werden können«[97], getragen worden sei. Es ist allerdings alles andere als selbstverständlich, daß zwischen einer strahlenden geistvollen Frau und einem von tiefen Gefühlen umgetriebenen jungen Mann, die außerordentlich viel Zeit miteinander verbrachten – jedenfalls mehr, als damals schicklich war –, keine erotische Spannung entstanden sein soll. Wie ist der Brief vom 15. Februar 1799 – er ist hier nochmals zu zitieren – eigentlich zu verstehen: »Ach liebe Jette, thun sie gutes an mir und schreiben Sie mir fleißig, das muß mein Leben erhalten, welches schlechterdings in der Einsamkeit nicht gedeihen kann. Wahrlich ich bin das allerabhängigste und unselbständigste Wesen auf der Erde, ich zweifle sogar, ob ich ein Individuum bin. Ich strecke alle meine Wurzeln und Blätter aus nach Liebe, ich muß sie unmittelbar berühren, und wenn ich sie nicht in vollen Zügen in mich schlürfen kann, bin ich gleich trocken und welk.« Sogar wenn man davon ausgeht, daß die Transkription von Schleiermachers oft schwer leserlicher Handschrift korrekt ist, und sich das klein geschriebene Pronomen »sie« tatsächlich auf die Liebe und nicht auf »Jette« bezieht, wofür auch der noch förmliche Charakter der Anrede spricht, bleibt ein Interpretationsproblem: Henriette Herz' Briefe vermitteln jene Liebe, derer Schleiermacher bedurfte, um nicht zu welken. In dieser Zeit liebte Schleiermacher sie, und die soziale Distanz zwischen ihnen, nicht zuletzt der Umstand ihrer Ehe, vermochte nichts daran zu ändern, da ihre platonische Liebe Schleiermachers Lebenselixier war und ihm eine Art Zölibat auferlegte:

> Wenn nun Ihre Schwestern nicht heiraten, ich werde auch nicht. Wir sind alle Opfer unserer Zeit [...] Sie wissen, daß ich etwas leisten kann in der Wehmuth, und ich wollte nur, Sie hätten sich in Ihrem leidenschaftlichen Gefühl bis zu ihr erhoben, so wäre Ihnen das andere wieder verschwunden. Nur um Gottes willen geben Sie für sich nicht diesen Gedanken an Trennung und Einsamkeit Raum. [...] Vergleichen Sie einmal, ob ich irgend weniger unglücklich wäre, wenn ich, wer weiß

> wo, sein müßte. Was sollte aus mir werden? aus mir, der ich mich nicht einmal von der kleinlichen Liebe gleichgültiger Menschen leiben könnte? der ich schon an einer Probe weniger Tage sehe, wie ich zusammenfalle, wenn es mir an der wahren und einzigen Nahrung meines Geistes fehlt, dem es ganz an der beharrlichen Tätigkeit fehlt, womit Sie immer den Kummer und Jammer noch glücklich genug bestreiten würden. Aber ich fürchte das nicht, weil ich's nicht brauche kommen zu lassen, und sterben Sie mir, nun dann werde ich mich nicht leiblich, aber geistig tödten, ich werde so fortleben, ohne Ich zu sein, und meine Grabschrift wird auf meiner Stirne stehen.[98]

Auch hier ist nicht von erotischem Begehren die Rede, aber es herrscht – anders als Dithey meinte – auch keine »Unbedürftigkeit«, keine »klare, tiefe Besonnenheit«[99]. Die Intensität dieser Zuneigung war nicht nur Ausdruck einer anfänglichen Verliebtheit. Noch drei Jahre später gestand Schleiermacher, zu ihr immer »Du« gesagt zu haben, »auch wenn die Lippen Sie sagten«; darin habe etwas Pikantes gelegen, »was die Unerträglichkeit versüßte«.[100] Dieses nachträgliche Geständnis, das dann auch zur offiziellen Einführung des Dus führte, fiel wohl um so leichter, als inzwischen in Schleiermacher eine andere Liebe, zu Eleonore Grunow, auch verheiratet, entstanden war. Wenig charmant bekannte er seiner neuen Angebeteten, daß ihm Henriette Herz recht nützlich gewesen sei.[101] Jahre später, nach der Verlobung mit Henriette von Willich im Sommer 1808, begann er einen Brief an Henriette Herz mit der plump vertraulichen Anrede »meine einzige Alte«[102]; später wurde sie als »einzige alte Treue«[103] angesprochen.

Die Beziehung zu der jüngeren Henriette von Willich schien die Lösung von Schleiermachers Beziehung zu Henriette Herz bereitzuhalten. Er trat mit der mehr als zwanzig Jahre jüngeren

Witwe eines Bekannten, Ehrenfried von Willich, in einen vertrauten Briefwechsel, in dem sie sich wechselseitig mit »Väterchen« beziehungsweise »süßestes Jettchen« adressierten.[104] Schleiermacher hatte Henriette von Willich kennengelernt, als sie fünfzehn war, und sie, eine Waise, an Vaters Statt zum Altar geführt. Im Alter von neunzehn im März 1807, als ihr junger Gemahl starb, wurde sie Mutter eines zweiten Kindes. Zwei Jahre später, im Mai 1809, heiratete sie Schleiermacher, dessen geistiger Überlegenheit sie jedoch nicht glaubte standhalten zu können. Beider Ehe, aus der noch vier Kinder hervorgingen, war von bürgerlicher Solidarität und Loyalität, aber nicht unbedingt von Glück getragen. Kurz nach der Eheschließung verliebte Henriette Schleiermacher sich hoffnungslos in Alexander von der Marwitz, einer großen Liebe auch von Rahel Varnhagen. Jahre später, 1819, verfiel sie dem Einfluß eines an den Magnetismus glaubenden Mediums, der Somnambulen Karoline Fischer, die die bestimmende Größe in Henriettes Leben und damit in der ganzen Schleiermacherschen Familie wurde.[105] Schleiermacher, der an chronischen Magenschmerzen litt, hatte nach vergeblichen Behandlungen aller Art bei Ärzten, die des Magnetismus kundig waren, Linderung gefunden und war dabei mit Karoline Fischer bekannt geworden. Henriettes vergebliche Liebe zu von der Marwitz, der 1814 in Frankreich fiel, sowie ihre Hingabe an ein Medium, das schließlich die ganze Familie beherrschte, lassen aller Innigkeit des Brautbriefwechsels zum Trotz keinen Zweifel daran, daß Schleiermacher in Henriette von Willich zwar eine Mutter für seine Kinder, aber keine geistige Freundin gefunden hatte.

Die beiden Henrietten bilden zwei Seiten einer Medaille. Sie erlaubten Schleiermacher, die unterschiedlichen Sehnsüchte seiner Liebe, die er mit einem Menschen nicht leben konnte, in verschiedenen Beziehungen auszuleben. Tiefenpsychologische und psychoanalytische Deutungen drängen sich geradezu auf. Als

Gatte der viel jüngeren Henriette, deren leiblicher Vater er hätte sein können, konnte er nun die Haltung des ebenfalls beinahe zwei Jahrzehnte älteren Markus Herz verstehen, konnte sich verständlich machen, wie Ehe hier und Freundschaft dort koexistierten. In den Briefen an seine Braut erörterte er immer wieder die Beziehung der beiden Henrietten zueinander, wobei die Antworten der Jüngeren nicht immer frei von Eifersucht waren.[106] Schleiermacher wirkte beglückt, wenn er den Eindruck eines harmonischen Beisammenseins der beiden Frauen hatte.[107] Er wünschte eine weitgehende Transparenz dieser Beziehungen und strebte, wenn man so will, eine desexualisierte und enterotisierte *ménage à trois* an, eine Konstellation, die schließlich durch Henriette Herzens Übertritt zum christlichen Glauben ihre letzte Legitimation erhalten sollte.

Zum Jahreswechsel 1808 schlug Schleiermacher seiner Braut vor, seine Briefe später Henriette Herz zu zeigen: »Manches ist in seiner ersten Frische eben nur rein für Dich allein, und Du mußt es allein haben und allein genießen; wenn aber die erste Bewegung vorüber und der erste Duft verflogen ist, warum soll es dann nicht auch eine solche Freundin, wie man doch immer nur eine hat, auch lesen? Es ist eben ganz so, wie Du auch sagst, daß in den Momenten der Zärtlichkeit Jettens Gegenwart Dich am wenigsten stören würde, aber deswegen soll sie doch nicht gleich alles mit eignen Augen sehn.«[108] Wenn Feuerbachs Religionskritik mit ihrer These, daß die Religion nichts anderes als die an den Himmel projizierten ungelebten Wünsche seien, überhaupt zutrifft, dann hier: »Ich möchte wohl wissen, ob Jette ein Wort mit Dir sprechen wird über etwas, was von ihr verkannt, von ihrem zu uns gehören in Absicht der Religion. Jetzt hält sie es leider noch aus; ob sie es aber noch aushalten wird, wenn sie Dich sieht das Abendmahl aus meiner Hand empfangen, oder gar – einzige Jette, das süße herrliche Bild kommt mir doch immer wieder –

wenn sie mich sieht unser erstes Kind taufen, das möchte ich doch bezweifeln.«[109] Die künftige Taufe seiner Kinder sollte wohl in der Herz den Wunsch erwecken, sich taufen zu lassen. Angesichts seiner relativen Geringschätzung der Kindertaufe[110] – er hielt sie nicht für notwendig und trat wegen ihrer dogmatischen Brüchigkeit sogar für eine Rehabilitierung der Wiedertäufer ein – bleibt kaum ein anderer Schluß übrig. Taufe und Abendmahl verweisen auf die frei gewählte Bereitschaft, eine Lebensgemeinschaft in Christi Geist einzugehen und diese Lebensgemeinschaft mit symbolischen Mitteln immer wieder aufs neue zu befestigen. Das alles diente dem Zweck, Entsagung, Liebesverbot sowie den Schmerz über eine Verbindung, die in jeder Hinsicht kinderlos bleiben mußte, dadurch zu finden, daß die jüdische Freundin zum Christentum, das bei Schleiermacher als Inbegriff einer Familienreligion erscheint, übertrat. Wer hier welchen Wunsch hegte, bleibt unklar. Die Sehnsucht, so stellte es Schleiermacher dar, lag allein auf seiten der Herz, die es angeblich kaum aushalten könne, ihre ungelebten Wünsche religiös zu kompensieren. Abendmahl und Taufe wurden in Schleiermachers Perspektive vor allem durch die familiäre Einbindung zum Inbegriff des Glücks. In durchaus unüblicher Weise verquickte der Prediger und Theologieprofessor Schleiermacher Berufs- und Familienrolle, da der evangelische Pfarrer bei den Sakramenten des Abendmahls und der Taufe allen Gemeindemitgliedern, denen es um die Beglaubigung von Gottes Gnade in Erinnerung an seinen Sohn und Messias beziehungsweise um die Aufnahme in die Kirche geht, unterschiedlose Aufmerksamkeit schuldet. Im Unterschied zur katholischen Kirche stellt die Ehe im Protestantismus kein Sakrament mehr dar. Also wurde dadurch, daß Schleiermacher die verbliebenen Sakramente gegenüber Frau und Kindern vollziehen wollte, die Ehe sakramentalisiert und die Familie verkirchlicht.

Sollten etwa Kirche und Glaube in Schleiermachers Ekklesiologie, wie er sie in seiner Entgegnung auf das »Sendschreiben« *in nuce* entfaltet hatte, verhäuslicht werden? Damit würde er zwar nicht, wie er es dem Judentum in seiner *Ethik* vorwarf, den Glauben nationalisieren, ihn aber doch so weit partikularisieren, daß er selbst entscheiden konnte, wer des Christentums würdig war und wer nicht. Die von ihm in den *Reden* entfaltete Theorie der Religion als Geselligkeit hatte nichts anderes gefordert, und die Konkretion, die er ihr keine zehn Jahre später gab, zeigte, wie ernst es ihm mit seinen frühen Überlegungen war:

> Eine Familie kann das gebildetste Element und das treueste Bild des Universums sein; wenn still und mächtig alles ineinander greift, so wirken hier alle Kräfte, die das Unendlich beseelen. [...] wenn leise und sicher Alles fortschreitet, so wallet der Weltgeist hier wie dort; wenn die Töne der Liebe alle Bewegungen begleiten, hat sie die Musik der Sphären unter sich. Dieses Heiligtum mögen sie bilden, ordnen und pflegen, klar und deutlich mögen sie es hinstellen in sittlicher Kraft, mit Liebe und Geist mögen sie es auslegen, so wird mancher von ihnen und unter ihnen das Universum anschauen lernen in der verborgenen kleinen Wohnung, sie wird ein Allerheiligstes sein, worin mancher die Weihe der Religion empfängt. Ja, wir warten [...] einer Zeit, wo es keiner anderen vorbereitenden Gesellschaft für die Religion bedürfen wird als der frommen Häuslichkeit.[111]

So unchristlich und unkirchlich dies sein mag, artikuliert sich darin doch eine deutsche Form der ideellen Begründung der bürgerlichen Familie mit ihrem auch schon im französischen Sentimentalismus aufkommenden Soupçon gegen das lasterhafte, dekadente öffentliche Auftreten des Adels und auch die früh gefaßte Einsicht in die Möglichkeiten des Glaubens in der auf Privateigentum beruhenden bürgerlichen Gesellschaft. Die Herausbildung der bürgerlichen Familie sowie die Konfessionalisierung und Privatisierung des Glaubens gingen Hand in Hand – bis heute, da die Tradierung der Religion an die Familie und an keine andere Institution mehr gebunden ist. Auf Friedländer und sein »Sendschreiben« hatte Schleiermacher vor allem deshalb so gereizt reagiert, weil er einen öffentlichen und politischen Akt vollziehen wollte. Was den Hausvätern abgeschlagen wurde, sollte Henriette Herz großmütig erlaubt sein, wohl in der Annahme, daß ihre Konversion aus innerlichen Gründen, nämlich der »natürlichen« Verzückung angesichts eines einträchtigen Familienlebens geschehen werde.

Henriette Herz, die erst 1817 konvertierte, nachdem ihre Mutter gestorben war, hatte eigene familiale Bindungen. Sie ernährte ihre Mutter bis zu deren Tod und ihre Schwestern und erteilte Sprachunterricht. Ob ihr Übertritt zu einem Zeitpunkt, als die gemeinsamen Kinder Schleiermachers und Henriettes längst getauft waren, einem religiösen Empfinden und nicht einem politischen Kalkül entstammte, darf bezweifelt werden.

An Schleiermachers Beziehung zu der Jüdin Henriette Herz, deren Judentum er niemals ernst genommen hatte, ebensowenig wie das Judentum ihres Gatten Markus Herz, wird eine Form des Christentums sichtbar, die im Judentum das Althergebrachte sah und sich in den neuen Lebensformen von romantischer Liebe, bürgerlicher Familie und liebevoller Erziehung verwirklichte. Moderne Menschen – als einen solchen sah er wohl Henriette Herz an – entwickelten von sich aus eine innerliche Neigung zum Christentum als jener Religion, die vor allem auf freie Gemeinschafts- und Geselligkeitsbildung dränge, auch und vor allem im Binnenraum der Familie.

Die dieser Überzeugung entsprechende Dogmatik, wie sie in

den Glaubenslehren von 1821/22 und 1830/31 entfaltet wurde, stellt ein eigenartiges *mixtum compositum* aus historischen Einsichten und theologischem Fortschrittsbewußtsein dar, das die geschichtliche Verbindung von Judentum und Christentum zwar anerkennt, aber als nur einen unter mindestens zwei Entstehungskontexten neben der heidnischen Antike begreift. Die von ihm nicht bezweifelte jüdische Abstammung Jesu werde dadurch aufgewogen, daß mehr Heiden als Juden Christen geworden seien beziehungsweise das Judentum selbst von »fremden Elementen« durchdrungen gewesen sei.[112] Besonderen Wert legte er auf die Feststellung, daß das Christentum nicht als Umbildung oder Fortsetzung des Judentums verstanden werde; auch Paulus' »Preis der Treue Abrahams« dürfe nicht dazu führen, das Christentum als eine Erneuerung dieses abrahamitischen Judentums zu verstehen. Jedenfalls habe es keine größere Nähe zum Judentum als zum Heidentum – so der Liebhaber und Übersetzer Platons. Diese Überzeugung sollte auch die Lektüre des Alten Testaments prägen, zu dem Schleiermacher eine marcionitische Haltung entwickelte. Nur widerwillig rang er sich dazu durch, der hellenischen Weltweisheit am Ende nicht sogar eine größere Rolle als dem Judentum bei der Herausbildung des Christentums zuzuschreiben. Als Regel bei der Lektüre des Alten Testaments müsse gelten, »daß für den christlichen Gebrauch fast alles Übrige im Alten Testament nur Hülle dieser Weissagung ist, und dasjenige den wenigsten Wert hat, was am bestimmtesten jüdisch ist«[113]. Christlich sollten am Alten Testament vor allem die messianischen Weissagungen sein. Sie seien das dem Gesetz Fremdeste;[114] sogar die prophetischen Schriften bezögen sich noch auf die gesetzliche Verfassung des Volkes, aus dem sie hervorgegangen seien – eine Einsicht, die Schleiermacher zu Recht einer auch im späteren Reformjudentum gepflogenen Lektüre der Propheten entgegenhielt. Es geht allerdings nicht um die auch noch bei Gelehrten unserer Tage populäre Überzeugung, daß am Neuen Testament christlich sei, was sich nicht auf Lehrmeinungen des zeitgenössischen Judentums reduzieren lasse. Schleiermacher vertrat die Meinung, daß das Alte Testament überall dort von Wert sei, wo es nicht jüdisch sei. Das Judentum aber definierte Schleiermacher als die Summe der »mosaischen Institutionen« sowie als ein Gottesbewußtsein, das sich auf den »gebietenden Willen« konzentriere und sich damit bei allem Ausgang von leidenschaftlichen, passiven Grundstimmungen dem Aktivismus einer tätigen Existenz verschreibe.[115]

Was aber läßt sich, wenn man die Bezüge des Christentums zum Judentum und zur hebräischen Bibel für unwesentlich erklärt – wie das im zweiten Jahrhundert Marcion und im zwanzigsten Jahrhundert zunächst der liberale Theologe Adolf von Harnack und später auf sehr viel niedrigerem Niveau die nationalsozialistischen deutschen Christen, mit Ausnahme von Emanuel Hirsch, taten – von »Christus« überhaupt noch aussagen? Der Geist der frühen Kirche war für Schleiermacher noch keineswegs auf der Höhe des christlichen Gedankens, sondern durchaus unvollkommen. Sogar bei den unmittelbaren Schülern Christi habe die »Gefahr eines unwissentlichen verunreinigenden Einflusses ihrer früheren jüdischen Denk- und Lebensformen auf die Darstellung des Christlichen in Wort und Tat«[116] bestanden. Allein die lebendige Erinnerung an Christus habe diese Einflüsse aufgewogen. Schleiermachers Theologie des frommen Bewußtseins setzt auf die Gleichzeitigkeit von Sündigkeit und Erlösungsbedürftigkeit als der christlichen Form, in der sich das unmittelbare Selbstbewußtsein finde. Indem es sich als schlechthin abhängig erkenne, vereine es im Selbstbewußtsein das eigene Sein und das unendliche Sein Gottes.[117]

Die systematische Rekonstruktion von Schleiermachers Theologie bestätigt also, was Karl Barth kritisch einwandte, daß nämlich die Christologie die »große Störung« in Schleiermachers Glaubenslehre sei: »Jesus von Nazareth paßt verzweifelt schlecht in diese Theologie des im Grunde doch wirklich sich selbst genügenden geschichtlichen ›Gesamtlebens‹ der Menschheit.«[116] Entsprechend läßt sich als Inhalt des christlichen Bewußtseins ein »Prinzipiengefüge des Vorkommens der Struktur religiöser Selbstauslegung«[119] angeben, das als zugleich metatheoretisches Bewußtsein religiöser Selbstauslegung überhaupt kein religiöses Bewußtsein unter anderen ist.[120] Dieser Höhe des Gedankens mußte ein historisch belehrtes Verständnis des Christus Jesus widersprechen, da es den Christus »in die Schranken des bei seiner Erscheinung Gegebenen« verwies und somit das ganze Christentum lediglich als eine »neue Evolution, wenn auch eine mit fremder damals gangbarer Weisheit gesättigte, des Judentums« ansah.[121] Jesus wäre »nur ein mehr oder weniger origineller und revolutionärer jüdischer Gesetzesverbesserer«[122]. Aus systematischen und dogmatischen Gründen, und sei es nur, um einen »doketischen« Fehlschluß zu vermeiden, konnte die historische Konkretion der Gestalt Jesu freilich nicht ganz preisgegeben und diese auf ein Urbild reduziert werden. Dieses Beharren und der gleichzeitige Wille, Jesus nicht dem revolutionären Judentum zuzurechnen, verbunden mit dem soziologischen Realismus Schleiermachers – er wußte wohl, daß sogar die freie Tätigkeit Jesu »nur aus der ihn umgebenden Welt genährt wurde«[123], daß all seine Vorstellungen und Handlungen in seinem historischen Milieu determiniert waren –, führten Schleiermacher dazu, Jesus nur »mit einer gewissen Ähnlichkeit«[124] zu seinem Herkunftsmilieu in Bezug zu setzen. Der Christus der Glaubenslehre, der »Erlöser«, sei im Hinblick auf seine Geschichtlichkeit Mensch wie alle anderen Menschen auch. Zum wahren Menschen werde er durch »die stetige Kräftigkeit seines Gottesbewußtsein, welche eigentlich ein Sein Gottes in ihm war«[125].

Dieses Gottesbewußtsein bezogen auf Jesu Abstammung und Geselligkeit war neu. Überhaupt behandelt die Christologie – anders als Barth meinte – ein diffiziles Thema, das die Mitte des Jahrhunderts, das durch Revolution und die sprunghafte Entwicklung der bürgerlichen Gesellschaft gekennzeichnet war, umtrieb: das Entstehen des Neuen. Modern betrachtet trat hier die Spannung von Struktur und Emergenz hervor. Die Herausbildung jedes menschlichen Lebens könne durch Sozialisation und Eigenheiten der menschlichen Natur verstanden werden. Wirklich Neues und so nicht Vorhersehbares aber könne nicht anders denn durch die Fähigkeit des Menschen zur spontanen Neuschöpfung erklärt werden. Eine andere Begrifflichkeit als die der Dogmatik entliehene Lehre von der unbefleckten Empfängnis und der Jungfrauengeburt stand Schleiermacher dazu nicht zur Verfügung. Als Protestant vermied er ihre Terminologie, folgte ihr aber in der Sache: »Weil durch den Anfang seines Lebens jene neue Einpflanzung wurde, so mußte dieser Anfang über jeden nachteiligen Einfluß seines nächsten Kreises erhoben sein.«[126]

Die unauffällige und auf den ersten Blick unverfängliche theologische Sprechweise für das Entstehen des Neuen hat eine antijudaistische Pointe. Die Lehre von unbefleckter Empfängnis und Jungfrauengeburt dient vor allem dazu, Jesus und sein Gottesbewußtsein vom Judentum abzulösen. Für diesen Zweck wird ein hoher Preis entrichtet: die dogmatische Rehabilitierung von Lehren, die einer aufgeklärten Textexegese nicht mehr standhalten. Auch die Entfernung Jesu aus dem Judentum ist in dogmatischer Hinsicht zweifellos überflüssig.

Anders als seine liberalen und völkischen Nachfolger machte Schleiermacher es sich mit der jüdischen Herkunft Jesu nicht leicht. Er stieß gerade bei der dogmatischen Grundlegung seiner Christologie immer wieder auf das, was er unter dem mosaischen Gesetz verstand. Einer redlichen Lektüre der neutestamentlichen

Schriften konnte gar nicht entgehen, daß Jesus zwar einzelne Weisungen der Tora änderte, verschärfte oder abmilderte, sich aber in seinem Leben Gottes Willen mindestens sosehr unterworfen hatte wie etwa Abraham und Isaak und mithin ein jüdisches Gottesverhältnis lebte. Der systematische Ort, an dem Schleiermachers Glaubenslehre diese Problematik abhandelte, ist die Funktionsbestimmung Christi als Prophet, Hoherpriester und König. Jesu hohepriesterliche Funktion wird mit Bezug auf den Hebräerbrief bestimmt. Wirken und Leiden Jesu dürfen nicht als vollkommene Erfüllung des göttlichen Gesetzes verstanden werden: »Gesetz bezeichnet allemal einen Unterschied und Zwiespalt zwischen einem gebietenden höheren und einem unvollkommenen untergeordneten Willen«.[127] Nach Maßgabe der Zweinaturenlehre und der Forderung, daß sich diese Naturen nicht widersprechen dürfen, sei Jesus dem Gesetz nicht unterworfen gewesen. Eine freiwillige Unterwerfung aber komme ebensowenig in Frage, hätte er dann doch einen Zwiespalt mit dem göttlichen Willen riskieren müssen. Die begriffliche Lösung des Problems besteht in der Aussage, daß der tätige Gehorsam Christi die vollkommene Erfüllung des göttlichen Willens gewesen sei – jedenfalls solange es nicht um die Erfüllung der mosaischen Vorschriften geht. Der rein begrifflichen Behandlung des Problems folgt ein ethischer Exegesevorschlag, der die dogmatische Paradoxie einer bürgerlichen Lösung zuführt: Jesus habe sich nicht blind einem äußerlichen göttlichen Willen unterworfen, sondern sei dem Ethos prophetischer Professionalität gefolgt; von der Verletzung von Pflichten sich selbst gegenüber könne keine Rede sein. Zu Jesu tödlich endendem Einzug in Jerusalem und dem ihm vorhergegangenen Entschluß erläuterte Schleiermacher:

> Sofern also überhaupt Selbsterhaltung Pflicht ist, muß auch von Christo gelten, daß wenn er seinen Tod voraussah, und es

> Mittel gab, ihm ohne Pflichtverletzung zu entgehen, er diese auch diesmal anwenden mußte, wie er es früher getan. [...] Er muß es also als seine Berufspflicht aufgenommen haben, ohnerachtet seines Vorherwissens auf diesem Fest in der heiligen Stadt zu erscheinen; und es gehört unstreitig mit zu der Verwicklung dieses großen Wendepunktes, daß Christus ebenso im Eifer für seinen Beruf auch mit Bezug auf das väterliche Gesetz seinen Tod fand, wie seine Gegner – wenigstens die Besseren unter ihnen – ihn im Berufseifer für das Gesetz zum Tode verurteilten.[128]

Das, was Schleiermacher hier »Berufspflicht« nannte, wird in der *Ethik* von 1812/13 zur Maxime tätiger Aneignung in bezug auf die Zugehörigkeit zu einer sittlichen Gemeinschaft. Dazu sei ein hermeneutisches Verständnis erforderlich: »Tritt in jeden Aneignungsprozeß ein, daß du dich darin schon findest.«[129] Umgekehrt stelle jede Selbstfindung – heute würden wir von Identitätsbildung sprechen – das Aufnehmen von Gemeinschaftsbezügen dar. Aneignung erweise sich so als Wechselspiel von innerer Anregung und äußerer Aufforderung. Eine Aneignung aber, die sich nicht auf eine politische Gemeinschaft richte, sei unsittlich. »Jeder ist ein schlechter Bürger, welcher den Anspruch des Ganzen auf seinen Besitz beschränken will.«[130] Die universelle Gemeinschaft aber sei im Gegensatz dazu der »Tausch«, in dem partikulare, ethnische Formen der Individualität nicht aufgegeben werden dürften. Die Gemeinschaften kumulieren in einem »Maximum der Gemeinschaft«, einem »Staat«, der »vielseitigsten Procuction«, die mit der »Verteilung des Arbeitens eins« sei. Der arbeitsteilige Nationalstaat bilde somit den Rahmen der Ausbildung und Entfaltung von Individualität, die sich gegen die ebenso universelle wie gleichgültige Vergesellschaftungsform des Tauschs behaupten solle.

Jesu Gang nach Jerusalem sowie sein Konflikt mit den römischen und jüdischen Behörden erscheint somit als ein zwar nicht mehr tragischer, aber doch unumgänglicher Konflikt zwischen zwei Aneignungs- und das heißt Deutungsvorschlägen für die jüdische Gesellschaft des damaligen Israels, der römischen Provinz Palästina. Indem endlich, um Jesus aus der Einschränkung des auf Unterwerfung gebauten Mosaismus zu befreien, seine prophetische Predigt und sein befreiendes Handeln zu einer freiwillig übernommenen, für Schleiermacher nur ethnisch-national denkbaren Berufspflicht umgedeutet wird, wird Jesus in jenen jüdischen Kontext zurückgeholt, der doch aufgesprengt werden sollte. Es kann kein Zufall sein, daß Jesu Gegner in »Bessere« und andere unterschieden werden und jenen ein positives Motiv, nämlich »Berufseifer für das Gesetz«[131], unterstellt wurde.

1830, als Schleiermacher seine Glaubenslehre las, war nicht nur das Jahr der Julirevolution in Frankreich, sondern auch einer Welle antisemitischer Ausschreitungen, die freilich Preußen nicht berührten.[132] Im September kam es in Berlin zu einer durch Übergriffe der Polizei ausgelösten »Schneiderrevolution«. Es wäre nicht erstaunlich, wenn Schleiermacher, der sich 1831 als bekannter republikanischer Patriot gegen Vorwürfe wehren mußte, ein Führer der Julirevolution gewesen zu sein, positiver über das Gesetz ausließ, als das seinen romantischen Intuitionen entsprach.[133]

Einige Jahre zuvor, 1826, legte Schleiermacher in einer Adventspredigt sich und einer erweiterten Öffentlichkeit noch einmal grundsätzlich seine Sicht des Judentums dar – eine Predigt, die zwar immer noch von der grundsätzlichen Diskontinuität zwischen dem Christentum und seiner Vorläuferreligion ausgeht, aber dem Judentum im ganzen Duktus deutlich mehr Respekt entgegenbringt, als das in den *Reden* der Fall war. Thema dieser Predigt ist eine Perikope aus Matthäus 21,9: »gelobet sei der, der da kommt im Namen des Herrn«. Adressaten dieses Grußes seien nach Schleiermacher Wallfahrer nach Jerusalem, die Propheten des Alten Bundes sowie Moses. Indem der Adventsprediger in umgekehrter zeitlicher Folge verfuhr und vom Jerusalem der römischen Zeit bis zu Moses zurückging, gab er sich die Gelegenheit, Schichten jüdischer Erfahrung zu benennen. Schleiermacher räumte ein, daß sich auch unter den Juden zur Zeit Jesu »Göttliches« geregt habe, daß sich das Volk als erwählt ansah sowie der Erbauung und Erhebung entgegenging. Gegenstand jüdischer Erwählung sei, den Namen Gottes, sein Gesetz und seinen Dienst unter den Menschen zu verbreiten – eine Deutung, die jedenfalls keinen Partikularismusvorwurf mehr erhob.[134] Die Propheten des Alten Bundes erläuterten Mosis Botschaft in »lehrreichen und ergreifenden Reden«, Künder und Werkzeuge eines Gottes »des Gesetzes in seinen Drohungen und Verheißungen«.[135] Jesus aber war nach dieser Deutung kein Prophet dieser Art gewesen. Er habe sich nicht raum-zeitlich begrenzt an eine bestimmte Gruppe gerichtet, sondern es verschmäht, »der Zeit und Stunde zu dienen mit Lehre und Gebot«; stets sei es ihm nur darauf angekommen, »den Vater selbst und den ewigen Friedensrat desselben zu offenbaren, welcher während der Zeit des alten Bundes hinter der besonderen Erwählung eines einzelnen Volkes [...] war verborgen gewesen«.[136] Schleiermacher bestritt dem Judentum also nicht seine Offenbarung, argumentierte aber im Rahmen einer Fortschrittslogik dafür, daß erst mit Jesu Auftreten der ganze Sinn enthüllt worden sei, nämlich die Verkündigung des Reiches Gottes, einer unvergänglichen geistigen Schöpfung.

Mit Blick auf Moses erklärte Schleiermacher, daß jede menschliche Gesetzgebung etwas sei, das im Namen des Herrn gegeben sei, daß jedes menschliche Recht und jede menschliche Ordnung im Namen des Herrn ergehe, womit er gut lutherisch einer Zweireiche- oder Zweischwerterlehre das Wort redete. Jesus trat in dieser Perspektive als Gesetzgeber auf den Plan, als der einzige und rechte Gesetzgeber, der einen Bund gestiftet habe. Nach Jeremias führe das dazu, daß Gottes Gesetz in das Herz der Menschen gegeben und nicht mehr äußerlich aufgenötigt werde. Die Empfänger dieses Gesetzes aber – hier folgte Schleiermacher der altkirchlichen Substitutionsthese – seien das wahre Israel, das Israel im Geiste. »Das Gesetz aber, welches unter diesem gelten soll, ist das wahre Gesetz des Herrn, das Gesetz seines eigenen Wesens, sein Wesen aber ist die Liebe.«[137] Im Unterschied zum klassischen Lutheranismus beharrte Schleiermacher nicht auf dem Gegensatz von Gesetz und Evangelium, von Gesetz und Gnade, sondern postulierte ein Gesetz, das selbst Liebe und Erlösung sei. Dieses Gesetz unterschied er von dem, was er für das Gesetz Mosis hielt, und zwar durch seinen allgemeinen Adressatenkreis, seine präsentische Geltung sowie durch eine rein innerliche Motivation, ihm zu folgen. Dieses Gesetz diene nicht mehr als Erkenntnismittel der Sünde – hier ging Schleiermacher über Paulus und Luther hinaus –, sondern als Medium der Verbreitung von Liebe und Barmherzigkeit. Den Empfängern dieses Gesetzes sei es gegeben, zugleich dessen Vollbringen gewährt zu bekommen. Mit dem Erlaß des Gesetzes sei in bezug auf Erlösung und Erneuerung der Welt alles gesagt. Der neue Himmel und die neue Erde hätten sich in Jesus und seinem Evangelium bereits vollzogen. Damit wird das Christentum zur letzten, genauer, zur letztmöglichen Religion. Ein vollkommeneres Wort Gottes als das folgende war für Schleiermacher nicht denkbar: »das Werk der göttlichen Gnade und Barmherzigkeit ist vollbracht«.[138]

Die Beurteilung des Judentums hatte sich im Vergleich zu 1799 insoweit verändert, als es nicht mehr als Inbegriff des toten Buchstabens beziehungsweise einer grundsätzlich auf Unterwerfung ausgerichteten Haltung galt, sondern als noch unausgereifte Hülle einer wahren Offenbarung. Die Äquidistanz zu Judentum und Heidentum, um die sich Schleiermacher in seinen

Glaubenslehren bemühte, hatte er in der Adventspredigt aufgegeben. Dem profunden Kenner des platonischen Denkens dürfte es schwergefallen sein, in den Beständen dieser Philosophie begriffliche Vorläufer für die Idee der Erlösung zu finden. Ob sich aus der platonischen Philosophie des Eros, wie sie im *Symposion* entfaltet ist, jenes Gesetz der Liebe und der Barmherzigkeit ziehen ließe, dessen Schleiermacher für seine Konstruktion der letzten Religion bedurfte, kann bezweifelt werden. Die synthetische Kraft des Eros reicht nicht zur ethischen Tugend der Barmherzigkeit.

Sollte – ähnlich wie später bei Hegel – die Erfahrung der judenfeindlichen Hep-Hep-Krawalle des Jahres 1819 ein Motiv zur Neubewertung gewesen sein? In den Jahren der Unruhen jedenfalls zeigte sich Schleiermacher in seiner Korrespondenz als Sympathisant von Friedrich Ludwig Jahn und Ernst Moritz Arndt, der nationalistischen und antisemitischen, als »Demagogen« verfolgten Intellektuellen und der Burschenschaften, als ein selbst von Maßregelungen bedrohter Professor.[139]

Schleiermachers Auseinandersetzung mit dem Judentum, mit Juden und vor allem mit Jüdinnen unterschied sich grundsätzlich vom Verhältnis der anderen idealistischen Philosophen zum Judentum. Als einziger unter ihnen pflog er nicht nur gelegentlich gesellschaftlichen Kontakt mit Juden, sondern war mit einer Jüdin ein Leben lang befreundet. Er war wohl auch der einzige, den man als einen frommen und religiösen Menschen bezeichnen kann. Zudem trat er deutlicher als die anderen für eine strikte Trennung von Staat und Kirche ein. Dennoch drückt sich in seiner romantischen Gefühlsreligion und späteren Christologie des Neuen ein massiver Antijudaismus aus, der späterem blutigem Mißbrauch Tür und Tor öffnete. Endlich ist bei aller persönlichen Noblesse Schleiermachers nicht zu übersehen, daß er in seiner Reaktion auf das »Sendschreiben« über einen rein theologischen Antijudaismus hinaus antisemitisch argumentierte, und zwar dort, wo er von der sozialen Vererbung jüdischer Glaubenshaltungen ausging. Im Unterschied zu den anderen hier behandelten Denkern zeigte sich bei Schleiermacher der entschiedene Wille, zwischen »rein« zwischenmenschlichen Beziehungen und der Kritik an Glaubensinhalten zu unterscheiden, ein Wille, der sich bei ihm nicht aufgrund einer abstrakten staatstheoretischen Überlegung im Sinne der Aufklärung, sondern aufgrund einer Konzeption des Christentums artikulierte. In dieser Religion sah er, sofern sie über ihre systematische Bedeutung hinaus als Ausdruck des sich als abhängig erfahrenden neuzeitlichen Selbstbewußtseins zu verstehen war, vor allem eine intime Lebensform. Durch die systematische Verquickung vom Streben nach Individualität, von Bildung durch Geselligkeit und Freundschaft, von einer auf Gefühlen basierenden, das Entstehen des Neuen feiernden Religion sowie von einer die Familie und Erziehung ins Zentrum stellenden Lebensweise miteinander bildete sich eine Art bürgerlicher Religion. Bürgerlich ist diese Religion, weil sie den Glauben aus dem Bereich der repräsentativen Öffentlichkeit in die Privatheit der Familie verlagert, aber auch weil sie Religion und Individualität noch enger aneinanderkoppelt, als das im reformatorischen Protestantismus mit seiner einsamen Beziehung des einzelnen Menschen zu Gott der Fall war. Wo der reformatorische Protestantismus Glauben und Individualität miteinander verband, verquickte Schleiermacher Religion und geselliges Privatleben. Schleiermacher entdeckte Mensch und Mitmensch als gesellige Wesen auch und gerade dort, wo sie sich zu religiösen Zwecken zusammenfinden, erkannte aber auch früh die Fragilität einer arbeitsteiligen, geschichteten und gespaltenen Gesellschaft, in der sich die reine Beziehung der Individuen untereinander je und je und immer nur auf begrenzte Zeit würde aufrechterhalten lassen. Die Einsicht, daß die bürgerliche Gesellschaft sich als bürgerliche Gesellschaft auch artikulieren, das heißt symbolisch ausdrücken muß, führte zu der Folgerung, daß die bürgerliche Gesellschaft, an deren Transzendierung er nie dachte, immer auch eine bürgerliche Kultur entfalte, die einer großen, aber eben nur begrenzten Integrationsleistung fähig sei.

Indem Schleiermacher, anders als die Aufklärer seiner Zeit, gelungene soziale Integration und geglückte Anerkennungsverhältnisse nur innerhalb intimer Gemeinschaften für möglich hielt, gleichwohl aber den postkonventionellen Gedanken reiner Individualität jenseits von Klasse, Rasse und Geschlecht im Grundsatz wagte, aber nicht für lebbar erklärte, konnte er einer wirklichen Gleichberechtigung und Akzeptanz von Jüdinnen und Juden als Jüdinnen und Juden bei aller Freundschaft und aller Liberalität der von ihm gewünschten Staatsverfassung nicht das Wort reden. Toleranz und Akzeptanz werden hier in das Reich der Bildung verbannt. Schleiermachers Toleranzkonzept einschließlich seiner Freundschaftsvorstellungen sind von einem Realismus bildungsbürgerlicher Art getragen: »[...] wie auch die Erfahrung zeigt, daß einer mit gleicher Bildungsstufe und fremder Nation leichter in freier Geselligkeit verkehrt als mit einem gleicher Nation und differenter Bildungsstufe.«[140]

Das sich assimilierende, gebildete, in Gestalt liebenswerter Frauen in die Gesellschaft tretende Judentum konnte diesem Programm so lange genügen, wie die partikulare nationale Kultur nicht diese Uneindeutigkeit aus Gründen der Selbsterhaltung, die Schleiermacher durchaus gebilligt hatte, aufkündigen würde. Nach der preußischen Niederlage gegen Napoleon 1806 wandte sich ein Teil der Besucher der Salons von diesen ab und verschrieb sich einem mehr oder weniger radikalen Antisemitismus. Schleiermachers Vorstellung eines liberalen Nebeneinanders religiös homogener Gruppen wird nun durch die Überzeugung einer deutschchristlichen Nation ersetzt: »Es gibt nur einen Weg«, meinte etwa Achim von Arnim, »wie die jüdischen Colonien mit den verschiedenen Völkern Europens zu gleichem Volkssinn übergehen können, dies ist das Christentum.«[141] An diesem im Vergleich zu Schleiermachers politischem Programm regressiven Vorhaben erweist sich die für das damalige Denken offensichtlich unlösbare Schwierigkeit, eine distanzierte Haltung zu religiösen, ethnischen und geschlechtlichen, kurz, zugeschriebenen Eigenschaften politisch zu bewahren. Auch Schleiermacher, der auf diesem Wege so weit wie keiner seiner Zeitgenossen gegangen war, traute der Kraft der Individuen letztlich doch nicht und war deshalb bemüht, mindestens seine Freundinnen und Freunde jener religiösen Kultur, die er für die allein moderne und eben jenem Individualitätskonzept angemessene hielt, anzuverwandeln. An dieser Problematik setzte Karl Marx Mitte der vierziger Jahre an, um dabei komplementären Aporien aufzusitzen.

Da Religion, von radikaler Mystik abgesehen, keine rein individuelle Angelegenheit sein kann, sondern stets in Form sich artikulierender Gemeinschaften auftritt, mag sie zwar als Konfession aus dem Zwang staatsbürgerlicher Verfaßtheit in die vermeintliche Freiheit des bürgerlichen Privatlebens entlassen werden, aber dort entfaltet sie den Zwang zu Stellungnahmen und Abgrenzungen.

An Schleiermachers Bemühungen um das Judentum und um jüdische Frauen erweist sich eine Einsicht, die erst zweihundert Jahre später von der Frauenbewegung theoretisch gefaßt werden konnte, daß nämlich nicht einmal das privat Deklarierte privat ist. Die Salons und ihre Besucherinnen sind entsprechend unterschiedlichen Perspektiven subsumiert worden: Während Arendt in ihnen Laboratorien und Katalysatoren einer bildungsbezogenen Lebensform im Übergang vom Feudalismus zur bürgerlichen Gesellschaft sah, verurteilten jüdische, zionistische Vorläufer und Zeitgenossen Arendts das Phänomen leidenschaftlich und gaben in fast allen Hinsichten Schleiermacher gegen Friedländer recht.

Ismar Elbogen und Jacob Katz in den dreißiger Jahren sowie Paul Lawrence Rose in unseren Tagen[142] wiederholten nur in vornehmerem Tonfall, was Heinrich Graetz am Ende des neunzehnten Jahrhunderts aus einer »nationaljüdischen« Perspektive negierte, dabei Schleiermacher gleich mit verurteilte und über eine heroische Perspektive zum Besseren gewendet sehen wollte:

> Aber gerade in demselben Jahre, als der verweichlichte Schleiermacher in seiner romantischen Selbstbespiegelung das Judentum als eine Mumie verlästerte, erließ ein Held, ein Riese im Vergleich zu diesen nörgelnden Zwergengestalten, Bonaparte einen Aufruf an die Juden, sich um ihn zu scharen. Er wollte das heilige Land ihrer Väter für sie erobern und ihnen, ein zweiter Cyrus, den Tempel wieder erbauen. Die Freiheit, welche die Juden Berlins mit Darangabe ihrer Eigenart, mit Selbsterniedrigung vor der Kirche erlangen wollten, fiel ihnen ohne diesen Preis und ohne schimpflichen Schacher durch Frankreich in den Schoß.[143]

Graetz und seine Nachfolger übersahen, was Arendt wußte, daß es nämlich neben der staatsbürgerlichen Emanzipation intime Beziehungen eigenen Werts zwischen Juden und Nichtjuden gab, die nach Maßgabe der bürgerlichen Kultur zu gestalten und auch zu vertreten waren.[144] In der Anfangszeit der Salons trafen sich die jungen, meist protestantischen Intellektuellen und ihre gebildeten jüdischen Gefährtinnen in einem »Tugendbund«, einem Orden, der, wie Graetz drastisch meinte, »dahin zielte, daß die beiden Geschlechter ohne Schranken und ohne gesellschaftliche Anstandsformen miteinander verkehren, einander dutzen sollten«[145]. Graetz übersah, daß der Begriff der Tugend so, wie ihn die antike Philosophie vor der Stoa definierte, gerade nicht Zucht und Keuschheit, sondern Entfaltung des Lebens bedeutete.

IV. Hegel – Der Jude Jesus, die Positivität des Christentums und die Religion des Erhabenen

Im Jahre 1793, als Johann Gottlieb Fichte die Urteile des Publikums über die Französische Revolution zu korrigieren suchte und dabei eine Judenfeindschaft der Vernunft begründete, schloß der acht Jahre jüngere Georg Wilhelm Friedrich Hegel in Tübingen sein Examen ab und nahm im Oktober eine Hauslehrerstelle in Bern an. In dieser Zeit setzte er sich mit Immanuel Kants im gleichen Jahr erschienener Religionsschrift auseinander, studierte Fichtes Werke und korrespondierte mit seinem Tübinger Stiftsgenossen Friedrich Wilhelm Joseph Schelling. Stein des Anstoßes für beide und Thema ihrer Korrespondenz war neben anderem die merkwürdige Wendung, die die Kantische Philosophie in der Lehre des von Hegel schon während seines Studiums abgelehnten Exegeten Gottlob Christian Storr genommen hatte. Storr nahm Kants Kritik der Religion und seine Widerlegung aller Gottesbeweise zum Anlaß, einem um so unbekümmerteren Fideismus und Supranaturalismus das Wort zu reden.[1]

Diese Verkehrung der Kantischen Kritik in ihr Gegenteil provozierte Hegel, den jungen Anhänger der Französischen Revolution, ebenso wie die politische Funktion der Religion als Herrschaftselement. Die 1793/94 geschriebenen, mehr als hundert Jahre später unter dem Titel »Fragmente über Volksreligion und Christentum« publizierten Texte enthalten nicht nur eine Phänomenologie alltäglicher Religiosität, sondern auch eine Theorie der Vermittlung zwischen einem subjektiven religiösen Bewußtsein und dem, was Hegel als »objektive Religion« bezeichnete, nämlich dem geglaubten Glauben, dem kognitiven, sachlichen Inhalt der Gebete, also dem kodifizierten Kanon mitsamt den ihm entsprechenden praktischen Kenntnissen, die aber keineswegs mit den den Glauben begleitenden Gefühlen identisch seien. Die objektive Religion gleiche der theoretischen Biologie, die töte und nach Zwecken ordne, »wo die Natur unendliche Mannigfaltigkeit von Zwecken in ein freundschaftliches Band verschlang«[2]. Das, was Hegel in seinen frühen Jahren an der subjektiven Religion zumindest guter Menschen interessierte, war ihre moralische Sensibilität und Motivation, weshalb ihm die objektive Religion, der sie anhingen – so wie das Gotthold Ephraim Lessing im von Hegel immer wieder zitierten *Nathan der Weise* demonstriert hatte –, eher gleichgültig war. Beides zusammen, subjektive und objektive Religion in ihren unterschiedlichen Brechungen und Legierungen ergeben das, was Hegel als »Volksreligion« bezeichnete, ein Überzeugungssystem, das unmöglich nur auf Vernunft gebaut sein konnte. Sie beziehe ihre Wirksamkeit aus nicht in jedem Fall kritisierbarer und aufklärungsbedürftiger Tradition. Die damit einhergehende Kritik an einer rein verständig begründeten Moralität und das Befürworten bildhaft fundierter moralischer Gefühle als Motivationsquelle geraten freilich dort an ihre Grenzen, wo das religiöse Glaubenssystem weder das moralisch Gute noch Freiheit oder Individualität fördert, sondern – im Gegenteil – sogar unterdrückt.

Die tatsächlich gelebte Volksreligion bezeichnete Hegel als »positive«[3] Religion und schloß damit an eine Debatte an, die der von ihm sorgfältig studierte Jean-Jacques Rousseau am Ende des *Contrat social* angestoßen hatte. Rousseau hatte 1762 dargelegt, daß ursprünglich alle Religionen Religionen eines bestimmten Volkes gewesen seien, da zu Beginn der menschlichen Geschichte ausschließlich Götter als Könige verehrt worden seien, Götter, die so verschieden gewesen seien wie die Völker. Den Drang, in anderen Göttern den je eigenen zu sehen, den Rousseau zuerst bei den Griechen beobachtete, identifizierte er als imperialistisches Streben und votierte somit im Grundsatz für polytheistische Bürgerreligionen. Das Römische Reich habe mit seiner Eroberungspolitik Synkretismen aller Art mit dem Effekt gefördert, daß in diesem Rechtsraum das Heidentum zu einer einzigen Religion zusammengewachsen sei. Jesus, der in diese Welt kam, um, wie Rousseau schrieb, »ein geistiges Reich auf Erden zu errichten«[4], habe mit seiner Botschaft auf die Trennung von Religion und Politik, von Kirche und Staat gezielt, eine Botschaft, die von den Heiden nur als Rebellion und Ursache innerer Spaltungen habe angesehen werden können. Mit dem Aufkommen des Christentums seien zwei grundsätzlich verschiedene Arten der Religion entstanden, die des Bürgers und die des Menschen; letzterer gehe es allein um einen reinen inneren Kult des höchsten Gottes sowie die ewigen Pflichten der Moral: »die reine und einfache Religion des Evangeliums«[5]. Rousseaus Resümee postuliert eine radikale Diskrepanz zwischen diesem Christentum, das die Brüderlichkeit aller Menschen anstrebe, und den mit politischen Nationen verschmolzenen christlichen Konfessionen, die Rousseau aufs schärfste kritisierte. Das Christentum des Evangeliums erweise sich – Hannah Arendt monierte später dasselbe an Augustinus[6] – als ein weltloser Glaube; eine christliche Gesellschaft sei ein Unding, da »eine Gesellschaft von wahren Christen keine Gesellschaft von Menschen mehr wäre«[7]. Sosehr einerseits die Reinheit und das Brüderlichkeitsethos Jesu gelobt werden, sosehr wird diesem Glauben andererseits unterstellt, er verpflichte seine Anhänger auf Weltfremdheit und damit diesseitige Unfreiheit. Deshalb tauge die christliche Religion im Unterschied zu einer erneuerten bürgerlichen Religion nicht zur Gründung der Freiheit: »Das Christentum predigt nichts als

Knechtschaft und Abhängigkeit. Sein Geist leistet der Tyrannei zu sehr Vorschub, als daß diese daraus nicht immer Nutzen zöge. Die wahren Christen sind dazu geschaffen, Sklaven zu sein; sie wissen es und sind eigentlich nicht darüber beunruhigt; dieses kurze Leben ist in ihren Augen wenig wert.«[8] Rousseau prangerte die durch das Christentum in die Welt gekommene Sklavenmentalität – im Gegensatz zu seinen idealistischen Nachfolgern in Deutschland – ohne jeden Bezug auf das Judentum an.

Der junge Hegel fand also eine Situation vor, in der die radikalsten Vertreter der Aufklärungsphilosophie als Essenz des Christentums entweder wie Rousseau eine weltlose, auf Unterwerfung gerichtete radikale Brüderlichkeitsethik oder wie Kant die wahre, von jedem messianischen Kirchenglauben gleich weit entfernte Religion der Moral ohne jede Geschichtsmetaphysik ansahen. In beiden Entwürfen steht Jesus von Nazareth als moralischer Lehrer im Zentrum. Wo Rousseau die radikale Unvereinbarkeit des jenseitigen Brüderlichkeitsethos mit kommunaler politischer Freiheit postulierte, hielt es Kant jedenfalls für möglich, den messianischen Religionen einen moralischen Kern zuzuerkennen, der die Menschen, die von ihm überzeugt waren, befähigte, Bürger eines auf Freiheit und Gesetz gegründeten Gemeinwesens zu sein. Die positive Religion, die für Hegel zum Stein des Anstoßes wurde, war das Christentum im Sinne Rousseaus. Entsprechend wollte er mit seinen Berner Entwürfen das begründen, was sowohl für Kant als auch für Rousseau aus je unterschiedlichen Gründen ein Unding war, nämlich eine Tradition jener Botschaft, die Jesus gestiftet hatte, kurz eine christliche Volksreligion im kantischen Sinne.

Hegels Blick aufs Konkrete, auf Vermittlung und Tradition mußte ihn viel enger an Jesus selbst heranführen, dessen Gestalt Kant nur schemenhaft umriß, aber den er immerhin als einen Mann verstand, der eben auch »als Jude zu Juden« sprach und nicht nur als Religionsstifter zur Menschheit im allgemeinen. Hegel setzte sich mit dem Judentum zunächst als Umfeld Jesu in historischer Absicht beziehungsweise als der Religion des Buches Hiob auseinander.[9] Er hatte während seines Theologiestudiums bei den neuprotestantischen Orthodoxen Storr und Flatt gehört und wie fast alle jungen Intellektuellen seiner Zeit leidenschaftlich am Streit über Baruch de Spinoza Anteil genommen, den Friedrich Heinrich Jacobi durch sein Lessing-Buch[10] ausgelöst hatte. Als religiöser Phänomenologe und, jedenfalls in seiner Jugend, deutscher Nationalist im Sinne von Rousseaus Polytheismus und Johann Gottfried von Herders Theorie der Völker in der Geschichte entdeckte er – ähnlich wie Fichte in den Jahren nach 1806 – die überkommene christliche Religion zunächst als Ausdruck deutscher Inauthentizität:

> Was sind die Geschichtskenntnisse unseres Volkes? (Eine) eigentümliche, vaterländische Tradition fehlt ihm, das Gedächtnis, die Phantasie ist mit der Urgeschichte der Menschheit, mit der Geschichte eines fremden Volks, den Taten und Untaten ihrer Könige angefüllt, die uns nichts angehen […]. Nicht zu leugnen sind die verkehrten und unmoralischen Begriffe der Juden von dem Zorn, der Parteilichkeit, dem Hasse gegen andere Völker, der Intoleranz ihres Jehova, – Begriffe, die leider in die Praxis und Theorie der christlichen Religion übergegangen sind und zuviel Schaden angerichtet haben, als daß man nicht wünschen sollte, daß sie in einer menschenfreundlicheren Religion ihren Ursprung gehabt oder weniger von ihr angenommen hätte.[11]

Das Judentum kommt als Quelle des Christentums, dem die Kritik vor allem gilt, in den Blick. Dieses Christentum war für Hegel der Protestantismus, die Lehre der Reformatoren, die unbedacht mit ihrem Protest gegen die Einheit von Staat und Kirche lediglich der Unterwerfung des Christentums unter eine weltliche Macht Vorschub leisten würden. Beider Verbindung, das hatte er von Rousseau gelernt, konnte die bürgerliche kommunale Freiheit nicht befördern. Als Ergebnis der reformatorischen Anstrengung entstanden in seiner gesellschaftskritischen Perspektive »christliche Polizeieinrichtungen«, eine »Kirchenpolizei«, das heißt ein Kirchenregiment, das dazu führte, »den Unterschied zwischen den nötigen Einrichtungen bei einer herrschenden Volksreligion und den Privatgesetzen einer partiellen Gesellschaft, eines Klubs zu übersehen«.[12] Martin Luthers Protestantismus konnte den Ansprüchen Hegels an eine angemessene Volksreligion nicht genügen, da jener, wie seine Streitigkeiten mit anderen Reformatoren gezeigt hätten, »weit entfernt von der Verehrung Gottes in Geist und Wahrheit«[13] gewesen sei. Die Reformation aber habe nicht nur die Herrschaft über die Meinungen der Menschen angestrebt, sondern zugleich den Gedanken moralischer Verantwortlichkeit unterminiert. Die Lehre von Erbsünde, Rechtfertigung und Prädestination, so müssen wir Hegels Einwände gegen die Reformation verstehen, führe in eine »fürchterliche Alternative, wo es kein mittleres gibt, daß das Schicksal, das die Menschen in einer anderen Welt erwartet, entweder ewige Seligkeit oder ewige Verdammnis ist [...] eine Alternative, die [...] den Menschen [...] in einen Zustand der marterndsten Ungewißheit versetzte, die im Gefühl ihrer Unvollkommenheit ewig zwischen der Furcht vor dem Richter der Welt und der Hoffnung von dem gnädig verzeihenden Vater wankte«[14]. Ein Glaube, der darauf setze, daß den Menschen ihre Schuld fremdes Verdienstes wegen erlassen werde,[15] und der von vornherein voraussetze, daß es unmöglich sei, ein guter Mensch zu werden,[16] ließe nur noch den Glauben an »Christum« übrig, der als Glaube an eine historische Person in keinem praktischen

Vernunftbedürfnis im kantischen Sinne wurzele, sondern ein Glaube sei, der auf Hörensagen[17] und Geschichte[18] beruhe, so zum Glauben an ein »personifiziertes Ideal«[19] und damit zum Inbegriff der Positivität werde. Die christliche Religion war in den Augen des jungen Hegel mit einem dreifachen Geburtsfehler behaftet. Entstanden auf der Basis der unmoralischen und verkehrten Begriffe des Judentums, verbreitet durch fragwürdig propagandistische Wunder unter einem Volk höchster Verdorbenheit, den dekadenten Römern,[20] und entfaltet in der Reformation mit ihrem jede vernünftige Moral unterminierenden Determinismus, könne sie in ihrer protestantisch-orthodoxen Gestalt das Projekt der Freiheit nicht tragen, weshalb ein Rückgang auf den historischen Jesus unerläßlich erschien.

In den letzten Monaten in Bern und in der Vorbereitungszeit auf eine Hauslehrerstelle in Frankfurt am Main unternahm Hegel einen zweiten Anlauf, sich mit der Positivität des Christentums auseinanderzusetzen, und stieß jetzt auf den Juden Jesus. Ursache und Anstoß dieses Perspektivwechsels, der sowohl eine wachsende Distanz zu Kant als auch einen schärferen Blick auf die Möglichkeit einer Gemeinschaftsmoral zur Folge hatte, könnte die in der Korrespondenz mit seinen Freunden Schelling und Friedrich Hölderlin geführte Debatte um Lessings Spinozismus gewesen sein. Es ging um einen Neuansatz seines Denkens bei einem Spinoza zwar entlehnten, aber grundsätzlich verwandelten Monismus.[21] Spätestens hier wurde eine substantielle Auseinandersetzung mit dem Judentum unumgänglich. Sowohl der Blick auf Jesus als auch das Wissen, daß Spinoza Jude war und Lessing sich in seiner Freundschaft mit Mendelssohn und dem von Hegel geschätzten *Nathan* mit jüdischen Themen auseinandergesetzt hatte, legte das nahe.

Merkwürdigerweise übersieht die bis heute vorherrschende materialistische Lektüre dieser Schriften, die die von Hegel betonte Gegenüberstellung des eine Privatreligion lehrenden Juden Jesus und des an einer öffentlichen Selbstverständigung interessierten Griechen Sokrates in ihr Zentrum stellt,[22] dies weitgehend und ignoriert Hegels historisch angereicherten Blick auf Jesus. Das ist um so erstaunlicher, als etwa Georg Lukacs' 1938 abgeschlossenes, erst 1948 publiziertes Werk über den jungen Hegel in einer Zeit entstand, als die Frage nach dem Judentum im Guten wie im Bösen die öffentliche Aufmerksamkeit erregte, wenngleich das kommunistische Interesse, den eigentümlichen, über die Diktatur des Kapitals hinausgehenden rassistischen Charakter des Nationalsozialismus zu verschweigen, nicht verwundert. Freilich sah sich auch Herbert Marcuse im US-amerikanischen Exil nicht genötigt, dieser Frage auch nur eine Bemerkung zu widmen.[23] Die unter anderem von Ludwig Feuerbach inspirierte hegel-marxistische Tradition schien gar nicht anders zu können, als die religionstheoretische Form, die Hegel der Frage sozialer Ordnung und Sittlichkeit gab, einzig als Hülle tieferliegender ökonomischer und politischer Interessen zu sehen.

Hegel, der, nach allem was bisher bekannt ist, in seinen jungen Jahren anders als Kant und Friedrich Daniel Ernst Schleiermacher keine Juden kannte und sich anders als Fichte auch nicht politisch gegen sie wandte, sah in Jesus gleichwohl einen Reformjuden: »Er war ein Jude, das Prinzip seines Glaubens und seines Evangeliums war der geoffenbarte Wille Gottes, wie die Traditionen der Juden ihm denselben überliefert hatten, aber zugleich das lebendige Gefühl seines eigenen Herzens von Pflicht und Recht. In die Befolgung dieses moralischen Gesetzes setzte er die Hauptbedingung des Wohlgefallens Gottes.«[24] Das Judesein Jesu ist somit der Schlüssel zum Verständnis einer Person, die sich den klaren und einfachen Grundsätzen ihrer Lehre zum Trotz ihrer Verbreitung der Wunder und des Messiasglaubens bediente. Hegel stellte Jesus als einen geradezu strategisch handelnden Reformer dar. Der Kern seiner Botschaft seien das moralische Gesetz, was hier durchaus kantisch verstanden werden darf, und eine moderne Individualität, die dem eigenen Herzen folge. Daß Jesus in irgendeiner Weise von den Kerngehalten des Judentums abgewichen sei, wird hier nicht behauptet. Sein Auftreten habe sich danach gerichtet, »wie sein Volk sich allein wollte beikommen lassen; ihre ganze Verfassung, alle ihre gottesdienstlichen, politischen und bürgerlichen Gesetze waren sie innigst überzeugt, von der Gottheit selbst empfangen zu haben. Dies war ihr Stolz, dieser Glaube schnitt alle eigenen Spekulationen ab und schränkte sich ganz allein auf das Studium der heiligen Urkunden und die Wirksamkeit der Tugend auf einen blinden Gehorsam gegen diese sich nicht selbst gegebenen Gebote ein«.[25]

Das scheint ungerecht, und dennoch ist Hegel in bezug auf die Form des Judentums zur Zeit Jesu[26] im großen und ganzen recht zu geben. Auch die moderne, philosophisch reflektierte jüdische Orthodoxie im zwanzigsten Jahrhundert beglaubigt dies: »Wenn der halachische Mensch sich der Wirklichkeit nähert, kommt er mit seiner Tora, die ihm auf dem Sinai übergeben wurde. Er wendet sich der Welt mit festgesetzten Gesetzen und unbeugsamen Prinzipien zu.«[27] Die immer wieder geäußerte Behauptung vom völligen Fehlen einer spekulativen Theologie im Judentum ist angesichts der narrativen, aggadischen Teile etwa der talmudischen Schriften nicht aufrechtzuerhalten. Richtig ist aber zumindest für die Orthodoxie, daß theologische Spekulation bei der Ausbildung normativer Prinzipien der Lebensführung keine Rolle spielt. Umgekehrt entspricht der strikten Befolgung der Weisung eine große Freiheit der Spekulation.

Hegel erkannte nicht, daß gerade der von ihm kritisierte »blinde Gehorsam« Spielräume bezüglich der Bedeutung und des Verständnisses dieser Weisung und damit seine Akzeptanz ermöglichte. Die am Sinai bekundete Bereitschaft »Wir werden folgen und wir werden hören«, die, und zwar genau in dieser Reihenfolge, für die Orthodoxie von zentraler Bedeutung wurde, erkauft die Freiheit der Spekulation um den Preis strikter Observanz. Diese Haltung mußte für den Kritiker eines positiven Christentums inakzeptabel sein, da sie genau jene Trennung von Glaube und Wissen bestätigt, die eine durch Kant belehrte protestantische Neoorthodoxie aufrechterhielt.

Jesu Absicht, sein Volk vom Ungenügen des statutarischen Kirchenglaubens zu überzeugen, habe jene Form annehmen müssen, die das damalige Judentum verstand – die Form einer autoritativen Weisung, die Wiederholung der autoritativen Stimme vom Sinai: »[…] auf Vernunft allein sich berufen zu wollen, hätte den Fischen predigen geheißen«.[28] Hegels Jesus konnte gar nicht anders, als den Glauben an seine Person zu fordern, wenn er der Neigung, der »eigenen angestammten Kraft und Freiheit«[29] zu entsagen, genügen wollte. Einem ähnlichen Motiv entsprach seine Selbstqualifikation als Messias, denn nur von einem von ihnen anerkannten Messias waren die Juden bereit, eine neue und andere Weisung entgegenzunehmen. Obwohl es hermeneutisch nicht unproblematisch ist, rabbinische Überlegungen, die zwei bis drei Jahrhunderte nach Jesus angestellt wurden, auf seine Zeit zurückzubeziehen, soll darauf hingewiesen werden, daß zumindest einige rabbinische Stimmen die Geltung der Tora nur bis zur Ankunft des Messias terminierten: »Raw Joseph sagte: In der Zukunft, die da kommt, hören die Gebote auf.«[30]

Jesus konnte nach Hegels Überzeugung nur unter der Bedingung der Messiasprätention und der Wundertaten Zugang zu seinem jüdischen Volk finden. Daß durch dieses Vorgehen die christliche Religion von ihren Anfängen an dem damaligen Judentum verhaftet blieb, war ihm selbstverständlich. So wie die

Juden einem »Fronglauben« anhängen würden, so »machten« die Christen »Lippendienst, äußerliche Handlungen, innere Empfindungen, einen historischen Glauben zum Wesen der Religion«.[31] Diesem Geburtsfehler unterlag auch der Jüngerkreis mit dem Apostolat, dem Missionsgebot. Die Kritik des zeitgenössischen Christentums gipfelt schließlich in der Feststellung einer unumgänglichen, vielleicht als »tragisch« zu bezeichnenden Verkehrung von Form und Inhalt, Zweck und Mittel, Hülle und Gehalt.

Aber ist es lediglich diese Verkehrung, die das Christentum für den jungen Hegel scheitern läßt, oder, genauer, ist es über die Hegel dubiose Ineinssetzung des Glaubens an Jesu Lehre und des Glaubens an seine Person hinaus nicht auch der Kern dieser Lehre, an dem »etwas Positives wesentlich ankleben«[32] bleibe, ein Positives, das »an Würde der Moralität wenigstens gleich als unzertrennlich von ihr gesetzt, es ist Seligkeit und Verdammnis daran gebunden«[33]? Indem das entstehende Christentum, von Jesus so gewollt, nicht nur eine philosophische Tugendschule, sondern eine eigene (positive) Religion geworden sei, habe es – hier folgte Hegel Rousseau – früher oder später gerade durch seinen missionarischen Erfolg vor der Frage des Staates gestanden, und zwar unter Umständen, unter denen die Gleichheit aller Sektenmitglieder nicht mehr zu gewährleisten war. Der Missionstätigkeit selbst zollte Hegel keinen Respekt und kommentierte damit schon früh Bemühungen um eine moderne Form christlicher Staatsreligion. Für die den Juden, »die sich mitten unter uns immer mehr einnisteln«[34], wie er abfällig feststellte, entgegengebrachte Sanftmut hatte er nur eine spöttische Bemerkung übrig. Ansonsten vermerkte er die mangelnde Achtung Proselyten gegenüber. In dieser Frage optierte Hegel von Anfang an anders als Schleiermacher:

> Den Proselyten, die sich hier und da zur Seltenheit selbst anbieten, wird im Ganzen wenig Ehre und Aufmerksamkeit erwiesen, so daß die Verwunderung, die man bei diesem Triumphe, bei dem Schauspiel der Taufe eines bekehrten Juden äußert, von ihm allerdings für einen Glückwunsch, von seiner Verirrung zurückgekommen zu sein, oder auch fast für Befremdung genommen werden kann, wie er sich in die christliche Kirche verirrt habe. Daß im Ganzen so wenig mehr geschieht, ist aber auch dadurch zu entschuldigen, daß die gefährlichsten, die innerlichen Feinde des Christentums immer so viele Zurüstungen und Arbeit erfordern, daß man an das Heil der Türken und Samojeden wenig denken kann.[35]

Nicht anders als Kant nahm Hegel angesichts der strukturellen Gleichheit von Judentum und Christentum als Konfessionen ihre Differenz weder im Guten noch im Bösen wirklich ernst, womit auch die Dramatik der Konversionsfrage entfiel. Der nüchterne Blick auf die christlichen Konfessionen ergab indes folgendes: Nähmen sie die von ihnen gepredigte Differenz wirklich ernst, würden sie den selten auftretenden Proselyten freundlicher und aufgeschlossener gegenübertreten. An der Art und Weise, wie Christen auf jüdische Konvertiten reagierten, erweise sich ihre vorgebliche Ernsthaftigkeit als Eingeständnis tiefer Indifferenz. Im Rückblick auf die ersten Christen, die ja auch als Proselyten anzusehen seien, zeige sich deren weltlose Fremdheit gegenüber Staat und Gesellschaft, die freilich in dem Augenblick geendet habe, da das Christentum Staatsreligion geworden sei. Die Folgen für die Angehörigen anderer Religionen waren gravierend: Der junge Hegel ging noch selbstverständlich davon aus, daß christliche Staaten darauf bestehen dürfen, daß ihre Bürger Christen sind oder werden müssen. Dennoch war sein Verständnis des modernen säkularen Nationalstaats schon ausgeprägt genung, um zu erkennen, daß der Übertritt zum Christentum noch kein Anrecht auf Einbürgerung schuf, sondern allenfalls eine notwendige Bedingung darstellte.

Diese politisch-praktischen Überlegungen, die unter dem Einfluß von Lessings *Nathan* von der Strukturidentität von Judentum und Christentum ausgehen, wichen mit Hegels Umzug nach Frankfurt am Main 1797 einer prinzipiellen Neubesinnung. Diese Neubesinnung dürfte vor allem auf die intensive Auseinandersetzung mit Hölderlin und dessen *Tod des Empedokles* zurückgehen, in dem Empedokles gegenüber den Agrigentern eine ähnlich kritische Funktion einnimmt wie Jesus gegenüber den Juden. Zudem spielte Hegels Rezeption des Neuplatonismus und der griechischen Kirchenlehrer[36] eine entscheidende Rolle. Vor allem aber war die Frankfurter Zeit Hegels vom Abrücken von Kant gekennzeichnet, ein Umstand, der sich aufgrund der Nähe der Kantischen Philosophie zu einem systematisch rekonstruierten Reformjudentum zuungunsten des Judentums auswirkte. Die Sicht des Frankfurter Hegel auf das Judentum überbietet an Feindseligkeit und Verachtung alles, was Kant und Schleiermacher anzuführen wußten, ohne sich jedoch, bezüglich praktischer antijüdischer Maßnahmen so weit vorzuwagen wie Fichte. Aus dem Jesus der Berner Zeit, dem individualistischen Reformjuden, wurde jetzt ein romantischer Revolutionär, der das schlechthin Neue verkörpert. Dem korrespondiert im politischen Denken ein entschiedener Rousseauismus, wonach Freiheit nur im Gehorsam gegenüber selbst gegebenen Gesetzen bestehen könne. Für den Frankfurter Hegel repräsentierte das Judentum sowohl den Geist der Unterwerfung als auch in seiner dem Griechentum entgegengesetzten Unsinnlichkeit den Geist der Entfremdung schlechthin. Dem »jüdischen Prinzip der Entgegensetzung des Gedankens gegen die Wirklichkeit, des Vernünftigen gegen das Sinnliche«[37] entsprach schließlich der »orientalische Geist«, dem »aller Wert und Bestand in dem unendlichen Objekt ist, da er auf ein für sich Bestehendes, eigenes Leben in sich selbst Habendes nichts halten kann«[38].

Das Leben der wirklichen Juden interessierte Hegel in Frankfurt nicht. Um die Jahrhundertwende hätte er wissen können, daß das jüdische Getto 1796 durch einen versehentlichen Beschuß der französischen Revolutionsarmeen zum Teil zerstört worden war, daß über die Aufhebung des Leibzolls für Juden diskutiert wurde, daß Lessings Freund Moses Mendelssohn unter den dortigen Juden über eine große Anhängerschaft verfügte und in der Judengasse sogar ein Jakobiner Club bestand.[39] Dem grundsätzlichen Befürworter der Französischen Revolution hätte auch bekannt sein können, daß seit 1791 in der französischen Constituante intensive Debatten über die Emanzipation der Juden stattfanden. Ihm wird kaum aufgefallen sein, daß die Juden selbst sich an diesen Bewegungen nur geringfügig, wenn überhaupt beteiligten. Der Hegel der Frankfurter Zeit hatte für das jüdische Volk nur Verachtung übrig. Er sprach von dem »schäbigen, niederträchtigen, lausigen Zustand, in dem es sich noch heutigentags befindet«, der »weiter nichts als Folge und Entwicklung ihres ursprünglichen Schicksals« sei.[40]

Nach Hegels erster Theorie des Judentums als positiver Religion zeichnet sich sein zweiter Blick auf das jüdische Volk durch eine solche Anhäufung negativer Eigenschaften aus, daß es kaum möglich ist, sie einzeln aufzuführen. Um seinen späteren Gesinnungswandel dokumentieren zu können und um seine frühe Sichtweise zu charakterisieren, soll an dieser Stelle die einschlägige Textpassage in ihrer ganzen Länge wiedergegeben werden:

> Das jüdische Volk, das schlechterdings alle es umgebenden Völker verabscheute und verachtete, wollte für sich, hocherhaben, allein in seiner Art, seinen Sitten, seinem Dünkel

beharren; jede Gleichstellung, Vereinigung durch Sitten mit anderen war ihm eine greuelhafte Abscheulichkeit [...]; dem Drange der Völker, sich zu vereinigen, mußte die jüdische Sucht, sich zu isolieren, unterliegen, und nach Kämpfen, die um so entsetzlicher waren, je eigner dies Volk war, war sie auch unterlegen und durch die Unterwerfung des Staats unter eine fremde Gewalt tief gekränkt und erbittert worden. Um so hartnäckiger hielt dies Volk fernerhin auf seine statutarischen Gebote der Religion; es leitete seine Gesetzgebung unmittelbar von einem ausschließlichen Gott ab; in seiner Religion war die Ausübung einer unzähligen Menge sinn- und bedeutungsloser Handlungen wesentlich, und der pedantisch sklavische Geist der Nation hatte noch den gleichgültigsten Handlungen des täglichen Lebens eine Regel vorgeschrieben und der ganzen Nation das Ansehen eines Mönchsordens gegeben – der Dienst Gottes und der Tugend war ein zwangsvolles Leben unter toten Formularen, dem Geist blieb nichts als der hartnäckige Stolz auf diesen Gehorsam der Sklaven gegen sich nicht selbst gegebene Gesetze übrig. Diese Hartnäckigkeit konnte aber den immer beschleunigten Fall ihres schweren Schicksals, an das sich von Tag zu Tag mehr Gewichte anhängten, nicht aufhalten. Das Ganze war einmal und auf ewig zerrissen. Ihre Raserei der Absonderung hatte der politischen Abhängigkeit und der Einwirkung der Verbindung mit Fremden nicht widerstehen können. Dieser Zustand der jüdischen Nation mußte in Menschen von besserem Stoff, die ihr Selbstgefühl nicht verleugnen und sich nicht zu toten Maschinen und zugleich zur Wut des Knechtssinns herunterbeugen konnten, das Bedürfnis einer freieren Tätigkeit und reineren Selbständigkeit, als mit mönchischer Geschäftigkeit eines geist- und wesenlosen Mechanismus kleinlicher Gebräuche ein Dasein ohne Selbstbewußtsein zu leben.[41]

Als Reaktion auf diesen Zustand seien Räuberbanden entstanden, und es habe eine Inflation von »Messiassen« gegeben. Das mönchische Judentum der Pharisäer, die von Hegel begrüßte sadduzäische Verbindung von Freiheit und Politik, die von Leidenschaften freien Essener, das hellenistische Judentum mit seinen platonischen Einflüssen, die Predigt des Täufers gipfelten schließlich in Jesus, »der das Übel seines Volks an der Wurzel angriff, nämlich an seiner hochmütigen und feindseligen Aussonderung von allen Nationen, es also zum Gott aller Menschen, zu allgemeiner Menschenliebe, zur Entsagung des lieb- und geistlosen Mechanismus ihres Gottesdienstes führen wollte, dessen neue Lehre eben deswegen mehr noch zur Religion der Welt als seines Volkes wurde – ein Beweis, wie tief er die Bedürfnisse seines Zeitalters aufgegriffen hatte und wie die Juden in rettungslose Abwesenheit des Guten und Wut der Geistesknechtschaft versunken waren«[42].

Eine prägnantere Illustration dessen, was als Positivität gelten könnte, nämlich die Durchsetzung eines noch so vernünftigen Gebots »auf eine gewaltsame Art mit Unterdrückung der Freiheit«[43], läßt sich kaum denken. Diese Positivität der Religion, die Hegel mit durchaus geschichtlichen Begriffen immer wieder als »Zustand« kennzeichnete, nimmt im Fall des Judentums die Form eines überhistorischen Dauerzustandes an. Indem der Denker der Geschichte in diesem einzigen Fall eine unhistorische Theorie eines Volksgeistes aufstellte, wird das Judentum zu einem Prinzip und einer alle Geschichte durchwirkenden Realität. Sein Wesen kulminiere in der Gestalt Abrahams und erschließe sich aus den Anfängen seiner Geschichte, die Hegel, wie auch die jüdische Überlieferung selbst, mit Abraham beginnen ließ: »sein Geist ist die Einheit, die Seele, die alle Schicksale seiner Nachkommenschaft regierte«[44]. Abrahams Kämpfe, Niederlagen und Triumphe würden von der Geschichte einer Selbständigkeit ohne Liebe künden, vom Willen zu einer Unabhängigkeit, die auch ohne Ressentiment, ohne beleidigt und ausgestoßen worden zu sein, eine neue Heimat suche. Im Unterschied zu griechischen Gründungsheroen wie Kadmos und Danaos habe Abraham die neue Heimat jedoch nicht gesucht, um lieben zu können, sondern der Liebe entsagt und deshalb nach einer neuen Heimat getrachtet, mehr noch, er »wollte nicht lieben und darum frei sein«[45].

Anders als in den ahasverischen Geschichten der Romantik – sei es bei Heinrich Heine, sei es bei der auf dessen Erzählung »Memoiren des Herrn von Schnabelewopski« basierenden romantischen Oper des *Fliegenden Holländers* von Richard Wagner, sei es beim Schicksal Alberichs im *Ring der Nibelungen* – ist Abrahams Schicksal bei Hegel nur traurig und nicht tragisch, weil es bei ihm niemals um die Dialektik verschmähter Liebe, sondern um die Liebe als Preis einer zum Selbstzweck gewordenen Freiheit geht. Er versuchte, Abraham bis in die Einzelheiten seiner nomadenhaften Existenz, bis in die angebliche Unfähigkeit, das Land, auf dem seine Tiere weideten, zu bebauen und zu verschönern, bis in das Bohren von Brunnen und die Streitigkeiten um Weideplätze, bis auf seinen Unwillen, die Orte, an denen er Gotteserscheinungen hatte, zu heiligen, eine grundsätzliche Negierung der Welt nachzuweisen. Dasselbe hatte Hegel auch dem historischen Christentum mit seiner Ausrottung der germanischen Religion vorgehalten.[46] Abraham sei »ein Fremdling auf Erden«[47] gewesen, und wenn sein Wesen das Wesen seiner Nation geprägt habe, gelte auch für die jüdische Nation, daß ihre Haltung zur Welt grundsätzlich entfremdet sei. In gewisser Weise nehmen Abraham und sein Gottesverhältnis in dieser Sicht Züge einer gnostischen Religion an. Indem Hegel in selektiver Lektüre des Alten Testaments die Schöpfungsgeschichte erst mit der Sintflut beginnen ließ, wird die Welt Abraham zum »schlechthin entgegengesetzten« Prinzip, zu etwas von einem »ihr fremden Gotte getragenen«.[48] Abrahams Wille zu Unabhängigkeit und Freiheit, verbunden mit einer Gleichgültigkeit gegenüber der Welt als Herkunft und Heimat, die aus dem Liebesverzicht resultiere, habe zu ihrer Unterjochung geführt und Abraham von dieser Welt nicht mehr als die Mittel zur Subsistenz gelassen, womit der Rest gleichgültig werde und Abraham vor ihr in Sicherheit gebracht sei.[49] Die Welt wird so zum unendlichen Gegenstand, die Beziehung zu ihr aber notwendig die einer Beherrschung.

Hier drängt sich der Gedanke an die *Dialektik der Aufklärung* auf.[50] Läßt sich der Antijudaismus Hegels durch den Hinweis auf die Falschheit seiner Theorie von der Entstehung des jüdischen Monotheismus mildern? Hatte sich Hegel lediglich historisch geirrt und übersehen, daß der Monotheismus ohnehin nur in der Wüste entstanden sein konnte, so daß sein Problem entfiel und Abraham der Vorwurf, die Götter der Natur nicht angebetet zu haben, deshalb erspart werden konnte, weil er dazu in der Wüste gar keine Gelegenheit gehabt hatte? Daß der Fehler der Juden der Fehler der Aufklärung[51] sei, diese durchaus angemessen rekonstruierte Theorie des frühen Hegel läßt sich kaum durch eine noch nicht einmal zutreffende historische Beobachtung korrigieren. Was dem Jesus der Berner Zeit noch zum Guten gereicht hatte, sein Wunsch nach Freiheit und Moral, wird dem Abraham der Frankfurter Zeit als Ausdruck äußerster Entfremdung angelastet; sich den heimatlichen Verhältnissen Mesopotamiens zu entziehen war Ausdruck von Entfremdung, sich dem Judentum seiner Zeit zu entziehen war Jesu Befreiungstat. »Jesus bekämpfte nicht nur einen Teil des jüdischen Schicksals, weil er nicht von einem anderen Teil desselben befangen war, sondern stellte sich dem Ganzen entgegen; war also selbst darüber erhaben und suchte sein Volk darüber zu erheben.«[52]

Die Wiederentdeckung der Natur als moralisches Prinzip, die wachsende Kritik an Kant und die Absage an den Jakobinismus ließen Hegel in Frankfurt den biblischen Abraham als Vorläuferfigur der später in der *Phänomenologie des Geistes* kritisierten »absoluten Freiheit« konstruieren. Sein Abraham ist der Inbegriff des Liebesverzichts, und die mit Kant beginnende, von Sören Kierkegaard bis Jacques Derrida[53] immer wieder angetriebene Auseinandersetzung um das Isaaksopfer fand bei Hegel einen ersten Höhepunkt:

> Nur lieben konnte er nichts; selbst die einzige Liebe, die er hatte, die zu seinem Sohne, und Hoffnung der Nachkommenschaft, die einzige Art, sein Sein auszudehnen, die einzige Art der Unsterblichkeit, die er kannte und hoffte, konnte ihn drükken, sein von allem sich absonderndes Gemüt stören und es in eine Unruhe versetzen, die einmal so weit ging, daß er auch diese Liebe zerstören wollte und nur durch die Gewißheit des Gefühls beruhigt wurde, daß diese Liebe nur so stark sei, um ihm doch die Fähigkeit zu lassen, den geliebten Sohn mit eigener Hand zu schlachten.[54]

Abrahams Liebe – für den jungen Hegel die typisch jüdische Art zu lieben – ist selbstsüchtig und nur auf die Ausdehnung beziehungsweise das Bewahren der eigenen Person bezogen. Ohne es auszusprechen, mußte Hegel hier unterstellen, daß die von der Bibel berichtete Gottergebenheit Abrahams vor allem selbstsüchtiger Natur gewesen sei. Diese Selbstsucht finde ihr Widerlager in der Verachtung der ganzen Welt, in einem Universalismus der Negation, der zu der Überzeugung geführt habe, daß der eigene Gott nicht nur der nächste und zu bevorzugende sei, sondern der einzige überhaupt und die Juden mithin die einzigen, die überhaupt einen Gott hätten.

Der auf selbstsüchtige Unabhängigkeit unter Verzicht auf Liebe gegründete Begriff der Autonomie wirkte sich auch auf die

Interpretation jener Befreiungserfahrung aus, die nicht nur für die abendländischen Religionen, sondern auch für die Freiheitssemantik der Moderne prägend war, der Exodusgeschichte. Die Geschichte von den Kindern Israels und ihrer Fron in Ägypten, von Moses und seinen befreienden Taten könnte als die Geschichte einer auf einer Revolution beruhenden Staatsgründung erzählt werden. Gemäß seiner Voraussetzungen konnte Hegel diese Geschichte aber nicht anders als die eines Scheiterns erzählen. Seine kurzschlüssige Deutung des Exodus als mißlungene Emanzipationsgeschichte wird weder der biblischen Befreiungserfahrung noch dem modernen Emanzipationsgedanken gerecht. Allerdings ist es, wenn es zulässig ist, den Exodus als eine große Erzählung auch der modernen Befreiung zu lesen[55], grundsätzlich legitim, ihn auch als Geschichte einer mißglückten Emanzipation darzustellen. Daß diese Lesart mindestens bis zu Sigmund Freud wirkungsmächtig war, ist inzwischen erwiesen.[56]

Die aus Ägypten befreiten Juden tragen in Hegels Deutung genau die Züge, die die spätere zionistische Bewegung an den Juden Westeuropas und des Zarenreiches kritisierte, nämlich die Züge eines sich nicht selbst emanzipierenden Volkes, das zum Teil gegen seinen Willen und ohne eigenes Zutun von anderen emanzipiert worden ist. Ihnen sei Großes widerfahren, das sie nicht selbst verursacht hätten; ohne gekämpft zu haben, sei ihnen ein Sieg in den Schoß gefallen. Die einzige selbständige Tat, die Moses den Israeliten vorbehalten habe, bestehe darin, am Vorabend der Befreiung ihre nichtjüdischen Nachbarn in lügnerischer Weise um Leihgaben zu bitten und »dem Zutrauen durch Diebstahl zu entsprechen«[57]. Im biblischen Text ist es Gott, der den Ägyptern das Vertrauen einflößt (Ex 12,35-36). Hegels Dekonstruktion der biblischen Emanzipationsgeschichte gewinnt ihre Plausibilität nur dadurch, daß er ihre theologischen Komponenten nicht berücksichtigt. Freilich klafft hier eine Argumentationslücke. Die Erklärung will kaum gelingen, warum das radikale Unabhängigkeitsstreben Abrahams den Juden in Ägypten urplötzlich in den Unwillen zur Befreiung umschlägt. Der Verweis auf Jakob, der »mehr aus Not, gegen seinen Geist und nach Zufall«[58] doch noch die Seßhaftigkeit angestrebt habe, belegt zwar die Kontingenz aller Geschichte, zerstört aber damit die typologische Deutung des jüdischen Schicksals als Abrahamsschicksal. Die aus Ägypten fliehenden Juden hätten sich – auch das stimmt mit dem biblischen Zeugnis überein – am sklavischsten betragen und bei jeder Schwierigkeit nach Ägypten zurückgesehnt, ein Umstand, der beweise, daß dieses Volk »ohne Seele und eigenes Bedürfnis der Freiheit bei seiner Befreiung gewesen war«[59]. Die Unfähigkeit zu eigener, aktiver Befreiung legt für Hegel den politiktheoretischen Skandal des Exodus offen. Aus der Perspektive des *Contrat social* und der Beobachtung der Französischen Revolution, der Hegel mit der Zeit kritischer gegenüberstand, war es ein selbstwidersprüchliches Unding, daß derselbe, der das Volk befreit hatte, Moses, ihm auch neue Gesetze auferlegt. Die Lehre Rousseaus fordere nicht mehr und nicht weniger als die Selbstgesetzgebung des Souveräns. Darüber hinaus sei die von Moses den Israeliten auferlegte Gesetzgebung von einem Prinzip getragen, das wiederum nur ein knechtisches Bewußtsein von Belohnung und Bestrafung zulasse. Das abrahamische Motiv der Autonomie wie auch das mosaische Prinzip der Befreiung, der Wunsch nach absoluter Selbständigkeit wie das unendliche Vertrauen in einen befreienden Gott postulierten nämlich eine Gottesidee, die – und hier blieb sich Hegel bis in seine späten Schriften bei allem sonstigen Wandel seiner Analyse des Judentums treu – Gott auf die Seite des Unendlichen und die Menschen auf die Seite des Endlichen setze; Kant sprach in diesem Zusammenhang präzise von der »Erhabenheit« des Bilderverbots. Die unterschiedliche, mal tadelnde, mal anerkennende Bewertung dieser Gottesidee kann die Problematik ihrer Grundstruktur nicht vergessen machen: »[...] das unendliche Objekt, der Inbegriff aller Wahrheit und aller Beziehungen, also eigentlich er das einzige unendliche Subjekt, da es nur erst Objekt genannt werden kann, insofern der Mensch mit seinem geschenkten Leben vorausgesetzt wird und das lebendige, das absolute Subjekt heißt, – sozusagen die einzige Synthese und die Antithesen sind das jüdische Volk einerseits und andererseits das ganze übrige Menschengeschlecht und die Welt.«[60]

Indem Hegel die biblische Schöpfungstheologie ernst nahm, wird der als unendlich verehrte Gott, der gedachte Gott etwa der spinozistischen Metaphysik mit seinen unendlichen Eigenschaften und Relationen, zum unendlichen, lebendigen, noch dazu einzigen Subjekt, dem gegenüber alles Endliche zugleich zum Nichtigen wird, zu etwas, das »ohne Gehalt und leer, ohne Leben, nicht einmal tot«[61] sei. Damit versuchte Hegel nicht weniger als eine spekulative Ableitung der »Seele der jüdischen Nationalität, des *odium generis humani*«[62]. Die Identifikation der Juden mit diesem unendlichen, lebendigen Gott entwertet die Welt und die Menschen, in der sie leben, und läßt ihnen keine andere Beziehung zu dieser Umwelt übrig als die einer physischen Abhängigkeit, die ihr Leben zur animalischen Existenz depotenziert. Gottes Garantie eines gesicherten Lebens im zugesprochenen Lande geht darüber nicht hinaus. Die nichtige Beziehung zu Welt und Umwelt und die durch die übergroße Gnade Gottes auch an sich selbst empfundene Nichtigkeit fanden in einem Stamm der Israeliten, den Leviten, ihren reinsten Ausdruck, nämlich den, »ein völliges aber dienendes Eigentum ihres Gottes«[63] zu sein, ein Selbstverständnis, das die Teilhabe am »Ewigen«, das mit dem »Unendlichen« nicht identisch sei, verhindere. Die »ewigen« Werte von Ehre, Freiheit und Schönheit hingegen hätten den Juden aufgrund ihrer Bannung durchs Unendliche fremd bleiben müssen. Diesem Gottesverhältnis habe Moses sein Siegel aufgedrückt: »[...] er brachte vor den knechtischen Geist die Vorstellung seiner selbst, den Schrecken vor der physischen Macht.«[64]

Hegel wurde nicht müde, Abhängigkeit und Knechtschaft als Grundzüge des jüdischen Gottes-, Welt- und Menschenverhältnisses zu schildern. In Aufnahme all der apologetischen Argumente christlicher Philosophen von Kant über Fichte bis zu Schleiermacher gegen Mendelssohns Umdeutung der Tora als weltliches Gesetz ohne Offenbarungscharakter und in Wiederholung all der Einwände gegen die »statutarische Religion« konstatierte er: »[...] welche tiefere Wahrheit gibt es für Knechte als die, daß sie einen Herrn haben«[65].

Nach dem Tode seines Vaters 1799, der ihm eine kleine Erbschaft hinterließ, ging für den nomadisierenden Hauslehrer die Zeit der Abhängigkeit in Frankfurt ihrem Ende entgegen. Auf Vermittlung seines Freundes Schelling zog er Anfang des Jahres 1801 nach Jena, wo er ab dem Wintersemester 1801/02 als Privatdozent las. In der nun möglichen Auseinandersetzung mit dem Werk seiner Zeitgenossen, mit Schelling und vor allem mit Fichte, werden die die Kritik am Judentum führenden rousseauistischen Intuitionen fragwürdig, jedenfalls in ihrer Fichtschen Variante: »Sein eigener Herr und Knecht zu sein, scheint zwar einen Vorzug vor dem Zustande zu haben, worin der Mensch der Knecht eines Fremden ist. Allein das Verhältnis der Freiheit und der Natur, wenn es in der Sittlichkeit eine subjektive Herrschaft und Knechtschaft, eine eigene Unterdrückung der Natur werden soll, wird viel unnatürlicher als das Verhältnis im Naturrecht, in welchem das Gebietende und Machthabende als ein Anderes, außer dem lebendigen Individuum Befindliches erscheint.«[66]

Der neu gewonnene, in der *Phänomenologie des Geistes* erstmals entfaltete dialektische Ansatz führt zu einer Geschichtsphilosophie, die dem Verstehen des Fortschritts gewidmet ist und nicht mehr wie bisher eine rousseauistisch gefärbte Verfallsgeschichte präsentiert. Die Jugendschriften sehen in der Geschichte des jüdischen Volkes den beispielhaften Fall eines durch eine falsche Grundentscheidung erzeugten Niedergangs, dem man sich nur mit kaltem Blick nähern könne. Am Ende von Abrahams unvermitteltem Willen zur Selbständigkeit habe die Selbstzerstörung gestanden: »Das große Trauerspiel des jüdischen Volks ist kein griechisches Trauerspiel, es kann nicht Furcht noch Mitleid erwecken, denn beide entspringen nur aus dem Schicksal des notwendigen Fehltritts eines schönen Wesens; jenes kann nur Abscheu erwecken. Das Schicksal des jüdischen Volkes ist das Schicksal Macbeths, der aus der Natur selbst trat, sich an fremde Wesen hing und so in ihrem Dienste alles Heilige der menschlichen Natur zertreten und ermorden, von seinen Göttern (denn es waren Objekte, er war Knecht) endlich verlassen und an seinem Glauben selbst zerschmettert werden mußte.«[67]

Es war keineswegs Hegels Absicht, eine neue Perspektive auf das jüdische Volk und sein Schicksal zu gewinnen. Aber die Auseinandersetzung mit Fichtes allzu kurzschlüssig getroffenen Entscheidungen, die Verinnerlichung des Kantischen Sittengesetzes bereits als Lösung aller Fragen zu verstehen, brachte ihn dazu, ein weiteres Mal über das Problem von Knechtschaft und Unterwerfung sowie ihre tiefere Bedeutung nachzudenken. In der Auseinandersetzung mit Fichte wurde klar, daß eine rein moralische Verurteilung von Knechtschaftsverhältnissen im menschlichen Bildungsgang ebensowenig zureicht wie der einfache Wille, sie zu überwinden. Gerade wenn Hegel der prekären Perspektive, die er auf die Abrahamsgestalt hatte, treu bleiben wollte, mußte er diese Haltung zur Welt auch innerhalb seiner Zeitgenossenschaft kritisieren. Damit wurde eine Wende im Grundsätzlichen eingeleitet, die das jüdische Gottes- und Weltverhältnis jedenfalls nicht mehr als die schlimmstmögliche Form eines Herrschaftsverhältnisses erläuterte. Erst mit der Kritik an Fichte wurde seine Dialektik der Aufklärung radikal: internationalisierte Herrschaft sei, weil undurchschaut, noch bedrohlicher als offen von außen aufgenötigte.

In der 1806 entstandenen *Phänomenologie des Geistes* scheinen freilich die religionsphilosophischen Fragen, die den jungen Hegel umtrieben, in den Hintergrund zu rücken. Im vorletzten Kapitel über die Religion, das sich mit der natürlichen Religion und der griechischen Kunstreligion auseinandersetzt, spielt die offenbarte Religion als letzte Instanz des Geistes vor seinem Absolutwerden eine dem Umfang nach nur noch geringfügige Rolle. Um so gewichtiger ist ihre materiale Bestimmung: Die absolute Religion, die dem absoluten Geist vorausgehe, sei durch die wirkliche Selbstwerdung des Geistes, seine Vereinzelung, geprägt. Das Thema der jüdischen Religion taucht in diesen Analysen nicht mehr explizit auf.

Die *Phänomenologie des Geistes* ist in den letzten Jahrzehnten vor allem im Sinne einer eher camouflierten protomaterialistischen Auseinandersetzung mit dem grundlegenden Herrschaftsverhältnis des bürgerlichen Zeitalters, dem Verhältnis von Kapitalist und Arbeiter – so die Lektüre etwa von Lukacs[68] – oder im Sinne der Weiterentwicklung von Thesen Alexandre Kojèves[69] als eine allgemeine Anerkennungstheorie[70] gelesen worden. Ihre komplexe Struktur erlaubt solche Lesarten ebenso, wie sie sich gegen jede Einschränkung der Deutung sträubt. Es fällt allerdings auf, daß die bisherige Lektüre die nächstliegende, nämlich die religionstheoretische Perspektive kaum je eingenommen hat. Die Begriffe von Knechtschaft und knechtischem Bewußtsein waren beim jungen Hegel so gut wie ausschließlich dem jüdischen Gottesverhältnis vorbehalten, und man darf sich fragen, ob die Spuren und Gehalte dieser Deutung restlos verschwunden sind oder nicht doch unausgesprochen in der Sache fortdauern. In einer religionstheoretischen Lektüre ist also zu fragen, ob der zu Recht als zentral angesehene Abschnitt über »Herrschaft und Knechtschaft« jenseits materialistischer, subjektivitäts- oder anerkennungstheoretischer Lektüren nicht eine Dialektik religiöser Erfahrung artikuliert, die dem knechtischen Bewußtsein par excellence, dem jüdischen, widerfahren sei. Die Darstellung verläßt zur Klärung dieser Frage im folgenden den bisher üblichen Weg eines kommentierenden Referats und versucht sich an einer weiteren Lektüre des Kapitels, wobei sie von der Vermutung geleitet wird, daß für »Knecht« das jüdische Volk stehen kann und für »Herr« Gott.

Daß die biblischen Religionen Gott als »Herr« bezeichnen, sei es den sich offenbarenden Gott vom Sinai, sei es den zum »Kyrios« erhobenen Jesus, wird in diesem Zusammenhang mit Ausnahme Kojèves meist übersehen. Die Konstellation des jüdischen Gottesverhältnisses ist nichts Ursprüngliches, sondern das Ergebnis eines Konflikts einander sich anerkennender oder die Anerkennung verweigernder Selbstbewußtseine. Die »vielseitige und vieldeutige Verschränkung«[71], die das anerkannte Selbstbewußtsein präge, liege in seinem Wesen, »unendlich oder unmittelbar das Gegenteil der Bestimmtheit, in der es gesetzt ist, zu sein«[72]. Die frühen religionskritischen Schriften monieren am jüdischen Gottesverhältnis, daß die endliche Individualität sich einem unendlichen, ihr unendlich überlegenen Wesen gegenüberstelle und damit unterwerfe. In der *Phänomenologie des Geistes* erscheinen derartige Strukturen als »geistige Einheit«, als ein Ensemble von Verhältnissen und Bezügen. Das jüdische Gottesverhältnis wird in den frühen Schriften vor allem aus der Sicht eines mit den endlichen Individuen sympathisierenden Beobachters untersucht, während sich die *Phänomenologie des Geistes* mit ihrer Rekonstruktion der Stufen des Geistes der inneren Dynamik der anderen, der göttlichen Individualität zuwenden kann. Auch für diese Individualität müßte gelten, daß sie in ihrer Suche nach Anerkennung außer sich gerät und als unendliches Objekt nur dadurch, daß es sich im Menschen, dem es das Leben gegeben hat, ein Gegenüber geschaffen hat, das es anerkennen kann, zum Subjekt wird. Die in der *Phänomenologie des Geistes* abgehandelte Dialektik von Herrschaft und Knechtschaft stellt auch die Dialektik von Gott und Mensch dar; Kojève sieht das in Ansätzen richtig, aber die konkret biblischen Spuren in dieser Passage erkennt auch er nicht und versteht den Knecht als »christlichen Knecht«[73]. Das Außer-sich-Geraten der beiden Selbstbewußtseine bezieht sich sowohl auf Gott als auch auf die Menschen, die jeweils im anderen sich selbst sehen.

Die Nichtigkeit der knechtischen Existenz, ihr Wille, sich ihrer Unabhängigkeit wegen alles andere, ihr natürliches Dasein und ihre Umwelt gleichgültig werden zu lassen, diese Züge, die Hegel am biblischen Abraham kritisierte, finden sich im Bewußtsein des Knechts, nachdem es die Todesfurcht erlitten hat, wieder: »Dies Moment des reinen Fürsichseins ist auch für es [das Bewußtsein], denn im Herrn ist es ihm sein Gegenstand. Es ist ferner nicht nur diese allgemeine Auflösung überhaupt, sondern im Dienen vollbringt es sie wirklich; es hebt darin in allen einzelnen Momenten seine Anhänglichkeit an natürliches Dasein auf und arbeitet dasselbe hinweg.«[74] Die biblischen Bezüge sind nicht zu übersehen, wenn Hegel in diesem Zusammenhang bestätigt, daß die Furcht des Herrn der Anfang der Weisheit sei – eine Konstellation, in der das Bewußtsein für es selbst sei, aber nicht »Fürsichsein«. Die Furcht des Herrn ist auch die Todesfurcht. Im Gewahrwerden der eigenen Endlichkeit und Sterblichkeit – im Unterschied zur Unendlichkeit und Unsterblichkeit Gottes – glaubt sich die einzelne Individualität nur erhalten zu können, indem sie sich im Dienst unterwirft.

Der Prozeß des Zu-sich-selbst-Kommens dieser Individualität wird erst durch die Arbeit, den Bezug auf ein »Ding« ermöglicht. Unter Arbeit wird in diesem Zusammenhang immer und mit großer Plausibilität instrumentelles, herstellendes Handeln, Produzieren, verstanden. Freilich ist die biblisch hebräische Bedeutung von Arbeit *awoda* auch Dienst, und zwar im besonderen Gottesdienst. »Um so durchgängiger die Abhängigkeit der Juden von ihrem Gesetz war, um so größer mußte ihr Eigensinn sein in dem, worin sie noch einen Willen haben konnten, und dies einzige war ihr Dienst selbst, wenn er eine Entgegensetzung fand.«[75] Abrahams unbegründeter Wille zur Selbständigkeit schlägt spätestens am Sinai in dienende Unterwerfung unter eine unverstandene, fremde Macht um.

Im »Geist des Christentums« zeichnete Hegel die Grundkonstellationen, die später das Kapitel von »Herrschaft und Knechtschaft« in der *Phänomenologie des Geistes* durchwalten, bis ins letzte vor: »Die Wurzel des Judentums ist das Objektive, d. h. der Dienst, die Knechtschaft eines Fremden. [...] Knechtschaft gegen ihr Gesetz, den Willen des Herrn – ihm entgegengesetzt Selbstbestimmung, Selbsttätigkeit. Was ist Knechtschaft gegen ein Gesetz? [...] Der Herr, der unsichtbare Herr – ihm entgegengesetzt Schicksalslosigkeit, entweder der Unschuld oder der Selbstmacht«.[76] Hier wird der Dienst, das heißt ein in aktivem Gehorsam gegenüber Gott und seiner Weisung geführtes Leben – was sich weniger auf ihn selbst denn auf seine Gebote bezieht – als »gehemmte Begierde, aufgehaltenes Verschwinden« oder bildendes Werk dargestellt.[77] Die materialistische Lektüre hat diese Passage stets im Sinne der Marxschen Entfremdungstheorie gelesen, derart, daß die Arbeit, die ja den verkehrten Bezug des Herrn auf das »Ding« vollziehe, im Knecht die Erkenntnis der Selbständigkeit sowohl des Dings als auch seiner selbst provoziere. Die formierende Kraft der Arbeit, das Bilden, führe zugleich zur Überwindung der Furcht. In der Arbeit und im Bilden zerstöre das knechtische Bewußtsein das ihm fremde, das negative Wesen, »vor welchem es gezittert hat«[78]. Es ist mehr als nur eine Assoziation, daß sich die vor allem in Israel lebende jüdische Ultraorthodoxie mit dem hebräischen Namen Haredim bezeichnet, was übersetzt nichts anderes als »Zitterer« bedeutet.

Mit der endgültigen Niederlage Napoleons bei Waterloo und den darauf folgenden Verhandlungen des Wiener Kongresses stand die Frage der Judenemanzipation sowohl gesamteuropäisch als auch bezüglich der deutschen Staaten auf der Tagesordnung. Die unter der Napoleonischen Herrschaft unterschiedlich weit gediehene Gleichstellung – am konsequentesten in Westfalen, weniger radikal in Bayern und den anderen Rheinbundstaaten – beeinflußte auch jene Staaten, die sich Frankreich nicht angeschlossen hatten, sondern von ihm zeitweise besetzt gewesen waren, namentlich Preußen. Das dort nach langen Verhandlungen 1812 ergangene Judenedikt sah die jüdischen Untertanen vor allem als Objekte einer staatsbürgerlichen Erziehung, gestattete aber den Zugang zu Ämtern beziehungsweise zum Militär nur unter dem Vorbehalt politischer Opportunität. Die auf dem Wiener Kongreß von 1815 verabschiedete Bundesakte, die auf die Forderung der Hansestädte sowie der Reichsstadt Frankfurt am Main, die Emanzipation der Juden rückgängig zu machen, reagierte, trat zwar im Grundsatz für die Emanzipation ein, erklärte aber, daß die französische Gesetzgebung unrechtmäßig gewesen sei und alle Legislation den vierzig Staaten und Städten vorbehalten blieb. So unterschiedlich diese Rechtssubjekte waren, so unterschiedlich war ihre Gesetzgebung. Während zum Beispiel in Frankfurt am Main das 1815 teuer erkaufte Bürgerrecht wieder aufgehoben und durch die überkommene »Stättigkeitsregelung« von 1616 ersetzt wurde, ließ man in Baden ihre Staatsbürgerrechte bestehen, ohne ihnen kommunale Rechte einzuräumen. In Preußen scheiterte Hardenbergs Plan, die Geltung des Edikts von 1812 auf jene Landesteile auszuweiten, die seinerzeit noch nicht zu Preußen gehört hatten, wovon insbesondere die westlichen Gebiete Preußens betroffen waren.[79]

Diese juristischen Debatten über die Emanzipation trafen den Nerv der intellektuellen und politischen Auseinandersetzungen. Zwischen 1815 und 1850 erschienen zum Thema zweieinhalbtausend Publikationen[80], in denen sich auch der deutsche Frühantisemitismus[81] auf unterschiedlichem Niveau äußerte. Autoren waren unter anderem der Berliner Historiker Friedrich Christian Rühs, der Jenaer Philosoph Jakob Friedrich Fries, die Mitglieder der Christlich-deutschen Tischgesellschaft sowie der nationalistische Agitator Ernst Moritz Arndt. Rühs etwa forderte auf der Basis unterschiedlicher Erwähnungen christlicher und jüdischer Bürger in der Wiener Bundesakte eine Sondergesetzgebung für »jenes fremde Volk« sowie Zuwanderungsverbote und Heiratsbeschränkungen dieser »Volksschädlinge« ein.[82]

Vor diesem Hintergrund scheint die von Daniel Jonah Goldhagen aufgestellte These vom eliminatorischen Antisemitismus in den deutschen Ländern durchaus begründet zu sein.[83] Die Tatsache, daß neben den unmittelbar betroffenen jüdischen Intellektuellen wie Saul Ascher (1767 bis 1822), der ein Buch über den Antisemitismus unter dem Titel *Germanomanie*[84] schrieb und als einer der ersten in seinem *Leviathan*[85] eine jüdische »Reformation« forderte, oder Ludwig Börne (1786 bis 1837) auch eine Reihe nichtjüdischer Gelehrter und Publizisten wie der Karlsruher Ministerialrat Ewald oder der Erlanger Nationalökonom Lips dem Gleichstellungsprogramm Christian Wilhelm von Dohms treu blieben, belastet freilich die holistische Tendenz von Goldhagens These. Von den sogenannten Hep-Hep-Pogromen des Jahres 1819, die bisher stets auf materielle Unzufriedenheit breiter Massen etwa aufgrund steigender Brotpreise sowie der prekären Lage der Handwerkszünfte zurückgeführt wurden, läßt sich aber – in Übereinstimmung mit Goldhagen – nachweisen, daß sie auch dort verübt wurden, wo die sozialen Spannungen vergleichsweise gering waren.[86]

Der antiemanzipatorische Judenhaß entlud sich im August 1819 zunächst in Würzburg im Plündern und Demolieren jüdischer Läden, im Mißhandeln von Juden und dem Töten nichtjüdischer Bürger. Die Pogrombewegung setzte sich in anderen Städten und Dörfern Bayerns, Württembergs und Badens, in Heidelberg, aber auch in Frankfurt und Hamburg fort.[87] Das *Frankfurter Journal* berichtete am 7. August 1819 über die Würzburger Ereignisse:

> Wir haben zwei schreckenvolle Tage verlebt. Schon lange herrschte hier eine dumpfe Unzufriedenheit über die bedeutende Vermehrung der hiesigen Juden, von welchen in der Vorzeit gar keine hier geduldet waren, die endlich, wie der Ausbruch eines Vulkans, in eine volle Empörung gegen dieselben ausbrach. Große Volksmassen stürmten am 3. die Häuser der hiesigen Juden; rissen unter wildem Geschrei ihre Aushängeschilder und Handlungsfirmen herunter, zertrümmerten solche, warfen Thüren und Fenster und Läden ein, und da sich mehrere Juden zur Wehre setzten, so wurden sie durch Prügel sehr mißhandelt. Ein hiesiger christlicher Bürger und Kaufmann büßte in dem Tumulte sein Leben ein. Diese Schrekkensscene erneuerte sich gestern aufs neue, und was von Wohnungen, Läden und Schildern übrig blieb, wurde heute zertrümmert. Nun flüchteten die Juden in Schaaren zur Stadt hinaus, was einen erschütternden Anblick gewährte, indem man sich von dem Heulen und Wehklagen derselben auf ihrer Flucht kaum einen Begriff machen kann. Das ausgerückte Militair stellte endlich die Ruhe wieder her; jedoch büßten auch von diesem einige ihr Leben ein. Heute sieht man keinen Juden

> mehr in hiesiger Stadt. Sie sind theils entflohen, theils haben sie sich verborgen.[88]

Fatalerweise verquickten sich die Auseinandersetzungen zwischen Obrigkeit und Pogromhetzern mit den Konflikten zwischen Metternichscher Restauration und nationalstaatlicher, demokratischer gesamtdeutscher Burschenschafts- und Studentenbewegung.[89] Daran, daß die demokratischen, oftmals kantianisch[90] argumentierenden Burschenschaften im wesentlichen bewußt antisemitisch eingestellt waren, besteht kein Zweifel. Mit Ausnahme des Heidelberger Hegelschülers Friedrich Wilhelm Carové, der 1819 bei den Hep-Hep-Unruhen die Heidelberger Juden mit gezogenem Rapier vor dem Mob schützte, traten die meisten Gründer der Burschenschaften für den Ausschluß beziehungsweise gegen die Aufnahme von Juden und Franzosen ein, wobei die spätere Praxis immer wieder die eine oder andere Ausnahme jedenfalls für getaufte Juden machte.

Für das burschenschaftliche Wartburgfest vom 18. und 19. Oktober 1817, auf dem der Philosoph Fries eine der Reden halten sollte, wurde mit antisemitischen Argumenten mobilisiert. Auf dem Fest wurde Aschers kritische Auseinandersetzung mit der judenfeindlichen Deutschtümelei, seine Schrift *Germanomanie*, öffentlich mit der Maßgabe verbrannt: »Wehe über die Juden, so da sie festhalten an ihrem Judenthum und wollen über unser Volksthum und Deutschthum spotten und schmähen.«[91] Sein Buch war nicht das einzige, das dort verbrannt wurde; auch die Wiener Bundesakte wurde nach Zeitungsberichten unter Zutun des nationalistischen romantischen Naturphilosophen Lorenz Oken in die Flammen geworfen, was von Teilnehmern später als Lüge bezeichnet wurde. Der Umkreis von Fries – die Burschenschaften, Turner und Sänger, zu denen auch der spätere, von Fries verteidigte Mörder des vermeintlichen russischen Spions und Lustspieldichters August von Kotzebue, Karl Ludwig Sand, gehörte – war ebenso national wie judenfeindlich, gesamtdeutsch und in einem gewissen Sinn demokratisch gestimmt. Sand ermordete Kotzebue am 23. März 1819 in Mannheim. Fries wurde aufgrund seiner Beteiligung am Wartburgfest und seiner Verwicklungen in den Fall Sand im Oktober 1819 – wenn auch nicht unter wörtlicher Berufung hierauf – nach den Karlsbader Beschlüssen seines Amtes als Jenaer Professor enthoben. Er hatte von 1805 bis 1816 in Heidelberg als beliebter und erfolgreicher Professor gelehrt.

Waren es Neid und Eifersucht – was ihm später die liberale Bewegung immer wieder vorwarf[92] – die Hegel dazu bewogen haben, in der Vorrede zu den *Grundlinien der Philosophie des Rechts*, die 1820 erstmals gedruckt erschienen, aber bereits 1818/19 als Vorlesung gehalten worden waren, den relegierten und geschädigten Fries der »Seichtigkeit« zu bezichtigen und damit dem illiberalen Walten der Regierung gleichsam seinen philosophischen Segen zu geben?[93] Tatsächlich hatte sich Hegel sowohl in Heidelberg als auch in Jena Fries gegenüber zurückgesetzt gesehen und konnte erst nach dessen Weggang in Heidelberg Professor werden. Hegel fand unter der Heidelberger Studentenschaft auch keinen Zuspruch. Die von Carové, einem Katholiken, naturrechtlich begründete Burschenschaftsordnung, die ausdrücklich für die Aufnahme von Juden und Ausländern votierte, wurde dort mehrheitlich verworfen. In Berlin wechselten allerdings später nicht wenige Anhänger von Fries zu Hegel über. War Hegels Polemik gegen Fries aus dem Jahr 1819 also nur ein willkommener Anlaß, sich bei der reaktionären preußischen Regierung lieb Kind zu machen? Oder hat der israelische Philosoph Schlomo Avineri mit der Feststellung recht, daß die Burschenschaften »dieselben Kräfte waren wie die, die mehr als ein Jahrhundert später im Sieg des Nazismus in Deutschland kulminierten«[94]? Avineri warf Hegel allenfalls vor, Fries und seine Bewegung als etwas bereits Überwundenes und nicht als eine drohende zukünftige Gefahr verstanden zu haben.

Der kritisierte Fries war trotz seiner Gesinnungsethik ein völkischer Antisemit reinster Couleur. Er forderte in einer ausführlichen Rezension von Rühs *Über die Ansprüche der Juden an das deutsche Bürgerrecht,* die 1816 in Heidelberg erschien, daß das Bürgerrecht die Gerechtigkeit der Christen gegen sich selbst erfordere, »den Gliedern eines fremden Volks, das sich unter ihnen behaupten will, die Rechte zu versagen«[95]. Der von Fries rezensierte Rühs wünschte der Juden »Verminderung und Ausrottung«, war sich aber im klaren darüber, daß eine völlige Vertreibung zu grausam sei, weshalb man sie durch eine einschlägige Gesetzgebung »unschädlich zu machen suchen« müsse.[96] Juden sollten »ein eigenes Zeichen, eine Volksschleife«[97] tragen. Fries selbst hielt den Juden vor allem vor, der bloßen Abstammung nach keine Deutschen zu sein, ein Fehler, der sich darin äußere, daß sie »seit Jahrtausenden zwischen allen anderen Völkern der Erde [existieren] und auf diese Art ihre Rasse rein erhalten«.[98] Die Juden sollten, so Fries, in Verschärfung von Fichtes frühen Meinungen »dem Greuel des Ceremonialgesetzes und Rabbinismus gänzlich entsagen«, andernfalls seien sie »zum Lande hinaus zu weisen«.[99] Im Umkehrschluß schlug er Integrationsmaßnahmen wie den Besuch christlicher Schulen, produktive Arbeit und das Verbot von Geldgeschäften vor. Das Bild, das er von jüdischen Finanziers zeichnete, nimmt Marxsche und Wagnersche Bilder vorweg: gebe es doch viele Reiche, »deren todt liegende Capitale von den Juden gefressen [werden] wie das Faulende vom Gewürm«[100]. Das von allen frühen Antisemiten einschließlich Marx und Wagner bemühte Argument, daß ihre Polemik lediglich dem Judentum, nicht aber den Juden gelte – Fries sagte ausdrücklich, daß er nicht den »Juden, unseren Brüdern«, sondern »der Judenschaft den Krieg erklären«[101] wolle –, überzeugt freilich nicht.

Nicht nur bezeichnete er die Juden als »Schmarotzerpflanzen«, »Blutsauger«, »zehrendes Gewürm« oder als »Pest«, er meinte sogar, daß es in Spanien allem Volk zur Freude gereiche, »sie zu Tausenden auf dem Scheiterhaufen zu sehen«.[102] Aufgabe der Deutschen sei es, »daß diese Kaste mit Stumpf und Stiel ausgerottet werde, indem sie offenbar unter allen geheimen und öffentlichen politischen Gesellschaften und Staaten die gefährlichste ist«[103].

Hegel kam im Oktober 1816 nach Heidelberg und nahm jene Professur ein, die Fries im Juni desselben Jahres verlassen hatte. Ob Hegel Fries' Rezension gelesen hat, ist nicht nachgewiesen. Angesichts seiner engen Verbindung zu Carové[104] und der breiten öffentlichen Debatte über die Schriften von Rühs und Fries und die Hep-Hep-Pogromen[105] ist es jedoch wahrscheinlich. Die in der Rechtsphilosophie zum Paragraph 270 hinzugefügte Anmerkung nimmt jedenfalls bis in die Wortwahl Bezug auf Rühs und Fries:

> So formelles Recht man etwa gegen die Juden in Ansehung der Verleihung selbst von bürgerlichen Rechten gehabt hätte, indem sie sich nicht bloß als eine besondere Religionspartei, sondern als einem fremden Volke angehörig sehen sollten, so sehr hat das aus diesen und anderen Gesichtspunkten erhobene Geschrei übersehen, daß sie zuallererst Menschen sind und daß dies nicht nur eine flache, abstrakte Qualität ist […], sondern daß darin liegt, daß durch die zugestandenen bürgerlichen Rechte vielmehr das Selbstgefühl, als rechtliche Personen in der bürgerlichen Gesellschaft zu gelten, und aus dieser unendlichen, von allem anderen freien Wurzel die verlangte Angleichung der Denkungsart und Gesinnung zustande kommt. Die den Juden vorgeworfene Trennung hätte sich vielmehr erhalten und wäre dem ausschließenden Staate mit Recht zur

> Schuld und Vorwurf geworden; denn er hätte damit sein Prinzip, die objektive Institution und deren Macht verkannt [...]. Die Behauptung dieser Ausschließung, indem sie aufs höchste recht zu haben vermeinte, hat sich auch in der Erfahrung am törichtsten, die Handlungsart der Regierungen hingegen als das Weise und Würdige erwiesen.[106]

Kontext und Sinn dieser Anmerkung entkräften zugleich den immer wieder geäußerten Verdacht, daß die Anmerkungen zur Rechtsphilosophie allzu freie und interessierte Kompliationen des Bearbeiters und Herausgebers der Rechtsphilosophie, des getauften Juden Eduard Gans waren. Hegel setzte sich hier direkt mit den – ihm aller Wahrscheinlichkeit nach bekannten – judenfeindlichen Argumenten im Stile Rühs' und Fries' auseinander.

Indem er alle Forderungen nach einer Zwangsassimilation zurückwies und jenen, die sie forderten, vorhielt, genau das zu reproduzieren, was sie den Juden vorwürfen, nämlich eine Trennung zwischen allgemeiner und spezieller Staatsbürgerschaft, erhob er einen Vorwurf, der um so schwerer wog, als diesmal die angestrebte Trennung nicht – wie den Juden vorgeworfen – nur von einer Gruppe, sondern vom Staat selbst betrieben wurde. Wer unterschiedlichen Gruppen unterschiedliche Rechte einräume, habe den Begriff des Staates nicht angemessen vollzogen und die Objektivität der in ihm herrschenden Rechtlichkeit mißverstanden. Diese Rechtlichkeit, die im absoluten Recht aller Rechte, dem Recht auf Rechte[107] bestehe, gelte dem Menschen in seiner allgemeinsten Eigenschaft als Mensch: »Es gehört der Bildung, dem *Denken* als Bewußtsein des Einzelnen in der Form der Allgemeinheit, daß Ich als allgemeine Person aufgefaßt werde, worin Alle identisch sind. Der Mensch gilt so, weil er Mensch ist, nicht weil er Jude, Katholik, Protestant, Deutscher, Italiener usf. ist. Dies Bewußtsein, dem der Gedanke gilt, ist von unendlicher

Wichtigkeit, – nur dann mangelhaft, wenn es etwa als Kosmopolitismus sich dazu fixiert, dem konkreten Staatsleben gegenüberzustehen.«[108] Wer den Menschen nicht als Rechtsperson, als rechtsfähige Person begreife, hielt Hegel den völkischen Nationalisten entgegen, habe noch nicht einmal das Wesen, genauer gesagt, den Begriff der (modernen) Subjektivität richtig verstanden. Indem er gegen alle rein moralische Betrachtung des Menschenrechts auf seiner innerstaatlichen Positivierung beharrte und diese Positivierung zugleich mit einer Kritik an ethnisch-völkischen Einschränkungen der Rechtsgleichheit verband, vermochte er den Kosmopolitismus als Kehrseite des Ethnizismus zu entdecken und zu verdeutlichen: Recht verstandene Subjektivität sei nur in rechtsförmigen – das hieß zu seiner Zeit rechtsstaatlichen – Lebensformen möglich. Damit gelte umgekehrt, daß jeder, der die Errungenschaften moderner Rechtsgleichheit aus welchen Gründen auch immer für welche Kategorie von Menschen auch immer aufkündige, ihnen zugleich die volle Anerkennung als Subjekt verweigere und so letzten Endes auch die eigene Subjektivität einschränke.

Hegels in den frühen zwanziger Jahren des neunzehnten Jahrhunderts entstandene Rechtsphilosophie kann, zumindest was die Auseinandersetzung mit dem völkischen Antisemitismus angeht, als Reaktion auf die aktuellen Ereignisse von 1819 gelten. Diese Ereignisse zugleich als alleinige Ursache von Hegels vierter und letzter Theorie des Judentums zu verstehen, wie er sie in eben diesem Zeitraum in seiner Geschichts-, Religions- und Kunstphilosophie entwickelte, wäre mit Sicherheit übertrieben, lassen sich doch die Anfänge dieser Theorie des Judentums bis 1806, nämlich in das Kapitel über »Herrschaft und Knechtschaft« in der *Phänomenologie des Geistes* zurückverfolgen. Allerdings dürfte diese dort angelegte Theorie des Judentums, die erst im System ihre Entfaltung findet, gemäß Hegels Einsicht in den

Zeitkern jeder Wahrheit kaum ohne die Erfahrung der Pogrome von 1819 formuliert worden sein. Ästhetik, Geschichts- und Religionsphilosophie wurden allesamt in unterschiedlichen Vorlesungen zwischen 1821 und 1823 vorgetragen und können folglich als unterschiedliche Facetten beziehungsweise Ausprägungen desselben Programms, nämlich einer historischen Entfaltung von Stufen des Selbstbewußtseins, gelten. Anders als in der *Phänomenologie des Geistes*, in der das »Selbstbewußtsein« sich im Entstehen seiner Formen entwickelt, herrscht im System der beobachtende Blick eines bereits zu sich selbst gekommenen absoluten Wissens vor, das die Vorstufen seiner selbst ruhig betrachten kann.

Hegels letzte Theorie des Judentums, die er unter dem Rubrum einer »Religion der Erhabenheit« entwickelte, sieht die »welthistorische Bedeutung«[109] des jüdischen Volkes zunächst darin, Vorstufe jenes Höheren gewesen zu sein, in dem der Geist zum absoluten Selbstbewußtsein gekommen sei, also Vorstufe der christlichen Religion, die ihrerseits die Vorbedingung für das philosophische absolute Wissen darstelle. Im Judentum der alttestamentlichen Bücher komme die innige Beziehung zwischen Subjekt und Geist zum ersten Mal zum Ausdruck, werde jedoch Gott und nicht den Menschen zugerechnet, weshalb auf dieser Stufe des Bewußtseins das Letzte, was dem Menschen bleibe, das »Gefühl des Schmerzes über sich«[110] sei. Die dieses letztlich unbefriedigende Weltverhältnis kompensierenden Wünsche nach Heimat, Familie und Gotteshaus, wie sie sich im Interesse am Land Kanaan, der familiären Frömmigkeit und dem Tempelkultus, also in Formen »äußerlicher Befriedigung« ausdrückten, wurden im Lauf der Geschichte dementiert. Die Geschichte, genauer die Unterwerfung und schließlich Zerstörung des jüdischen Staates durch die Römer, Vertreibung und Zerstreuung verwiesen das jüdische Volk auf seine Urerfahrung, den Mythus des Sündenfalls, und ließen diese Erfahrung zur gelebten Realität werden: »Früher galt den Juden als dies Konkrete das Land Kanaan und sie selbst als das Volk Gottes. Dieser Inhalt ist aber jetzt verloren, und es entsteht daraus das Gefühl des Unglücks und des Verzweifelns an Gott, an den jene Realität wesentlich geknüpft war. Das Elend ist also hier nicht Stumpfheit in einem blinden Fatum, sondern unendliche Energie der Sehnsucht.«[111] Im Unterschied zum Stoizismus verharre die jüdische Empfindung »vielmehr in der Realität und verlangt darin die Versöhnung«[112]. Das jüdische Weltverhältnis, so wie es sich in jüdischem Leben ausdrücke, bestehe in der Sehnsucht nach einer versöhnten Welt, einer Sehnsucht, die auf der »orientalischen Einheit der Natur, d. i. der Realität, der Subjektivität und der Substanz des Einen«[113] beruhe. Die im Judentum welthistorisch erstmals entstehende Einsicht in die Realität des Geistes habe in ihrer Zurechnung auf Gott eine radikale Abwertung all jener Substantialität zur Folge gehabt, in der doch die Entzweiung ihren Frieden hätte finden sollen.

Der sich so herausbildende Gott, dem alle Güte und Gerechtigkeit zugeschrieben wird, sei ein erhabener Gott, in bezug auf den das äußere Dasein herabgesetzt sei, »indem diese Herabsetzung und Dienstbarkeit die einzige Art ist, durch welche der für sich gestaltlose und durch nichts Weltliches und Endliches seinem positiven Wesen nach ausdrückbare eine Gott«[114] zur Darstellung gebracht werden könne. Die Erhabenheit sei keinesfalls mit Maßlosigkeit zu verwechseln,[115] sondern eine durchaus bestimmte, sich über die Natur erhebende Form des Geistes, die sich alle Realität, ihr hingegen allen Schein zuspreche. Gegenüber einem solchen Gott seien selbständige Individuen einerseits nicht möglich, andererseits bilden die Menschen gegenüber einem solchen Gott erstmals einen Begriff der eigenen, wirklichen Endlichkeit aus, die der Unsterblichkeitsglaube nur unterstreiche. Die Erfahrung wirklicher Endlichkeit aber sei eine notwendige

Voraussetzung für Freiheit und Selbständigkeit: Die durch die Erhabenheit Gottes ermöglichte Einsicht in sein Gesetz sowie die damit einhergehende Unterscheidung zwischen Menschlichem und Göttlichem, von Endlichem und Absolutem und damit von Gut und Böse führe dazu, »die Entscheidung für das eine oder das andere in das Subjekt selbst«[116] zu verlegen. Der Wunsch nach rechtem Vollzug der Weisung, die »affirmative Beziehung auf Gott«[117], führe zu einer reflexiven Beziehung zum eigenen Dasein. Jetzt vermöge das Subjekt, positive oder negative Zustände »mit seinem inneren Gehorsam oder seiner Widerspenstigkeit gegen das Gesetz in Zusammenhang zu bringen und als Wohltat und Belohnung sowie als Prüfung und Strafe hinzunehmen«[118].

Das Gottes- und Selbstverhältnis, wie es sich in der Religion der Erhabenheit, im Judentum, zeige, sei das eines Selbstbewußtseins, das bereits ein Bewußtsein vom absoluten Wesen habe; es sei in Gott und wisse sich darin bei sich selbst.[119] Der Mensch sei frei als Selbstzweck, als in Gott gerechtfertigt und auf Gott gerichtet – Formulierungen, die genausogut das kantische, paulinische oder jüdische Gottesverhältnis beschreiben könnten. Das Weltverhältnis der Religion der Erhabenheit hat gleichermaßen eine erkenntnistheoretische Dimension. Kants Blick auf das erkennende Subjekt und das unbestimmte Ding an sich entsprechen ihm präzise. Die Unselbständigkeit der Dinge, die zu dem, was sie werden, nur durch Verstandeskategorien werden – diese deutlich auf Kant anspielende Erörterung findet sich nicht zufällig in dem Abschnitt »Religion der Erhabenheit«.[120] Auf dieser Basis werden drei Formen des religiösen Bewußtseins näher definiert, wobei die Erhabenheit neben der Schönheit und der Zweckmäßigkeit ein zweites Mal erscheint. »Erhabenheit« beschreibt also einmal das theistische Gottesverständnis überhaupt und zum zweiten die jüdische Religion als konkrete historische

Form. Sie denkt Gott als einen und als allmächtig, als gestalt- und bildlos, als unendliche Subjektivität. Abstrakt ist diese Subjektivität, weil ihr Gott der eine ist und alles andere gegen ihn unselbständig. Hegel vermerkte, daß der Grundgedanke des Monotheismus aufgrund der Gewöhnung an ihn in seiner Bedeutung kaum noch wahrgenommen werde. Doch sei diese Einsicht zwar formell, aber unendlich wichtig, »und es ist nicht zu verwundern, daß das jüdische Volk sich dies so hoch angerechnet hat; denn daß Gott Einer ist, ist die Wurzel der Subjektivität, der intellektuellen Welt, der Weg zur Wahrheit«[121].

Mehr noch: die Erkenntnis, daß Gottes Einheit zugleich das Band der Notwendigkeit eines guten und richtigen Lebens sei, daß dieser Einheit ein bestimmter göttlicher Wille entspreche, der den Lebenszusammenhang der Menschen bestimme, führe zu Glaube und Zuversicht – »diese ist im jüdischen Volke eine Grundseite, bewundernswürdige Seite«[122]. Sehnsüchtige Entfremdung und zuversichtlicher Glaube erweisen sich so als zwei Seiten einer Medaille. Die aus der Entfremdung rührende Entzweiung freilich, die das jüdische Volk lebe, sei ihm noch nicht als menschliche Grundverfassung überhaupt zu Bewußtsein gekommen. »Der Kampf des Menschen in sich selbst«[123] sei zwar in der Literatur der Hebräer Thema, aber doch nur als je konkrete Erzählung. Der bestimmte Wille dieses die Entzweiung beglaubigenden Gottes richte sich nach Auskunft der biblischen Schriften auf bestimmte Menschen und ihr Wohlergehen; seine Weisheit bedürfe zu ihrer Bestimmung eines realen Zwecks, einer unmittelbaren Einzelheit, der Familie. Daß Gott nur der Gott dieses Volks, nicht der Menschen sei,[124] liege gerade an seiner transzendenten Erhabenheit, die zu ihrer Erfüllung ein Gegenüber benötige – je ferner der erhabene Gott, desto konkreter seine Bezüge auf die endliche Welt. Gerade weil der erhabene Gott als der Gott des Himmels und der Erde verehrt werde, sei sein Zweck so beschränkt, daß dieser Zweck »nur eine Familie, nur dies eine Volk ist. Alle Völker sollen ihn wohl auch anerkennen, seinen Namen preisen, aber das *reale*, zustande gebrachte wirkliche Werk ist nur dies Volk in seinem Zustande, seinem Dasein, seinem inneren, äußeren, politischen, sittlichen Dasein.«[125]

Im Judentum habe der Mensch nach Hegel den Zweck, das Leben seiner selbst und seiner Familie möglichst lange zu erhalten und zeitlichen Besitz für den Dienst an Gott, nicht aber für die Ewigkeit zu erwerben. Judentum sei eine Haltung, die auf die Erfüllung und Realität des Zeitlichen und im Zeitlichen setze und die Aufnahme der Seele ins Absolute noch nicht erfaßt habe.[126] Jüdische Existenz, so läßt sich sagen, stellte für Hegel den Inbegriff kontingenter Individualität dar, einer Individualität, die (noch) nicht durch eine Versicherung ihrer selbst im Ewigen getröstet ist. Die strikte Beschränkung des Judentums auf das Wohl und Wehe des familialen Lebens, so wie es in den Vätergeschichten überliefert werde, drücke nur das Aufgeben eines jeden Bezugs zur Transzendenz aus, ein Aufgeben, das sich gegen alle bisherige, von Göttern und Menschen durchwaltete Wirklichkeit negativ verhalte. Die Versteifung auf den von Gott zugesprochenen Besitz, der als absolute Berechtigung verstanden werde, drücke gläubige Zuversicht aus. Die Zuversicht in die Treue Gottes ermangele der vermittelnden Kategorie des rechtlich verfaßten Eigentums. Daraus erklärte Hegel den Umstand, daß im Judentum der Besitz von Land letzten Endes doch als Gottes Besitz verstanden werde.

Als Kehrseite der an den Besitz gebundenen gläubigen Zuversicht sei das Volk seinerseits an das Gesetz gebunden, das seinen sittlichen Inhalten zum Trotz – hier griff Hegel auf seine frühen Schriften, auf seine erste Theorie des Judentums zurück – in reiner Positivität bestehe. Da Hegel einen durch den Begriff und das Institut des Eigentums nicht vermittelten Besitz als vernunftlos ansah, erschien ihm auch der Gottesdienst selbst als vernunftlos, abstrakter Gehorsam und abstrakte Berechtigung jenseits aller Innerlichkeit. Damit erweise sich das jüdische Gottesverhältnis, das Gott im Gedanken als den universalen Gott erfasse, den Menschen als selbständigen und endlichen, wenn auch familiär partikular verstehe und daher die Individualität nicht auf eine transzendente Geistigkeit beziehe, sondern in ihrer Kontingenz festhalte, als eine Religion des Dienstes. Unter diesem Begriff wird das, was Kant, Schleiermacher und Fichte als äußerliche statutarische Haltung bemängelten, in seiner inneren Konsequenz und Notwendigkeit sichtbar:

> Das Halten der Gebote des Dienstes, der Gehorsam gegen Gott ist die Bedingung der Erhaltung des Zustandes des Volks, dies ist die andere Seite des Bundes. Die Abweichung von den Gesetzen durch die Willkür der Individuen oder des ganzen Volks ist möglich; das ist aber nur eine Abweichung von den Geboten und vom Zeremoniendienst, nicht eine Abweichung vom Ursprünglichen, denn dies gilt als solches, wie es sein soll. Demnach ist auch die Strafe, die an den Ungehorsam geknüpft ist, nicht die absolute Strafe, sondern nur ein äußeres Unglück, nämlich der Verlust des Besitzes oder die Schmälerung, die Verkürzung desselben. […] Ebenso wie der Gehorsam nicht geistig-sittlicher Art ist, sondern nur der bestimmte, blinde Gehorsam von nicht sittlich freien Menschen, so sind auch die Strafen äußerlich bestimmte. Die Gesetze, Gebote sollen nur wie von Knechten befolgt, ausgerichtet werden.[127]

Auf den ersten Blick könnte der Eindruck entstehen, daß Hegel damit doch die Linie Fichtes und der frühen Aufklärung fortschrieb. Allerdings sind zum einen in den einschlägigen Passagen der Religionsphilosophie die erste und die zweite Theorie des

Judentums unlösbar ineinander verwoben, zum anderen verbietet die spekulative Deduktion des jüdischen Weltverhältnisses jeden Antisemitismus. Indem Hegel die Religion der Erhabenheit als den wesentlichen Fortschritt im Zu-sich-selbst-Kommen des Geistes beschrieb und die konkrete jüdische Existenz aus dieser Konstellation erläuterte, konnte er sowohl auf moralisches Verdammen als auch auf externalistische, reduktionistische Erklärung des Judentums verzichten. Indem er klarer als alle Philosophen vor ihm die religiöse Grundierung auch des ethnischen Zusammenlebens verstanden hatte und aufgrund seiner politischen Erwägungen Religion im modernen Staat als eine Haltung der Individualität auffaßte, gelang es ihm, die paranoiden Kurzschlüsse seiner Vorgänger, die eine ethnisch getönte Religion zugleich für eine Gefährdung des Staates hielten, zu entkräften.

Auf diese Weise entstand eine spekulative Erläuterung der Nation, die die Antisemiten – wie Fichte und Schleiermacher, Rühs und Fries – zu politischen Maßgaben bewog, die das Niveau moderner Subjektivität systematisch unterboten. »Nation heißt ein Volk, weil es zunächst durch die Natur ist; dies ist der beschränkte Zweck«[128] und ausschließend gegen anderes. Andererseits stehe der jüdische Gottesgedanke in einem negativen Verhältnis zu jedem beschränkten Zweck, sei doch der jüdische Gott »nur für den Gedanken«[129]. Die so dem Gottesverhältnis und nicht irgendwelchen sozialpsychologischen Größen zugerechnete Ausschließlichkeit jüdischen Lebens mitsamt der Paradoxie einer partikularistischen Religion mit universalistischem Anspruch impliziert, wie Hegel richtig sah, mit beinahe logischer Notwendigkeit besondere Verfassungen, Gesetze, Zeremonien sowie vor allem auf Geburt beruhende und auf einen bestimmten Boden bezogene Zugehörigkeit. Die Ausschließung anderer sei »zunächst nicht polemisch«[130], da auch die anderen Völker diesen Gott preisen könnten. Gleichwohl sei die jüdische Religion durch einen tiefen inneren Widerspruch gekennzeichnet, »denn solches Gebundensein an die Nationalität widerspricht durchaus der Vorstellung, daß Gott nur im allgemeinen Gedanken gefaßt werde«[131]. Die religionssystematische Erläuterung der Ausschließlichkeitsregel führt endlich zu einer abwägenden Beurteilung dessen, was die Judenfeinde stets als Fanatismus glaubten brandmarken zu müssen. Fanatismus, den Hegel vor allem dem Islam zurechnete, finde sich zwar auch bei Juden, »aber er tritt nur ein, insofern ihr Besitz, ihre Religion angegriffen ist«[132]. Im Judentum waltet für Hegel kein Fanatismus – wenn überhaupt, ein »Fanatismus der Hartnäckigkeit«[133] –, sondern allenfalls »bewundernswürdige Festigkeit«[134].

Die welthistorische Bedeutung dieses Volkes und seiner Religion, die Hegel mit religionssystematischen und rechtsphilosophischen Argumenten gegen den Antisemitismus verteidigte, läßt sich nun in seiner Übergangsfunktion sehen, einer Übergangsfunktion, in der zwei zentrale Themen der Hegel-Lektüre im zwanzigsten Jahrhundert eine wesentliche Rolle spielen: das Thema der Anerkennungsverhältnisse und das des Herr-Knecht-Verhältnisses. Hegel entwickelte beide Theoreme ausschließlich in seiner Theorie des Judentums.

Es ist überaus erstaunlich zu sehen, daß dies keinem seiner neueren Leser – weder Kojève noch Lukacs, weder Herbert Marcuse noch Charles Taylor noch Axel Honneth – aufgefallen ist. In ihrer junghegelianischen und nachmarxistischen Fixierung auf die Geschichte der Industrialisierung und die Kommunikationsverhältnisse ignorieren sie das theologische Motiv, das die ganze Hegelsche Philosophie durchzieht, entschlossen und zahlen dafür nicht nur den Preis politischer Kurzschlüsse, sondern auch philologischer Ungenauigkeit.

Als Angelpunkt von Hegels Theorie des Judentums erweist sich die Dialektik von Herrschaft und Knechtschaft. Wenn zudem richtig ist, was die Hegel-Interpretation seit Kojève herausgestellt hat, daß nämlich »Herrschaft und Knechtschaft« das zentrale Element einer realitäts- und geschichtsträchtigen Realdialektik entfaltet, bleibt keine andere Möglichkeit, als die innere Dialektik des Judentums als Dreh- und Angelpunkt von Hegels Philosophie der Weltgeschichte zu erkennen. Für diese Behauptung ist nun die Beweislast zu übernehmen.

Eine genaue Lektüre der einschlägigen Passagen in der *Philosophie der Religion* zeigt, daß sie – und es gibt keine anderen Passagen, die das tun – beinahe wörtlich Passagen aus der *Phänomenologie des Geistes* zitieren: »Der Kultus nun ist der Dienst Gottes; der Gute, Gerechte ist es, der diesen Dienst leistet, indem er sowohl die sittlichen Gebote als auch die Zeremonialgesetze hält und beobachtet. Das ist der Dienst des Herrn. Unter der Bedingung der Furcht und des Dienstes ist nun das Volk Gottes ein durch Bund und Vertrag angenommenes. Nämlich die selbstbewußte Gemeinde ist nicht mehr eine ursprüngliche und unmittelbare Einheit mit dem Wesen, wie dies in der Naturreligion der Fall ist.«[135] Diesem religiösen Verhältnis entspricht das Wesen des jüdischen Volkes, das wesentlich aus einem Grundgefühl der Abhängigkeit heraus lebt – ob diese Bestimmung Hegels beim späteren Schleiermacher zufällig als Bestimmung des religiösen Verhältnisses im allgemeinen wiederauftaucht, wäre eigens zu untersuchen. Knechtschaft ist für Hegel jedenfalls identisch mit dem Gefühl der Abhängigkeit, und damit gerät das jüdische Volk zum Prototyp des religiösen Verhältnisses, der religiösen Menschheit überhaupt. Allerdings handelt es sich um ein äußerliches Verhältnis. Hegel argumentierte traditionell lutherisch, als er das Gottesverhältnis des Alten Testaments als äußerlich, als ein Verhältnis bestimmt, das auf dem Vertrag beruhe und nicht ursprünglich durch die Liebe Gottes zu den Menschen gesetzt sei. Gleichwohl erteilte er im gleichen Atemzug erstaunlich paulinisch und durchaus schriftgetreu jeder Verwerfungstheologie eine Absage, indem er auch die »nur« durch einen Vertrag zustande gekommene Annahme Israels durch Gott als unwiderruflich und gültig kennzeichnete: »Und zwar ist diese Annahme des Volkes ein für allemal geschehen, und sie nimmt die Stelle dessen ein, was in der offenbaren Religion in der vollendeten Form die Erlösung und Versöhnung ist.«[136] Dieses Angenommensein wird nicht als Ausdruck einer freien, absoluten Gottesbeziehung gedeutet, sondern gleichsam als Annahme aufgrund einer Vorleistung, wie in einer Vorlesungsnachschrift deutlich wird: »Das Volk ist daher Angenommenes unter der Bedingung der Furcht Gottes – des Grundgefühls seiner Abhängigkeit, d. i. Knechtschaft, – Nationalsgott-Erweiterung im Mohamedanismus – von Nationalität gereinigt (auch später Judengenossen)«.[137] Judentum und Islam als systematische – nicht unbedingt historische – Vorstufen des Christentums, der Religion der Menschlichkeit und Freiheit, würden jener Erfahrungen ermangeln, die die griechische Religion artikuliert habe, der Erfahrung von Natur, Natürlichkeit und Versöhnung. Sie erst könnten in Verbindung mit der in der Religion der Erhabenheit zutage getretenen absoluten Geistigkeit und Subjektivität Gottes zu jener letzten, der christlichen Religion werden, in der der endlich gewordene Gott zu jener Vermittlung werde, die der Mensch sei: »der Mensch weiß sich in Gott, und Gott und der Mensch sagen voneinander: das ist Geist von meinem Geist«[138]. Dabei galt dem Hegel des Systems die hier zur Sprache gebrachte Natur nicht als etwas Äußerliches, sondern als ein gesellschaftliches Verhältnis zu seinesgleichen – eine Einsicht, zu der es nicht erst Marx und der anderen Junghegelianer bedurfte: »Die Art der Beziehung des Menschen auf die anderen, das ist seine Natur.«[139] So hielt Hegel der Religion der Erhabenheit in ihrer jüdischen und muslimischen Form schließlich vor, die ihnen immanente Knechtschaft dadurch zu perpetuieren, daß sie den von ihnen angebeteten Gott als den ganz anderen und nicht als Ausdruck menschlicher Beziehungen gefaßt habe. Indem beide Religionen die letztliche Einheit von göttlichem und menschlichem Geist negieren würden, verblieben sie in der Sünde, die ja nichts anderes sei als »Sünde gegen Versöhnung«[140].

Hegels vierte und letzte Theorie des Judentums findet sich in der Religionsphilosophie der Jahre 1821, 1824, 1827 und 1831, im Teil über die bestimmte Religion, in den Abhandlungen über die Religion der Erhabenheit und dort vor allem im Abschnitt über den Kultus. Die große Parallelität, die semantisch zum Abschnitt »Herrschaft und Knechtschaft« der *Phänomenologie des Geistes* besteht, läßt keinen anderen Schluß zu, als daß mit dem immer wieder beschworenen Dienst eben nicht instrumentelle Arbeit, sondern ein bestimmtes moralisches und liturgisches Tun gemeint ist, das seinerseits das religiöse Verhältnis an sich kennzeichnet. Die These, daß der »Kultus« bei Hegel auch als »subjektive Verwirklichung der objektiv schon wirklichen Versöhnung«[141] verstanden werden könne, führt dazu, auch den Kultus der griechischen Religion der Schönheit und den der jüdischen Religion der Erhabenheit als noch unbewußte Vollzugsformen einer bereits stattgefundenen Versöhnung zu verstehen, und verkennt damit die Eigentümlichkeit der geschichtlichen Fottschrittsbewegung.

Die Dialektik von Herrschaft und Knechtschaft einschließlich der endlichen Emanzipation des Knechts erweist sich als die Emanzipation des religiösen Bewußtseins zu sich selbst, indem dieses sein Gottesverhältnis als ein Verhältnis zu einem Gott freier Menschen auffaßt. Bekanntlich war Hegel der Auffassung, im lutherisch verstandenen Christentum, der »Religion des Schmerzes«[142] mit seiner Doktrin von der Menschwerdung Gottes, jene absolute Religion eines religiösen Bewußtseins in seiner Totalität vor sich zu haben, in dem die Macht des Absoluten sich zurücknehme und damit einem freien Anderen Raum gebe: »Weiß sich aber Gott im Anderen, so ist damit ebenso das Andere für sich und weiß es sich frei.«[143]

An der Frage, ob Hegel in seiner Religionsphilosophie, in seiner Philosophie des Christentums dachte, daß der Inhalt seiner Philosophie mit dem Christentum zusammenfalle,[144] oder ob er lediglich ein noch in christlicher Semantik auftretender »post-Christ«[145] gewesen sei, wie unter anderem Kojève meint, entscheidet sich die Plausibilität seiner Theorie des Judentums. Für den systematischen, postchristlichen Denker, für den die Distanz des absoluten Wissens zur absoluten Religion mindestens so groß ist wie die Distanz der absoluten Religion zur Religion der Erhabenheit, wäre das Judentum die entscheidende Gegeninstanz, der Einspruch gegen die von ihm behauptete Versöhnung von Wirklichkeit und Vernunft, die sich einem aufgeschlossenen Blick auf den Weltlauf gar nicht zeigen kann. Am Judentum erweise sich Hegels »Unvermögen, den Glauben an den totalen Ausstand des Heils nachzuvollziehen«[146]. Dieser kritisch gegen Hegel gewendete Blick wird in dem Augenblick blind, in dem Hegels Versuch, freiheitliche, neuzeitliche Subjektivität als Inhalt des Christentums zu denken, als gelungen akzeptiert und etwa beglaubigt wird, daß christlicher Glaube »die dialektische Erscheinung der Wahrheit Gottes unter der Form der Ichheit«[147] sei. Im Umkehrschluß gälte dann, daß alle anderen Religionen dieses Telos nicht erreicht hätten.

Alle Versuche, Hegels Philosophie als eine Theorie intersubjektiver Anerkennung zu lesen, werden durch seine Theorie des Judentums dementiert. Die in der jüngeren Hegel-Literatur unter Bezug vor allem auf die Jenaer Frühschriften beliebte Argumentation, ihn im Anschluß an Fichte als Anerkennungstheoretiker zu lesen, hält einer Lektüre der Religionsphilosophie ebensowenig stand wie alle marxistischen Versuche, »Dienst« und »Arbeit« als instrumentelles Handeln zu verstehen. Der Hegel der Religionsphilosophie sieht in der »Anerkennung« lediglich einen defizienten Modus des Erkennens: »Der Reflex Gottes im Selbstbewußtsein überhaupt ist noch nicht erkannt«, heißt es über den »Zweck Gottes mit der Welt« im Abschnitt über die »Religion der Erhabenheit«, »Gott wird nur [sic! M. B.] anerkannt. Sollte er auch wirklich erkannt werden, so gehörte dazu, daß er als Geist Unterschiede in sich gesetzt hätte.«[148] Die Unterschiede aber, die die Religion der Erhabenheit macht, sind Unterschiede zwischen endlichen Menschen und einem unendlichen, erhabenen Gott. Das Preisen und Anerkennen Gottes, zu dem die biblischen Schriften nicht nur das jüdische Volk aufrufen, galt Hegel als ein »theoretischer Zweck«. Worin das weitergehende »Praktischwerden« dieses Zwecks besteht, riß kurz darauf Hegels Schüler auseinander; daß es um mehr als um bloße Anerkennungsbeziehungen gehen sollte, einte sie. Womöglich stellte aber die von Hegel konstatierte Unvollständigkeit der Anerkennungsbeziehung – seine Kritik am jüdischen Weltverhältnis, das die Einheit von Göttlichem und Menschlichem noch nicht begriffen hatte – das Motiv bereit, im Praktischwerden der Philosophie auch die Defizienz der Gesellschaft zu überwinden. Für Hegel, dem es auf eine Versöhnung im Denken und nicht in der notwendig defizienten Praxis endlicher Wesen ankam, wären alle Versuche, über die Versöhnung im Denken hinaus eine Versöhnung in der Endlichkeit zu erstreben, nur Ausdruck eines letztlich jüdischen Gottesverhältnisses gewesen. Er hatte gesehen, was all seine radikaleren Nachfolger mißverstanden: daß der Versuch einer reellen Aufhebung der Religion zugunsten eines breit gestreuten absoluten Wissens oder einer nicht mehr religionsbedürftigen Wirklichkeit zu einem Aufleben jener Judenfeindschaft führen würde, die sich im völkischen Denken offenbarte und die vor allem den Gedanken rechtsgleicher moderner Subjektivität überbot.

Anders als für Kant und Schleiermacher, die selbst intensiven Kontakt zu Juden und Jüdinnen hatten, anders auch als für Fichte, der bei aller menschenrechtlichen Redlichkeit ein über zeitbedingte Vorurteile hinausgehendes, niemals erlöschendes Ressentiment pflegte, war das Judentum für Hegel stets nur ein theoretisches Problem, an dem sich die Gültigkeit seiner Vorstellungen freier, rechtlich und sittlich verfaßter Subjektivität zu erweisen hatte. Der – wie Emil Fackenheim zu Recht feststellt – vorchristliche Hegel der Jugendschriften schien dabei selbst völkisch zu argumentieren. Seine 1796 gestellte Frage »Ist denn Judäa der Tuiskonen Vaterland?«[149] sah im Judentum den Inbegriff einer »positiven Religion« und in Jesus einen aufklärerischen Lehrer wider Pedanterie, statutarische Gebote und tote Formulare, einen Lehrer, der sich gegen ein Christentum stellte, das die heiligen Haine von Germanen und Griechen umgehauen hatte. Das jüdische Volk, das in Abraham zum Inbegriff einer grundlos gewollten Entfremdung von der Natur geworden sei, habe ein leidvolles Schicksal erfahren, das aber noch nicht einmal tragisch zu nehmen sei. Zehn Jahre später in der *Phänomenologie des Geistes* beschäftigte sich Hegel intensiv mit einem Gottesverhältnis als Ausdruck eines Selbstbewußtseins, das alles ihm Wesentliche aus sich heraussetze und sich dieser herausgesetzten Instanz unterwerfe. Dies Heraussetzen und ein Leben im Auftrag der transzendenten Instanz sei aber jener Prozeß, der einzig zukunftsträchtig sei, weshalb den (Gottes)knechten eher als dem über sie triumphierenden Gott die Zukunft gehöre. Die wiederum zehn Jahre später lebhaft losbrechende Debatte über die Emanzipation der Juden, die Hegel als interessiertem Leser von Zeitungen und Journalen kaum entgangen sein dürfte und an der er als Mentor liberaler Heidelberger Studenten wohl teilgenommen hatte, ließ ihn zum schärfsten Kritiker aller völkischen Antisemiten und zu einem unzweideutigen Befürworter der Emanzipation der Juden zu Staatsbürgern werden. Seine gegen Fries gerichtete Polemik zeigt ihn zugleich als einen frühen und hellsichtigen Diagnostiker der modernitätsunterbietenden und subjektivitätsnegierende Gehalte einer substantiell nicht auf Recht, sondern auf ethnischem Gemeinschaftsgefühl beruhenden Staatsform. Die in der *Phänomenologie des Geistes* erstmals erprobten Denkfiguren schießen schließlich in der Religionsphilosophie und in den sie begleitenden Schriften des Systems zu einer letzten Theorie des Judentums zusammen, die zwar noch von den Annahmen der Jugendschriften durchzogen ist, aber zugleich im Judentum den Inbegriff einer auf Geist und Subjektivität beruhenden, womöglich höchsten Religion sieht, die schließlich durch die absolute Religion, das Christentum, von dem nicht mehr klar wird, ob es diesen Begriff zu Recht erfüllt, abgelöst wird. Insofern Religion von der Transzendenz Gottes als Gott lebt, sind Judentum und Islam die letzten Religionen, da unter Religion eine bestimmte kulturelle Praxis verstanden wird und die absolute Religion, das Christentum, erbaulich und kultisch einen Gedanken zum Ausdruck bringt, der dieser Form eigentlich nicht mehr bedarf.

In diesem Sinne war der späte Hegel in seiner Haltung zum Judentum einerseits ein vorbildlicher Liberaler und andererseits ein theoretischer Fortschrittsdenker. Wo der rechtsstaatliche Liberale die Juden ethnisch wie religiös als die, die sie sein wollten, im Rahmen ihrer staatsbürgerlichen Rechte gewähren lassen wollte, lag dem Philosophen des absoluten Wissens daran, ihren Glauben als objektiv überwunden anzusehen. Im Unterschied zu vielen seiner Schüler konnte Hegel es indes beim faktischen Auseinanderklaffen zwischen bürgerlicher Existenz und Gedanken belassen. Der Versuch, das Judentum nicht nur in der Philosophie, sondern auch in der Praxis zu überwinden, sollte zu eben jener Judenfeindschaft zurückführen, die Hegel an den germanophilen, partikularistischen und damit eben undemokratischen Demokraten kritisiert hatte. Neuere Kritik an Hegel, die in voller Kenntnis seines Eintretens für die Emanzipation unbesehen seine Früh- und Spätschriften vermengt, ihm geradezu noch seinen Begriff »menschlicher Emanzipation« als wichtige theoretische Stütze des deutschen revolutionären Antisemitismus vorhält[150] und ihn für die Antisemitismen seiner Schüler verantwortlich macht, argumentiert nicht nur in der Sache unredlich, sondern läßt jeden Sinn für philologische Genauigkeit und hermeneutische Konsistenz vermissen.

Dabei wurden Hegel und seine Theorien des Judentums zwar nicht für viele, aber doch für einige bewußt jüdische Denker zum wichtigen Anstoß. Der in Thalfang, Preußen, geborene, später in den USA wirkende Reformrabbiner Samuel Hirsch (1815 bis 1899), der schließlich sowohl die Autorität des Talmud wie den Glauben an einen persönlichen Messias zurückwies, entfaltete in seinem 1842 erschienenen Hauptwerk *Die Religionsphilosophie der Juden*[151] das Judentum als Gegenstand eines dialektischen Entwicklungsprozesses und als gleichwertigen Partner des Christentums. Das Judentum als »intensiver Glaube« stehe neben dem Christentum als »extensivem Glauben«, dem es zukomme, die Botschaft der Bibel den Heiden zu verkünden – eine Theorie, die Franz Rosenzweig später in seinem *Stern der Erlösung* erneuerte. Zu absoluten Religionen werden nach Hirsch in der messianischen Zeit beide. Hirsch argumentierte gegen Hegel, daß die Philosophie im Vergleich zur Religion keine höhere Form des Wissens darstelle; nur so schien ihm die innere Nähe von christlicher Religion und absolutem Wissen aufhebbar. Zudem bestritt er die sinnbildende Funktion des Bösen und damit Hegels Theorie der Sünde, die er aus jüdischer Sicht als eine nicht notwendige und auch nicht tragische Verfehlung ansah. Ein hegelianisches Judentum erschien ihm im Unterschied zu einem hegelianischen Christentum gleichwohl unmöglich, ja geradezu heidnisch.[152] Dem in Brody geborenen Nachman Krochmal (1785 bis 1840), einem Autodidakt und Aufklärer, ging es um das Judentum als Ausdruck des geschichtlichen Geistes. Er definierte die Realität im Anschluß an Hegel als absoluten Geist, also Gott. Wie Hirsch lehnte er die von Hegel getroffene Hierarchisierung von Religion und Philosophie ab. In seiner Theorie des jüdischen Volkes lebt dieses im Unterschied zu allen anderen Völkern ewig – ein weiteres Theorem, das später von Rosenzweig aufgegriffen wurde. Diese Ewigkeit resultiere aus einer besonderen Beziehung des absoluten Geistes zum jüdischen Volk, die anderen Völkern ermangele. Für die Juden transzendiere die Geschichte gleichwohl nicht ins Zeitlose, würden sie doch als wirkliches, sich selbst je und je erneuerndes Volk leben. Mit diesem Gedanken läßt sich Krochmal als Protozionist bezeichnen. Über Hegels jüdischen Schüler Gans (1798 bis 1839), der die *Rechtsphilosophie* und die *Philosophie der Geschichte* edierte, in Preußen ob seines Judentums einer Professur für nicht würdig befunden wurde und der, obwohl zunächst ein offener Gegner der Taufe, sich später selbst taufen ließ, wirkte Hegel schließlich indirekt auf die Historisierung des Judentums ein. Aus dem 1819 von Gans, Moses Moser und Leopold Zunz gegründeten Verein für Kultur und Wissenschaft der Juden erwuchs jene Wissenschaft des Judentums, die im Hegelschen Geist das Judentum als eine im wesentlichen abgeschlossene Phase der Geschichte erforschte.

V. Schelling – »Dem Reich Gottes vorbehalten«

Während Immanuel Kant bei aller Zurückhaltung am Schicksal seiner jüdischen Freunde intensiv Anteil nahm, Johann Gottlieb Fichte der gelebten Distanz zum Trotz in der Theorie zum leidenschaftlichen Judenfeind wurde, Friedrich Daniel Ernst Schleiermacher einer tiefen freundschaftlichen Bindung zu einer jüdischen Frau wegen zwischen Zuneigung und Abwehr schwankte, Georg Wilhelm Friedrich Hegel sich einem schmerzlichen Lernprozeß unterzog und Karl Marx nicht nur aus Selbsthaß glaubte, durch politisches Handeln seine Herkunft aufheben zu können, haben wir in Friedrich Hölderlins und Hegels Jugendfreund Friedrich Wilhelm Joseph Schelling einen Philosophen vor uns, der sich diesem Thema erstaunlich gelassen widmete. Schelling, dessen frühes Interesse an Politik und Geschichte im Lauf seines Lebens stetig abnahm, beschäftigte sich mit anderen Fragen: dem Wesen der Subjektivität, der Natur, Gottes und ihres inneren Zusammenhangs. »Das höchste Ziel für alle Vernunftwesen«, so Schelling 1804, »ist die Identität mit Gott.«[1] Er suchte diesen Gott anders als Fichte nicht im menschlichen Freiheitsbewußtsein und anders als Hegel schon gar nicht in der Staatengeschichte, sondern vor allem in der Natur und vielleicht noch in einer Metageschichte der menschlichen Religionen.

Wie erklärt sich Schellings gelassene Haltung gegenüber dem Judentum? Der 1775 geborene, intelligente Knabe wurde schon früh von seinem Vater, einem Pfarrer und Diakon, in Hebräisch und Arabisch unterrichtet. Der Vater war ein entschiedener Anhänger des schwäbischen Pietisten und Mystikers Friedrich Christoph Oetinger, der nachweislich in persönlichem Kontakt mit Rabbinern die jüdische Mystik studiert hatte.[2] War sich der entsprechend vorgebildete Schelling schon früh darüber klargeworden, was es hieß, ein Anhänger Baruch de Spinozas zu sein? »Ich bin indessen«, so schrieb er im Februar 1795 an Hegel nach Bern, »Spinozist geworden! Staune nicht. Du wirst bald hören, wie? Spinoza war die Welt (das Objekt schlechthin im Gegensatz gegen das Subjekt) – Alles, mir ist es das Ich.«[3] Vielleicht rührte seine Gelassenheit aber auch daher, daß Schelling im Unterschied zu allen anderen hier behandelten Autoren bei all seinen Anstrengungen, die Welt und Gott im Denken zu durchdringen, einer gebildeten, gelebten und tiefverwurzelten christlichen Tradition entwuchs, die einer aggressiven Abgrenzung gegen das Judentum gar nicht bedurfte.

Schelling, als Jugendlicher von einem ebenso starken Freiheitsdurst wie seine Freunde Hegel und Hölderlin beseelt, sah sich allerdings nicht vor der Aufgabe, aufklärerischen Impulsen einen christlichen Anstrich zu verleihen, weshalb er auf das Feindbild einer in christliche Sprache gekleideten Instanz der Intoleranz, nämlich das Judentum, verzichten konnte. Indem er das Christentum mit den begrifflichen Mitteln jüdischer Mystik denken wollte, entging zwar auch er gewissen christlichen Triumphalismen nicht ganz, fing aber sowohl Heiden- als auch Christen- und Judentum in eine universalistische Philosophie der Entwicklung des religiösen Bewußtseins der Menschheit ein und überließ dabei – anders als Hegel – nicht der Philosophie, sondern dem religiösen Gedanken das letzte Wort. So konnte er auf einen rein philosophischen Fortschrittsbegriff verzichten und dabei dem Judentum, überhaupt allen Religionen, mehr Recht und Wahrheit einräumen.

Auffälligerweise wird dem jungen Schelling, anders als seinen Bezugspersonen Fichte und Hegel, anders aber auch als Kant in seinen reifen Jahren, das Judentum nicht zum Problem. Abgesehen von seinem Bekenntnis zu Spinoza, der ihm zwar als gebürtiger Jude, aber aus der Kontroverse zwischen Moses Mendelssohn und Friedrich Heinrich Jacobi eher als Atheist beziehungsweise Pantheist bekannt war, dürfte ihm die Problematik des heiklen Verhältnisses zwischen Judentum und Christentum vor allem aus einer akademischen Zulassungsarbeit vertraut gewesen sein; diese nahm in indirekter Weise gegen die Positivität der erneuerten protestantischen Orthodoxie, wie sie von den Tübinger Professoren Johann Friedrich von Flatt und Gottlieb Christian Storr gelehrt wurde, dadurch Stellung, daß sie eine als Ketzer geltende Gestalt und ihre Schriften behandelte. Die erhaltenen Zeugnisse seines theologischen Studiums belegen, trotz seiner Geringschätzung der Professoren, eine gründliche neutestamentliche Ausbildung, die Vermittlung der Kirchengeschichte und Kenntnis der prophetischen Bücher der hebräischen Bibel.[4] Eine 1795 geplante Dissertation über die Ketzerschriften der Kirchenväter unterließ Schelling auf Anraten seiner Lehrer, um dann bei Storr eine Arbeit vorzulegen, die unverständlicherweise von Horst Fuhrmans als »harmlos« bezeichnet wurde.[5]

Schelling promovierte also mit einer Arbeit über Marcion,[6] einen in der ersten Hälfte des zweiten Jahrhunderts lehrenden Theologen, der in einer Radikalisierung der paulinischen Theologie den Schöpfergott des Alten Testaments mit dem Hinweis ablehnte, daß sich in Jesus ein anderer, gütiger, wenn auch fremder Gott offenbart habe, der mit der sündigen Schöpfung nichts zu tun haben könne. Spuren dieser Lektüre sind noch in Schellings spätesten Schriften, etwa in seiner Auseinandersetzung mit dem biblischen Isaaksopfer, zu finden. Marcion kann als der erste gelten, der seine theologischen Überzeugungen durch Textkritik der Bibel untermauern wollte. Seiner Überzeugung nach waren die neutestamentlichen Schriften von den jüdischen Aposteln Jesu verfälscht worden, weswegen er als Quellen seines reinen christlichen Glaubens, der sich religionsgeschichtlich eher als eine Spielart der Gnosis erweist, nur noch von ihm »textkritisch« edierte wesentliche Teile der Paulinischen Briefe sowie Teile des Lukasevangeliums ohne die Kindheitslegenden Jesu anerkannte. Dieser Problematik widmete Schelling seine Arbeit »De Marcione Paullinarum epistolarum emendatore« (»Über Marcion als Verbesserer der Paulinischen Briefe«)[7]. Zur Zeit der Abfassung war Schelling gerade zwanzig Jahre alt.

Dem folgten Fichtes Subjektphilosophie überbietende Entwürfe zu einer Philosophie, die die Identität beziehungsweise die Beziehungen zwischen Natur und Geist begründen sollte. 1810 versuchte Schelling sich nach ersten theosophischen Überlegungen zum Verhältnis von Religion und Philosophie sowie nach einer kränkenden Kritik, die ihm sein früherer Freund Hegel in der Vorrede zur *Phänomenologie des Geistes* hatte angedeihen lassen,[8] erstmals an einem umfassenden religionsphilosophischen System; es beruhte auf in Stuttgart gehaltenen Privatvorlesungen und erschien 1811 in einem Kapitel. Als Auseinandersetzung mit dem Judentum kann diese Philosophie insofern gelten, als sie ein zentrales Motiv christlicher Haltung zum Judentum, nämlich das Verhältnis von früher und später, von alt und neu, von Verheißung und Erfüllung in den Blick nimmt.

Die ersten Sätze der *Weltalter*, eines unvollendeten, in mehreren Fragmenten vorliegenden Werks, das den jüdischen Philosophen des Christentums Franz Rosenzweig in seinem *Stern der Erlösung* nachhaltig beeinflussen sollte,[9] spannen einen Horizont auf, in dem Schelling zum einen dem eigenen Philosophieren den Status der Wissenschaft zuwies, zum anderen die Bedeutung von Religionen, die dem Christentum vorangegangen waren, begründete: »Das Vergangene wird gewußt, das Gegenwärtige wird erkannt, das Zukünftige wird geahndet. Das Gewußte wird erzählt, das Erkannte wird dargestellt, das Geahndete wird geweissagt.«[10] Damit ist eine Methode etabliert, die das vermeintlich naive Nacherzählen von vorhandenen Mythen und Religionen als notwendige Voraussetzung der Erkenntnis ihres Wesens und ihres aktuellen Wahrheitsgehaltes begründet. Tatsächlich erweisen sich *Die Weltalter* als vor allem philosophischer Versuch, trinitarische Christologie zu entfalten und dabei das Spannungsverhältnis von lebendiger Vergangenheit und ewiger Gegenwart – Schelling sprach auch von »Vater« und »Sohn« – systematisch zu bestimmen.

Die Gegenwart jedenfalls, in der er selbst lebte und lehrte, schien Schelling geradezu durch eine »Vergangenheitsvergessenheit« charakterisiert zu sein, die aber nicht mit der heute allerorts beklagten Geschichtsvergessenheit zu identifizieren ist: »Wie wenige kennen eigentliche Vergangenheit! Ohne kräftige, durch Scheidung von sich selbst entstandene, Gegenwart gibt es keine. Der Mensch, der sich seiner Vergangenheit nicht entgegenzusetzen fähig ist, hat keine, oder vielmehr er kommt nie aus ihr heraus, lebt beständig in ihr. Ebenso jene, welche immer die Vergangenheit zurückwünschen, die nicht fortwollen, indeß alles vorwärts geht, und die durch ohnmächtiges Lob der vergangenen Zeiten wie durch kraftloses Schelten der Gegenwart beweisen, daß sie in dieser nichts zu wirken vermögen.«[11] 1811 mochte diese Bemerkung durchaus auf jene frühen Romantiker zugeschnitten sein, die wie Novalis ein erneuertes Mittelalter ersehnten und das Vergangene verklärten.

Schelling wollte in Folge und Kritik Kants die Möglichkeit eines persönlichen Gottes spekulativ nachvollziehen und bediente sich dazu einer Reihe von Gedankenfiguren, die sich bei Meister Eckart und Jakob Böhme, aber vor allem in der jüdischen Mystik, der Kabbala finden.[12] Es geht darum, die metaphysische Bedingung der Möglichkeit eines persönlichen Gottes zu erläutern, also den Gedanken einer Gottheit zu fassen, aus der ein persönlicher Gott in Ewigkeit entstehen könne. In dieser ursprünglichen, je schon existenten Gottheit wirkten von Anfang an und in Ewigkeit zwei gleiche Willen: ein »Wesen aller Wesen, die reinste Liebe«[13], sowie ein Wille, der etwas sein will, ein Wille zu Konkretion und Partikularität und damit zu Existenz. Während alles durch Liebe und in Liebe bestehe, erweise sich das Medium der Liebe doch als unfähig, eine wirkliche Welt aus einzelnen, existierenden Gegenständen zu begründen. Diese Liebe komme nicht zu dem, was Schelling als »Seyn« bezeichnete:

> Wollten wir auch einen persönlichen Gott als etwas aus sich von selbst verstehendes annehmen: so würde er doch so wenig als irgend ein persönliches Wesen, der Mensch z. B., aus bloßer Liebe bestehen können. Denn diese, die ihrer Natur nach unendlich ausbreitend ist, würde zerfließen und sich selbst verlieren ohne eine zusammenhaltende Kraft, die ihr Bestand gibt. Aber so wenig die Liebe existieren könnte ohne eine ihr widerstehende Kraft: so wenig diese ohne die Liebe. Wäre die Kraft der Eigenheit allein oder hätte sie auch nur das Übergewicht: so wäre entweder Nichts oder es wäre nur das ewig sich Verschließende und Verschlossene, in welchem nichts leben könnte, womit also der Begriff eines Wesens aller Wesen verloren und die Kreatur ausgeschlossen wäre. Denn gegen das Geschöpf wäre jene Kraft der Selbstheit in Gott vernichtendes und verzehrendes Feuer, ewiger Zorn, der nichts duldete, wenn ihm die Liebe nicht wehrte, tödtliche Zusammenziehung wie von der Kälte in unsrer Planetenwelt, wenn die Sonne aus ihr hinweggenommen wäre.[14]

Man könnte mit dem Wissen, daß sich Schelling schon früh mit Marcion befaßt hatte, aus diesen Passagen eine Verhältnisbestimmung des alttestamentlichen Schöpfergottes und des paulinischen guten Gottes der Liebe herauslesen und zu dem Schluß kommen, daß Schelling die von Marcion und anderen Gnostikern vorgenommene Trennung der traditionellen Dogmatik entsprechend abwies und die Entgegensetzung vom Gott der Liebe und dem subjektiven, auf seiner Selbstheit bestehenden alttestamentlichen Gott als ein spekulativ aufzuklärendes, wenn auch nachvollziehbares Mißverständnis ansah. Dabei war Schelling, wie auch schon vor ihm Fichte, der Idee einer *creatio ex nihilo,* Schöpfung aus dem Nichts, gegenüber grundsätzlich skeptisch. Seine Rechtfertigung eines streng erscheinenden Gottes gegenüber einem die Liebe verkörpernden göttlichen Prinzip sollte vor dem Hintergrund seiner Philosophie der Einheit von Geist und Natur gerade nicht zu einer Unterordnung der Natur unter den Geist führen. Im Anfang und in Ewigkeit sei eine »zarte Gottheit, die in Gott selber über Gott ist«[15], gewesen.

Das, was die biblische Dogmatik als Schöpfung ansieht, las Schelling im Einklang mit der Kabbala als »Contraction«[16], hebräisch als *zimzum,* als Zusammenziehung, Rückzug Gottes in sich selbst. Die beiden Grundkräfte der Gottheit, die »Lauterkeit« und die »zusammenziehende Kraft« – wenn man so will, das reine Sein und ein in ihm wirkendes, es formendes Prinzip –, stünden in einem kosmischen Wechselspiel; sie »erzeugen [...] in dem Existirenden die reinste Wonne stiller Beschaulichkeit, worin ihm die Wunder seines eignen Wesens offenbar werden«.[17] Schelling bezog sich dabei unmittelbar auf das Alte Testament, und zwar auf das Buch der Sprüche (8,22-31), wenn er diesem Wechselspiel eine präexistente Wesenheit, die Weisheit, entsprechen ließ: »Diese spielende Lust im anfänglichen Leben Gottes scheinen die Alten wohl erkannt zu haben, welche sie ausdrucksvoll die Weisheit nennen, einen unbefleckten Spiegel der göttlichen Kraft und (der leidenden Eigenschaften wegen, die das

Wesen im Seyn angenommen) ein Bild seiner Gütigkeit.«[18] Tatsächlich beschreibt das Buch der Sprüche die Weisheit als Liebling vor Gottes Antlitz, Tag für Tag sein Ergötzen, spielend vor ihm (Spr. 8,31). Die Weisheit, *khokhma*, ist nach kabbalistischer Lehre eine der zehn Sphären Gottes, ebenso wie die Güte, die *chessed*. In der lurianischen Kabbala geht der Akt der Weltwerdung mit einem Rückzug Gottes und einer Verhüllung der göttlichen Funken in den Gegenständen der entstehenden Welt einher. Indem Schelling den Gott des Glaubens selbst zur Hülle der Gottheit erklärte[19] und in dieser Gottheit ein Doppelwesen erkannte, in dem »Liebe und Zorn gleichgewogen«[20] seien, und indem er endlich der »Contraction« die Funktion der Verkörperung, der »Expansion« von All und Schöpfung hingegen die Funktion der Vergeistigung zuschrieb,[21] entsteht ein komplexes Bild, mit dem sich sowohl der spätere christliche Inkarnationsglauben als Kulminationspunkt eines von Anfang an wirkenden kosmischen Prinzips als auch die Natur als dunkle Seite Gottes erläutern läßt. Der im Inneren der uranfänglichen Gottheit wirkende Konflikt mit seiner Tendenz zu Verendlichung, Partikularisierung und Freiheit drücke sich im Fühlen, Schmerz und Leiden aus – der Schmerz sei der »unvermeidliche Durchgangspunkt zur Freyheit« und das Leiden »allgemein, nicht nur in Ansehung des Menschen, auch in Ansehung des Schöpfers der Weg zur Herrlichkeit«.[22] In der Kabbala gilt die Herrlichkeit, die *hod*, als eine weitere Emanation Gottes. Kabbalistische Bezüge werden unübersehbar, wenn Schelling schließlich feststellt, daß das Wesen, aus dem Gott hervortrete, der Glanz der Lauterkeit sei. Das in Teilen im dreizehnten Jahrhundert verfaßte kabbalistische Hauptwerk, auf das sich diese Theorie bezieht, trägt den hebräischen Namen *Sohar*, was übersetzt wiederum nichts anderes als »Glanz« bedeutet.[23]

Bei alledem war sich Schelling des Problems der Anthropomorphismen – darin ein Vorläufer Ludwig Feuerbachs – durchaus bewußt. Er wollte, »daß der Mensch jederzeit seinen Gott nach sich selbst, so wie dann freylich auch sich wieder nach seinem Gott bilde«[24]. Dieser methodisch verstandene Anthropomorphismus führt zu einer Psychologie des Lebens Gottes, der – nicht anders als die Menschen – die Angst und den Schmerz des Lebens empfinden, seine Persönlichkeit ausbilden und nicht in chaotischen Zuständen verbleiben oder einem »verzehrenden Feuer anheimfallen«[25] wolle und also gehalten sei, »sich den Erretter, die andere höhere und bessere Persönlichkeit [zu] zeugen, welche die erste zur Entscheidung, zur Aufschließung, zur Besonnenheit bringt«[26]. Damit konnte Schelling im Anschluß an Spinoza, der ja eine eigene Christologie vorgelegt hatte,[27] eine spekulative Theologie des ewigen Vaters und des ewigen Sohnes entwickeln, gemäß der die zusammenziehende Urkraft in ihrem Verlangen das ihr ähnliche, die reinste Liebe, erzeugte: »Wie im Herzen die Liebe, so wird aus dem Mittelpunkt der Contraction des ewigen Vaters der ewige Sohn geboren.«[28] Vater und Sohn aber verweisen wechselseitig aufeinander – kein Sohn ohne Vater, aber auch kein Vater ohne Sohn, die, ohne zueinander im Gegensatz zu stehen, sich doch in der »ewigen Wonne des Überwindens und des Überwundenwerdens«[29] befänden. Der Sohn als des Vaters »Lust und Liebe«[30] glich für Schelling einem menschlichen Freund, der es erst einer Person ermögliche, ihr Selbstverständnis zu finden.[31] Als Christ bekannte Schelling sich zum Primat des Sohnes: »Der Sohn ist der Versöhner, der Befreyer und Erlöser des Vaters, und wenn die väterliche Kraft vor dem Sohne war, so war sie nicht weniger auch vor dem Vater; denn der Vater selbst ist nur in dem Sohn und durch den Sohn Vater.«[32] Der *Sohar* immerhin kannte eine ähnliche Spekulation, wenn er davon spricht, daß Gottes Name Weisheit und der seines Sohnes Herrlichkeit sei.[33] Spinoza erklärte in der *Kurzen Abhandlung*, daß die *natura naturata* beziehungsweise sogar der Verstand ebenfalls als »Sohn«

bezeichnet werden könnten.[34] Auch der um die Zeitenwende lehrende jüdisch-platonische Philosoph Philo aus Alexandrien bezeichnete den Logos gelegentlich als Gottes erstgeborenen Sohn.[35]

Schellings Theosophie, die systematisch zu entfalten und zu überprüfen wäre, aber womöglich mit mehr Gewinn als eine in systematische Überlegungen gekleidete Aphorismensammlung gelesen werden kann, ist von emphatisch christlichem Geist getragen. Das Christentum stellte sich Schelling als eine Religion mit einem ganz »eigenthümlichen Sinn der Menschlichkeit und Natürlichkeit«[36] dar. Die im christlichen Dogma behauptete Dreifaltigkeit sei die »rechteste, die wahrhafteste Lehre«, während doch die Hellenen mehrere Naturen des Göttlichen angenommen hätten und es »jüdisch« sei, »nur an eine Person zu glauben«.[37] Nur im Christentum meinte Schelling die von ihm betriebene Spekulation einer zu sich selbst kommenden, sich in sich selbst vertiefenden und von sich selbst losreißenden Gottheit, die sich endlich in der Vereinigung ihrer beiden Grundkräfte zu einem dritten Prinzip, dem heiligen Geist verdichte, angemessen artikuliert zu sehen. Der Gedanke einer durch Schmerz und Leid hindurchgegangenen Entstehung einzelner Existenzen aus einem unvordenklichen Sein, der Lauterkeit, verweist auf ein je schon stattfindendes innergöttliches Geschehen, das sich habe ereignen müssen, um eine endliche Welt und endliche Menschen Wirklichkeit werden zu lassen.

Es kann hier nicht darum gehen, diese Spekulation präzise darzustellen und auf ihre Stimmigkeit und Konsistenz zu überprüfen. Was hier einzig interessiert, ist, welchen Blick auf das Judentum die auf der Basis jüdischer Mystik entwickelte trinitarisch-christliche Spekulation eröffnet. Der ebenso nüchterne wie gallige, dem Werk Kants verpflichtete jüdische Philosoph Salomon Ludwig Steinheim (1789 bis 1866) sah in derartigen Spekulationen das, was er als das »Philosophem« bezeichnete und als eine Form neuen Heidentums aufs schärfste ablehnte,[38] und zwar auch und gerade dort, wo der allseits hochgeschätzten Vernunft göttlicher Charakter zugeschrieben werde. Die Vernunft sei in Philosophien dieser Art mit einem göttlichen Licht versehen, das »wenn es durch die Nebel bricht, die Brockengespenster der Mantik und der Speculation auflöst und zerstreut, doch nicht ohne vorher der Menschheit wie ein Alp auf der Brust gehockt und blaue Todtenkniffe zurückgelassen zu haben. Solche Nachwehen hinterließen denn der Theologie sowohl Schelling als auch Hegel in ihren resp. Theologenschulen.«[39]

Schelling verfaßte das zitierte Weltalterfragment 1811, in jenem Jahr, als Fichte erster gewählter Rektor der neu gegründeten Berliner Universität wurde und sich mit antisemitischen Studentenhändeln auseinanderzusetzen hatte. In den *Grundzügen des gegenwärtigen Zeitalters* und der *Anweisung zum seligen Leben* hatte er unter willkürlicher Berufung auf einige Schriften des Neuen Testaments ein johannäsisches Christentum des Geistes entworfen, in dem er zu gnostischen Konsequenzen bezüglich der Bedeutung des Alten Testaments gekommen war. Auch die Theologie des Apostel Paulus war ihm in diesem Sinne noch zu jüdisch. Hegel hatte im gleichen Jahr in Nürnberg geheiratet, wurde dort Gymnasialprofessor und machte sich an die Ausarbeitung seines spekulativen Hauptwerks, der *Wissenschaft der Logik*; er harrte einer weiteren akademischen Karriere. In Europa, allemal in Preußen, wuchs der Wille der Bevölkerung und ihrer Herrschenden zum Widerstand gegen die französische Besatzungsherrschaft. In Berlin kündigten jene Intellektuellen, die lange Jahre Gast der jüdischen Salons waren, ihre zivile Solidarität auf und machten sich an die Gründungen von Vereinen, aus denen Frauen, Juden und Ausländer ausgeschlossen waren. Schelling wurde, nachdem er 1806 nach heftigsten Angriffen sowohl des katholischen Klerus als auch der orthodoxen protestantischen Universitätstheologie seine drei Jahre zuvor erhaltene Würzburger Professur hatte aufgeben müssen, 1808 Generalsekretär der Akademie der bildenden Künste in München. Er wird dem professionellen Lehrbetrieb die nächsten zwanzig Jahre bis zu seiner Berufung an die neu gegründete Münchener Universität 1826 fern bleiben. *Die Weltalter*, die in dieser Zeit unter dem Eindruck des ihn erschütternden Todes seiner ersten Frau entstanden und erst nach seinem Tod publiziert wurden, provozierten mit ihrem theosophischen, Spinozas Pantheismus, eine prozeßhafte Subjektphilosophie sowie kabbalistische Motive enthaltenden Duktus wiederum den Glaubenswächter unter den damaligen Philosophen, Jacobi, der schon sechsundzwanzig Jahre zuvor Mendelssohn mit der Behauptung, Lessing sei pantheistischer Spinozist gewesen, entschieden gekränkt und wohl ungewollt eine der heftigsten Selbstrechtfertigungsdebatten der damaligen Zeit ausgelöst hatte. In ähnlicher Weise griff Jacobi nun Schelling mangelnder christlicher Substanz wegen an. Dieser nahm die Angriffe des achtundsechzig Jahre alten Jacobi nicht widerspruchslos hin, sondern reagierte mit einer Polemik *Denkmal der Schrift von den göttlichen Dingen etc. des Herrn Friedrich Heinrich Jacobi*, die in gebildeten Kreisen auf großen Zuspruch, aber auch auf erhebliche Reserve traf.

Danach führte Schelling das, was man heute eine Nischenexistenz nennt. Abseits der großen Politik, als Privatgelehrter im nach dem Frieden von Preßburg vergrößerten und saturierten, jetzt zum Königreich erhobenen, führenden Rheinbundmitglied Bayern, widmete er sich seinem Privatleben und einer weiteren Vertiefung seiner Philosophie. In den Jahren zwischen 1810 und 1841 entwickelte er bei aller Distanz zu den geschichtlichen Ereignissen eine Theorie der Geschichtlichkeit als Ausdruck menschlicher Endlichkeit im Horizont einer Polarität von Ursprung und Heil.[40] Thema dieser Geschichtsphilosophie ist weniger das Handeln der Menschen als die über Jahrtausende geschehende Entfaltung eines werdenden Gottes. Dieser epochalen Betrachtungsweise gilt das Christentum als jene historische Religion, die die Periode der Vorsehung einleite, in der sich die Versöhnung des Menschen mit seinem abgefallenen, dunklen Selbst, das seinerseits auf die dunklen Seiten der Gottheit verweise, ereigne.

Schon in den *Philosophischen Untersuchungen über das Wesen der menschlichen Freiheit und den damit zusammenhängenden Gegenständen* von 1809 notierte er, daß Gott sich nur in ihm ähnlichen Wesen offenbare und daß deshalb der »Begriff einer derivierten Absolutheit oder Göttlichkeit«[41] des Menschen widerspruchsfrei zu konstruieren sei. Demnach bestehe die Menschlichkeit des Menschen vor allem darin, das, was in Gott beziehungsweise der Gottheit ungeschieden zusammenwirke, nämlich die Möglichkeit des Guten und des Bösen, getrennt zu erleben und zu erleiden. Der Mensch als Wirklichkeit und Idee sei damit dem Prinzip Gottes, der sich aus sich differenzierenden und wieder zusammenschließenden Gottheit, von Anfang an immanent. Man mag es wiederum kabbalistischen Einflüssen, genauer, der lurianischen Lehre von Adam Kadmon, zurechnen, wenn Schelling in der Freiheitsschrift darlegte, daß »der Mensch, wenn er auch in der Zeit geboren ist, doch in den Anfang der Schöpfung erschaffen«[42] sei.

Der reflexive Rückbezug auf einen theosophischen, kabbalistischen Mythos findet im zwei Jahre später verfaßten Weltalterfragment seine systematische Entfaltung. Diese Schrift präsentiert eine Lesart des Christentums, wonach die Inkarnation Christi in Jesus von Nazareth in der Faktizität erwiesen habe, was die theosophische Spekulation unabhängig erkannt habe. Anders als Hegel, der in seiner Religionsphilosophie ebenfalls eine spekulative, trinitarische Theorie des Christentums vorlegte[43] und an der Begründung einer Theorie der Verwirklichung des Geistes in der Gemeinde interessiert war, letztlich aber die Versöhnung von Philosophie und Religion beziehungsweise die Aufhebung der Religion in Philosophie, im absoluten Wissen, im Sinn hatte, ging es Schelling um den vernünftigen Nachvollzug eines nur im Glauben, im Mythos, in der Offenbarung gegebenen Geschehens, das als Wesen aller Geschichte von Anfang an in Gott angelegt sei und sich in der Geschichte der Religionen schrittweise offenbare. Schelling entfaltete dieses Programm zunächst in seiner *Philosophie der Mythologie*, dann seiner *Philosophie der Offenbarung* ab 1821 bis in die vierziger Jahre.

Die von ihm der Unableitbarkeit ihrer Gegenstände wegen positiv genannte Philosophie von 1842 setzt sich schließlich mit dem Monotheismus und damit auch mit der jüdischen Religion auseinander. Schellings Begriff des Monotheismus entspricht freilich nicht den herkömmlichen Erwartungen. In scharfer Unterscheidung zu Deismus oder Theismus, die ja ebenfalls einen einzigen Gott oder wenigstens ein göttliches Prinzip annehmen, beharrte Schelling darauf, daß Annahme oder Ablehnung des Monotheismus zugleich über die Annahme oder Ablehnung des Christentums befinde. Monotheismus und Christentum seien nicht miteinander identisch, gerade oder obwohl das Prinzip des Monotheismus im Prinzip der Dreifaltigkeit bestehe. Die in den *Weltaltern* spekulativ entwickelte trinitarische Lehre wird nun in Betrachtung der Religionsgeschichte so nachvollzogen, daß dieses monotheistische Prinzip historisch schon lange vor dem Christentum aufgetreten sei: »Nicht das Christentum hat diese Idee, sondern umgekehrt, diese Idee hat das Christentum erschaffen; sie ist schon das ganze Christentum im Keim, in der Anlage, sie muß darum älter seyn als das in der Geschichte erscheinende Christentum.«[44] Als sei er über diese das Christentum relativ abwertende Äußerung erschrocken, merkte er jedoch kurz darauf an, daß die christliche Dreieinigkeitslehre die höchste Erscheinung des Monotheismus sei und die materielle Dreieinigkeitslehre in einer Steigerung enthalte, »bis zu welcher wir jetzt nicht fortgehen können«[45].

Den Zeitläufen entsprechend,[46] nahm Schelling die unterdessen eine immer größere Prominenz erhaltenden Religionen des Hinduismus kenntnisreich in seine Überlegungen auf. Er stellte eine kühne Synthese der von ihm so genannten Trias von Wischnu, Schiwa und Brahma mit hebräischer Etymologie her: »Wäre es nicht wirklich sehr wahrscheinlich, den Namen Brahma als Hervorbringer des bloßen Stoffs mit dem hebräischen /bar:a/ in Verbindung zu bringen, was ohnerachtet des auch im Hebräischen schwankenden Sprachgebrauchs doch ursprünglich und in der ältesten Sprache offenbar die Hervorbringung des bloßen Stoffs bedeutet hat?«[47] Die Parallelisierung des hebräischen /jad:a/, die Wurzel eines Verbs mit der Bedeutung »Wissen«, mit dem indischen *veda* und dem griechischen ειδειν soll sprachtheoretisch die These vom gemeinsamen sachlichen Ursprung der monotheistischen Idee beglaubigen – ein Argument, das um so kühner ist, als gerade die Rezeption der hinduistischen Religionen eine gewisse Renaissance polytheistischen Denkens beförderte. Der linguistisch denkende Philologe war davon überzeugt, daß die semitischen Sprachen, zumal das Hebräische, mit ihrer strikten Unterscheidung von Seele und Geist einen Begriff des Geistes /rua:kh/ beförderten, der etymologisch auf ein Verbum für »weit werden«, »aus der Enge kommend« bezogen sei.[48] Die den Hinduismus als arische Urrasse verherrlichende Gegenüberstellung von Judentum und Hinduismus, die auch noch Arthur Schopenhauer traf, teilte Schelling jedenfalls nicht. Dafür stand ihm das Judentum zu nahe.

Schelling stand seit 1805 in sporadischem, aber um so intensiverem brieflichen Kontakt mit dem in Frankfurt lebenden freisinnigen katholischen Privatgelehrten Franz Joseph Molitor (1779 bis 1860). Dieser war Lehrer an einer Frankfurter jüdischen Freischule, dem Philanthropin, und in der hebräischen Sprache ebenso bewandert wie an hebräischen Druckschriften interessiert. Zwischen 1827 und 1853 publizierte er eine vierbändige *Geschichte oder über die Tradition in dem alten Bunde und ihre Beziehung zur Kirche des neuen Bundes* anonym und beharrte auf dem trotz Jesu Tod ungekündigten Bund zwischen Gott und den Juden und der johannäischen Aussage, daß das Heil von den Juden komme (Joh 4,22). Die von ihm im Studium mit Rabbinern intensiv rezipierten kabbalistischen Schriften brachten ihn immer wieder in Kontakt mit Schelling, der ihm bei der Ausleihe hebräischer Codices aus der königlichen Hof- und Staatsbibliothek behilflich war. Im Unterschied sowohl zum frühen Reformjudentum als auch der antijudaistischen Tradition der Aufklärung bestand Molitor nicht nur auf der Bedeutung der Propheten, sondern gerade des Talmuds und der Kabbala und vertrat die Geltung der talmudischen – mischnischen – Offenbarung. Auch heute ist kaum bekannt, daß zumindest das orthodoxe Judentum neben der in den fünf Büchern Mose berichteten Offenbarung eine zweite, als ebenso autoritativ geltende Offenbarung, die der Mischna, kennt, die nach talmudischer Überlieferung lediglich die schriftliche Form einer mündlichen Lehre sei, die Israel ebenfalls am Sinai erhielt. In gegenseitiger Hochachtung geführte Kontroversen mit führenden Reformjuden waren die Folge von Molitors protalmudischer Haltung. Er war gewiß, daß es abgesehen von der Bibel und dem Christentum keine mystische Schrift gebe, »die an Tiefe, Fülle und Geistesschwung dem Sohar gleichkäme«[49]. In der hebräischen Sprache sah er den Abglanz der Ursprache vor dem Sündenfall, die irdisch geschwächte Form der ältesten Sprache der Menschheit. Schelling wird Kenntnis von diesen Überlegungen gehabt haben. Nur so läßt sich die eines gebildeten Philologen kaum würdige Annahme vom höheren Alter des hebräischen Monotheismus vor dem hinduistischen verstehen. Daß Molitors Thesen vom ungekündigten Bund Schellings Aussagen über das Judentum in seiner *Philosophie der Offenbarung* von 1842 beeinflußten, scheint plausibel.

1841 wurde Schelling, zehn Jahre nach Hegels Tod, auf dessen zwischenzeitlich von Friedrich Gans besetzten Lehrstuhl nach Berlin berufen, um dem romantisch-reaktionären Programm Friedrich Wilhelms IV. den philosophischen, antihegelianischen Segen zu erteilen. Schellings erste Berliner Vorlesung verhieß ein großes gesellschaftliches und intellektuelles Ereignis zu werden, mit ihr stand zur Disposition, ob die religiöse Romantik des preußischen Königs systematisch ausweisbar war. Diesem eindeutig gegen die als liberal verrufene Hegelsche Philosophie gewidmeten Ereignis wohnten unter anderem Friedrich Engels, Sören Kierkegaard, Henrik Steffens und Michail Bakunin bei.[50] Der Text der Vorlesung wurde 1843 nach Mitschriften von dem Schelling feindlich gegenüberstehenden protestantischen Theologen Heinrich Eberhard Gottlieb Paulus, einem entschiedenen Emanzipationsgegner und Antisemiten,[51] ohne Schellings Zustimmung herausgegeben. Das führte zu einem Urheberrechtsprozeß, den Schelling zu seiner großen Verbitterung verlor; in seinen Augen war die Publikation einzig dem Ziel gewidmet, ihn zu denunzieren, genauer gesagt zu verketzern.

Die Vorlesung wurde in einem Jahr gehalten, in dem der preußische König in einer Kabinettsorder vom 13. Dezember 1841 unmißverständlich erklärte, daß die Politik der »bürgerlichen Verbesserung der Juden« obsolet und diese statt dessen korporativ auszugliedern seien. Unter Ablehnung jeder »Verschmelzung der Juden« mit der christlichen Bevölkerung wurden den Juden selbstverwaltete Korporationen vorgeschlagen und die Rechte und Pflichten preußischer Bürger abgeschlagen. Das jüdische Volk befinde sich in dem einzigartigen Umstand, »mit der Religion rein identisch zusammenzugehören, daß diese Religion das Eigentum eben nur dieses Volks sein kann, und die Juden durch ihre Religionsverfassung allein in der nationalen Eigentümlichkeit sich erhalten haben«[52]. Die zunächst geheimgehaltene Order wurde bald bekannt und erregte nicht nur unter Juden Empörung.

Vor diesem Hintergrund legte Schelling eine spekulative Begründung der Menschenrechte für die Juden vor, verzichtete im argumentativen Duktus aber nicht auf antijudaistische Topoi. Grundsätzlich galt ihm die alttestamentliche Offenbarung als nur in Christus erreicht und begriffen. Entsprechend könne es einer Philosophie der Offenbarung nur darum gehen, die Person Christi zu erklären. Dies wollte Schelling in hochspekulativer Weise über die Annahme einer die Schöpfung vermittelnden Potenz leisten, die durch den Menschen entwirklicht und schließlich zu einer »außergöttlichen« göttlichen Persönlichkeit werde, zu einem Herrn des Gott entfremdeten Seins. Sich in dieser Funktion aufzugeben und aufzuopfern erweise sich als der Kerngedanke des Christentums. Diesem dramatischen kosmischen Prozeß entspreche ein religiöses Bewußtsein, das noch in der Trennung zu Gott verharre, repräsentiert von Juden und Heiden. In lutherisch-paulinischer Sprache legte Schelling dar, daß Heiden- wie Judentum unter dem Gesetz stünden und die Juden weder ein kindliches Verhältnis noch einen geistigen Zugang zum Vater hätten. Aus intimer Kenntnis der Geschichte der Häresien konnte Schelling unterschiedlichste Lesarten der Dreifaltigkeit in die Vorstellung dieses Prozesses integrieren. Er gelangte zu dem Schluß, daß ein christlicher Pantheismus, in dem alles in einem und einer in allem sei, der vollendete Monotheismus sei.[53]

Da den kosmischen, innergöttlichen Prozessen auch die Realität menschlicher Bewußtseinsgeschichte entsprechen sollte, verfolgte Schelling die Entstehung des Christentums aus seinen

Vorformen, dem Judentum und dem Heidentum: »Der Vater zog sich in das Bewußtsein eines beschränkten Volks zurück und erschien auch hier nur in seinem Unwillen und seinem Zorn. Christus war das Licht, die Potenz des Heidentums, wie der Vater die des Judentums.«[54] Inzwischen ist exegetisch geklärt, daß die Vorstellung eines gesalbten Messias, des »Christus«, eine ganz und gar jüdische Vorstellung ist, aber darum ging es Schelling nicht. Vielmehr wollte er mit dem Paulus des Römerbriefs belegen, daß Christus Christus nur für die Heiden sei, »das Licht, die Potenz des Heidentums, wie der Vater die des Judentums«[55]. Das Judentum war also nicht der Boden, auf dem sich Schellings Christus ausbilden konnte. Zur wahren und ewigen Religion habe das Christentum nur werden können, weil der im Judentum aufgehende Keim bereits im Heidentum angelegt gewesen sei. Freilich hätten ihn die Heiden nicht erkannt, derweil die »Seinen, die ihn schon kannten, [...] sein Urvolk, die er sich zum voraus schon erwählt hatte«[56], ihn nicht annahmen. Das waren – bei allem theologisch hochspekulativen Antijudaismus – Sätze, die im allgemeinen in christlicher Theologie und Predigt in jenen Jahren, wenn überhaupt, nicht oft zu hören waren, obwohl sie doch nur etwa den Beginn des Johannesevangeliums paraphrasieren. Daß nicht bloß der Vater, sondern der Christus die Juden erwählt habe, ist aus der Sicht einer trinitarischen Theologie nur logisch, so ausgesprochen, jedoch unüblich.

Folgerichtig widmete Schelling der »Offenbarung im Judentum« einen eigenen Abschnitt. Die Offenbarung als historisch wirklicher Prozeß sei die Geschichte jener göttlichen Größe, die er als vermittelnde Potenz beschrieb. Wahrheit komme allein diesem Prozeß zu. Ihm widmete sich Schelling mit den Mitteln Marcions: Da nach Auskunft der alttestamentlichen Zeugnisse der »relativ Eine Gott der Abrahamiten«[57] unmittelbar, nicht geworden und nicht geoffenbart gewesen sei, könne er auch nicht der wahre Gott gewesen sein, »sondern derjenige, dessen Einzigkeit sich späterhin als ausschließlich darstellt, der später als eifersüchtig auf den Alleinbesitz des Seins erscheint, als verzehrendes Feuer«[58]. Schelling postulierte, daß diesem Gott eine vermittelnde andere Persönlichkeit zur Seite stehe. In einer die historische Quellenkritik vorwegnehmenden Analyse der Opfergeschichte Isaaks[59] wollte Schelling den Ruf an Abraham, seinen Sohn zu opfern, einem Prinzip namens »Elohim« zuschreiben, während der Engel, der das Schlachtopfer schließlich verhindert, der Engel jenes Gottes sei, dessen Namen dem Tetragrammaton entspreche. Beide Größen seien nicht der wahre Gott, aber Spielraum seiner Vermittlung. Die darin bekundete Botschaft »ist nur die durch die Mythologie hindurchbrechende Offenbarung«[60]. Schelling setzte die Mythologie mit dem Heidentum gleich. Dadurch konnte er erklären, daß mit der Aufhebung des die heidnische Hülle durchstoßenden Judentums auch dieses selbst aufgehoben sei. Das entspreche jener Tendenz, die das ganze Alte Testament durchwalte. Der in der Abrahamsgeschichte identifizierte Gott mit dem Namen des Tetragrammatons zeige sich als ein Organ des Urgottes, des Grundes allen Bewußtseins, und sei somit »im ganzen A.T. ein zukünftiger [...]. Der eigentliche Inhalt des A.T. ist eine Religion der Zukunft«[61], so Schelling in berechtigter Würdigung der futurischen Wurzel des Tetragrammatons. Damit beglaubigte er nur die altkirchliche Lehre von der Existenz Christi im Alten Testament spekulativ und entwertete die jüdische Religion insofern, als er sie auf eine Vorläuferfunktion reduzierte.

Das einte sie mit dem Heidentum, von dem sie nach Schellings Überzeugung vor allem in seinen rituellen Bräuchen – der Beschneidung, der Speisegebote, der Stiftshütte und des Asasel, des Sündenbocks – wesentlich geprägt sei; »das eigentlich Typische des Mosaismus ist das Heidnische«[62]. Einer aufmerksamen Lektüre der alttestamentlichen Schriften könne nicht entgehen, daß die Juden in der Praxis fast durchaus Polytheisten gewesen seien[63] und der wahre Gott wie in Betel und Dan in Stierbildern verehrt worden sei. Die heidnische Substanz des Mosaismus, die, wie Schelling durchaus zugestand, nach dem babylonischen Exil und vorher schon unter den Propheten wie eine Kinderkrankheit, die ihre Zeit gehabt habe, verschwunden sei, werfe gleichwohl die alles entscheidende Frage auf, warum unter den Völkern »gerade Israel dazu ausersehen war«[64], Gott zu dienen und ihn zu bezeugen, ein Volk, das wie »kein anderes in seinem Tun und Lassen solcher Knechtschaft unterworfen war wie das jüdische«[65]. Habe es an den Vorzügen, den Tugenden seiner Ahnherren gelegen? Die Antwort, die Schelling gab, verblüfft in ihrer politischen Dimension, denn in ihr entpuppt sich der als erzkonservativ geltende alte Philosoph als ein Staatsfeind, ein Anarchist[66]. In staatsfeindlicher Argumentation riß Schelling eine Kluft zwischen der Welt der Staaten und dem Leben Gottes auf, was kaum anders denn als direkter Einspruch gegen Hegels Philosophie des verwirklichten Vernünftigen, des Staates als daseiender Freiheit, als Wirklichkeit der sittlichen Idee zu verstehen ist. Die Juden seien ihrer Unfähigkeit zu staatlichem Handeln wegen erwählt worden:

> Aber, absolut betrachtet, daher, weil dies Volk am wenigsten fähig war, im Dienste des Weltgeistes Staaten zu gründen. Es ward Träger der göttlichen Geschichte. Denn so schlaff zeigte sich dies Volk, daß es nicht einmal sein Land erobern konnte, obwohl mit göttlichem Befehl. Es hatte durch seinen Gottesdienst keinen religiösen oder moralischen Einfluß. Scheint es das begünstigte Volk zu sein, so hat es diesen Vorzug gebüßt. Es war immer entweder potentielles Christentum oder gehemmtes Heidentum. Im Judentum war das Kosmische Hülle

> des Zukünftigen, darum auch selbst geheiligt. Um so schwerer ward es ihnen, vom rituellen Gesetz, den kosmischen Elementen, sich loszureißen. Und das Heidnische gerade, den menschlichen Sohn Gottes, wiesen sie von sich. Wehmütig beklagt der Apostel, daß Blindheit einem Teile Israels widerfahren sei, und daß ihnen das Reich Gottes verschlossen sein werde, bis die Fülle der Heiden werde eingetreten sein. Allerdings war Christus in gewissem Sinne mehr für die Heiden als für die Juden. Das empfanden auch die Juden; sie sahen ihn als eine Modifikation des heidnischen Prinzips an. Die Juden waren aber nur Etwas als die Träger der Zukunft, und das Mittel ward wertlos, wie die Hülle vom Kerne hinweggeweht wird. Das Volk ist sofern ausgeschlossen aus der Geschichte. Es wäre verkehrt, diesem Volk eine bloß theistische Religion geben zu wollen: vielmehr so lange sie noch an der väterlichen Religion festhalten, haben sie noch immer einen Zusammenhang mit dem wahren geschichtlichen Prozeß. Sie sind vorbehalten dem Reiche Gottes, in das sie zuletzt eingehen sollen. Aber der Tag wird erscheinen, da sie in die göttliche Ökonomie werden aufgenommen werden. Inzwischen sollte man ihnen die notwendigen menschlichen Rechte zugestehen. Einstweilen bleibt nur der Wunsch: Auferat Deus omnipotens velamen ab oculis vestris [Möge der allmächtige Gott den Schleier von Euren Augen nehmen].[67]

Die von Schelling vorgetragene, später von Rosenzweig im *Stern der Erlösung* beinahe wörtlich übernommene Theorie des jüdischen Volkes beschreibt dieses als wesentlich staaten-, macht- und in gewisser Weise auch geschichts- und einflußlos. Gerade dadurch, daß es an der realen Weltgeschichte als einziges Volk keinen Anteil habe, habe es zum »Träger der göttlichen Geschichte«[68] werden können, eine Position, die dem der Realgeschichte gegenüber skeptischen, der Geschichte der Religionen gegenüber um so aufmerksameren Naturphilosophen und Theosophen nicht teuer genug sein konnte. Damit nahm er in verwandelter Form die von Kant heftig kritisierten historiosophischen Gottesbeweise wieder auf. Die bevorzugte Stellung des jüdischen Volkes in der göttlichen Geschichte geht freilich mit einer massiven Abwertung seiner Existenz einher. Das Judentum wird als vermittelnde, transitorische Instanz bestimmt, als »kosmische Hülle des Zukünftigen«[69], dem selbst keine gewichtige Gegenwart gebühre. In seinem Ritualgesetz heidnisch, seinem Glauben an einen erlösenden Gott christlich, bleibe es im Leben dem Heidentum verhaftet, ohne doch das wahrhaft Heidnische, »den menschlichen Sohn Gottes«[70], annehmen zu wollen. Im Unterschied zur christlichen Predigt nicht nur seiner Zeit, sondern bis weit ins zwanzigste Jahrhundert hinein, nahm Schelling allerdings die Aussagen des Apostels Paulus im Römerbrief ernst und formte aus der als Verstocktheit gedeuteten Ablehnung Jesu durch die Juden keinen moralischen Vorwurf. Vielmehr stellte er in aller Deutlichkeit fest, daß »Christus in gewissem Sinne mehr für die Heiden als die Juden«[71] gewesen sei, womit er indirekt jeder Missionstätigkeit gegenüber Juden eine Abfuhr erteilte, aber auch Christen, die auf der faktisch alleinigen Gültigkeit der christlichen Religion beharrten, schockieren mußte. Gleichwohl, so hoffte Schelling, wie sich durch den lateinischen Satz am Ende des Zitats vermuten läßt, daß die Juden zum Christentum übertreten sollten.

Doch wollte ihm die Auflösung der Ambivalenzen nicht gelingen. Allen abwertenden Bemerkungen über das Judentum zum Trotz beharrte er darauf, daß es sich in keine theistische Religion umformen müsse. Darunter mochte er eine aufklärerische Vernunftreligion im Sinne des Reformjudentums verstanden haben, eine erneuerte Religion, die letzten Endes eher deistisch als theistisch ist. Er zog eine scharfe Trennung zwischen Theismus und Deismus einerseits und Monotheismus andererseits, also einer prinzipiell trinitarischen Religion. Solange die Juden an ihrem traditionellen Leben festhielten, »haben sie noch immer einen Zusammenhang mit dem wahren geschichtlichen Prozeß«[72], das heißt der Geschichte Gottes in der Welt. Im Gegensatz zu den Verwerfungspredigten seiner und auch späterer Zeit beglaubigte er die Zugehörigkeit der Juden zum Reich Gottes, das ihnen eine gewisse Unantastbarkeit auch in der Gegenwart zukommen lasse.

Der ansonsten politisch zurückhaltende Schelling scheute sich nicht, im Jahr des preußischen Judenedikts, deutlich Stellung zu nehmen: Man solle den Juden die notwendigen menschlichen Rechte zugestehen. Obwohl der Begriff der »menschlichen Rechte« keineswegs mit dem Begriff der »Menschenrechte« identisch ist, verweist doch der sachliche und begriffliche Kontext darauf, daß es genau darum geht. Juden die menschlichen Rechte »zuzugestehen«, kann nur heißen, ihnen etwas zu geben, womit sich die politische Sphäre bisher schwer getan hat. Zudem existiert ein freilich sieben Jahre jüngeres Dokument, in dem sich Schelling gegenüber dem bayrischen König gutachterlich bezüglich der Einstellung von Juden in den Staatsdienst für die Emanzipation aussprach, wenngleich mit dem Hintergedanken, daß dies letztlich doch zur Bekehrung führen werde.[73]

Schellings wiederholt angekündigtes Vorhaben, auf eine Vorlesung über die Philosophie der Mythologie eine Philosophie der Offenbarung folgen zu lassen und diese wiederum durch eine Philosophie der Mythologie zu erweitern, wurde 1842 realisiert. Die siebte und achte Vorlesung zur *Philosophie der Mythologie* von 1842 treibt die Reflexion über das Judentum noch über das Urteil der Offenbarungslehre von 1841 hinaus. Der religionsgeschichtliche Forschungen intensiv rezipierende Philosoph revidierte seine noch gar nicht so alten Aussagen über den heidnischen Charakter des Religionsgesetzes und stellte in einer gegenüber allen Theorien der statutarischen Religion extrem kritischen Fußnote fest, daß man gegenwärtig nicht mehr behaupten dürfe, die von ihm als abergläubisch bezeichneten Bräuche des mosaischen Religionsgesetzes hätten noch zur Zeit Davids gegolten. Der jüdische Glaube wird zum »relativen Monotheismus« erklärt, eine These, die sich kritisch gegen romantisierende Vorstellungen von einem menschheitlichen Urmonotheismus wendet. Dessen Möglichkeit, genauer, die Möglichkeit eines »Monotheismus des Urbewußtseins«[74], räumte Schelling durchaus ein, hält diesem freilich entgegen, daß er gerade seiner Natürlichkeit wegen blind bleiben müsse; er wählte dafür die Bezeichnung »Theismus«. »Monotheismus«, der nur Resultat, nie Voraussetzung sein könne, stelle im Gegensatz zum Theismus und zum Polytheismus »das Verhältniß aus, das der Mensch zu Gott nur im Wissen, nur als ein freies haben kann«[75]. Der Monotheismus repräsentierte jene Idee, die das Christentum erschaffen habe, das seinerseits diesen Begriff lediglich materiell erfülle.

Dieser Prozeß habe mit Abraham begonnen. Noch einmal steht – wie schon beim frühen Hegel – die Gestalt Abrahams im Zentrum. Er verkörpere die älteste Haltung der Menschheit und befinde sich in einem Zustand der »gläubigen Ergebung und Erwartung«[76], weshalb er zu Recht auch bei anderen orientalischen Völkern als Vater aller Gläubigen bezeichnet worden sei. Sein und Jakobs Ausbruch aus der Enge sei von der Erwartung geleitet gewesen, »hinausgeführt und frei [zu] werden von der Voraussetzung [des einseitigen Monotheismus], die Gott selbst jetzt nicht hinwegnehmen kann, unter die sie mit dem ganzen Menschengeschlecht, als unter das Gesetz, unter die Nothwendigkeit, beschlossen sind, bis zum Tage der Erlösung, mit welcher der wahre Gott aufhört, der bloß erscheinende, bloß sich offenbarende zu seyn, also die Offenbarung selbst aufhört, wie in Christo geschehen ist, denn Christus ist das Ende der Offenbarung«[77]. Schelling wußte, daß derlei Annahmen wissenschaftlich lediglich Hypothesen darstellen, nicht tragfähiger als etwa die, entsprechende Mythologien als kontingentes, gleichsam naturwissenschaftlich zu erklärendes Faktum anzusehen. In einer Auseinandersetzung mit David Hume, der diesen Weg in seinen religionsphilosophischen Versuchen tatsächlich eingeschlagen hatte, beharrte Schelling auf der Bedeutung der alttestamentlichen Schriften, die keineswegs deshalb, weil sie von Juden und Christen als heilige angesehen würden, ihre erkenntnisverbürgende Kraft verloren hätten.[78] Daß der Christus des Johannesevangeliums die »Befreiung von den Juden kommen läßt« (Joh 4,22) und damit unterstellt wird, daß Christen wüßten, was sie anbeten, deutete Schelling als die Erlösung von der Anbetung in Unwissenheit zur Erhebung zu dem, was gewußt werden könne. »Gott in seiner Wahrheit kann nur gewußt werden, zu dem Gott in seiner bloßen Wirklichkeit ist auch ein blindes Verhältniß möglich.«[79] Von einem wirklichen Begreifen aber, so behauptete Schelling nun ohne weitere Argumentation, könne gleichwohl keine Rede sein. Die wahre Erkenntnis werde erst eintreten, wenn Christus, das Ende der Offenbarung, seinen Charakter als bloße Erscheinung beendet haben werde und damit das »Gott Entfremdende hinwegnimmt«[80].

Schelling schrieb dieses späte Werk zwischen 1847 und 1852. In dieser Zeit kam es in Baden und Schlesien erneut zu krawallartigen Ausschreitungen gegen die Juden, vor allem an Orten, wo die jeweiligen Regierungen bereit waren, jüdischen Eingaben mehr politisches Gehör zu gewähren. Im März und an Ostern 1848 wurden im Odenwald, in Baden und in Franken Pogrome verübt, die sich als Reaktion der Bauern auf den befürchteten Untergang ihrer Subsistenzwirtschaft deuten lassen.[81] Obwohl in einem zeitlichen Kontext mit der Revolution von 1848 stehend, waren diese

Ausschreitungen doch alles andere als ein Ausdruck bürgerlicher Revolution, sondern eine allenfalls rückwärtsgewandte Angstreaktion, die sich 1848/49 in allen deutschen Ländern und den meisten Städten zeigte. Das Plündern jüdischer Läden, Erpressungen und das Verbrennen von Kreditbriefen standen auf der Tagesordnung. Vernichtungsvorstellungen und Totschlagappelle wurden nicht nur seitens der Bauern und Handwerksburschen, sondern auch von Vertretern des Bürgertums geäußert; letztere verdächtigten die Juden bisweilen revolutionärer Umtriebe. In Wien ergingen öffentliche Drohungen mit dem Volkszorn für den Fall, daß die dort geltenden Ausnahmeregelungen für die Juden aufgehoben würden. »Judenblut«, so ein vorgeblich für Reform eintretendes Flugblatt, »wird in Strömen fließen und die Absicht der Juden, wegen völliger Gleichstellung der Confessionen wird Jahrhunderte weit hinaus gerückt werden; während es jetzt möglich gewesen wäre, mit leisen Schritten, durch geduldiges behutsames Vorwärtsschreiten und strenge Selbstbeherrschung nach und nach Etwas von dem Gewünschten zu erreichen.«[82] Die antijüdischen Ausschreitungen im Zuge bäuerlichen und kleinbürgerlichen Aufbegehrens während der Revolution zehrten noch vom traditionellen Antijudaismus und gaben doch schon einem modernen Antisemitismus Raum; sie waren freilich nicht eindeutig auf soziale Ursachen rückführbar.[83] So sahen etwa Vorläuferorganisationen des politischen Katholizismus in Bayern die Revolution als den Anbruch der letzten Tage, während derer die Juden mit ihrem Messias, dem Antichrist, »den furchtbaren Kampf gegen die Kirche Gottes wagen, zu kurzer Herrschaft gelangen und dann in ewiger Zerstörung enden werden«, was ein Münchner Flugblatt aus dem Jahr 1848 belegt.[84] Die These, daß eindeutig soziale und wirtschaftliche Beweggründe die damaligen Judenverfolgungen motiviert hätten,[85] läßt sich jedenfalls nicht halten. Das Frankfurter Paulskirchenparlament immerhin hatte sich – nicht zuletzt unter dem Eindruck des Auftretens des jüdischen, aus Hamburg stammenden Parlamentariers Gabriel Riesser (1806 bis 1863) – zu einer Politik bürgerlicher Gleichstellung durchgerungen. Riesser hatte bereits 1831 einige Jahre vor Schelling die Kritik des Heidelberger Theologen Paulus zu ertragen, der auf Riessers Vorschläge zur Judenemanzipation nur zu entgegnen wußte, daß ihre Religion sie zu einer Nation mache, weshalb sie allenfalls Schutz-, aber keine Staatsbürger sein könnten. Riessers Jahre später gehaltene Paulskirchenrede, die auf einen entsprechenden antisemitischen Vorschlag eines badischen Liberalen, der die Juden als fremdstämmig bezeichnete, reagierte, führte schließlich zur beinahe einstimmigen Verabschiedung eines Grundrechtsparagraphen folgenden Wortlauts: »Durch das religiöse Bekenntnis wird der Genuß der bürgerlichen und staatsbürgerlichen Rechte weder bedingt noch beschränkt. Den staatsbürgerlichen Pflichten darf dasselbe keinen Abbruch tun.«[86]

Von Schelling selbst ist aus dieser Zeit ein Tagebuch und ein Jahreskalender von 1848 erhalten. Im Mai dokumentierte er, in Berlin Unter den Linden dem jüdischen Rabbiner von Schwerin begegnet zu sein.[87] Am 31. Juli kurte er in Bad Pyrmont und notierte nach dem Besuch eines jüdischen Friedhofs beeindruckt die Inschrift eines Grabsteins in hebräischen Buchstaben, um darauf zustimmend aus einer Geschichte des Bauernkrieges zu zitieren, die Galgen und Rad als bestes Mittel gegen Volksverführung preist.[88] Im August traf er dort Angehörige der Familie Bernays, eine Mme. Heine, an der er ein gewisses Interesse zu finden schien, sowie deren Bruder, den Philologen Jacob Bernays (1824 bis 1881), einen Mitbegründer des Breslauer Rabbinerseminars.[89] Soweit man diesen beiläufigen Anmerkungen trauen darf, war Schelling am Judentum dieser Bekannten nicht interessiert; er erwähnte es nicht einmal. Ob sich daraus, wofür schon seine allgemeine Zurückhaltung in der Frage der jüdischen Emanzipation spricht, schließen läßt, daß er – des Hebräischen mächtig und mit der jüdischen Religion durch eigene Studien und die Korrespondenz mit Molitor vertraut – Juden unbefangen gegenübertrat? Kalt ließ ihn ihr Schicksal in jenen unruhigen Jahren nicht. Am Ende wollte er ihnen sogar, wenngleich verklausuliert, allen theologisch-philosophischen Spekulationen zum Trotz, eine positive gesellschaftliche Funktion zusprechen: »Außer den Völkern«, so meditierte er nach einem Spaziergang Unter den Linden und zwei Tage nach dem Treffen mit dem Schweriner Rabbiner, »die berufen sind, sich in der Vereinzelung auszubilden, gibt es Vermittlungsvölker, die das, was über den Völkern ist, lebendiger als andere in sich tragen, unter denen auch verschiedene Nationalitäten sich zur Menschheit gehoben, einig und glücklich fühlen können.«[90]

Das große Kompliment dieser Bemerkung erschließt sich in einer Erinnerung daran, welche herausragende Rolle die »Vermittlung« in seiner *Philosophie der Offenbarung* spielt. Vermittlungsvölker trügen das, was »über der Menschheit« sei, »lebendiger als andere in sich«[91].

Nach einer mehr als sechzig Jahre währenden Geschichte deutscher Philosophie, in der das Judentum mit Tod, Erstarrung, Euthanasie, Erhabenheit und Feindlichkeit assoziiert wurde, verwendet hier zum ersten Mal ein Denker, der noch wenige Jahre zuvor selbst die Juden als wertlos gewordene Hülle bezeichnet hatte, im Zusammenhang mit ihnen das Wort »Leben« und präsentiert damit eine aktuelle Deutung der eigenen, auch grammatischen Spekulation, daß das Judentum auf Zukünftigkeit ausgerichtet sei. Den Juden wird zugeschrieben, anderen Völkern zu ermöglichen, sich einig und glücklich fühlen zu können. Die Ambivalenz dieser Interpretation konnte Schelling nicht ahnen. In seiner Sicht ging es nicht um Glück und Einigkeit der Volksgemeinschaft im Haß und in der Abwehr gegen die Juden, sondern darum, daß die Juden als Vermittler vereinzelten Völkern den Weg zur Menschheit ebnen könnten. Positiveres über die Juden, nicht nur philanthropisch zu ihren Gunsten und Rechten, hatte die Philosophie des Deutschen Idealismus vorher und später nicht zu sagen.

Karl Marx – Emanzipation vom Judentum?

Immanuel Kant und Johann Gottlieb Fichte, Friedrich Daniel Ernst Schleiermacher, Georg Wilhelm Friedrich Hegel und Friedrich Wilhelm Joseph Schelling entstammten protestantischen Familien, waren selbst evangelische Theologen oder hatten zumindest evangelische Theologie studiert. Zudem waren sie – wenn auch christlich motiviert – Aufklärer oder setzten sich mit der Aufklärung und ihren Widersprüchen auseinander. Die Brille, durch die sie das Judentum betrachteten, war durch die lutherische Lehre des Gegensatzes von Gesetz und Evangelium sowie die atheistische Aufklärung gefärbt, die, etwa wie Voltaire, das Judentum verunglimpfte, wenn sie die katholische Kirche meinte. Die Herausforderung, der sich die genannten Denker zu stellen hatten, war das Wesen und die Verfassung bürgerlicher politischer Freiheit sowie die Bedeutung dieser Freiheit für den Gang der Geschichte. Die soziale Frage, die das Denken bürgerlicher Freiheit von Anfang an begleitete und bereits in der französischen Revolution die Volksmassen beflügelt hatte, rückte freilich erst dann ins Blickfeld, als sich trotz der allmählichen Akzeptanz liberal bürgerlicher Verfassungen, seien sie nun republikanisch oder konstitutionell-monarchistisch, die soziale Lage breiter Bevölkerungsschichten im Zuge von Landflucht, Industrialisierung und Verstädterung sogar verschlechterte. In dem Ausmaß, in dem das Handwerk durch die Industrialisierung und die Änderung der Gewerbeordnungen in seinen traditionellen Marktmonopolen gefährdet war und die Ausbeutung landflüchtiger und ungebildeter Proletarier diese von der Armut ins Elend stieß und zwischen Resignation, gewalttätigem Protest und politischer Organisation hin und her schwanken ließ, trat die sogenannte soziale Frage immer schärfer ins Bewußtsein der Philosophen. Die Erfahrung einer Herrschaft *sans phrase*, wie sie in den spätabsolutistischen und restaurativ reaktionären europäischen Staaten nach der Niederlage Napoleons die Gemüter erregte, beziehungsweise die Beobachtung des immer erneuten Scheiterns der bürgerlichen Revolution, die den eigenen Ansprüchen untreu blieb, ließ das Interesse an sichtbarer politischer Herrschaft sinken. Die Mittel der politischen Kritik und des politischen Protests schienen ausgeschöpft. Zum Erfassen und Verändern der Lage bedurfte es stärkerer, tiefer reichender Instrumente. Aus der Schärfe, mit der die soziale Frage sich stellte, erwuchs die Soziologie; jene Verhältnisse wurden analysiert, die Herrschaft ermöglichten, ohne doch als solche erkennbar zu sein – soziale Strukturen. Die nun entstehende Gesellschaftskritik ähnelte der frühaufklärerischen Religionskritik, die weltliche und kirchliche Herrschaft einschließlich der religiösen Inhalte für ideologische Täuschungsmanöver interessensgeleiteter Gruppen hielt. Die Wiederaufnahme der Ideologiekritik in der Mitte des Jahrhunderts war allerdings nicht mehr naiv genug, die nur schwer veränderlichen Herrschaftsverhältnisse als Ausdruck individueller Interessen anzusehen. An die Stelle der Kritik an einzelnen oder Gruppen trat nun die Auseinandersetzung mit kollektiven Verhältnissen, mit Lebensverhältnissen, für die beispielhaft das wirkliche Leben in Fabriken und in der Industrie sowie vor allem das so alltägliche wie unauffällige und doch offensichtlich alles bestimmende Medium des Geldes standen. Demgegenüber schienen die sichtbaren Herrschaftsinstanzen wie Monarchie und Kirche beziehungsweise ihre Artikulationsformen in politischer Theorie und Theologie nur sekundär zu sein. Da allerdings die meisten Menschen in der Zeit des Vormärz nach wie vor in eben diesen Kategorien dachten, mußte der zweiten Welle herrschaftskritischer Aufklärung alles daran gelegen sein, den Schein, die Welt wäre von Politik und Religion geprägt, zu zerstören und nachzuweisen, daß beide in letzter Instanz Formen jener bisher viel zuwenig betrachteten ökonomischen Verhältnisse waren, in denen das Geld eine herausragende Rolle spielte. Dabei änderte sich die Sicht des Judentums, das jetzt nicht mehr als Inbegriff gesetzlicher Unterwerfung galt, sondern als Ausdruck von Habgier und Verrat. An die Stelle der verstockten Sünder der paulinisch-lutherischen Rechtfertigungslehre trat jetzt das intellektuell minder anspruchsvolle Bild der Gottesmörder, der Verräter Jesu, jener, die das Heil um dreißig Silberlinge willen dem Staat auslieferten. Mit dem Wechsel des Blicks von der Despotie zur Pauperisierung wurde sozusagen der protestantische Blick durch den traditionell katholischen abgelöst. Daß diese Entwicklung in Frankreich, das zwischen aufklärerischer Tradition und katholischer Reaktion schwankte, besonders deutlich zutage trat, verwundert wenig.

Der französische Frühsozialismus, der nicht ohne Einfluß auf die sich formierende deutsche Arbeiterbewegung blieb, war – mit wenigen Ausnahmen – judenfeindlich eingestellt.[1] Auguste Blanqui sah die Juden als »Schatten auf dem Gemälde der Zivilisation« und wollte daher der indoarischen Rasse die Aufgabe übertragen, die Juden zu bekämpfen; Charles Fourier bezeichnete alle, die sich an Geldgeschäften bereicherten, als »Juden«, ohne die wirklichen Juden davon auszunehmen, reihte sie sogar einer Finanzverschwörung zu; Alphonse Toussenel setzte Juden und Spekulanten programmatisch in eins: »Ich nenne mit jenem verachteten Namen des Juden jeden Geldhändler, jeden unproduktiven Parasiten, der von der Arbeit und der Substanz anderer lebt [...]. Und wer Jude sagt, sagt auch Protestant, und es ist fatal, daß der Engländer, der Holländer und der Genfer, die das

Wort Gottes im gleichen Buch wie der Jude zu lernen beginnen, für die Gesetze der Gleichheit und die Rechte der Arbeiter auch die gleiche Verachtung an den Tag legen wie der Jude.«[2]

Andere, eher anarchistisch motivierte Denker wie Pierre-Joseph Proudhon, der aus Haß gegen den liberalen Kapitalismus im Zweifelsfall für das Zarenreich und gegen die polnische Nationalbewegung sowie für die konföderierten, Sklaven haltenden Südstaaten Partei ergriff, haßte die Juden so sehr, daß er in einer unveröffentlichten Programmschrift erklärte: »H. Heine, A. Weil und die anderen sind nichts als Geheimagenten. Rothschild, Cremieux, Marx, Fould sind erbärmliche Schurken, wütende, mißgünstige und herbe Wesen, die uns hassen. [...] Der Haß gegen die Juden, wie auch der Haß gegen die Engländer, muß ein Artikel unseres politischen Glaubensbekenntnisses werden.«[3]

Gerade die frühsozialistische und anarchistische Linke nahm in Konkurrenz zu und Abgrenzung von dem in Deutschland von Karl Marx geprägten hegelianischen Kommunismus Weltbilder vorweg, die später die Nationalsozialisten in ihrem Kampf gegen »Plutokratie und Bolschewismus« propagierten. Michail Bakunin, Marx langjähriger Konkurrent um Führung und Einfluß in der frühkommunistischen Bewegung, war etwa von folgendem überzeugt: »Nun, diese ganze jüdische Welt, die eine ausbeuterische Sekte, ein Blutegelvolk, einen einzigen fressenden Parasiten bildet, eng und intim nicht nur über die Staatsgrenzen hinweg, – diese jüdische Welt steht heute zum großen Teil einerseits Marx, andererseits Rothschild zur Verfügung.«[4]

Sicherlich gab es auch wohlwollende Varianten der Kritik am Judentum. Pierre Leroux, der wesentlich von Schelling beeinflußt war, hoffte darauf, daß sich durch die Veränderung der Verhältnisse auch die Gestalt des Juden verändern werde: »Er wird eine heiterere, jüngere, lächelnde Gestalt annehmen; er wird aufhören, dem Juden Shylock zu ähneln, und ich hoffe, ihn auf den

Spuren des Nazareners auferstehen zu sehen, den die Juden gekreuzigt haben, und den sie bis heute durch Wucher und Kapital kreuzigen.«[5] Im Falle Leroux' gingen tiefe Christlichkeit und echter universalistischer Erlösungsglaube mit einer mittelalterlichen Form des Sozialprotests eine Verbindung ein: In Geld und Kapital werde Jesus gekreuzigt – ein Bild, das in seiner Konkretion die Kreuziger persönlich identifizierte.

Vor diesem Hintergrund kann man den Judenhaß eines anderen, zumindest in Deutschland bekannten Sozialrevolutionärs, der selbst mehrere Jahre in bitterster Armut in der französischen Verbannung gelebt hatte und dessen Lebenswerk seither und begründet immer wieder als Artikulation unmäßigen Judenhasses gelesen wird, milder beurteilen. Richard Wagner, der zu Beginn seiner Karriere und auch später immer wieder Kontakt zu Juden hatte und von ihnen gefördert wurde, publizierte 1850 in der *Neuen Zeitschrift für Musik* einen Beitrag zum »Judenthum in der Musik«, in dem er unter dem Pseudonym Karl Freigedank die »Emancipation vom Judenthum« forderte. Wagner, davon überzeugt, daß »der Jude« herrsche und »solange herrschen wird, als das Geld die Macht bleibt, vor der all unser Thun und Treiben seine Kraft verliert«, polemisierte in diesem Aufsatz nicht nur gegen die von ihm inzwischen geringgeschätzte *grande opera* Giacomo Meyerbeers, sondern versuchte sich – wie Jahre vor ihm Jakob Friedrich Fries – als solidarischer Freund jüdischer Individuen zu präsentieren; als besonders vorbildlich pries er den radikalrepublikanischen, noch im Frankfurter Getto geborenen, formal zum Christentum konvertierten Ludwig Börne. Das Programm einer »Emancipation vom Judentum« liegt in Wagners Schrift vollständig entfaltet vor, allerdings wird den real existierenden Juden ihre Menschlichkeit abgesprochen:

> Gemeinschaftlich mit uns Mensch werden, heißt es für die Juden aber zuallernächst so viel, als – Aufhören, Jude zu sein: Börne hatte aufgehört, dies zu sein. Aber gerade Börne lehrt Euch, wie diese Erlösung nicht in Behagen und kalter Bequemlichkeit erreicht werden kann, sondern daß sie, wie uns, nur durch Schweiß, Noth und Fülle des Leidens und der Schmerzen zu erkämpfen ist. Nehmt rückhaltlos an diesem selbstvernichtenden, blutigen Kampfe Theil, so sind wir einig und untrennbar! Aber bedenkt, daß nur Eines Eure Erlösung von dem auf Euch lastenden Fluche sein kann, die Erlösung Ahasvers: der Untergang.[6]

Die eigentümliche Verbindung von Kritik des Geldes und Erlösungshoffnung, menschheitlicher Solidarität, Universalismus, genuinem Judenhaß und Fortschrittsglaube grundierte die Haltung der frühen Sozialisten und ihrer Theoretiker zum Judentum; das war allerdings bei den fortschrittsbegeisterten Saint Simonisten, unter denen sich nicht wenige Juden fanden, nicht der Fall. Marx, geistiger Schüler und, wie viele meinen, Vollender des Hegelschen Werks, bildet dazu keine Ausnahme.

Marx war zeit seines Lebens – zumindest persönlich – ein glühender Antisemit. Aber auch theoretisch vertrat er antisemitische Thesen. 1844 veröffentlichte er in den *Deutsch-französischen Jahrbüchern*, einer von Arnold Ruge und ihm selbst herausgegebenen Exilzeitschrift, unter dem Titel »Zur Judenfrage« eine ausführliche Rezension zweier Schriften seines ehemaligen Dozenten und Freundes, des Theologen und Publizisten Bruno Bauer, die sich beide mit der »Judenfrage«, das heißt der Frage nach den Möglichkeiten und Grenzen bürgerlicher Emanzipation der Juden, auseinandersetzten. Neben allem theoretischem Scharfsinn und bedeutenden prinzipiellen Einsichten in die Grenzen eines bürgerlichen Freiheitsbegriffs schockieren die ebenso klischeehaften wie wütenden judenfeindlichen Äußerungen, über die André Glucksmann schreibt, daß es keinem universitären Parfum gelingen werde, ihren wütenden Gestank zu überdekken[7]. Paul Lawrence Rose verweist auf Marx' Schrift gar als einen weiteren Beweis dafür, daß jeder Wunsch nach menschlicher Erlösung zum Judenhaß führe.[8]

Wie war es möglich, daß im gleichen Zeitraum, in dem sich die christlichen, in vielem durchaus konservativen Philosophen einer sich selbst reflektierenden Aufklärung, Hegel und Schelling, in höchst mühsamen Lernprozessen darüber klarwurden, daß Judenhaß weder eine achtenswerte persönliche Haltung noch ein politisches Programm sein konnte, ausgerechnet ein Philosoph jüdischer Herkunft in offenen Judenhaß ausbrach? Liegt die Antwort auf diese Frage in Marx' Seele, in einem brennenden Selbsthaß, der den in seinen tiefsten Schichten von einem durch und durch jüdisch-prophetischen Unbewußten durchdrungenen »säkularen Rabbi« dazu trieb, die Servilität seines bürgerlich assimilierten Vaters sowie sein prophetisches Gerechtigkeitsstreben erst in Judentum und Geld, dann im Kapitalverhältnis zu bekämpfen, und der sich dazu ein erneuertes Volk Israel, das Proletariat erdachte?[9] Bei der Lektüre entsprechender, tiefenpsychologisch ausgerichteter Untersuchungen fällt auf, daß sie zwar familiäre, gesellschaftliche und auch politische Faktoren berücksichtigen, aber jene Dimension, die einem Philosophen wie Marx entscheidend war, nämlich die Theorie, nicht zur Kenntnis nahmen. Daß Marx – worauf noch einzugehen ist – von einer geradezu krankhaften antijüdischen Idiosynkrasie besessen war, ist nicht zu bezweifeln. Er ließ dieser Idiosynkrasie jedoch, außer in seiner Schrift »Zur Judenfrage« und einer eher beiläufigen Bemerkung in seinem späteren theoretischen Werk, dem *Kapital*, ebensowenig wie Wagner in seinen Musikdramen freien Lauf. Um das Rätsel von Marx' explizitem Judenhaß, der die Haltungen Fichtes und des frühen

Hegels bei weitem übertraf, zu lösen, führt kein Weg daran vorbei, sich seiner theoretischen Situation und seinen theoretischen Vorentscheidungen zuzuwenden.

Marx, 1818 in Trier als Sprößling einer berühmten Rabbinerfamilie und Sohn eines zum Protestantismus übergetretenen jüdischen Advokaten und einer jüdischen Mutter geboren, wurde mit seinen Geschwistern im Alter von fünf Jahren ebenfalls konvertiert. Nach seiner Immatrikulation an der Berliner Universität 1836 begann er, sich zu Beginn des Jahres 1837 intensiv mit der Philosophie des sechs Jahre zuvor verstorbenen Hegels auseinanderzusetzen, und machte die Bekanntschaft der sogenannten Junghegelianer, einer Gruppe von Publizisten und Intellektuellen, die an Hegel die vermeintliche Affirmation des Bestehenden und dabei insbesondere seine Theorie der Religion, die ihnen für eine Theorie der Wirklichkeit des Geistes galt, kritisierten. Sie begaben sich auf die Suche nach einer wirklicheren Wirklichkeit – sei es die menschliche Sinnlichkeit wie bei Ludwig Feuerbach, die menschliche Einzelexistenz wie bei Sören Kierkegaard oder der einzelne wie bei Max Stirner. Dabei griffen sie in dem angestrengten Versuch, Hegel zu überwinden, auf dessen theologischen und politischen Jugendschriften zurück, »welche die Problematik des bürgerlichen Staats und der christlichen Religion am Maßstab der griechischen Polis und ihrer Volksreligion«[10] aufrollten. Wenn diese These Karl Löwiths zutrifft, lassen sich die undifferenzierten Attacken etwa von Rose gegen jeden säkularen Humanismus ebenso zurückweisen wie Glucksmanns Hinweis auf die »Deutschheit« der idealistischen Philosophen. Wenn Löwith darin recht hat, daß sich die Religionskritik der Junghegelianer selbst einem durch und durch Hegelschen Motiv verdankt, bleibt nur noch festzuhalten, daß auch Hegels Kritik der christlichen Religion – wie oben gezeigt – von christlichen Motiven, nämlich dem protestantischen Gegensatz von Gesetz und Evangelium, zehrt. Dann aber schließt sich der Kreis: Auch Marx' Kritik der Religion verdankt sich einer religiösen, genauer gesagt, einer theologischen Gedankenfigur. Die Kritik der Religion ist selbst Teil des von ihr Kritisierten. Warum dies ausgerechnet Marx nicht auffiel, läßt sich freilich nicht durch den Rückgriff auf theoretische Weltbilder, sondern nur durch einen Blick in Biographie und Seele erklären.

Er publizierte im selben Heft der *Deutsch-französischen Jahrbücher,* in dem seine Rezension von Bauers Studien »Zur Judenfrage« erschien, eine Einleitung »Zur Kritik der Hegelschen Rechtsphilosophie«, die des jungen, revolutionären Marx' kategorischen Imperativ enthält, einen Imperativ, der in einem entschiedenen Humanismus wurzelt: »Radikal sein ist die Sache an der Wurzel fassen. Die Wurzel für den Menschen ist aber der Mensch selbst. Der evidente Beweis für den Radikalismus der deutschen Theorie, also für ihre praktische Energie, ist ihr Ausgang von der entschiedenen positiven Aufhebung der Religion. Die Kritik der Religion endet mit der Lehre, daß der Mensch das höchste Wesen für den Menschen sei, also mit dem kategorischen Imperativ, alle Verhältnisse umzuwerfen«.[11]

Als Hegelianer war Marx die Bedeutung des Begriffs der »Aufhebung« ebenso geläufig, wie ihm als Zeitgenossen Schellings der Begriff des »Positiven« vertraut sein mußte. So wie in jedem Wunsch nach Aufhebung von Begriffen oder Verhältnissen auch der Wunsch nach einem Bewahren des Kritisierten auf einer höheren Stufe enthalten ist, so sehr kündet der Begriff des »Positiven« von einer theoretischen Unableitbarkeit, einer unvordenklichen Wirklichkeit etwa der Religion. Die entschieden positive Aufhebung der Religion, die Marx dem Rationalismus der deutschen Theorie zuschrieb, kann dann nur in einer letztlich religiösen Weltanschauung, die zugleich mitreißende gesellschaftliche Wirklichkeit wird, bestehen. Marx erkannte entsprechend im Protestantismus Martin Luthers einen Aufstand gegen die Knechtschaft aus dem Geist der Devotion, eine Kritik des Glaubens an die Autorität in dem paradoxen Willen, die Autorität des Glaubens zu restaurieren. Ohne die wahre Lösung geboten zu haben, stellte der Protestantismus doch die richtige Aufgabe, nämlich den Kampf mit der eigenen pfäffischen Natur aufzunehmen. Die gelungene Lösung der Aufgabe stand für Marx in der unmittelbaren Wirklichkeit des Proletariats bereit.

> In Deutschland kann keine Art der Knechtschaft gebrochen werden, ohne jede Art der Knechtschaft zu brechen. [...] Die Emanzipation des Deutschen ist die Emanzipation des Menschen. Der Kopf dieser Emanzipation ist die Philosophie, ihr Herz das Proletariat. Die Philosophie kann sich nicht verwirklichen ohne die Aufhebung des Proletariats, das Proletariat kann sich nicht aufheben ohne die Verwirklichung der Philosophie. Wenn alle inneren Bedingungen erfüllt sind, wird der deutsche Auferstehungstag verkündet werden durch das Schmettern des gallischen Hahns.[12]

Trotz aller Ironie mündet Marx' Programmschrift in die Beschwörung eines revolutionären Ostersonntags.

Warum aber kann, was den Deutschen verheißen wird, die Emanzipation des Menschen, nicht auch den Juden gelten? Während emanzipiertes Deutschtum zur befreiten Menschheit wird, die Deutschen sich zu etwas emanzipieren können, haben die Juden allenfalls die Chance, sich von etwas zu emanzipieren: »Die gesellschaftliche Emanzipation des Juden ist die Emanzipation der Gesellschaft vom Judentum.«[13] Mit diesen Sätzen, die die Rezension »Zur Judenfrage« beschließen, und den Anspielungen auf Überwindung der inneren Knechtschaft beziehungsweise den revolutionären Ostersonntag war jene Weichenstellung erreicht, an der Marx und der Marxismus Hegels religionstheoretische Sicht der Weltgeschichte materialistisch überbieten wollten, indem sie das Proletariat und den Hegelschen Knecht miteinander identifizierten. Beim jungen Marx war durchaus noch ein scharfes Bewußtsein von Hegels Verständnis des Knechts vorhanden, jedenfalls dort, wo er sich kritisch mit Luther und dessen mißglücktem Aufstand gegen das geknechtete Bewußtsein auseinandersetzte.

Schärfer noch als Marx und wohl als letzter Vertreter der Formationsepoche erkannte Bauer den religiös politischen Kern von Hegels Herrschafts- und Knechtschaftsabschnitt, identifizierte ihn als eine Kritik des Judentums und erklärte somit Hegel zum Antisemiten. Wer war jener Bruno Bauer, mit dem sich Marx 1837 in Berlin befreundete, der Hegel Antisemitismus glaubte nachweisen zu können und den Anlaß dafür bot, daß sich Marx acht Jahre später antisemitisch äußerte? 1809 in Eisenberg, Thüringen, geboren, hörte Bauer als Student in Berlin noch bei Schleiermacher und August Neander, einem zum Protestantismus konvertierten Juden. Von beiden enttäuscht, wurde er Hörer und Schüler Hegels, der ihn 1829 als hoffnungsvollen jungen Gelehrten noch zur Kenntnis nahm. Von 1834 bis 1839 Dozent für Theologie in Berlin, wurde Bauer von David Friedrich Strauß' bibelkritischer Studie über das Leben Jesu 1835 zu mehreren scharfen Kritiken provoziert, die ihn zur Hoffnung des konservativen Protestantismus hegelianischer Prägung werden ließen. Strauß wurde als später Nachfolger Baruch de Spinozas zu einem der Begründer der modernen Bibelwissenschaft und vollendete die systematische Offenbarungskritik der Aufklärung durch eine philologisch argumentierende, radikal historisierende Textkritik. Bauer übernahm diese Methode der historischen Textkritik und publizierte ähnliche Arbeiten zu den synoptischen Evangelien, die Strauß, der immerhin noch die Person Jesu für historisch gehalten hatte, darin übertrafen, daß sie den Evangelien jeglichen historischen Gehalt absprachen und sie nur noch als Ausdruck des Selbstbewußtseins ihrer Autoren verstanden. Das führte 1842 zu seiner Entlassung aus der Berliner Universität und zu einer weiteren Annäherung an die radikalen Junghegelianer.

Marx hatte 1839 bei Bauer eine Vorlesung über Jesaja gehört und war mit ihm gemeinsam Mitglied im radikalen »Doktorklub«; darüber hinaus hatten sie sich miteinander befreundet.[14] Um 1840 sollen sie auch gemeinsam publiziert haben. Im Zuge der verstärkten Repression durch die preußischen Behörden, der Schließung der *Neuen Rheinischen Zeitung*, bei der Marx als junger Radikaldemokrat mitwirkte, entfernte sich Bauer im Glauben, seine früheren Ideale nicht zu verraten, von den Radikalen des Vormärz und wurde spätestens nach dem Scheitern der Revolution von 1848 zu einem konservativen Intellektuellen, der als Redakteur der reaktionären *Kreuzzeitung* offensiv antisemitische Positionen vertrat.

1841, auf dem Höhepunkt seiner radikalen Phase, publizierte Bauer »Die Posaune des jüngsten Gerichts über Hegel, den Atheisten und Antichristen«[15], eine Schrift, die sich in erster Linie dadurch auszeichnet, daß sie bis zum letzten ambivalent bleibt; es ist kaum anzunehmen, daß der Schüler Hegels und radikale Demokrat Bauer Hegel ernsthaft ankreiden wollte, die Religion und vor allem das Judentum zu hassen. Gleichwohl geht seine Analyse des Abschnitts über Herrschaft und Knechtschaft in Hegels *Phänomenologie des Geistes* auf den Bezug zum Judentum ein und artikuliert jene Annahmen, die später auch Marx leiten sollten: »Der Mensch wird frei und Gott der Gott freier Menschen. Darin ist aber die Bestimmung des Göttlichen selber verändert. Das andere, das Endliche der Individualität, das empirische Ich gehört in der jüdischen Religion selbst zur Bestimmung Gottes. Gott ist das realisierte empirische Individuum.«[16]

Hegel habe das Judentum gehaßt, weil es Dienst und Gehorsam verlange, so erklärte Bauer beinahe zu Recht. Jene Juden aber, die unter Beibehaltung ihres Judentums die staatsbürgerliche Emanzipation erstrebten, blieben in einem nicht durchschauten Herrschaftsverhältnis stecken und seien darum der Emanzipation nicht wahrhaft würdig. Mehr noch, der Wunsch nach einer besonderen Judenemanzipation beweise einmal mehr den schon von Hegel benannten Egoismus der Juden. Bauers besondere Feindseligkeit galt dem Reformjudentum, dessen Anhänger und Mitglieder die jeweilige Staatsbürgerschaft auf der Basis eines zur Konfession erklärten »Mosaismus« anstrebten. Dieser Mosaismus sei, wenn überhaupt, nur im Lande Kanaan, in einem souveränen jüdischen Staat möglich. Bauer setzte sich, ohne in dieser praktischen Frage über Hegel hinauszugehen, gleichwohl für die Emanzipation der Juden ein, allerdings nicht im liberalen Sinne, der ihnen den Glauben als Privatsache beließe, sondern in einem radikal laizistischen Sinne: Wahre Emanzipation sei nur dort möglich, wo sich die Juden ganz und gar vom Judentum, von der jüdischen Religion emanzipierten. Bauer orientierte sich damit am radikalen Laizismus in Frankreich. Ihm schwebten Lebensverhältnisse vor, in denen es kein religiöses Privileg gebe, weder das der Juden noch das der Christen.

Marx erkannte richtig, daß Bauer damit in letzter Instanz auf den christlichen Staat zielte, der seinem Wesen nach auf unterschiedlich verteilten Privilegien aufbaue. Diese Einsicht würdigte Marx, indem er Bauer in der Analyse des religiösen Gegensatzes von Juden und christlichem Staat »Kühnheit, Schärfe, Geist und Gründlichkeit« zusprach.[17] Bauers Lösungsvorschlag aber – der laizistische Staat und die wissenschaftliche Weltanschauung für Juden wie für Christen – vermochte Marx nicht zu überzeugen, vor allem nicht der Weg dorthin: Konversion aller Juden zum Christentum und dann die gemeinsame Aufhebung der Religion durch Neu- wie Altchristen. Erstaunlich genug für jemanden, der auch die Religion aufheben wollte, hielt Marx Bauer die Frage entgegen, ob der Standpunkt der politischen Emanzipation eigentlich das Recht habe, »vom Juden die Aufhebung des Judentums, vom Menschen überhaupt die Aufhebung der Religion zu verlangen«[18]. Marx konnte diese Frage aufgrund seiner Überzeugung stellen, daß der Standpunkt der politischen Emanzipation sich vom Standpunkt der Religion schon deswegen nicht wesenhaft unterscheide, weil er in undurchschauten Verhältnissen befangen sei: »Die Grenze der politischen Emanzipation erscheint sogleich darin, daß der Staat sich von einer Schranke befreien kann, ohne daß der Mensch wirklich von ihr frei wäre, daß der Staat ein Freistaat sein kann, ohne daß der Mensch ein freier Mensch wäre.«[19] Die Unfreiheit bleibe bestehen, weil die Emanzipation von der Mittlerschaft der Religion zur Mittlerschaft des Staates nur ein religiöses Verhältnis durch ein anderes ersetze.

Marx nahm – wie schon die liberalen Philosophiehistoriker des neunzehnten Jahrhunderts und wie die reflektierte Hegel-Rezeption des zwanzigsten Jahrhunderts[20] – den religiösen Kern der Hegelschen Staatstheorie mitsamt ihren rechtsstaatlichen Elementen als christlich wahr, sah aber mit Hegel das Wesen der Religion im Christentum als erfüllt an: »Die Religion ist eben die Anerkennung des Menschen auf einem Umweg. Durch einen Mittler. Der Staat ist der Mittler zwischen dem Menschen und der Freiheit des Menschen. Wie Christus der Mittler ist, dem der Mensch seine ganze Göttlichkeit, seine ganze religiöse Befangenheit aufbürdet, so ist der Staat der Mittler, in den er seine ganze Ungöttlichkeit, seine ganze menschliche Unbefangenheit verlegt.«[21] Marx' Kritik an Hegel, die er in der Auseinandersetzung mit dessen Staatsrecht ausführlich darlegte, fußt auf dem Gedanken, daß die Idee des Staates ihrerseits eine genuin christliche Idee sei, wobei Marx voraussetzte, daß die Idee der Demokratie für das Wesen des Staates das sei, was das Christentum für die Religion sei, ihre absolute und letzte Form. So wie alle Staaten grundsätzlich dem Alten Testament glichen, entspreche der demokratische Staat dem Neuen Testament, bringe er doch, wenn auch noch beschränkt, die Unterordnung des Gesetzes unter die Menschen: »Der Mensch ist nicht des Gesetzes, sondern das Gesetz ist des Menschen wegen da, es ist menschliches Dasein, während in den andern der Mensch das gesetzliche Dasein ist.«[22]

Bauer und Marx lehnten die Religionen als vermittelnde und damit entfremdende Formen menschlicher Praxis ab, Bauer zugunsten eines laizistischen Staates mit wissenschaftlicher Weltanschauung, Marx zugunsten eines Zustandes, in dem auch noch die letzte Vermittlung, die letzte christliche Schranke, und sei es der demokratische Staat, in den zwischenmenschlichen Verhältnissen aufgehoben sein werde. Hinter dieser Perspektive steht unausgesprochen die von Joachim da Fiori über Gotthold Ephraim Lessing und Fichte bis hin zu Franz Rosenzweig bekannte geschichtsphilosophische Perspektive einer Abfolge von Altem Testament, Neuem Testament und eschatologischem Zustand beziehungsweise eines petrinischen, paulinischen und endlich johannäischen Christentums. Schelling erklärte zur selben Zeit Christus zum Ende aller Offenbarung, zur Aufhebung aller Schranken der Einsicht in das Wesen des Absoluten. Doch wo die Idealisten auf eine von allen Unvollkommenheiten freie Erkenntnis des Wahren hofften, setzte Marx auf eine von allen Unvollkommenheiten freie Form menschlicher Praxis.

Von seinem Standpunkt aus konnte Marx einerseits Bauers Staatsvergötterung entlarven und andererseits Judentum sowie Christentum gleichermaßen kritisieren. Auch das Evangelium der Demokratie beruhe noch auf einem undurchschauten Zustand; erst die Einsicht in den entfremdenden Charakter auch noch dieses Evangeliums verheiße die wahrhafte Befreiung. Dazu bedürfe es freilich eines radikalen Perspektivwechsels zugunsten einer politischen Kritik des Staates, die einzig die Einsicht zum Ziel habe, daß der Glaube an die Gleichheit und Freiheit der Menschen als Staatsbürger bei weiter existierender materieller Ungleichheit eine Mystifikation erzeuge, die alle Täuschungen der bisherigen Religionen bei weitem übertreffe: »Wo der politische Staat seine wahre Ausbildung erreicht hat, führt der Mensch nicht nur im Gedanken, im Bewußtsein, sondern in der Wirklichkeit, im Leben ein doppeltes, ein himmlisches und ein irdisches Leben. [...] Der politische Staat verhält sich ebenso spiritualistisch zur bürgerlichen Gesellschaft wie der Himmel zur Erde.«[23] So reduzierte sich für Marx der der Judenfrage zugrundeliegende Konflikt auf die Frage nach dem Verhältnis des politischen Staates zu seinen materiellen und geistigen Voraussetzungen beziehungsweise nach dem Verhältnis von *citoyen* und *bourgeois*. Im Vergleich zu Bauer war Marx politisch jedoch geradezu liberal, da er den Juden unter den herrschenden Umständen keineswegs nahelegen wollte, ihr wie auch immer gelebtes Judentum aufzugeben:

> Wir sagen also nicht mit Bauer den Juden: Ihr könnt nicht politisch emanzipiert werden, ohne euch radikal vom Judentum zu emanzipieren. Wir sagen ihnen vielmehr: Weil ihr politisch emanzipiert werden könnt, ohne euch vollständig und widerspruchslos vom Judentum loszusagen, darum ist die politische Emanzipation nicht die menschliche Emanzipation. Wenn ihr Juden politisch emanzipiert werden wollt, ohne euch selbst menschlich zu emanzipieren, so liegt die Halbheit und der Widerspruch nicht nur in euch, sie liegt in dem Wesen und der Kategorie der politischen Emanzipation.[24]

Damit schob Marx keineswegs alles Mißglücken der Emanzipation auf die Widersprüchlichkeit ihres Programms, sondern auch, zumindest zum Teil, auf die Juden, die nicht bereit waren, seine Einsichten zu teilen und den Kampf um die politische Emanzipation in den Kampf um die allgemeine menschliche Emanzipation, die Aufhebung des Staates, zu überführen. Marx trat dennoch durchaus dafür ein, den Juden den gleichen, wenn auch irregeleiteten Anspruch auf Bürgerrechte einzuräumen wie den Christen, und wies damit Bauers Zumutung, die Juden müßten sich zunächst durch die Taufe ihres Judentums entledigen, zurück.

In der 1843 gemeinsam publizierten Polemik *Die heilige Familie* setzten sich Marx und Friedrich Engels mit Bauers Einwänden auseinander und verdeutlichten dabei den Kern ihres Programms. Das Ansinnen, die Juden sollten zum Christentum als einer Religion geistiger Freiheit konvertieren, sei nichts anderes als eine Ideologie, die die fehlende materielle Freiheit durch eine falsche geistige ersetzen wolle.[25] Gegen derlei Versuche hätten die politischen Anstrengungen jüdischer Bürgerrechtler, etwa des Hamburger Anwalts und späteren Paulskirchenabgeordneten Gabriel Riesser (1806 bis 1863), insofern recht, als sie die politische Emanzipation gerade in ihren Grenzen ernst nähmen; Bauer jedoch verwechsle politische und menschliche Emanzipation. Marx und Engels war bewußt, daß die Judenfrage auch eine religiöse Frage ist, und sie wiesen den Vorwurf des Reduktionismus mit dem Hinweis zurück, daß die religiösen Fragen inzwischen gesellschaftliche Bedeutung erhalten hätten.[26] Indem Bauer Judentum und Juden nur aus einer theologischen Perspektive betrachte, erkläre er die Juden in ihrer wirklichen Existenz aus ihrer Religion, anstatt das Geheimnis der jüdischen Religion mit Hilfe der wirklichen Juden zu erklären.

Dem rationalen Kern der Marxschen Haltung zur Judenfrage, also der Verteidigung jüdischer Gleichberechtigungsforderungen verbunden mit einer soziologischen Erklärung konfessionellen Bewußtseins und einer Kritik an den seiner Meinung nach notwendig uneinlösbaren Verheißungen politischer Freiheit, wird man keinen Antisemitismus unterstellen können. Man kann stattdessen – wie es nicht wenige jüdische Sozialisten taten – in diesem rationalen Kern einen wesentlichen Beitrag im Kampf gegen den Antisemitismus und für eine universalistische, solidarische Theorie politischen Handelns erkennen. Allerdings widersprechen die Sprache und die Begriffe, in die Marx diese rationale Theorie kleidete, ihrer aufklärerischen Absicht. Es ist also zu überprüfen, ob rationaler Kern und antisemitische Semantik nur psychologisch über die Zufälligkeit von Marx' Biographie miteinander zusammenhängen oder ob sie durch einen systematischen Zug miteinander verbunden sind.

Neben der schon klassischen psychographischen Studie von Arnold Künzli sind zu diesem Problem in den letzten Jahren eine Reihe von Studien erschienen, die sich alle dem Verhältnis von Marx und dem Judentum zuwandten und dabei mehrheitlich eine entweder tiefenpsychologische oder wissenssoziologische Perspektive mit dem Ergebnis einschlugen, daß der Grund für Marx' Judenhaß vor allem in seiner Biographie beziehungsweise in der ohnehin tendenziell antisemitischen Einstellung des frühen Sozialismus liege.[27] Bis heute blieb dabei unberücksichtigt, daß Marx als konsequentester Schüler Hegels[28] und Vollender des Deutschen Idealismus – der aufklärerischen Philosophie aus dem Geist des (protestantischen) Christentums – von der Haltung dieser Philosophie zum Judentum wesentlich geprägt wurde. Marx' Urteile über Juden und Judentum, wie sie sich in der zitierten Schrift von 1843 finden, lassen sich nicht nur als Ausdruck persönlicher Idiosynkrasie lesen:

> Aber auch der Jude kann sich nur jüdisch zum Staat verhalten, das heißt zu dem Staat als einem Fremdling, indem er der wirklichen Nationalität seine chimärische Nationalität, indem er dem wirklichen Gesetz sein illusorisches Gesetz gegenüberstellt, indem er zur Absonderung von der Menschheit sich berechtigt wähnt, indem er prinzipiell keinen Anteil an der geschichtlichen Bewegung nimmt, indem er einer Zukunft harrt, welche mit der allgemeinen Zukunft des Menschen nichts gemein hat, indem er sich für ein Glied des jüdischen Volkes und das jüdische Volk für das auserwählte hält.[29]

Diesem zum Teil Bauer paraphrasierenden Sammelsurium des griechisch-römischen, später von der Kirche übernommenen Judenhasses stellte Marx eine Theorie über die besondere Stellung des Judentums in der »geknechteten Welt«[30] zur Seite, was ein weiteres Mal den Einfluß von Hegels *Phänomenologie des Geistes* auf die Analyse belegt. Marx' religionssoziologischer Blick entlarvte den weltlichen Grund des Judentums als »das praktische Bedürfnis, den Eigennutz«, seinen weltlichen Kultus als »den Schacher« und seinen weltlichen Gott als »das Geld«: »Wir erkennen also im Judentum ein allgemeines gegenwärtiges antisoziales Element, welches durch die geschichtliche Entwicklung, an welcher die Juden in dieser schlechten Beziehung eifrig mitgearbeitet haben, auf seine jetzige Höhe getrieben wurde, auf eine Höhe, auf welcher es sich notwendig auflösen muß.«[31] Hier wird die soziologische Erklärung nicht in apologetischer, sondern im Gegenteil in anklägerischer Absicht vorgetragen; die Juden hätten selbst an der Verbreitung antisozialer Haltungen, die in ihrer Lebensweise enthalten seien, mitgearbeitet. »Das Wesen des heutigen Juden« finde sich »nicht nur im Pentateuch oder im Talmud«, sondern auch in der jüdischen, das heißt egoistischen und beschränkten Gesellschaft.[32] Dem Verhaftetsein in ontologischem Denken korrespondiert eine krude Kritik an den Schriften des jüdischen Glaubens, die ihrerseits schon das Prinzip des Eigennutzes enthielten. Insofern trifft nicht – wie immer wieder behauptet wird – zu, daß Marx lediglich der mythologischen Formel, die Juden hätten sich trotz der Geschichte erhalten, die aufklärerische Formel, sie hätten sich durch die Geschichte erhalten, entgegensetzte. Indem sie die Geschichte nach Maßgabe ihrer antisozialen Interessen mitgeformt hätten, wie Marx ausdrücklich erklärte, hätten sie sich durchaus trotz der Geschichte erhalten und ihr mit dem Geldverkehr ihren jüdischen Stempel aufgedrückt: Die jüdische Form der Emanzipation habe nicht nur in der Aneignung von Geldmacht bestanden, sondern darin, »daß durch [den Juden] und ohne ihn das Geld zur Weltmacht und der praktische Judengeist zum praktischen Geist der christlichen Völker geworden ist. Die Juden haben sich insoweit emanzipiert, als die Christen zu Juden geworden sind.«[33] Daß im wesentlichen das Christentum, zumindest das Kirchenchristentum das Judentum und die jüdische Gesetzlichkeit verbreitet hätten – so sahen es auch Fichte und der frühe Hegel –, diese Ansicht wurde jetzt mit der Metapher des Geldes, nicht mehr der des Gesetzes, erneuert. Das Christentum habe das Judentum nur scheinbar überwunden. Bei alledem sah Marx sehr wohl, daß dem Judentum im christlichen Abendland eine Doppelrolle zukam – als religiöse Kritik des Christentums und als inkorporierter Zweifel an der religiösen Abkunft des Christentums. Das Judentum habe sich erhalten, »weil der praktisch-jüdische Geist, weil das Judentum in der christlichen Gesellschaft selbst sich gehalten und sogar seine höchste Ausbildung erhalten hat«[34].

Das Judentum, das heißt die jüdische Religion, artikuliere in der Verachtung von Theorie, Kunst, Geschichte und in der Ablehnung der Vorstellung vom Menschen als Selbstzweck einzig den Standpunkt des Geldmenschen. Dem hielt Marx unter Berufung auf den schwärmerischen Prediger des Bauernkrieges, Thomas Müntzer, und dessen Aufruf zur Befreiung aller Kreatur entgegen, daß die chimärische Nationalität der Juden der Welt des Eigennutzes entspreche. Unfähig, eine neue Welt zu schaffen, könne das mit dem Eigennutz identische Judentum sich immer nur an die Umstände anpassen beziehungsweise sich in ihnen erweitert vorfinden. Der Eigennutz aber sei nur ein anderer Ausdruck für das »praktische Bedürfnis«, für den Egoismus, der wiederum, wie Marx aus Hegels Rechtsphilosophie gelernt hatte, Inbegriff der bürgerlichen Gesellschaft sei. Daher sei es nur schlüssig, daß »das Judentum seinen Höhepunkt mit der bürgerlichen Gesellschaft«[35] erreicht habe. Die moderne, bürgerliche, vom Gelde durchherrschte Gesellschaft sei ganz und gar jüdisch: »Das Geld ist der eifrige Gott Israels, vor welchem kein andrer Gott bestehen darf. Das Geld erniedrigt alle Götter des Menschen und verwandelt sie in eine Ware. [...] Das Geld ist das dem Menschen entfremdete Wesen seiner Arbeit und seines Daseins, und dies fremde Wesen beherrscht ihn, und er betet es an.«[36] Diese Gedankenfigur wiederholt – ohne daß klar ist, ob Marx diese Schriften kannte – Hegels in den Frühschriften geäußerte Kritik an Abraham, dem ob der Konzentration auf seinen erhabenen Gott die sinnliche Welt gleichgültig und nutzbar geworden war. So finden sich in Marx' Schrift beinahe alle judenfeindlichen Klischees, die die abendländische Geschichte in ihrer heidnischen und christlichen Phase aufzuweisen hatte, wieder: das Judentum als Schacher, Feind der Menschheit, Inbegriff von Geldgier und kultureller Unfruchtbarkeit, von Heimatlosigkeit und Geisterhaftigkeit, von Zähigkeit und Leibbezogenheit.

Im Zentrum aber steht auch bei Marx, dem Sohn eines im katholischen Trier zum Protestantismus konvertierten Juden, nichts anderes als eine paulinisch-lutherische Gedankenfigur, die Kritik am Gesetz und einem suprematistischen Gott. Das höchste Verhältnis des Menschen sei »das gesetzliche Verhältnis, das Verhältnis zu Gesetzen, die ihm nicht gelten, weil sie die Gesetze seines eigenen Willens und Wesens sind, sondern weil sie herrschen und weil der Abfall von ihnen gerächt wird«[37]. Das Ineins von Gesetz und Herrschaft, so wie Paulus und Martin Luther es vertreten hatten, ist der offensichtliche, Bauer bestens bekannte Subtext von Hegels *Phänomenologie des Geistes*. Mit deren religiösen Grundbestimmungen operierte auch noch Marx, lange bevor er eine Tradition eröffnete, die im Knecht das Proletariat sah. Die Vollendung menschlicher Selbstentfremdung im Christentum, so Marx' junghegelianisches Argument, habe erst das Judentum als »gemeine Nutzanwendung des Christentums«[38] allgemein werden lassen. Damit wird ein weltgeschichtlicher Einschnitt markiert: »Nun erst [nach dem Allgemeinwerden der letzten, absoluten Religion des Christentums] konnte das Judentum zur allgemeinen Herrschaft gelangen und den entäußerten Menschen, die entäußerte Natur zu veräußerlichten, verkäuflichen, der Knechtschaft des egoistischen Bedürfnisses, dem Schacher anheimgefallenen Gegenständen machen.«[39]

Der Apostel Paulus erkannte den von Gott gesandten, für die Sünden der Menschen gekreuzigten Messias Jesus als Ende oder Vollendung des Gesetzes. Dies Gesetz, die Tora vom Sinai, galt ihm zwar einerseits als gerecht, heilig und gut, letztlich aber doch als Kriterium der Sünde und damit als Inbegriff und Unterpfand des Todes, der sich nur im Glauben an Gottes Heilstatt in Jesus, aber nicht im Befolgen der Weisung überwinden lasse. Luther, der für das irdische Leben der Menschen Gesetze, Regeln und Weisungen für durchaus unerläßlich hielt, war in seiner verzweifelten Suche nach einem gnädigen Gott gleichwohl der Überzeugung, daß in letzter Instanz, dort, wo es um das Seelenheil gehe, jeder Versuch, moralischen Prinzipien gemäß zu leben, nur noch tiefer in sündhafte Gottesferne hineinführe.

Marx aber strebte ein menschliches Zusammenleben, eine Praxis an, die der politischen und moralischen Maßregeln schließlich nicht mehr bedarf.[40] Indem er die Befreiung von den Zwängen der Ökonomie zum Telos der menschlichen Geschichte erhob, blieb er der christlichen Auffassung von Erlösung jenseits der Moral treu, mußte dafür freilich mit der Schwierigkeit kämpfen, diesen Zustand für diesseitig erreichbar zu erklären. Indem Marx – anders als Jean-Jacques Rousseau, dessen *Contrat social* in dieser Passage anklingt – dennoch den Begriff des »gesetzlichen Verhältnisses« bemühte, bewegte er sich, ohne es zu bemerken, in den Spuren eben jener theologischen Weltsicht, die er Bauer vorhielt. Das politische, gesetzliche Verhältnis sei eines von Herrschaft und Knechtschaft, der Knechtschaft des »entäußerten Menschen« unter der allgemeinen Herrschaft des Judentums, das wiederum nichts anderes darstelle als die Realität der Herrschaft des Geldes. Marx blieb Hegel in der Überzeugung treu, daß die Arbeit des Knechtes letztlich zur allgemeinen Befreiung führen werde, was in diesem Kontext nichts anderes als das Ende des Judentums hieß.

Die Lebensweise, gegen die Marx sich wandte, die »schmutzigjüdische Erscheinungsform« menschlicher Praxis – wie es später in den Thesen zu Ludwig Feuerbach heißen sollte –, ist von weitgehend um Objektivität bemühten Kritikern exemplarisch untersucht worden. 1844, im Jahr des Erscheinens von »Zur Judenfrage« lebten zum Beispiel in Bayern zehntausend erwerbstätige Juden, ihre Familienangehörigen nicht mitgezählt, von denen mehr als die Hälfte in Handwerk und Ackerbau beschäftigt waren. In Preußen, in Breslau und Oppeln, waren von den dort lebenden fünftausend erwerbstätigen Juden 1150 Gastwirte, 669 Handwerker, Künstler oder Mechaniker, 625 Dienstboten, 344 Pferdehändler, 270 Lehrer oder Ärzte, 152 Ackerbauern und 81 Tagelöhner. Mehr als zweihundert vegetierten als Bettler und beinahe fünfhundert in Armenhäusern. Etwa tausend immerhin lebten vom Handel. Schon Jahre zuvor hatte sich in Frankreich die von Antisemiten aller Art, nicht nur von Frühsozialisten, sondern auch den großen realistischen Romanciers von Honoré de Balzac bis Eugène Sue, gehaßte jüdische »Finanzfeudalität« als *quantité négligeable* erwiesen. 1808 sollte nach Napoleons Judendekret das Ausmaß jüdischen Wuchers untersucht werden. Es ergab sich, daß von mehr als zweitausendfünfhundert in Paris ansässigen Juden gerade vier Wucher betrieben.[41]

Man mag es für müßig halten, dem mit starken Typisierungen und Idealisierungen operierenden Marx Vorhaltungen in Sachen empirischer Soziologie zu machen und im Gegenzug die theoretische Leistung hervorzuheben, die die Analyse der jede Emanzipation im letzten unterbindenden Geldwirtschaft bedeutete. Als Schüler Hegels teilte Marx die Überzeugung, daß grundsätzlichen Wesensverhältnissen Erscheinungsformen korrespondieren müßten, die nicht in einem eindeutigen Abbildungsverhältnis zur Wirklichkeit stünden. Marx ging es um mehr als um die Kritik der tatsächlichen Lebensverhältnisse von Minderheiten, nämlich um die von ihm am Beispiel des Wuchers benannte verkehrte Praxis der Geldwirtschaft, die die Menschen in Eigennutz, Instrumentalisierung und Isolierung ihrer Mitmenschen sowie vor allem in sinnlicher Passivität und schöpferischem Unvermögen belasse. Die Aufhebung der Geldwirtschaft, davon allerdings war Marx überzeugt, würde sowohl die letzten Emanzipationshindernisse für die jüdischen Individuen als auch die von ihm durchaus aus eigener Kraft bestehende jüdische Religion geradezu verdunsten lassen: »Sobald es der Gesellschaft gelingt, das empirische Wesen des Judentums, den Schacher und seine Voraussetzungen aufzuheben, ist der Jude unmöglich geworden, weil sein Bewußtsein keinen Gegenstand mehr hat, weil die subjektive Basis des Judentums, das praktische Bedürfnis vermenschlicht, weil der Konflikt der individuell-sinnlichen Existenz mit der Gattungsexistenz des Menschen aufgehoben ist. Die gesellschaftliche Emanzipation des Juden ist die Emanzipation der Gesellschaft vom Judentum.«[42]

Nicht unähnlich Kant, der am Ende seiner Auseinandersetzung mit dem Judentum in vermeintlich bester Absicht auf dessen »Euthanasie« im Übergang zu einer aufklärerischen Vernunftreligion hoffte, anders aber als Hegel und Schelling, die schließlich die relative Berechtigung und die Eigenheit des Judentums akzeptiert hatten, wurde auch Marx von einer Phantasmagorie des Verschwindens getrieben. Man mag die Heftigkeit der Phantasmagorie biographisch im Widerstand gegen den konvertierten Vater und die Hindernisse beziehungsweise Unzulänglichkeiten bürgerlicher Gleichstellung, denen er sich ausgesetzt sah, wurzeln sehen und in Marx den Prototyp eines »jüdischen Selbsthasses«[43] entziffern, der später Männer wie Otto Weininger in den Suizid trieb.[44] Freilich reichte Marx' Idiosynkrasie tiefer. Eine tiefenpsychologische Betrachtung unter Einbezug seiner persönlichen Pathographie könnte hier aufschlußreiche Ergebnisse liefern, wenn sie die obsessive Verbindung der Begriffe »jüdisch« und »schmutzig« bei ihm analysierte. Warum sieht die Feuerbachthese eine passiv sinnliche Haltung zur Welt als »schmutzig-jüdische Erscheinungsform« des gemeinsamen, teleologischen Tuns von Menschen an? Welche Form von »Reinheit« wird damit im Umkehrschluß suggeriert? Künzli bemühte zur Beantwortung dieser Frage Marx' verdrängtes Judentum, eine bis in die innersten Formen des Familienlebens und in den eigenen Leib eingezeichnete Verdrängung einer Lebensweise, die auf Anerkennung nicht hoffen durfte oder »Anerkennung« wie der Hegel der Religionsphilosophie als einen gegenüber der völligen Erkenntnis defizitären Modus ansah. Damit ist aber die zwanghafte Fixierung auf den Schmutz, die populären parasitologischen antisemitischen Deutungsmustern entsprach, nicht zureichend geklärt.

Die spätere phänomenologische Philosophie untersuchte den Sinn und den inneren Zusammenhang von Schmutz und Klebrigkeit. Klebrige Gegenstände sind der Inbegriff einer Unfreiheit, der mit Gewalt nicht zu entgehen ist: »[...] als Flüssigkeit, die mich festhält und kompromittiert, kann ich auf dem Klebrigen nicht gleiten: es heftet sich an wie ein Blutegel. [...] Gleichzeitig bin ich jedoch das Klebrige, allein weil ich eine Aneignung der klebrigen Substanz versucht habe.«[45] Klebrigkeit – die Rache des An-Sich[46], wie Jean-Paul Sartre sagte – erweist sich als die innerpsychische Umwandlung einer basalen Welterfahrung, die die Unmöglichkeit einer klaren Trennung von Subjekt und Objekt hinnehmen muß. Im Aufbegehren gegen Schmutz und Klebrigkeit, gegen Passivität, artikuliert sich der Protest des auf Autonomie bedachten Individuums gegen jene Umstände, denen es sich verdankt und die es nicht überwinden kann. Gerade dort, wo Marx sich in einem geradezu wahn- und krankhaften Antisemitismus äußert – nicht in seinem theoretischen Werk, wohl aber in einer Reihe privater Briefe –, wird dieser Protest, den er mit allen rassistischen und antisemitischen Theoretikern seiner Zeit teilte, deutlich.

In einer Briefpassage über den Begründer des Allgemeinen Deutschen Arbeitervereins Ferdinand Lassalle (1825 bis 1864), der seinerseits nicht eben stolz auf seine jüdische Herkunft war, äußerte sich Marx in einer Weise, die heute nicht mehr ohne die Assoziation an die »Karikaturen« in Julius Streichers *Stürmer* gelesen werden kann. In einem Brief vom 30. Juli 1862 an den damals noch gleichermaßen antisemitischen Engels schrieb Marx über die Abreise des »jüdischen Niggers« Lassalle aus London.[47] Voller Wut über und Verachtung für den Konkurrenten, erging er sich in leibnahen, sinnlichen Ausdrücken von Ekel und Abwehr: »Dabei das fortwährende Geschwätz mit der falschüberschnappenden Stimme, die unästhetisch demonstrativen Bewegungen, der belehrende Ton! [...] Dabei das wüste Fressen und die geile Brunst dieses ›Idealisten‹. Es ist mir jetzt völlig klar, daß er, wie auch seine Kopfbildung und sein Haarwuchs beweist – von den Negern abstammt, die sich dem Zug des Moses aus Ägypten anschlossen (wenn nicht seine Mutter oder Großmutter von väterlicher Seite mit einem Nigger kreuzten). Nun, diese Verbindung von Judentum und Germanentum mit der negerhaften Grundsubstanz müssen ein sonderbares Produkt hervorbringen. Die Zudringlichkeit des Burschen ist auch niggerhaft.«[48] Eine Äußerung, die nicht nur antisemitisch ist, sondern angesichts des Umstandes, daß Marx ein entschiedener Befürworter von Präsident Abraham Lincoln und der auf Befreiung der schwarzen Sklaven zielenden Politik der Nordstaaten im US-amerikanischen Bürgerkrieg war, auch erstaunlich. Dieser Haßausbruch war keineswegs einmalig.[49] Nun spielen Briefe im Werk von Autoren eine ähnliche, aber nicht identische Rolle wie Fußnoten in einer Schrift. Nicht für die Öffentlichkeit gedacht, ermöglichen sie dem einzelnen im Vertrauen auf die Diskretion der Adressaten eine für seine psychische Gesundheit unerläßliche Entäußerung, eine Regression im Dienste des Ichs, durch die er sich zumindest kurzzeitig von unerträglichen Spannungen und Schmerzen zu befreien vermag. Insofern sind sie grundsätzlich weder moralisch vorhaltbar noch von besonderem diagnostischem Interesse für den Gehalt des Werks, jedenfalls solange die Verdrängung so weit geht, daß sich keinerlei Beziehungen zwischen derlei Äußerungen und dem publizierten Text nachweisen lassen.

Anders als oft suggeriert, war Selbsthaß kein notwendiger Charakterzug jüdischer Intellektueller auf ihrem Weg zu einer universalistischen Moral und menschheitlichen Emanzipation. Dafür bürgt nicht nur Heinrich Heine, sondern auch der von der

Bibel und Spinoza beeinflußte jüdische Sozialist Moses Heß[50] (1812 bis 1875). Als radikaler Republikaner war er wie Marx zunächst bei der *Neuen Rheinischen Zeitung*, wurde dann Sozialist, fand später zu einem aufgeklärten Nationalismus und wurde als solcher zu einem der Vorläufer des Zionismus. Heß forderte in seinem 1862 publizierten Buch *Rom und Jerusalem* einen jüdischen Staat auf dem Territorium des Heiligen Landes. Indem er den Antisemitismus als Ausdruck eines »Rassenkampfes« im Gegensatz zu einem minder bedeutenden Klassenkampf analysierte, sah er fatalerweise den Gegensatz von Ariern und Semiten als treibende Kraft der Weltgeschichte an.

Bezüglich der Frage des jüdischen Selbsthasses interessiert er als Kontrastfigur zu Marx. Als reifer Mann und Sozialist war er gegenüber dem christlichen Staat und der Geldwirtschaft ebenso feindlich eingestellt wie Marx, und auch in seiner Kritik an der vermeintlichen Leere einer »reinen Staatsbürgerschaft« stand er Marx in nichts nach; es gelang ihm aber, seine Kritik der Geldwirtschaft zumindest an der Oberfläche frei von Antisemitismen zu halten. Seine Kritik des egoistischen Bewußtseins mündet in die der »Krämerwelt«, welche die Spitze der sozialen Tierwelt bilde:

> Im entäußerten Leben des tierischen Leibes, im Blute, genießt das Raubtier sein eigenes, entäußertes Leben. Im entäußerten Leben des sozialen Körpers, im Gelde, genießt die Krämerwelt ihr eigenes entäußertes Leben. [...] Das geldgierige Eigentumtier verzehrt nicht nur sein entäußertes theoretisches Wesen, seinen Gott, sondern vor allen Dingen sein entäußertes praktisches Wesen: Geld. Es geht nicht nur in die heilige Messe, es geht vor allen Dingen auf die profane Messe [...], auf den Markt, um sein egoistisches Bedürfnis zu befriedigen. Wenn es auch die Kirche und den Geldkultus als Sonntagskost hochzu-

schätzen weiß, so muß es doch die Börse und den Geldkultus als sein täglich Brot betrachten.[52]

In der Sprache der theologischen Textkritik handelt es sich bei dieser Polemik gegen Bauer und den Individualanarchisten Max Stirner um eine Dublette, eine Perikope oder Passage, die einem Abschnitt desselben oder auch eines ganz anderen Textes in Struktur und Semantik in jeder Hinsicht ähnelt. Heß ersetzte die antisemitische Reptilienmetapher durch eine Semantik aus der Welt der Warmblüter, das vampyrische Blutsaugen durch raubtiergemäßes Fressen und die Abstraktion des jüdischen Gottes durch die Konkretion des Kannibalismus beim Abendmahl.

Beider, Marx' und Heß', Angriffsziel waren antisoziale, egoistische Haltungen; beide sahen in der Tradition von Judentum beziehungsweise Christentum die verhüllte Form einer antisozialen Welthaltung, und doch wirkt des einen Polemik antisemitisch wie die des anderen antichristlich. Auf der gemeinsamen Basis, daß die Kritik der Religion beziehungsweise die Einsicht in den verhüllenden Charakter der Religion erst die Kritik der realen Verhältnisse erlaube, wurden mit Metaphern, oberflächlichen Analogien und suggestiven Sprachbildern Bezüge und Oppositionen konstruiert, die dem Anspruch auf Realitätsgehalt diametral zuwiderlaufen. Warum aber war es einem jüdischen Kritiker der Geldwirtschaft wie Heß möglich, antisemitische Metaphern zu vermeiden, während sich Marx geradezu obsessiv antisemitischer Klischees bediente? Gewiß würde die eine oder andere antisemitische Bemerkung in privaten Schreiben oder auch publizierten Texten angesichts des ohnehin judenfeindlichen Zeitgeists nicht weiter erstaunen. Wenn freilich – wie im Falle Marx' – Verbindungen zwischen privaten und publizierten Texten sichtbar werden und die Grenzen zwischen idiosynkratischem Gefühl und öffentlichem Argument verschwimmen, wenn im veröffentlichten

Text nicht nur Spuren der Idiosynkrasie, sondern in Traum oder Brief auch theoretische Versatzstücke auftauchen, wird deutlich, daß es sich um eine in sich geschlossene, in ihrer Gesamtheit zu betrachtende Stellungnahme handelt.

Marx war sich in all seinem Schwanken seiner ambivalenten Haltung zum Judentum durchaus bewußt; zu seiner gegen alle Zweifel und Anfechtungen durchgehaltenen praktisch-moralischen Solidarität mit den Juden kam ein kaum noch aufklärbarer Widerwillen gegen den jüdischen Glauben hinzu. Der Hegel der *Phänomenologie des Geistes* hatte verstanden, daß das jüdische Gottesverhältnis, das knechtische Bewußtsein, die eigentlich zukunftsträchtige Option der Geschichte enthielt; entsprechend nahm Marx in einem Kommentar für eine US-amerikanische Zeitung aus dem Jahr 1854 über die Konkurrenz der Kolonialmächte um religiös-politischen Einfluß im osmanisch beherrschten Jerusalem für die sonst verachteten Juden Partei. Nichts, so führte er aus, gleiche dem Elend und dem Leiden der Jerusalemer Juden, die den schmutzigsten Flecken der Stadt bewohnten, von Griechisch-Orthodoxen, Muslimen und Katholiken beschimpft, verfolgt und mißachtet würden und seit geraumer Zeit unter dem Bekehrungsdruck eines von England und Preußen gestützten Anglikaners stünden.[53]

An tätiger Solidarität mit dieser verachteten Minderheit ließ es Marx nicht mangeln. Im gleichen Jahr, da er die Schrift »Zur Judenfrage« verfaßte, unterrichtete er am 13. März 1843 Arnold Ruge, den Mitherausgeber der *Deutsch-französischen Jahrbücher*, über ein Ersuchen der Kölner jüdischen Gemeinde: »Soeben kömmt der Vorsteher der hiesigen Israeliten zu mir und ersucht mich um eine Petition für die Juden an den Landtag und ich wills tun. So widerlich mir der israelitische Glauben ist, so scheint mir Bauers Ansicht doch zu abstrakt. Es gilt so viele Löcher in den christlichen Staat zu stoßen als möglich und das

Vernünftige, so viel an uns, einzuschmuggeln. Das muß man wenigstens versuchen – und die Erbitterung wächst mit jeder Petition, die abgewiesen wird.«[54] Das Schreiben trägt beinahe den Charakter einer Entschuldigung. Marx erklärte umständlich, warum er Anhängern eines Glaubens, der ihm widerlich sei, Unterstützung angedeihen lassen wollte. Innerjüdische Solidarität wollte er nicht gelten lassen und führte als Motiv seines Handelns die abstrakte und das hieß in diesem Zusammenhang letztlich die unpolitische und unrealistische Haltung Bauers an. Der unmittelbare Gegner, dem sich der Politiker Marx gegenübersah, war der christliche Staat, der die volle staatsbürgerliche Gleichberechtigung an das christliche Bekenntnis band, und nicht ein irgendwann existierender laizistischer Staat, in dem die Juden, nachdem sie zum Christentum übergetreten wären, gemeinsam mit den anderen Christen den Laizismus verfechten würden.

Marx hatte übrigens die Schärfe seiner Kritik an seinem früheren Freund und Lehrer Bauer gewollt. Die Haltung Bauers, die ihm in jenem Brief nur zu abstrakt schien, wurde von ihm in der Schrift »Zur Judenfrage« und dann gemeinsam mit Engels in der *Heiligen Familie* zunehmend schärfer kritisiert.

Bauer aber, der als protestantisch-orthodoxer Theologe angefangen hatte, sich zwischenzeitlich zu einem historistischen Aufklärer und einem an US-amerikanisch-föderalen Prinzipien orientierten Demokraten entwickelte, fand spätestens nach dem Scheitern der Revolution von 1848 zu seinen konservativen Ursprüngen zurück. Er wurde ein moderner Konservativer, der die Werte und Argumente der radikalen Linken nicht nur kannte, sondern selbst geprägt hatte. Auch als Reaktionär Junghegelianer geblieben, stellte er das Ende der Metaphysik, die Emanzipation von der Herrschaft abstrakter Begriffe, ins Zentrum seiner Überlegungen. Doch wo bei Marx die Kritik des Kapitalverhältnisses und die Idee der proletarischen Revolution das Erbe der Metaphysik antraten, war es bei Bauer die Geopolitik. Das Ergebnis seines Wandels oder seines Renegatentums, das sich des Christentums nicht mehr in einer naiv gläubigen, sondern reflektiert ideologischen Weise annimmt, bestand im Programm einer mit Rassentheorie und Antisemitismus unterfütterten, erneuerten heiligen Allianz, einem engen Bündnis eines russischen und künftigen deutschen Kaisertums. Bauer, der die »Rassenmischung« des russischen Imperiums bewunderte, sah England und Frankreich auf dem Abstieg und das eigene Volk, die Deutschen beziehungsweise das germanische Volk, als der Staatenbildung weitgehend unfähig an. Als entscheidende Frage galt ihm, ob das Germanentum aus sich selbst heraus eine neue Kultur erzeugen könne, was die Überwindung jüdischen Einflusses voraussetze. Bauer beklagte wie alle Reaktionäre seiner Zeit die Zersetzung altgermanischer Eroberungsmoral durch allgemeine Menschenliebe, Gleichheit und Brüderlichkeit, die Herrschaft der ehemals unterworfenen Bauern in Frankreich, der Iren in England und vor allem der Juden im ganzen Westen.[55] Die Kultur der germanischen Völker, die der Wiederbelebung harre und wirklich Neues erschaffen solle, sei auf eine Renaissance des Christentums angewiesen, auf seine Befreiung vom Judentum. So nahm Bauer sechzig Jahre später jenen Faden wieder auf, den der junge Hegel und vor allem Fichte gesponnen hatten: »Um das Bewußtseyn seiner Erhabenheit über das Judenthum und Heidenthum zum Ausdruck zu bringen und zu rechtfertigen, hat das Christentum bis jetzt arbeiten müssen und es ist noch damit beschäftigt, sich aus seiner Verwicklung mit dem Judenthum, ja aus seinem gegenwärtigen Verlust in das herrschende Judenthum zur Gewißheit seiner Neuheit und Ursprünglichkeit zu erheben«.[56]

Bauer war Anfang Vierzig, als er einer zu erneuernden deutschen Kultur ein sich erneuerndes, vom Judentum emanzipierendes Christentum vorschlug; Marx war etwas älter, als er seinen von rassistischem Judenhaß getränkten Brief über Lassalle verfaßte. Zum Zeitpunkt des Erscheinens »Zur Judenfrage« war er noch keine Dreißig und habe direkt – wie seine Interpreten immer wieder mitteilten – vor dem epistemischen Bruch, der nach Abschluß seiner humanistischen Frühphase mit der Arbeit am *Kapital* eingesetzt habe, gestanden.

Marx hat sich in seinen publizierten Texten nie wieder so judenfeindlich geäußert wie in der Schrift »Zur Judenfrage«. Bei aller Distanz zum Judentum schloß er im Alter bei einer Kur in Karlsbad noch Freundschaft mit dem nationaljüdischen Historiker Heinrich Graetz. Zudem distanzierte sich sein Partner Engels spätestens 1878 mit der gegen den deutschen Sozialisten Eugen Dühring gerichteten Polemik »Anti-Dühring« von jeder Form des Antisemitismus in ihrem gemeinsamen Programm – das geschah freilich erst, nachdem Dühring Marx mit judenfeindlichen Vorhaltungen angegriffen hatte. Gleichwohl erweist sich die Behauptung vom epistemischen Bruch zwischen Früh- und Spätwerk, was die Auseinandersetzung mit dem Judentum betrifft, als Legende. Das zeigt sich daran, daß Marx im berühmten vierten Abschnitt des ersten Kapitels des *Kapitals*, des Fetischkapitels, beinahe wörtlich seine Kritik an den Zweck-Mittel-Verkehrungen, die er schon in »Zur Judenfrage« dargelegt hatte, wiederaufnahm, diesmal allerdings mit einer an Heß erinnernden Kritik an Protestantismus und Deismus. Nicht wenige Kritiker und Freunde von Marx haben immer wieder behauptet, daß sich Marx hier bewußt oder unbewußt in die Tradition der Propheten und ihrer Reichtums- und Götzenkritik stelle, geradezu als ein zweiter Moses agiere, der das Goldene Kalb zertrümmere, weshalb von systematischer Judenfeindschaft keine Rede mehr sein könne. Im *Kapital*, so scheint es, hat der Protestantismus, also »die bürgerliche Entwicklung des Kultus des abstrakten Menschen«[57] das Judentum abgelöst. Die Bemerkung, daß die Warensprache außer dem Hebräischen noch andere Mundarten kenne, scheint zudem zu belegen, daß Marx im *Kapital* keine interne Beziehung zwischen Kapitalverhältnis und Judentum mehr sah. Ganz hat er sich aber auch hier vom Blick auf die Juden als parasitäres Handelsvolk nicht befreit. Während eigentliche Handelsvölker, etwa »Epikurs Götter«, immerhin in den »Intermundien der alten Welt« existierten, lebten die Juden nur in den »Poren der polnischen Gesellschaft«.[58] Doch mag dies einer unreflektierten, dem Geist seiner Zeit entsprechenden Semantik zugeschrieben werden.

Indes stoßen in einer für das Verständnis der ökonomischen Situation der Juden zentralen Passage im ersten Abschnitt des vierten Kapitels, in dem es um die Verwandlung von Geld in Kapital geht, vier Zeilen auf, die ein vermeintlich rein ökonomisches Problem thematisieren, nämlich daß Geld, ohne zur Ware zu werden, auch nicht zu Kapital werden könne. Außer beim Horten von Reichtümern, der Schatzbildung, wo Geld und Ware einander »polemisch« gegenüberstünden, ergänzten sich beide folgendermaßen: Geld werde über Ware zu Geld. »Der Kapitalist weiß, daß alle Waren, wie lumpig sie immer aussehn oder wie schlecht sie immer riechen, im Glauben und in der Wahrheit Geld, innerlich beschnittene Juden sind und zudem wundertätige Mittel, um aus Geld mehr Geld zu machen.«[59]

Die Fülle der Verweise, die Komplexität der Bezüge und die Überdeterminiertheit der Metaphern dieser Zeilen, laden dazu ein, sie extensiv auszulegen, psychoanalytisch, religionstheoretisch, sie rational zu rekonstruieren oder zu dekonstruieren.[60] Hier soll es genügen, eine einzige Frage zu stellen: Was meinte Marx eigentlich, wenn er über den ironisch charakterisierten Bewußtseinszustand des Kapitalisten »im Glauben und in der Wahrheit« zu wissen meinte, daß dieser Waren für Geld hält und Geld für »innerlich beschnittene Juden«. Was ist ein »innerlich beschnittener Jude«, und warum besitzt Geld für den Kapitalisten dessen Eigenschaften?

Bereits im fünften Buch Mose, aber auch bei den großen Schriftpropheten ist von der Beschneidung der Herzen, die die herkömmliche Beschneidung an den männlichen Zeugungsorganen ergänzen und überbieten solle, die Rede. Bei manchen Propheten steht das im Zusammenhang mit der Erwartung eines neuen Bundes, ein Theologoumenon, das später von jenen ersten Christen, die Juden waren, als Argument dafür übernommen wurde, daß die Kirche das neue Israel sei. Die Beschneidung der Zeugungsorgane im abrahamitischen Bund war stets ein bewußtes äußerliches Zeichen der Zugehörigkeit zum Gott Israels und damit zum jüdischen Volk, eine Zugehörigkeit, die unter Umständen auch zur Gefährdung von Leib und Leben des so identifizierten Juden führen konnte. »Innerlich beschnitten« kann daher mindestens dreierlei heißen: christlich im Sinne einer im neuen Bund angenommenen Verinnerlichung des Glaubens und damit einer Aufgabe des Judentums, bewußte und gewollte jüdische Existenz im Sinne etwa der Marranen bei Ablehnung der äußeren Identifizierbarkeit mit dem Ziel und der Absicht, innerlich jüdischer bleiben zu können, und schließlich ein eschatologisches, prophetisches Judentum, dem die äußere Beschneidung allein nicht genügt und das die jüdische Existenz selbst auf eine gleichsam höhere Stufe heben möchte. Mit Ausnahme der letzten Variante eines höheren Judentums sind innerlich beschnittene Juden Christen, und das heißt Personen, die das Judentum spiritualisiert haben oder sich dessen schämen beziehungsweise sich davor fürchten, erkannt zu werden. Äußerliche Juden, so suggerieren Marx' Metaphern, sind zumindest im Bewußtsein des Kapitalisten innerlich Christen.

Die »Waren«, die möglicherweise »lumpig [...] aussehen oder schlecht riechen«, also jene Charakteristika tragen, die man Bettel- oder Trödeljuden zuschrieb, besitzen einen Kern, der über sie hinausweist: »im Glauben und in der Wahrheit« – ein treffendes, aber nicht ganz korrektes Zitat aus dem Johannesevangelium 4,24, das hier durch die Argumentation spukt. Waren sind also endlich Christen, das heißt im Inneren Geld.

Entgegen den auch im späteren Vulgärmarxismus üblichen Assoziationen des Judentums mit der Geldwirtschaft, der Marx auch noch in seiner Schrift »Zur Judenfrage« anhing, finden sich hier Verbindungen von Waren und Judentum sowie von Geld und Christentum, die der Logik der These von der ideologischen Spiritualisierung unwahrer Lebensverhältnisse erst im Juden- und dann im Christentum entsprechen. Wenn sich Judentum und Christentum so zueinander verhalten wie Ware und Geld, ist das Judentum Ausdruck jener tiefsitzenden Verkehrung, die seit dem Ausgang aus der Subsistenzwirtschaft alle menschlichen Beziehungen belaste. Marx sah keine andere Möglichkeit, sich und seiner Leserschaft die Eigentümlichkeit dieser Beziehungsform klarzumachen, als mittels religiöser Metaphern. »Um daher eine Analogie zu finden, müssen wir in die Nebelregion der religiösen Welt flüchten.«[61] Dann zeige sich, daß »die Produkte des menschlichen Kopfes mit eigenem Leben begabte, untereinander und mit den Menschen in Verhältnis stehende selbständige Gestalten«[62] seien, die als geisterhafter Reflex falschen Lebens die Menschheit zur Anbetung des Unwahren, eines Fetischs, provozierten. Die Warenform sei älter und in ihrer Verkehrung und Verkehrtheit leichter zu durchschauen als die Geldform, gerade so wie der Herrschaftscharakter der jüdischen Religion leichter zu erkennen sei als der der christlichen Religion. Daß all dies nur phänomenologisch dem Bewußtsein des Kapitalisten zugeschrieben wird, bestreitet der Text. Der Kapitalist, so heißt es, »weiß«, wie das Verhältnis von Ware und Geld sei. Im Begriff des Wissens ist aber für den Kenner der griechischen Philosophie der

Unterschied zur Meinung mit beansprucht. Wo es um Wissen geht, da geht es auch um Wahrheit.

So könnte man Marx, den letzten großen Denker der idealistischen Tradition, der zudem einem jüdischen Hause entstammte, als den nach Kant einzigen Kritiker des Christentums in dieser durch und durch vom Protestantismus geprägten Philosophie bezeichnen. Aber auch Marx vermochte den Primat der jüdisch-christlichen Tradition nicht zu brechen. Um das Christentum kritisieren zu können, blieb ihm nichts anderes übrig, als die Ebene des Vergleichs und der wechselseitigen Kritik religiöser Traditionen und ihrer Wahrheitsansprüche zu verlassen und eine andere Ebene zu betreten, die der Kritik an allen Religionen im Namen humaner Lebensverhältnisse. Am Ende der Selbstaufhebung der christlichen Philosophie des Deutschen Idealismus steht die Rückkehr zur Aufklärung, deren Ursprung schon Kant im Bilderverbot der hebräischen Bibel erkannte. Von diesem Motiv machte auch Marx in seiner Kritik des Fetischismus der Warenform Gebrauch, ohne sich darüber Rechenschaft abgelegt zu haben, daß die alles entscheidende Differenz zwischen einem in Glauben und Wahrheit anzubetenden Gott und den vorfindlichen Fetischen genau jener Tradition entstammt, die er selbst für ideologisch hielt. So scheiterte auch dieser Versuch, dem Zirkel einer innerlich abgelehnten Tradition zu entfliehen. Das mag für den hier vorgelegten Versuch gleichermaßen gelten. Daß weder die deutschen Idealisten die geistigen Vorläufer des Massenmordes an den europäischen Juden waren, noch Marx, der im konkreten Fall stets für die Rechte der Juden eintrat, der Urheber des sowjetischen Antisemitismus war, darf als gesichert gelten. Ebenso unzweifelhaft ist der Umstand, daß gerade die idealistische Tradition das moderne Judentum und seine Kultur wie kaum eine andere geistige Strömung geprägt hat. Jüdische Aufklärung, Reformjudentum und Neoorthodoxie sind ohne Kant ebensowenig denkbar wie Franz Rosenzweig ohne Schelling und Hegel. Hegel wurde durch seinen Schüler Eduard Gans zum geistigen Urheber der »Wissenschaft des Judentums«, in der das Judentum seiner selbst im Prozeß einer historistischen Aufklärung ansichtig wurde. Auf Umwegen wurde ausgerechnet Fichte zu einer untergründigen Quelle des sozialistischen Zionismus. Marx beeinflußte die jüdische Arbeiterbewegung Osteuropas sowohl in ihrer ethnischen wie in ihrer internationalen Spielart. Sogar Schleiermacher wirkte – indirekt über die Rezeption Wilhelm Diltheys, aber auch direkt – auf die letzte große Gestalt des deutschen Judentums, auf Rabbiner Leo Baeck und seine Konzeption jüdischen Glaubens.

Angesichts der Massenvernichtung, deren Ideologen sich nicht selten mit Versatzstücken aus dem Arsenal des Idealismus munitionierten, könnte man wie Gerschom Scholem zu dem Schluß kommen, daß die sogenannte deutsch-jüdische Symbiose eine höchst einseitige Angelegenheit war, in der die Juden der deutschen Kultur all ihre Liebe gaben, ohne je auf Erwiderung hoffen zu dürfen, mehr noch, für sie einen unerträglich hohen Preis an Würde und Leben zahlen mußten. Daß sich mindestens einige von ihnen seit den frühen Zeiten der Aufklärung von ihrem Judentum befreien wollten, ist dabei ebenso zur Kenntnis zu nehmen wie der Umstand, daß sich gerade jene, die sich zu ihrem Judentum bekannten, der Mittel der idealistischen Philosophie bedienten. Während also Rahel Varnhagen noch schreiben konnte: »Der Jude muß aus uns ausgerottet werden, das ist heilig wahr, und sollte das Leben mitgehen«[63], wurde Kant etwa hundert Jahre später für die neoorthodoxe Frankfurter Rabbinerdynastie geradezu zum Unterpfand eines jüdischen Lebens in Deutschland.

Jacques Derrida fragte sich in einer tiefschürfenden Untersuchung der Kriegsschriften des Kantianers und deutschen Patrioten Hermann Cohen aus den Jahren 1914 und 1915, ob es in der Auseinandersetzung mit dem deutsch-jüdischen Verhältnis überhaupt möglich sei, die Logik, den Logos des Wahns deutsch-jüdischer Existenz zu vermeiden. »Wie soll man nicht in diese Psyche und ihre Phantasmatik hineingleiten, um sie zu erklären, davon zu sprechen und sie zu beschreiben?«[64] Dieser Wahn besteht in einer Spiegelung ohne Ende, in einer Auseinandersetzung mit sich selbst des Deutschen im Spiegel des Judentums und einer Auseinandersetzung mit sich selbst des Judentums im Spiegel des deutschen Geistes. Ein Halt wird nicht sichtbar, und wer lange genug in den Spiegel schaut, wird vom Schwindel ergriffen.

Anhang

Anmerkungen

Einleitung

1 Ernst Bloch, *Das Prinzip Hoffnung,* Frankfurt a. M. 1976, S. 1628.
2 Heinrich Heine, *Gedichte,* in: *Heines Werke in fünf Bänden,* Weimar 1961, Bd. 1, S. 61.
3 Ders., *Deutschland. Ein Wintermärchen,* in: ebd., Bd. 2, S. 94.
4 Ebd., S. 97.
5 Immanuel Kant, *Anthropologie in pragmatischer Hinsicht,* in: ders., *Werke,* Bd. 10, Darmstadt 1970, S. 517 f., A 130.
6 S. F. Abegg, *Reisetagebuch von 1798,* zitiert nach Rudolf Malter (Hg.), Kant in Rede und Gespräch, Hamburg 1991. Nr. 518.
7 Immanuel Kant, *Der Streit der Fakultäten,* in: *Werke,* Bd. 7, Darmstadt 1964, S. 321, A 81.
8 Shulamith Volkov, *Die Juden in Deutschland 1780–1918,* München 1994, S. 4 f.
9 Michael Brenner u. a., *Deutsch-jüdische Geschichte in der Neuzeit,* Bd. 2, München 1996, S. 59 und 86.
10 Karl Marx, »Zur Judenfrage«, in: *Marx-Engels-Werke,* Bd. 1, Berlin 1983, S. 372.

Kants Theorie des Judentums – Die Euthanasie des statutarischen Gemeinwesens

1 Immanuel Kant, *Kritik der Urteilskraft,* in: *Werke,* Bd. 8, Darmstadt 1968, S. 365, A 123.
2 Vgl. Hermann Cohen, *Die Religion der Vernunft aus den Quellen des Judentums,* Dreieich 1978.
3 Hannah Arendt, *Eichmann in Jerusalem,* München 1986, S. 174.
4 André Glucksmann, *Les maîtres penseurs,* Paris 1977, S. 37, 99, 316.
5 Ebd., S. 313.
6 Léon Poliakov, *Histoire de l'antisemitisme de Voltaire à Wagner,* Paris 1968, S. 196.

7 Paul Lawrence Rose, *German Question, Jewish Question. Revolutionary Antisemitism from Kant to Wagner*, Princeton 1990, S. XIV.

8 Joshua Halberstam, »From Kant to Auschwitz«, in: *Social Theory and Practice*, 14, 1, 1988, S. 41–54.

9 Vgl. Michael Meyer, *Response to modernity: A history of the Reform Movement in Judaism*, Oxford 1988; Maurice-Ruben Hayoun, *Les Lumieres de Cordove à Berlin*, Paris 1998, S. 343 f.; Susannah Heschel, *Abraham Geiger and the Jewish Jesus*, Chicago 1998.

10 *Juden und Judentum in deutschen Briefen aus drei Jahrhunderten*, hg. von Franz Kobler, Königstein 1984, S. 80 f.

11 Ebd., S. 68.

12 Rose, *German Question, Jewish Question*, a.a.O., S. 93.

13 *Juden und Judentum in deutschen Briefen*, a.a.O., S. 98.

14 Rudolf Malter (Hg.), *Kant in Rede und Gespräch*, Hamburg 1991, Nr. 518.

15 Vgl. Bettina Stangneth, »Antisemitische und antijudaistische Motive bei Immanuel Kant?«, noch nicht veröffentlicht. Während der Schlußredaktion meines Manuskripts im Herbst 1999 hatte ich die große Ehre und interessante Aufgabe, als Juror der Philosophisch-Politischen Akademie eine Reihe von Arbeiten zum Thema Antisemitische und antijudaistische Motive bei Denkern der Aufklärung zu lesen. Der Essay der Hamburger Philosophin Stangneth gewann den ersten Preis. Mit ihrer Arbeit hat sie exemplarisch gezeigt, wie man die heikle Frage des tief in die deutsche und europäische Kultur und auch Philosophie eingeprägten Judenhasses stellen und beantworten kann. Die Entscheidungen, die sie in bezug auf die vorliegenden Quellen getroffen hat, sind um so überzeugender, als sie auch scheinbar nebensächliche Aussagen von Dritten etwa aus Briefquellen sorgfältig ausgewertet hat. Ich verdanke Stangneths Arbeit wesentliche Einsichten und einen äußerst brauchbaren Überblick über die unveröffentlichten Ansichten Kants zu diesem Thema, auch wenn ich ihre Bewertungen, wie etwa die zur Bedeutung des Christentums für Kant, nicht immer teile.

16 Lazarus Bendavid, *Etwas zur Charackteristick der Juden*, Leipzig 1793.

17 Stangneth, »Antisemitische und antijudaistische Motive bei Immanuel Kant?« a.a.O., S. 74.

18 Ebd., S. 75. So lauten die Schlußsätze dieses Essays.

19 Ludwig Ernst Borowski, »Leben und Charakter Immanuel Kants«, in: *Immanuel Kant. Sein Leben in Darstellungen von Zeitgenossen*, hg. von Felix Gross, Darmstadt 1993, S. 70.

20 Friedrich Heinrich Jacobi, *Schriften zum Spinozastreit*, Hamburg/Stuttgart 1998.

21 Vgl. Yirmiyahu Yovel, »Mendelssohn zwischen Spinoza und Kant«, in: Hanna Delf u. a. (Hg.) *Spinoza in der europäischen Geistesgeschichte,* Berlin 1994, S. 12–25, sowie Andreas Kilcher, »Kabbala in der Maske der Philosophie«, in: ebd., S. 193–243.
22 Immanuel Kant, »Was heißt: sich im Denken orientieren?«, in: *Werke,* Bd. 5, Darmstadt 1968, S. 278, A 322.
23 Vgl. Friedrich Wilhelm Hermann, *Die Religion im Verhältniß zum Welterkennen und zur Sittlichkeit,* Halle 1879, sowie Dietrich Korsch, *Glaubensgewißheit und Selbstbewußtsein,* Tübingen 1989.
24 Immanuel Kant, *Die Religion innerhalb der Grenzen der bloßen Vernunft,* in: *Werke,* Bd. 7, A 127 f.
25 Ebd., A 129 f.
26 Ebd.
27 Ebd.
28 Ebd., B 256.
29 Ebd., B 140.
30 Ebd.
31 Ebd., B 142.
32 Ebd., A 139 f.
33 Ebd., B 185.
34 Ebd., B 190.
35 Vgl. ebd., B 54.
36 Ders., »Über den Gemeinspruch: Das mag in der Theorie richtig sein«, in: *Werke,* Bd. 9, A 255.
37 Ders., *Zum ewigen Frieden,* in: *Werke,* Bd. 9, Darmstadt 1964, B 79.
38 Ders., *Die Religion innerhalb der Grenzen der bloßen Vernunft,* a. a. O., B 190.
39 Ebd., B 186.
40 Ebd., B 188.
41 Ebd., B 191.
42 Saul Ascher, *Leviathan oder Über Religion in Rücksicht des Judentums,* Berlin 1792.
43 Kant, *Zum ewigen Frieden,* a. a. O., B 196.
44 Gerard Genette, *Paratexte,* Frankfurt a. M. 1992; Anthony Grafton, *Die tragischen Ursprünge der deutschen Fußnote,* München 1998.
45 Kant, *Die Religion innerhalb der Grenzen der bloßen Vernunft,* a. a. O., B 206.
46 Ebd.
47 Ebd., B 207.
48 Michael Hilton, *Wie es sich christelt, so jüdelt es sich. 2000 Jahre christlicher Einfluss auf das jüdische Leben,* München 2000.

49 Vgl. Kant, *Die Religion innerhalb der Grenzen der bloßen Vernunft*, a. a. O., B 207.
50 Ebd., B 207 f.
51 Ders., *Anthropologie in pragmatischer Hinsicht*, in: *Werke*, Akademieausgabe, Berlin 1968, Bd. 7, S. 205 f. (Fußnote fehlt in der Darmstädter Ausgabe.)
52 Poliakov, *Histoire de l'antisemitisme de Voltaire à Wagner*, a. a. O., S. 196.
53 Rose, *German Question, Jewish Question*, a. a. O., S. 94.
54 Michael Brenner u. a., *Deutsch-jüdische Geschichte in der Neuzeit*, Bd. 2, München 1996, S. 72 f.
55 Ebd.
56 Immanuel Kant, *Der Streit der Fakultäten*, in: *Werke*, Akademieausgabe, a. a. O., Bd. 7, S. 65.
57 Ders., *Anthropologie*, a. a. O., S. 171.
58 Ders., *Vorarbeiten und Nachträge*, in: *Werke*, Akademieausgabe, a. a. O., Bd. 23, S. 112.
59 Vgl. ders., *Der Streit der Fakultäten*, a. a. O., S. 38.
60 Ebd., S. 39.
61 Die spätere liberale protestantische Theologie, etwa Adolf von Harnack, folgte diesem Weg, löste das Christentum vom Judentum und betrachtete Jesus als moralisches Vorbild.
62 Kant, *Der Streit der Fakultäten*, a. a. O., S. 41.
63 Ebd., S. 49.
64 Ebd., S. 62.
65 Ders., *Vorarbeiten und Nachträge*, a. a. O., S. 438.
66 Ebd., S. 112.
67 Ders., *Der Streit der Fakultäten*, a. a. O., S. 39.
68 Ebd., S. 63.
69 b Bawa Mezia, 59a/59b.
70 Kant, *Der Streit der Fakultäten*, a. a. O., S. 63.
71 Ebd.
72 Ebd., S. 80.
73 Ebd., S. 52.
74 Ebd.
75 Ebd., S. 53.
76 Ebd.
77 Ders., *Vorarbeiten und Nachträge*, a. a. O., S. 434.
78 Ebd.
79 Ders., *Reflexionen zur Moralphilosophie*, in: *Werke*, Akademieausgabe, a. a. O., Bd. 19, S. 273.

80 Ebd.
81 Ebd.
82 Vgl. Stangneth, »Antisemitische und antijudaistische Motive bei Immanuel Kant?«, a.a.O., S. 56f., und ihr Hinweis auf Werner Stark, »Wo lehrte Kant?«, in: *Königsberg. Beiträge zu einem besonderen Kapitel der deutschen Geistesgeschichte des 18. Jahrhunderts*, hg. von J. Kohnen, Frankfurt a.M./Bern/New York 1994, S. 81–110.
83 Vgl. Stangneth, »Antisemitische und antijudaistische Motive bei Immanuel Kant?«, a.a.O.
84 Vgl. ebd., S. 75.
85 Kant, *Vorarbeiten und Nachträge*, a.a.O., S. 92.
86 Ebd.
87 Ebd., S. 432.
88 Ebd., S. 440.
89 Ebd., S. 443.
90 Ders., *Die Religion innerhalb der Grenzen der bloßen Vernunft*, a.a.O., A 222.
91 Ebd., B 255.
92 Ebd.
93 Ders., *Der Streit der Fakultäten*, a.a.O., S. 48.

Geheimer Staat und Menschenrecht – Fichtes Antisemitismus der Vernunft

1 Vgl. Rahel Varnhagen, *Gesammelte Werke*, Bd. 7, München 1983, S. 91f.
2 Ebd., S. 81.
3 Ebd., Bd. 2, S. 172.
4 Ebd.
5 Heinrich Graetz, *Volkstümliche Geschichte der Juden*, Bd. 3, Leipzig 1914, S. 535.
6 Paul Lawrence Rose, *German Question, Jewish Question: Revolutionary Antisemitism from Kant to Wagner*, Princeton 1990, S. 121.
7 Eberhard Jäckel, *Hitlers Weltanschauung. Entwurf einer Herrschaft*, Stuttgart 1981, S. 55.
8 Vgl. Rainer Erb und Werner Bergmann (Hg.), *Die Nachtseite der Judenemanzipation*, Berlin 1989, S. 174f.
9 Johann Gottlieb Fichte, *Beitrag zur Berichtigung der Urtheile des Publikums über die französische Revolution*, in: *Werke*, Bd. 6, Berlin 1971, S. 149f.

10 Jacob Katz, *Zur Assimilation und Emanzipation der Juden*, Darmstadt 1982, S. 127.
11 Ebd., S. 134.
12 Ebd., S. 135.
13 Zum Verhältnis von Judentum und Maurerei vgl. Jacob Katz, »Der Orden der Asiatischen Brüder«, in: Helmut Reinalter (Hg.), *Freimaurer und Geheimbünde im 18. Jahrhundert in Mitteleuropa*, Frankfurt a. M. 1983, S. 240–283.
14 Johann Gottlieb Fichte, *Philosophie der Maurerei*, Düsseldorf 1997, S. 73.
15 Ebd.
16 Ebd., S. 79.
17 Ebd., S. 82.
18 Ebd., S. 92.
19 Louis H. Feldman, *Jew and Gentile in the Ancient World*, Princeton 1993, S. 126f.
20 Vgl. Peter Abaelard, *Gespräch eines Philosophen, eines Juden und eines Christen*, Frankfurt a. M. 1995, S. 61f.
21 Fichte, *Beitrag zur Berichtigung der Urtheile des Publikums über die französische Revolution*, a. a. O., S. 149f.
22 Ders., *Briefe*, Bd. 3, 4, Stuttgart 1973, S. 131, 245 und 282.
23 Ders., *Beitrag zur Berichtigung der Urtheile des Publicums über die französische Revolution*, a. a. O., S. 149f.
24 Simon Schama, *Citizens: A Chronicle of the French Revolution*, New York 1989, S. 619f.
25 Léon Poliakov, *Histoire de l'antisemitisme de Voltaire à Wagner*, Paris 1968, S. 238.
26 Johann Gottlieb Fichte, *Werke*, Bd. 8, Berlin 1971, S. 1–93.
27 Ders., *Beitrag zur Berichtigung der Urtheile des Publicums über die französische Revolution*, a. a. O., S. 150.
28 Ebd.
29 Ebd.
30 Ebd., S. 151.
31 Ders., *Versuch einer Kritik aller Offenbarung*, in: ders., *Werke*, Bd. 5, Berlin 1971, S. 134.
32 Vgl. Micha Brumlik, »Johannes – Das judenfeindliche Evangelium«, in: Dietrich Neuhaus (Hg.), *Teufelskinder oder Heilsbringer. Die Juden im Johannesevangelium*, Frankfurt a. M. 1990, S. 6–21. Zur Debatte um das Johannesevangelium vgl. Karl Barth, *Erklärung des Johannes-Evangeliums 1925/26*, Zürich 1976; Markus Barth, »Die Juden im Johannes-Evangelium«, in: Neuhaus (Hg.), *Teufelskinder oder Heilsbrin-*

ger, a.a.O., S. 39–94; Jürgen Becker, *Das Evangelium nach Johannes,* 2 Bde., Gütersloh 1984/85; Klaus Berger, *Theologiegeschichte des Urchristentums,* Tübingen/Basel 1994, S. 210f., Rudolf Bultmann, *Das Evangelium des Johannes,* Göttingen 1941, und 1968; Oscar Cullmann, *Der johanneische Kreis,* Tübingen 1975; Martin Hengel, *The Johannine Question,* Philadelphia 1989; Klaus Wengst, *Bedrängte Gemeinde und verherrlichter Christus,* München 1990; Karl Heinrich Rengstorff (Hg.), *Johannes und sein Evangelium,* Darmstadt 1973.

33 Johann Gottlieb Fichte, *Die Grundzüge des gegenwärtigen Zeitalters,* in: *Werke,* Bd. 7, Berlin 1971, S. 11f.

34 Ebd., S. 44.

35 Ebd., S. 98.

36 Ders., *Die Anweisung zum seligen Leben,* in: *Werke,* Bd. 5, a.a.O., S. 410.

37 Ebd., S. 474.

38 Ebd., S. 412.

39 Ebd., S. 418.

40 Ebd., S. 419.

41 Ebd., S. 476.

42 Ebd.

43 Vgl. Micha Brumlik, *Die Gnostiker. Der Traum von der Selbsterlösung des Menschen,* Frankfurt a. M. 1995, S. 198f.

44 Fichte, *Die Anweisung zum seligen Leben,* a.a.O., S. 479.

45 Immanuel Kant, *Kritik der reinen Vernunft,* B 591. Auf eben dieser Passage begründete der jüdische Religionsphilosoph Salomon Ludwig Steinheim (1789–1866) eine jüdische Philosophie der Freiheit; vgl. Salomon Ludwig Steinheim, *Die Offenbarung nach dem Lehrbegriffe der Synagoge* (Frankfurt a. M. 1835), Hildesheim 1986, S. 310f.

46 Fichte, *Die Anweisung zum seligen Leben,* a.a.O., S. 480.

47 Ders., *Die Grundzüge des gegenwärtigen Zeitalters,* a.a.O., S. 99.

48 Ebd.

49 Ebd.

50 Ebd.

51 Ebd.

52 Ebd., S. 137.

53 Ebd., S. 175.

54 Ebd., S. 104.

55 Ebd., S. 190.

56 Ebd.

57 Ebd., S. 188.

58 Ebd., S. 196.

59 Ebd., S. 221.
60 Ebd., S. 233.
61 Ebd., S. 235.
62 Ders., *Reden an die deutsche Nation,* in: ders., *Werke,* Bd. 7, a. a. O., S. 383.
63 Ders., *Rückerinnerungen, Antworten, Fragen,* in: *Werke,* Bd. 5, a. a. O., S. 360.
64 Ebd., S. 503.
65 Ebd., S. 481.
66 Ebd., S. 483.
67 Ebd.
68 Ebd.
69 Ebd., S. 485.
70 Ebd., S. 518.
71 Ebd., S. 497.
72 Ebd.
73 Ebd.
74 Ders., *Politische Fragmente aus den Jahren 1807 und 1813,* in: ders., *Werke,* Bd. 7, a. a. O., S. 541.
75 Ebd., S. 542.
76 Ebd., S. 543.
77 Ebd.
78 Ders., *Vermischte Aufsätze und Fragemente,* in: *Werke,* Bd. 11, Berlin 1971, S. 348.
79 Ders., *Anweisung zum seligen Leben,* a. a. O., S. 537.
80 Ebd.
81 Ebd.
82 Ders., *Reden an die deutsche Nation,* a. a. O., S. 373.
83 Ebd., S. 374.
84 Ebd., S. 387.
85 Ebd., S. 299.
86 Ebd.
87 Ebd., S. 408.
88 Ebd., S. 311.
89 Ebd., S. 354.
90 Ders., *Politische Fragmente,* a. a. O., S. 600.
91 Ebd., S. 601.
92 »Alte und neue Welt«, ebd., S. 605.
93 Ebd., S. 607.
94 Ebd., S. 609.
95 Ebd., S. 613.
96 Ders., *Der geschloßne Handelsstaat,* in: *Werke,* Bd. 3, a. a. O., S. 509.

97 Ders. *Die Bestimmung des Menschen,* in: *Werke,* Bd. 2, a.a.O., S. 275.
98 Ebd., S. 277.
99 Ebd., S. 278.
100 Ebd., S. 311.
101 Ebd., S. 318.
102 Fichte, *Reden an die deutsche Nation,* a.a.O., S. 344.
103 Susanne Moßmann, »Das Fremde ausscheiden. Antisemitismus und Nationalsbewußtsein bei Ludwig Achim von Arnim und in der ›Christlich-deutschen Tischgesellschaft‹«, in: Hans Peter Hermann u. a. (Hg.), *Machtphantasie Deutschland. Nationalismus, Männlichkeit und Fremdenhaß im Vaterlandsdiskurs deutscher Schriftsteller des 18. Jahrhunderts,* Frankfurt a. M. 1996, S. 123–160.
104 Johann Gottlieb Fichte, »Über die einzig mögliche Störung der akademischen Freiheit«, in: *Werke,* Bd. 6, a. a. O., S. 451 f.
105 Ebd., S. 458.
106 Ebd.
107 Ebd., S. 463.
108 Wilhelm G. Jacobs, *Johann Gottlieb Fichte,* Reinbek 1991, S. 122.
109 Ebd., S. 123.
110 Achim von Arnim/Clemens Brentano, *Freundschaftsbriefe,* Bd. 2, vollständige kritische Edition von Hartmut Schulz, Frankfurt a. M. 1998, S. 635.
111 Vgl. Deborah Hertz, *Die jüdischen Salons im alten Berlin,* Berlin 1998, S. 308.
112 Zitiert nach Moßmann, »Das Fremde ausscheiden«, a.a.O., S. 143.
113 *Brentano als Erzähler,* ausgewählt und mit einem Nachwort versehen von Hermann Hesse, Frankfurt a. M. 1998, S. 263 f.
114 Ebd., S. 268.
115 Ebd., S. 270.
116 Moßmann, »Das Fremde ausscheiden«, a.a.O., S. 144.
117 Johann Gottlieb Fichte, »Am 18. Januar 1812«, in: *Werke,* Bd. 8, a. a. O., S. 469 f.
118 Ebd., S. 470 f.
119 Ders., G. A. III, 4, Stuttgart 1973, S. 181.
120 Ders., *Briefe,* Bd. 3, a.a.O., S. 347.

Schleiermacher – Ein Glaube und eine Freundin

1 Vgl. Ruth Gay, *Geschichte der Juden in Deutschland*, München 1993, S. 105.
2 Ebd.
3 »Sendschreiben an Seine Hochwürden, Herrn Oberkonsistorialrat und Propst Teller zu Berlin, von einigen Hausvätern jüdischer Religion«, in: Friedrich Daniel Ernst Schleiermacher, *Schriften aus der Berliner Zeit 1796–1799*, hg. von Günter Meckenstock, Berlin/New York 1984, S. 413.
4 Ebd., S. 382.
5 Ebd., S. 385.
6 Ebd., S. 387.
7 Franz Kobler (Hg.), *Juden und Judentum in deutschen Briefen aus drei Jahrhunderten*, Frankfurt a. M. 1935, S. 127.
8 Schleiermacher, »Sendschreiben«, a. a. O., S. 394 f.
9 Ebd., S. 390.
10 Ebd., S. 399.
11 Ebd., S. 398.
12 Ebd., S. 409.
13 Ebd., S. 402.
14 Ebd.
15 Hans-Günther Waubke, *Die Pharisäer in der protestantischen Bibelwissenschaft des 19. Jahrhunderts*, Tübingen 1998, S. 35.
16 Zitiert nach Joachim Ritter/Karlfried Gründer (Hg.), *Historisches Wörterbuch der Philosophie*, Bd. 6, Darmstadt 1984, S. 409 f.
17 *Encyclopedia Judaica*, Bd. 6, Jerusalem o. J., S. 52.
18 Ebd., S. 51.
19 Traktat Nedarim 28 a; Traktat Gittin 10 b; Traktat Baba Kama 13 a sowie Traktat Baba Bathra 54 b und 55 a.
20 Jacob Neusner, *Israel and Iran in Talmudic Times: A Political History*, Boston 1986, S. 59 f.
21 Berlin 1799.
22 Kobler (Hg.), *Juden und Judentum in deutschen Briefen aus drei Jahrhunderten*, a. a. O., S. 145.
23 Friedrich Daniel Ernst Schleiermacher, *Über die Religion. Reden an die Gebildeten unter ihren Verächtern*, Hamburg 1958, S. 159.
24 Ebd.
25 Ebd.
26 Ebd., S. 150.

27 Ebd.
28 Ebd.
29 Ebd., S. 161.
30 Ebd.
31 Ebd., S. 167.
32 Ebd., S. 171.
33 Ebd., S. 172.
34 Ders., *Briefe bei Gelegenheit der politisch-theologischen Aufgabe und des Sendschreibens jüdischer Hausväter*, Berlin 1799, S. 17.
35 Ebd.
36 Ebd., S. 19
37 Ebd., S. 47.
38 Vgl. ebd., S. 48.
39 Ebd., S. 46f.
40 Michael Meyer, *Response to modernity: A history of the Reform Movement in Judaism*, Oxford 1988, S. 49f.
41 Schleiermacher, *Reden über die Religion*, a.a.O., S. 167.
42 Ders., *Die Weihnachtsfeier, ein Gespräch*, Zürich 1989, S. 77.
43 Ebd., S. 78.
44 Karl Barth, *Die protestantische Theologie im 19. Jahrhundert*, Zürich 1985, S. 385.
45 Ebd., S. 416.
46 Ebd., S. 424; zu den systematischen Aspekten von Barths Schleiermacherkritik vgl. Manfred Frank, *Das individuelle Allgemeine. Textstrukturierung und Textinterpretation nach Schleiermacher*, Frankfurt a. M. 1977, S. 118f.
47 Schleiermacher, *Briefe*, a.a.O., S. 51.
48 Ebd., S. 17.
49 Ebd., S. 25.
50 Ebd., S. 52.
51 Vgl. E. P. Sanders, *Paulus und das palästinische Judentum*, Göttingen 1985.
52 Schleiermacher, *Briefe*, a.a.O.
53 Ebd., S. 31.
54 Ebd., S. 32.
55 Ebd., S. 33.
56 Ebd.
57 Ebd., S. 36f.
58 Ebd., S. 40.
59 Ebd.
60 Ebd., S. 41.

61 Ebd., S. 43.
62 Ebd., S. 48.
63 Ebd., S. 49.
64 Ebd., S. 50.
65 Ebd., S. 57.
66 Ders., *Fragmente*, in: *Kritische Gesamtausgabe*, Abt. 1, Bd. 2, hg. von Günter Meckenstock, Berlin 1984, S. 47.
67 Ebd., S. 46.
68 Ders., *Ethik*, Hamburg 1981, S. 107.
69 Ebd., S. 98.
70 Ebd., S. 119.
71 Ebd., S. 98.
72 Ebd., S. 117.
73 Rainer Erb/Werner Bergmann, *Die Nachtseite der Judenemanzipation. Der Widerstand gegen die Integration der Juden in Deutschland 1780–1860*, Berlin 1989, S. 174.
74 Schleiermacher, *Fragmente*, a.a.O., S. 149.
75 Hannah Arendt, *Rahel Varnhagen*, München 1998, S. 72.
76 Zitiert nach Heidi Thomann Tewarson, *Rahel Varnhagen*, Reinbek 1988, S. 30.
77 Vgl. Niklas Luhmann, *Liebe als Passion. Zur Codierung von Intimität*, Frankfurt a. M. 1982.
78 Vgl. Günter Dux, *Geschlecht und Gesellschaft. Warum wir lieben*, Frankfurt a. M. 1994.
79 Wilhelm Dilthey, *Leben Schleiermachers*, erweiterte 2. Auflage, hg. von Hermann Mulert, Bd. 1, Berlin/Leipzig 1922.
80 Kobler, *Juden und Judentum in deutschen Briefen aus drei Jahrhunderten*, a.a.O., S. 145.
81 Ebd.
82 *Schleiermachers Briefe*, ausgewählt und eingeleitet von Hermann Mulert, Berlin 1923, S. 80.
83 Friedrich Daniel Ernst Schleiermacher, *Der christliche Glaube 1821/22*, hg. von Hermann Peiter, Berlin 1984, S. 31.
84 Ebd., S. 212.
85 Ebd., S. 149.
86 Ebd., S. 153f.
87 Ebd., S. 154.
88 Vgl. Bernd Oberdorfer, *Geselligkeit und Realisierung von Sittlichkeit*, Berlin 1995.
89 Schleiermacher, *Versuch einer Theorie geselligen Betragens*, a.a.O., S. 170.

90 Ebd., S. 174.
91 Ebd., S. 175.
92 Ebd., S. 178.
93 Ebd., S. 179.
94 Ebd., S. 148.
95 Ebd., S. 184.
96 Dilthey, *Leben Schleiermachers,* a. a. O., S. 236.
97 Ebd., S. 238.
98 *Schleiermachers Briefe,* a. a. O., S. 81.
99 Dilthey, *Leben Schleiermachers,* a. a. O., S. 238.
100 *Schleiermachers Briefe,* a. a. O., S. 135.
101 Ebd., S. 152.
102 Ebd., S. 264.
103 Ebd., S. 267.
104 *Friedrich Schleiermachers Briefwechsel mit seiner Braut,* hg. von Heinrich Meisner, Gotha 1919.
105 Ehrenfried von Willich, *Aus Schleiermachers Hause. Jugenderinnerungen eines Stiefsohnes,* Berlin 1909.
106 *Friedrich Schleiermachers Briefwechsel mit seiner Braut,* a. a. O., S. 351.
107 Ebd., S. 372.
108 Ebd.
109 Ebd., S. 261.
110 Schleiermacher, *Der christliche Glaube 1821/1822,* a. a. O., S. 260f.
111 Ders., *Reden,* a. a. O., S. 127f.
112 Ders., *Der christliche Glaube* (1830/31), Berlin 1999, Bd. 1, S. 84.
113 Ebd., S. 86.
114 Ebd., Bd. 2, S. 306.
115 Ebd., Bd. 1, S. 63.
116 Ebd., Bd. 2, S. 289.
117 Vgl. Ulrich Barth, *Christentum und Selbstbewußtsein,* Göttingen 1983; Konrad Carmer, »Die subjektivitätstheoretischen Prämissen von Schleiermachers Bestimmung des religiösen Bewußtseins«, in: Dieter Lange (Hg.), *Friedrich Schleiermacher 1768–1834,* Göttingen 1985, S. 129–162.
118 Karl Barth, *Die protestantische Theologie im 19. Jahrhundert,* Zürich 1985, S. 385.
119 Barth, *Christentum und Selbstbewußtsein,* a. a. O., S. 105.
120 Ebd., S. 106.
121 Schleiermacher, *Der christliche Glaube* (1830/31), a. a. O., Bd. 2.
122 Ebd., S. 37.

123 Ebd., S. 39.
124 Ebd.
125 Ebd., S. 43.
126 Ebd., S. 47.
127 Ebd., S. 124.
128 Ebd., S. 132 f.
129 Ders., *Ethik*, a.a.O., S. 316.
130 Ebd., S. 314.
131 Ders., *Der christliche Glaube* (1830/31), a.a.O., Bd. 2, S. 133.
132 Stephan Rohrbacher, *Gewalt im Biedermeier. Antijüdische Ausschreitungen in Vormärz und Revolution*, Frankfurt a.M. 1993, S. 157f.
133 Vgl. Friedrich Wilhelm Kantzenbach, *Schleiermacher*, Reinbek 1995, S. 143.
134 *Schleiermacher Auswahl*, mit einem Nachwort von Karl Barth, Gütersloh 1968, S. 183.
135 Ebd., S. 186.
136 Ebd., S. 187.
137 Ebd., S. 191.
138 Ebd., S. 193.
139 Schleiermacher, *Briefe*, a.a.O., S. 351–355.
140 Ders., *Ethik*, a.a.O., S. 126.
141 Zitiert nach Susanna Moßmann, »Das Fremde ausscheiden. Antisemitismus und Nationalbewußtsein bei Ludwig Achim von Arnim und der ›Christlich-deutschen Tischgesellschaft‹«, in: Hans Peter Hartmann u.a. (Hg.), *Machtphantasie Deutschland*, Frankfurt a. M. 1996, S. 135.
142 Vgl. Ismar Elbogen, *Geschichte der Juden in Deutschland*, Berlin 1935, S. 178f.; Jakob Katz, »Die Entstehung der Judenassimilation in Deutschland und deren Ideologie«, in: ders., *Zur Assimilation und Emanzipation der Juden*, Darmstadt 1982, S. 1–82; ders., *Aus dem Ghetto in die bürgerliche Gesellschaft*, Frankfurt a. M. 1986, S. 68f.; ferner Léon Poliakov, *Histoire de l'antisemitisme de Voltaire à Wagner*, Paris 1968, 215f.; Paul Lawrence Rose, *German Question, Jewish Question. Revolutionary Antisemitism from Kant to Wagner*, Princeton 1990.
143 Heinrich Graetz, *Volkstümliche Geschichte der Juden*, Bd. 3, Leipzig 1914, S. 519f.
144 Vgl. Gert Mattenklott, *Über Juden in Deutschland*, Frankfurt a. M. 1992, S. 46f.
145 Ebd.

Hegel – Der Jude Jesus, die Positivität des Christentums und die Religion des Erhabenen

1 Otto Pöggeler, »Hegels philosophische Anfänge«, in: Christoph Jamme/Helmut Schneider (Hg.), *Der Weg zum System*, Frankfurt a. M. 1990, S. 92 f.
2 Georg Wilhelm Friedrich Hegel, »Fragmente über Volksreligion und Christentum (1793–1794)«, in: *Werke*, Bd. 1, Frankfurt a. M. 1971, S. 14.
3 Ebd., S. 24.
4 Jean-Jacques Rousseau, *Gesellschaftsvertrag*, Stuttgart 1977, S. 143.
5 Ebd., S. 146.
6 Hannah Arendt, *Love and Saint Augustine*, Chicago 1996.
7 Rousseau, *Gesellschaftsvertrag*, a. a. O., S. 147.
8 Ebd., S. 149.
9 Pöggeler, »Hegels philosophische Anfänge«, a. a. O., S. 81.
10 Friedrich Heinrich Jacobi, *Über die Lehre des Spinoza in Briefen an den Herrn Moses Mendelssohn*, in: ders., *Schriften zum Spinozastreit*, Hamburg/Stuttgart 1998.
11 Hegel, »Fragmente über Volksreligion und Christentum (1793–1794)«, a. a. O., S. 45.
12 Ebd., S. 63.
13 Ebd.
14 Ebd., S. 81.
15 Ebd., S. 99.
16 Ebd., S. 91.
17 Ebd., S. 92.
18 Ebd., S. 94.
19 Ebd., S. 96.
20 Ebd., S. 100.
21 Martin Bondeli, »Vom Kantianismus zur Kant-Kritik. Der junge Hegel in Bern und Frankfurt«, in: ders. u. a. (Hg.), *Hegels Denkentwicklung in der Berner und Frankfurter Zeit*, München 1999, S. 31–51.
22 Vgl. Georg Lukacs, *Der junge Hegel*, 2 Bde., Frankfurt a. M. 1973, Bd. 1, S. 101 f.
23 Herbert Marcuse, *Vernunft und Revolution*, Neuwied 1962.
24 Hegel, »Fragmente über Volksreligion und Christentum«, a. a. O., S. 112.
25 Ebd., S. 113.
26 Vgl. E. R. Sanders, *Paulus und das palästinische Judentum*, Göttingen 1985; ders., *Judaism, Practice and Belief 63BCE-66 CE*, London/Philadelphia 1992.

27 Joseph B. Soloveitchik, *Halakhic Man*, Philadelphia 1983.
28 Hegel, »Fragmente über Volksreligion und Christentum«, a.a.O., S. 113.
29 Ebd., S. 114.
30 bN idda 61b.
31 Hegel, »Fragmente über Volksreligion und Christentum«, a.a.O., S. 117.
32 Ebd., S. 122.
33 Ebd.
34 Ebd., S. 133.
35 Ebd., S. 134.
36 Bondeli, »Vom Kantianismus zur Kant-Kritik«, a.a.O., S. 31–52; Jens Halfwassen, »Die Rezeption des Neuplatonismus beim Frankfurter Hegel«, in: ebd., S. 105–126.
37 Georg Wilhelm Friedrich Hegel, »Der Geist des Christentums«, in: *Werke*, Bd. 1, a.a.O., S. 375.
38 Ebd., S. 431.
39 Paul Arnsberg, *Die Geschichte der Frankfurter Juden*, Bd. 1, Darmstadt 1983, S. 85f.
40 Georg Wilhelm Friedrich Hegel, »Der Geist des Judentums«, in: *Werke*, Bd. 1, a.a.O., S. 292.
41 Ders., »Die Positivität der christlichen Religion. Neufassung des Anfangs (1800)«, in: *Werke*, Bd. 1, a.a.O., S. 226f.
42 Ebd., S. 227.
43 Ebd., S. 221.
44 Ders., »Der Geist des Judentums«, a.a.O., S. 274.
45 Ebd., S. 277.
46 Vgl. ders., »Die Positivität der christlichen Religion. Zusätze«, in: *Werke*, Bd. 1, a.a.O., S. 197.
47 Ders., »Der Geist des Judentums«, a.a.O., S. 278.
48 Ebd., S. 279.
49 Vgl. ebd.
50 Christoph Jamme, »Jedes Lieblose ist Gewalt. Der junge Hegel, Hölderlin und die Dialektik der Aufklärung«, in: ders./Helmut Schneider, *Der Weg zum System*, Frankfurt a. M. 1990, S. 130–171.
51 Ebd., S. 148.
52 Hegel, »Der Geist des Christentums«, a.a.O., S. 317.
53 Vgl. Sören Kierkegaard, *Furcht und Zittern*, Frankfurt a.M. 1984; Jacques Derrida, *Donner la mort*, Paris 1998.
54 Hegel, »Der Geist des Judentums«, a.a.O., S. 279.
55 Vgl. Michael Walzer, *Exodus und Revolution*, Berlin 1988.
56 Vgl. Jan Assmann, *Moses der Ägypter*, München 1998.

57 Hegel, »Der Geist des Judentums«, a.a.O., S. 282.
58 Ebd. S. 281.
59 Ebd., S. 282.
60 Ebd., S. 283.
61 Ebd.
62 Ebd., S. 293.
63 Ebd., S. 285.
64 Ebd., S. 288.
65 Ebd.
66 Georg Wilhelm Friedrich Hegel, »Darstellung des Fichteschen Systems«, in: *Werke*, Bd. 2, Frankfurt a. M. 1970, S. 88.
67 Ders., »Der Geist des Judentums«, a.a.O., S. 297.
68 Vgl. Lukacs, *Der junge Hegel*, a.a.O.
69 Alexandre Kojève, *Hegel*, Frankfurt a. M. 1958.
70 Vgl. Axel Honneth, *Kampf um Anerkennung. Zur moralischen Grammatik sozialer Konflikte*, Frankfurt a. M. 1992.
71 Georg Wilhelm Friedrich Hegel, *Phänomenologie des Geistes*, in: *Werke*, Bd. 3, Frankfurt a. M. 1970, S. 145.
72 Ebd.
73 Vgl. Kojève, *Hegel*, a.a.O., S. 68f.
74 Hegel, *Phänomenologie des Geistes*, a.a.O., S. 153.
75 Ders., »Der Geist des Judentums«, a.a.O., S. 296.
76 Ders., »Grundkonzept zum Geist des Christentums«, in: *Werke*, Bd. 1, a.a.O., S. 298f.
77 Ders., *Phänomenologie des Geistes*, a.a.O., S. 153.
78 Ebd., S. 154.
79 Michael Brenner u.a. (Hg.), *Deutsch-jüdische Geschichte in der Neuzeit*, Bd. 2, München 1996, S. 32f.
80 Ebd., S. 39.
81 Vgl. Rainer Erb/Werner Bergmann, *Die Nachtseite der Judenemanzipation. Der Widerstand gegen die Integration der Juden in Deutschland 1780– 1860*, Berlin 1989; Stephan Rohrbacher, *Gewalt im Biedermeier. Antijüdische Ausschreitungen in Vormärz und Revolution*, Frankfurt a.M. 1993; Jacob Katz, *Die Hep-Hep-Verfolgungen des Jahres 1819*, Berlin 1994.
82 Gerald Hubmann, *Ethische Überzeugung und politisches Handeln. Jakob Friedrich Fries und die deutsche Tradition der Gesinnungsethik*, Heidelberg 1997, S. 176f.
83 Vgl. Daniel Jonah Goldhagen, *Hitlers willige Vollstrecker*, Berlin 1996.
84 Saul Ascher, *Der Germanomanie. Skizze zu einem Zeitgemälde*, Berlin 1815.

85 Ders., *Leviathan oder Über die Religion des Judenthums,* Berlin 1792.
86 Vgl. Katz, *Die Hep-Hep-Verfolgungen des Jahres 1819,* a.a.O., S. 78f.
87 Erb/Bergmann, *Die Nachtseite der Judenemanzipation,* a.a.O., S. 218f.
88 Zitiert nach Katz, *Die Hep-Hep-Verfolgungen des Jahres 1819,* a.a.O., S. 15.
89 Thomas Nipperdey, *Deutsche Geschichte 1800–1866,* München 1984, S. 278f.
90 Vgl. Hubmann, *Ethische Überzeugung und politisches Handeln,* a.a.O.
91 Ebd., S. 187.
92 Hermann Lübbe, *Politische Philosophie in Deutschland,* München 1974, S. 48f.
93 Georg Wilhelm Friedrich Hegel, *Grundlinien der Philosophie des Rechts,* in: *Werke,* Bd. 7, Frankfurt a. M. 1970, S. 18.
94 Schlomo Avineri, *Hegels Theorie des modernen Staates,* Frankfurt a. M. 1976, S. 148. Vgl. Hans Liebeschütz, *Das Judentum im deutschen Geschichtsbild von Hegel bis Max Weber,* Tübingen 1999, und Yirimijahu Yovel, *Dark Riddle: Hegel, Nietzsche and the Jews,* Pennsylvania 1998.
95 Hubman, *Ethische Überzeugung und politisches Handeln,* a.a.O., S. 181.
96 Ebd., S. 181f.
97 Ebd., S. 182.
98 Ebd., S. 183.
99 Ebd.
100 Ebd.
101 Ebd.
102 Ebd., S. 185.
103 Ebd., S. 185.
104 Ebd., S. 251f.
105 Ebd., S. 263 f.
106 Hegel, *Grundlinien der Philosophie des Rechts,* a.a.O., S. 421.
107 Ders., *Philosophie des Rechts. Die Vorlesung von 1819/20,* hg. von Dieter Henrich, Frankfurt a. M. 1983, S. 127.
108 Ders., *Grundlinien der Philosophie des Rechts,* a.a.O., S. 360f.
109 Ders., *Vorlesungen über die Philosophie der Geschichte,* in: *Werke,* Bd. 12, Frankfurt a. M. 1970, S. 388.
110 Ebd.
111 Ebd., S. 390.
112 Ebd.
113 Ebd.

114 Ders., *Vorlesungen über die Ästhetik I,* in: *Werke,* Bd. 13, Frankfurt a. M. 1970, S. 479.
115 Vgl. ders., *Vorlesungen über die Philosophie der Religion II,* in: *Werke,* Bd. 17, Frankfurt a. M. 1970, S. 47.
116 Ders., *Vorlesungen über die Ästhetik I,* a. a. O., S. 485. Vgl. Brigitte Hilmer, *Hegels Logik der Kunst,* Hamburg, 1996.
117 Ebd.
118 Ebd.
119 Vgl. ders., *Vorlesungen über die Philosophie der Religion II,* a. a. O., S. 45.
120 Vgl. ebd., S. 61.
121 Ebd., S. 53.
122 Ebd., S. 69.
123 Ebd., S. 78.
124 Vgl. ebd., S. 72.
125 Ebd.
126 Vgl. ebd., S. 87.
127 Ebd., S. 89.
128 Ebd., S. 72.
129 Ebd., S. 83.
130 Ebd., S. 73.
131 Ebd., S. 83.
132 Ebd., S. 73.
133 Ebd., S. 86.
134 Ebd.
135 Ebd, S. 85.
136 Ebd., S. 86.
137 Ders., *Religionsphilosophie,* Bd. 1, *Die Vorlesung von 1821,* hg. von Karl Heinz Ilting, Neapel 1978, S. 325.
138 Ders., *Vorlesungen über die Philosophie der Religion II,* a. a. O., S. 96.
139 Ebd., S. 58.
140 Joachim Ringleben, *Hegels Theorie der Sünde,* Berlin / New York 1977, S. 197.
141 Michael Theunissen, *Hegels Lehre vom absoluten Geist als theologisch-politischer Traktat,* Berlin 1970, S. 143.
142 Hegel, *Vorlesungen über die Philosophie der Religion II,* a. a. O., S. 93.
143 Ebd.
144 Theunissen, *Hegels Lehre vom absoluten Geist als theologisch-politisches Traktat,* a. a. O., S. 369.
145 Emil Fackenheim, *The Jewish Bible after the Holocaust,* Blooming-

ton/Indianapolis 1990, S. 78; ders., *The Religious Dimension in Hegels Thought*, Bloomington/London 1967.

146 Theunissen, *Hegels Lehre vom absoluten Geist als theologisch-politischer Traktat*, a.a.O., S. 368.

147 Ulrich Barth, Die Christologie Emanuel Hirschs, Berlin/New York 1992, S. 632.

148 Hegel, *Vorlesungen über die Philosophie der Religion II*, a.a.O., S. 66.

149 Ders., *Theologische Jugendschriften*, a.a.O., S. 217.

150 Paul Lawrence Rose, *German Question, Jewish Question. Revolutionary Antisemitism from Kant to Wagner*, Princeton 1990, S. 116.

151 Samuel Hirsch, *Die Religionsphilosophie der Juden oder das Prinzip der jüdischen Religionsanschauung und sein Verhältnis zum Heidenthum, Christenthum und zur absoluten Philosophie*, Leipzig 1842.

152 Vgl. Michael Meyer, *Response to Modernity. A History of the Reform Movement in Judaism*, New York/Oxford 1988, S. 72f.; vgl. für weitere Literatur ebd., S. 411.

Schelling: Dem Reich Gottes vorbehalten

1 Friedrich Wilhelm Joseph Schelling, *System der gesammten Philosophie und der Naturphilosophie insbesondere* (1804), in: ders., *Ausgewählte Schriften*, Bd. 3: 1804–1806, Frankfurt a. M., 1985 S. 572.

2 Vgl. Ernst Benz, *Schellings theologische Geistesahnen*, Abhandlung der Akademie der Wissenschaften und Literatur in Mainz, geistes- und sozialwissenschaftliche Klasse, Jahrgang 1955, Nr. 3; ders., *Die christliche Kabbala*, Zürich 1958; Jürgen Habermas, »Dialektischer Idealismus im Übergang zum Materialismus. Geschichtsphilosophische Folgerungen aus Schellings Idee einer Contraction Gottes«, in: ders., *Theorie und Praxis*, Frankfurt a. M. 1974, S. 172–227.

3 *Materialien zu Schellings philosophischen Anfängen*, hg. von Manfred Frank/Gerhard Kurz, Frankfurt a. M. 1975, S. 126.

4 Horst Fuhrmans, »Schelling im Tübinger Stift. Herbst 1790 – Herbst 1795«, in: Frank/Kurz (Hg.), *Materialien zu Schellings philosophischen Anfängen*, a.a.O., S. 63 f., bes. 69.

5 Vgl. ebd., S. 71.

6 Vgl. Adolf von Harnack, *Marcion*, Darmstadt 1960; Micha Brumlik, *Die Gnostiker*, Frankfurt a. M. 1992, S. 88f.

7 Fuhrmans, »Schelling im Tübinger Stift«, a.a.O., S. 71.

8 Georg Wilhelm Friedrich Hegel, *Phänomenologie des Geistes*, Frankfurt a. M. 1970, S. 16f. und 49f.; vgl. Franz Wiedmann, *Hegel*, Reinbek 1965, S. 107f.
9 Vgl. Stéphane Mosès, *System und Offenbarung. Die Philosophie Franz Rosenzweigs*, München 1985, S. 40f.
10 Friedrich Wilhelm Joseph Schelling, *Die Weltalter*, in: ders., *Ausgewählte Schriften*, Bd. 4: 1807–1834, Frankfurt a. M. 1985, S. 215.
11 Ebd., S. 223.
12 Vgl. Jürgen Habermas, »Dialektischer Idealismus im Übergang zum Materialismus«, a.a.O.; Gershom Scholem, *Die jüdische Mystik in ihren Hauptströmungen*, Frankfurt a. M. 1957, S. 440 und 444.
13 Schelling, *Die Weltalter*, a.a.O., S. 231.
14 Ebd.
15 Ebd., S. 233.
16 Ebd., S. 235.
17 Ebd., S. 242.
18 Ebd.
19 Ebd., S. 245.
20 Ebd., S. 247.
21 Ebd., S. 249.
22 Ebd., S. 252.
23 Vgl. Scholem, *Die jüdische Mystik in ihren Hauptströmungen*, a.a.O., S. 171–223.
24 Schelling, *Die Weltalter*, a.a.O., S. 263.
25 Ebd., S. 269.
26 Ebd.
27 Vgl. Micha Brumlik, *Schrift, Wort und Ikone*, Frankfurt a. M. 1994, S. 85f.
28 Schelling, *Die Weltalter*, a.a.O., S. 270.
29 Ebd.
30 Ebd.
31 Ebd.
32 Ebd., S. 271.
33 *Der Sohar. Das heilige Buch der Kabbala*, nach dem Urtext ausgewählt, übertragen und hg. von Ernst Müller, Düsseldorf 1982.
34 Baruch de Spinoza, *Kurze Abhandlung von Gott, dem Menschen und dessen Glück*, Hamburg 1991, S. 52.
35 Vgl. Harry A. Wolfson, *Philo*, Bd. 1, Harvard 1947, S. 234.
36 Schelling, *Die Weltalter*, a.a.O., S. 282.
37 Ebd., S. 283.
38 Vgl. Micha Brumlik, »Der Begriff der Offenbarung bei Steinheim und

Schelling«, in: Julius H. Schoeps u. a. (Hg.), »*Philo des 19. Jahrhunderts*«. *Studien zu Salomon Ludwig Steinheim*, Hildesheim 1993, S. 63–76.

39 Salomon Ludwig Steinheim, *Die Offenbarung nach dem Lehrbegriffe der Synagoge* (Leipzig 1863), Hildesheim 1986, Teil 3, S. 298.

40 Hans-Jörg Sandkühler, *Freiheit und Wirklichkeit. Zur Dialektik von Politik und Philosophie bei F. W. J. Schelling*, Frankfurt a. M. 1968, S. 165 f.

41 Friedrich Wilhelm Joseph Schelling, *Über das Wesen der menschlichen Freiheit*, Frankfurt a. M. 1975, S. 43. Vgl. Otfried Höffe/Annemarie Pieper (Hg.), *Klassiker Auslegen. F. W. J. Schelling, Über das Wesen der menschlichen Freiheit*, Berlin 1995.

42 Schelling, *Über das Wesen der menschlichen Freiheit*, a. a. O., S. 79.

43 Georg Wilhelm Friedrich Hegel, *Vorlesungen über die Philosophie der Religion II*, Frankfurt a. M. 1969, S. 185 f.

44 Friedrich Wilhelm Joseph Schelling, *Philosophie der Mythologie*, in: ders., *Ausgewählte Schriften*, Bd. 6, Frankfurt a. M. 1985, S. 91.

45 Ebd.

46 Vgl. Maurice Olender, *Die Sprachen des Paradieses. Religion, Philologie und Rassentheorien im 19. Jahrhundert*; Léon Poliakov, *Le mythe aryen*, Paris 1971, S. 85–124 und S. 193–201.

47 Schelling, *Philosophie der Mythologie*, a. a. O., S. 465.

48 Ders., *Philosophische Einleitung in die Philosophie der Mythologie*, in: ebd., S. 471 f.

49 Christoph Schulte, »Franz Joseph Molitors Philosophie des Judentums«, in: *Menora. Jahrbuch für deutsch-jüdische Geschichte*, München/Zürich 1995, S. 55.

50 Vgl. Manfred Frank, »Einleitung des Herausgebers«, in: Friedrich Wilhelm Joseph Schelling, *Philosophie der Offenbarung 1841/42*, in: ders., *Ausgewählte Schriften*, Bd. 5, Frankfurt a. M., 1977, S. 9–83.

51 Rainer Erb/Werner Bergmann, *Die Nachteile der Judenemanzipation. Der Widerstand gegen die Integration der Juden in Deutschland 1780–1860*, Berlin 1989, S. 202.

52 Zitiert nach Michael Brenner u. a. (Hg.), *Deutsch-jüdische Geschichte in der Neuzeit*, Bd. 2, München 1996, S. 53.

53 Schelling, *Philosophie der Offenbarung*, a. a. O., S. 266.

54 Ebd., S. 267.

55 Ebd.

56 Ebd., S. 277.

57 Ebd., S. 278.

58 Ebd.

59 Jon D. Levenson, *The Death and Resurrection of the Beloved Son*, Yale 1993.

60 Schelling, *Philosophie der Offenbarung*, a.a.O., S. 279.
61 Ebd., S. 281.
62 Ebd.
63 Ebd., S. 283.
64 Ebd., S. 284.
65 Vgl. ebd., S. 283.
66 Vgl. Sandkühler, Freiheit und Wirklichkeit, a.a.O.
67 Schelling, *Philosophie der Offenbarung*, a.a.O., S. 284.
68 Ebd., S. 284f.
69 Ebd.
70 Ebd.
71 Ebd.
72 Ebd.
73 Werner Cahnmann, »Friedrich Wilhelm Schelling über die Judenemanzipation«, in: *Zeitschrift für bayerische Landesgeschichte*, 1974, S. 614–623.
74 Friedrich Wilhelm Joseph Schelling, *Historisch-kritische Einleitung in die Philosophie der Mythologie (1842)*, in: ders., *Ausgewählte Schriften*, Bd. 5, Frankfurt a. M. 1985, S. 197.
75 Ebd., S. 200.
76 Ebd., S. 187.
77 Ebd., S. 187f.
78 Ebd., S. 194.
79 Ebd., S. 200.
80 Ebd., S. 260.
81 Erb/Bergmann, *Die Nachtseite der Judenemanzipation*, a.a.O., S. 256.
82 Ebd., S. 258.
83 Stefan Rohrbacher, *Gewalt im Biedermeier. Antijüdische Ausschreitungen in Vormärz und Revolution*, Frankfurt a. M. 1993, S. 291.
84 Ebd., S. 260.
85 Vgl. Helmut Berding, *Moderner Antisemitismus in Deutschland*, Frankfurt a.M. 1988, S. 77.
86 Hermann Greive, *Geschichte des modernen Antisemitismus in Deutschland*, Darmstadt 1983, S. 41.
87 Friedrich Wilhelm Joseph Schelling, *Das Tagebuch 1848*, Hamburg 1990, S. 81.
88 Ebd., S. 102.
89 Ebd., S. 121.
90 Ebd., S. 82.
91 Ebd.

Karl Marx – Emanzipation vom Judentum?

1 Zeev Sternhell, *La droite revolutionnaire. Les origines françaises du fascisme 1885–1915*, Paris 1978; Lawrence Paul Rose, *German Question, Jewish Question. Revolutionary Antisemitism from Kant to Wagner*, Princeton 1990, S. 251–262.
2 Zitiert nach Micha Brumlik, »Antisemitismus im Frühsozialismus und Anarchismus«, in: Ludwig Heid/Arnold Paucker (Hg.) *Juden und deutsche Arbeiterbewegung bis 1933*, Tübingen 1992, S. 38.
3 Zitiert nach ebd., S. 40.
4 Zitiert nach ebd.
5 Zitiert nach ebd., S. 39.
6 Richard Wagner, »Das Judenthum in der Musik«, in: *Neue Zeitschrift für Musik*, 19, 1850, S. 113, zitiert nach Jens Malte Fischer, *Richard Wagners »Das Judenthum in der Musik«*, Frankfurt a. M. 2000, S. 139–196.
7 André Glucksmann, S. 99.
8 Rose, *German Question, Jewish Question*, a. a. O., S. 304.
9 Arnold Künzli, *Karl Marx. Eine Psychographie*, Wien u. a. 1965.
10 Karl Löwith, »Einleitung«, in: *Die Hegelsche Linke*, hg. von dems., Stuttgart/Bad Cannstatt 1988, S. 15.
11 Zitiert nach ebd.
12 Ebd., S. 391.
13 Karl Marx, »Zur Judenfrage«, in: *Marx/Engels Werke*, Bd. 1, Berlin 1983, S. 377.
14 Vgl. Zvi Rosen, *Bruno Bauer und Karl Marx*, Den Haag 1977.
15 Bruno Bauer, »Die Posaune des jüngsten Gerichts über Hegel«, in: *Die Hegelsche Linke, Dokumente zu Philosophie und Politik im deutschen Vormärz*, hg. von Heinz und Ingrid Pepperle, Frankfurt a. M. 1986, S. 235 f.
16 Ebd., S. 324.
17 Marx, »Zur Judenfrage«, a. a. O., S. 348.
18 Ebd., S. 351.
19 Ebd., S. 353.
20 Vgl. Michael Theunissen, *Hegels Lehre vom absoluten Geist als theologisch-politischer Traktat*, Berlin 1970.
21 Marx, »Zur Judenfrage«, a. a. O., S. 353.
22 Ders., *Kritik des hegelschen Staatsrechts*, in: *Marx/Engels Werke*, Bd. 1, a. a. O., S. 231.
23 Ders., »Zur Judenfrage«, a. a. O., S. 355.
24 Ebd., S. 361.

25 Friedrich Engels/Karl Marx, *Die heilige Familie*, Berlin 1965, S. 99.
26 Ebd., S. 115.
27 Vgl. Robert Wistrich, *Revolutionary Jews from Marx to Trotsky*, London 1976; Julius Carlebach, *Karl Marx and the Radical Critique of Judaism*, London 1978; Isaiah Berlin, »Benjamin Disreali, Karl Marx and the Search for Identity«, in: ders., *Against the Current*, London 1979, S. 252–286; Michael Wolfson, *Marx: Economist, Philosopher, Jew*, London 1982.
28 Dieter Henrich, »Karl Marx als Schüler Hegels«, in: ders., *Hegel im Kontext*, Frankfurt a. M. 1971, S. 187–208.
29 Karl Marx, »Zur Judenfrage«, a.a.O., S. 348.
30 Ebd., S. 372.
31 Ebd., S. 372 f.
32 Ebd., S. 377.
33 Ebd., S. 373.
34 Ebd., S. 374.
35 Ebd., S: 376.
36 Ebd., S. 375.
37 Ebd.
38 Ebd., S. 376.
39 Ebd.
40 Andreas Böhm, *Kritik der Autonomie. Freiheits- und Moralbegriffe im Frühwerk von Karl Marx*, Bodenheim 1998, S. 74 f.
41 Künzli, *Karl Marx*, a.a.O., S. 205.
42 Marx, »Zur Judenfrage«, a.a.O., S. 377.
43 Theodor Lessing, *Der jüdische Selbsthaß*, München 1990.
44 Künzli, *Karl Marx*, a.a.O., S. 33 f. und S. 195 f.
45 Jean-Paul Sartre, *Das Sein und das Nichts*, Reinbek 1962, S. 763.
46 Ebd.
47 Zitiert nach Künzli, *Karl Marx*, a.a.O., S. 216 f.
48 Ebd.
49 Vgl. ebd., S. 212–218.
50 Shlomo Naaman, *Emanzipation und Messianismus. Leben und Werk des Moses Heß*, Frankfurt a. M. 1982.
51 Moses Heß, Auszug aus *Die letzten Philosophen* (1845), in: *Die Hegelsche Linke*, a.a.O., S. 50.
52 Ebd., S. 56.
53 Künzli, *Karl Marx*, a.a.O., S. 218.
54 *Die Hegelsche Linke*, a.a.O., S. 872.
55 Bruno Bauer, Auszug aus: *Rußland und das Germanentum* (1851), in: ebd., S. 111.

56 Ebd., S. 121.
57 Karl Marx, *Das Kapital*, Bd. 1, Berlin 1974, S. 93.
58 Ebd., S. 92.
59 Ebd., S. 169.
60 Vgl. Jacques Derrida, *Marx Gespenster*, Frankfurt a. M., 1995.
61 Marx, *Das Kapital*, a.a.O., S. 86.
62 Ebd.
63 Hannah Arendt, *Rahel Varnhagen*, München 1998, S. 142.
64 Jacques Derrida, »Interpretations at War. Kant, der Jude, der Deutsche«, in: Elisabeth Weber/Georg Christoph Tholen (Hg.), *Das Vergessen(e). Anamnesen des Undarstellbaren*, Wien 1997, S. 89.

Namenregister

Abegg, S. F. (Bildungsreisender und Theologe) 14, 35
Abraham (bibl. Gestalt) 64–66, 96, 117, 130, 153, 182, 186, 211–214, 216, 219, 222 f., 246, 274, 300
Adorno, Theodor W. 27
Ahasver 147
Arendt, Hannah 145, 164, 172 f., 194 f., 198
Arndt, Ernst Moritz 191, 225
Arnim, Achim von 123, 125 f., 193
Arnim, Bettine von 164
Ascher, Saul 28, 37, 49, 51, 225, 227
Augustinus 198
Avineri, Schlomo 228

Baeck, Leo 317
Bakunin, Michail 266, 283
Balzac, Honoré de 168, 303
Barth, Karl 154, 183, 185
Baudot (Kommissar der revolutionären Rheinarmee) 87
Bauer, Bruno 15, 142, 285, 288, 290–296, 298, 301 f., 308–311
Bendavid, Lazarus 28, 36 f., 49, 51, 68 f., 73
Bernays, Jacob 277
Bielfeld, Baron von 77
Blanqui, Auguste 282
Bloch, Ernst 9
Böhme, Jakob 254
Börne, Ludwig 225, 284 f.
Brentano, Clemens von 123, 125 f., 128 f., 165
Breuer (Rabbinerdynastie) 28
Breuer, Isaak 38
Brogi, Joseph Leyser 124 f.
Bultmann, Rudolf 164

Calvin, Johann 91
Carové, Friedrich Wilhelm 227 f., 230
Chamisso, Adelbert von 164
Cohen, Hermann 28, 38, 67, 318
Cremieux, Adolph 283

David (bibl. Gestalt) 70, 118, 274
Derrida, Jacques 214, 317
Dickens, Charles 168
Diderot, Denis 77
Dilthey, Wilhelm 174, 176, 317
Dohm, Christian Konrad Wilhelm von 61, 78 f., 133 f., 139, 225
Dohna, Alexander von 174
Dühring, Eugen 312

Eckart, Meister 254
Eichmann, Adolf 13, 29
Eisenmenger, Johann Andreas 94
Elbogen, Ismar 195
Engels, Friedrich 24, 266, 296, 305, 310, 312
Erasmus von Rotterdam 40, 105

Ewald (Karlsruher Ministerialrat) 225
Ezekiel ben Jedudah Landau, Rabbi 144

Fackenheim, Emil 246
Fenelon, François 131
Feuerbach, Ludwig 17, 24, 178, 203, 257, 287, 302, 304
Fichte, Johann Gottlieb 13, 16, 19f., 22, 24, 27, 29, 51, 53, 57, 74, 75–131, 160, 196, 200, 203, 208, 218–220, 229, 238f., 244, 246, 250f., 253, 256, 260, 280, 286, 294, 299, 311, 317
Fiori, Joachim da 294
Fischer, Karoline 177
Flatt, Johann Friedrich von 200, 252
Fould 283
Fourier, Charles 282
Fränkel, David 30
Freud, Sigmund 215
Friedländer, David 28, 33f., 37f., 57, 61, 68, 74, 132, 134–140, 144, 147, 150f., 154, 157, 161, 173, 181, 194
Friedrich II. 77, 134
Friedrich Wilhelm II. 134
Friedrich Wilhelm IV. 266
Fries, Jakob Friedrich 225, 227–231, 239, 247, 284
Fuhrmans, Horst 252

Gans, Eduard 231, 249, 317
Gans, Friedrich 266
Gennette, Gerard 52
Gentz, Friedrich von 164
Glucksmann, André 27, 29f., 286f.
Goethe, Johann Wolfgang von 75, 88, 174
Goldhagen, Daniel Jonah 13, 15f., 225f.
Graetz, Heinrich 75, 195, 312
Grafton, Anthony 52
Grattenauer, Karl Wilhelm Friedrich 78f., 127
Gregoire, Père 78
Grunow, Eleonore 176

Halberstam, Joshua 30
Hardenberg, Karl August, Freiherr von 126, 225
Harnack, Adolf von 183
Hecataeus 83
Hegel, Georg Wilhelm Friedrich 13f., 17, 19f., 22–24, 27f., 51, 53, 57, 142, 148, 162, 164, 191, 196–249, 250f., 253, 260, 262, 266, 270, 274, 280, 283, 285–288, 290–293, 297–304, 309, 311, 317
Heidegger, Martin 29, 164
Heine, Heinrich 10–12, 76, 164, 212, 283, 306
Heine, Mme. 277
Hell, François 78
Herder, Johann Gottfried von 87f., 200
Herz, Henriette 34, 37, 127, 145f., 161, 164, 166–168, 173–176, 178f., 181
Herz, Marcus 28, 36–38, 57, 68, 71, 145, 164, 168, 174, 178, 181
Hesekiel, Prophet 116, 138
Heß, Moses 307f., 312
Hirsch, Emanuel 183
Hirsch, Samson Rafael 28, 38
Hirsch, Samuel 248f.
Hitler, Adolf 76
Hitzig, Friedrich 164
Hobsbawm, Eric 15

Hölderlin, Johann Christian Friedrich 202, 208, 250f.
Honneth, Axel 240
Horkheimer, Max 27
Humboldt, Alexander von 164
Humboldt, Wilhelm von 79, 88, 145, 164, 174
Hume, David 275

Isaak (bibl. Gestalt) 66, 130, 186, 214, 269
Itzig, Blümchen 132

Jacobi, Friedrich Heinrich 21, 38f., 120, 200, 252, 261
Jahn, Friedrich Ludwig 191
Jakob (bibl. Gestalt) 131, 216, 274
Jaspers, Karl 164
Jean Paul 145, 164
Jensen, Friedrich Christoph 130
Jeremias (bibl. Gestalt) 190
Jesaja (Prophet) 138, 291
Jesus von Nazareth 44, 46, 69, 96, 98, 102, 109, 111, 117f., 140, 153, 159, 162, 182, 184–190, 198–200, 202f., 205f., 208, 211, 213, 221, 246, 253, 262, 265, 272, 282, 284, 290, 301
Johannes (Evangelist) 96, 98, 101, 108f., 121, 268, 275, 315

Kadmon, Adam 262
Kant, Immanuel 13–17, 21–24, 27–74, 76, 88, 93, 95, 101, 111, 120, 132f., 135, 142, 147f., 157, 163, 168, 196, 199, 202f., 205, 207f., 213f., 216, 218f., 235, 238, 246, 250f., 254, 259, 272, 280, 304, 316f.
Karo, Joseph 144
Katz, Jacob 195
Kierkegaard, Sören 214, 266, 287
Klaatsch 124
Kleist, Heinrich von 123, 164
Klopstock, Friedrich Gottlieb 87
Kojève, Alexandre 220–222, 240f., 244
Kotzebue, August von 228
Krochmal, Nachman 249
Künzli, Arnold 297, 304

Lassalle, Ferdinand 305, 312
Lavater, Johann Caspar 31, 33, 68, 72, 131
Lemos, Henriette *siehe* Herz, Henriette
Leroux, Pierre 283f.
Lessing, Gotthold Ephraim 19, 30, 79, 81, 87, 89, 130, 137, 156, 197, 202, 208f., 261, 294
Levin, Markus Theodor Robert 75
Levin, Rahel *siehe* Varnhagen, Rahel
Liebeschütz, Hans 15
Lincoln, Abraham 306
Lips (Erlanger Nationalökonom) 225
Locke, John 103
Louis Ferdinand, Prinz von Preußen 164f.
Löwith, Karl 287
Ludwig XVI. 87
Lukacs, Georg 203, 220, 240
Lukas (Evangelist) 52, 98, 253
Luther, Martin 20, 40, 63, 91, 105, 108, 116, 136, 190, 201, 289f., 301

Maimon, Salomon 35, 38, 71, 145
Marat, Jean-Paul 87

Marcion 183, 252 f., 255 f., 268
Marcuse, Herbert 27 f., 203, 240
Marquard, Odo 105
Marwitz, Alexander von der 164, 177
Marx, Karl 14 f., 17, 19, 22–25, 142, 194, 229, 242, 250, 280–318
Matthäus (Evangelist) 188
Melzer 124
Mendelssohn, Moses 12, 30–34, 36, 38–40, 43, 62, 67 f., 71–74, 83, 88 f., 97, 130, 132 f., 135, 145, 202, 209, 218, 252, 261
Metternich, Klemens Wenzel Fürst von 227
Meyerbeer, Giacomo 284
Michaelis, Johann David 19
Mirabeau, Honoré Gabriel de 145
Molitor, Franz Joseph 265 f., 278
Mommsen, Hans 13
Moser, Moses 249
Moses (bibl. Gestalt) 117, 127, 138, 155, 189 f., 215 f., 218, 265, 306, 312, 314
Müller, Adam 127
Müller, Johannes von 145
Müntzer, Thomas 300

Napoleon Bonaparte 90, 193, 195, 224, 281, 303
Neander, August 290
Nicolai, Friedrich 30, 81, 85, 89, 97, 120, 130
Novalis d. i. Georg Philipp Friedrich Leopold von Hardenberg 254

Oetinger, Friedrich Christoph 250 f.
Oken, Lorenz 227

Paulus (Evangelist) 63, 96, 100–103, 105, 108 f., 136, 182, 190, 260, 268, 272, 301
Paulus, Heinrich Eberhard Gottlieb 266, 277
Philon von Alexandria 55, 96, 259
Pilatus (bibl. Gestalt) 159
Platon 93, 103, 182, 191
Poliakov, Léon 29 f., 60
Postellus 65
Proudhon, Pierre-Joseph 283
Pufendorf, Samuel 77

Radziwill, Fürst 165
Rahn, Johanna 76
Raw Joseph 205
Reimarus, Hermann Samuel 19, 141
Reinhold, Karl Leonhard 35, 120
Richter, Jean Paul *siehe* Jean Paul
Riesser, Gabriel 277, 296
Rose, Paul Lawrence 27, 29 f., 35, 60, 76, 195, 286 f.
Rosenzweig, Franz 25, 248 f., 253, 271, 294, 317
Rothschild 283
Rousseau, Jean-Jacques 39, 88, 120, 122, 197–201, 206, 216, 302
Ruge, Arnold 285, 309
Rühs, Friedrich Christian 225, 229–231, 239

Samuel (babylonischer Gelehrter) 143
Sand, Karl Ludwig 228
Sartre, Jean-Paul 305
Schadow, Johann Gottfried 145, 164
Schelling, Friedrich Wilhelm Joseph 13, 17, 19 f., 22, 24 f., 27,